民法理論の
進化と革新
令和に読む
平成民法学の歩み出し

吉永一行=編

阿部裕介	竹中悟人
石川博康	田中　洋
石田　剛	中原太郎
石綿はる美	根本尚徳
木村敦子	幡野弘樹
髙　秀成	原田昌和
白石　大	山城一真
水津太郎	和田勝行

日本評論社

単行本化にあたってのはしがき

　連載「平成民法学の歩み出し」は、「法律時報」誌に2021年7月号から2024年8月号までの3年間にわたって掲載された。その企画趣旨は、連載の当初に掲載したとおりである（本書1頁「企画趣旨」。ただし、研究会として厳格にチェックしていたわけではなく、そこに掲げた公刊年の基準を満たさない文献で対象文献として取り上げられたものもある）。本書は、その連載を単行本としてまとめたものである（その際、主として速やかに単行本化するための時間的制約から、各執筆者には初出原稿に最小限の修正を加える程度の時間しか確保できなかった）。なお、目次の順序は連載順ではなく、読者の便宜を考えて、民法総論にあたるものを冒頭に置いた上で、その後は民法の条文の順序に沿うようにした。

　以下、研究会の代表というよりは私（吉永）の個人的な感覚に依ることになるが、単行本化にいたる経緯などについて若干の説明をする。

　編集部から単行本化の提案があったのは、連載もだいぶ終わりに近づいた時期であった。ありがたいことに、連載の読者からそうした期待の声が寄せられたという。私自身も、連載中から、企画の趣旨に共感したという声を直接にいただいて励まされる思いをしていたこともあり、こうした反響は大変嬉しいものであった。

　もっとも、本連載を集成して1冊の書籍として刊行するとなると、躊躇も大きかった。一度雑誌に掲載され学界に公表された業績を、再び書籍（書評集）に収めて公表することは、——再録であることを示せば形式的には自己盗用の問題は生じないとはいえ——その学問上の意義を説得的に示すことが求められよう。しかし、連載で取り上げた文献は、研究会メンバーが、担当回にあたる都度、各自の関心に基づいて自由に選択したものである。「平成初期における民法学説史上重要な文献を網羅しよう」などといった編集方針を立てて選別をしたわけではない。この点で本書は、まず編集委員の間で対象文献を選定してから書評執筆者を割り当てた加藤雅信編集代表『民法学説

百年史』（三省堂、1999年）とは異なっている。さらに、対象となる文献は、平成初期の10年間に公刊されたものであるが、それが初出論文の連載開始の場合もあれば、それまでの研究の集大成となる論文集の刊行の場合もある。対象論文の初出年で見ると、一番古い1962年（昭和37年）から一番新しい1999年（平成11年）までの幅があり、雑誌連載という形式であればまだしも、単行本としてひとまとまりの体裁となりうるかについては、迷いもあった。

　最終的には単行本化を決断することになるのであるが、その決め手となったのは、研究会メンバーで相談する中で、この連載は、実は、令和を迎えた現在の学界の一面を切り出しているのではないかという指摘があったことである。現在の学界において中堅ないしそこから少し若い世代に属している研究者たちが、元号を1つ遡った30年前を振り返ったときに、改めて読み返したいと感じる書籍・論文はどれであるのか、それをどのような角度から取り上げて、分析するかということに、「今」の学界状況が現れるということである。そしてそこには、当然、平成初期の学界状況とのつながり（あるいは断絶）が意識されることになるし、平成初期の初出論文に限らなかったことにより、その当時に引き継がれていたそのさらに前の世代の空気感とのつながりもほの見えることとなった。そうした民法学説史の大きな流れが——民法の全領域にわたってとはいかなくても、いくつかの主要な領域をカバーする形で——この連載を通じて現れているのであれば、それを単に雑誌上の連載に終わらせず、1冊の書籍としてまとめておくことが、現在及び将来の研究者にとって便宜となるのではないか。大言壮語を吐く後ろめたさがないではないが、そうした価値がありうると思えたときに、単行本としての刊行を決断し得たものであった。

　書籍のタイトルを決める際、連載企画としての名称「平成民法学の歩み出し」に「令和に読む」と付けたのには——この本が平成年間に刊行された「古い」本だと誤解されないためというもっぱら営業上の理由も小さくないが——以上のように、この本が令和の現在の民法学界の一側面を切り出していることの自負を込めたものである。また、主タイトルとして「民法理論の進化と革新」との表題をもってきたのも、「平成民法学」という言葉には、平成初期の何年かをストップモーションのように切り出して、他の時代から

独立した意義・特徴を見出そうとするニュアンスがあるところ、そうではなくて、昭和—平成—令和と時代が進み、ある世代の研究者から次の研究者へとバトンリレーが行われていくダイナミクスを前景に出そうとしたものである。

　先生方・先輩方のご業績を開き、問題関心をもって問い掛ければ、そこからは必ず答えが返ってくる。おそらく先生方・先輩方もまた、同じようにその前の世代との対話を重ねる中で、民法理論を深め、新しい風を呼び起こす手がかりを見出してきたのだろう。3年間に及ぶ研究会は、そうした大きな流れの中に自分がいることを確認する大切な時間であった（報告の準備にかかるプレッシャーから逃げ出したくなることが度々であったことは告白せねばなるまいが）。単行本にまとめることで、その喜びと興奮が大きな一つの波として読者諸氏にも伝わるならば幸いである。

　2024 年 12 月

研究会を代表して

吉永　一行

目　次

単行本化にあたってのはしがき　i

企画趣旨……………………………………………吉永　一行　1

分断の時代に法学教育の原点を考え直す
　▶平井宜雄「法律学基礎論覚書」
　　　……………………………………………吉永　一行　3

日本における人格権法の確立とこれに基づく
一元的な民法体系の創成
　▶広中俊雄『民法綱要 第一巻総論 上』
　　　……………………………………………根本　尚徳　17

批判法学的所有論が示したもの
　▶吉田邦彦『民法解釈と揺れ動く所有論』
　　　……………………………………………阿部　裕介　31

基本権保護義務論から憲法基底的重層論へ
　▶山本敬三「現代社会におけるリベラリズムと私的自治(1)(2)」
　　　……………………………………………髙　秀成　45

さまざまな « civil » の間
　▶吉田克己『現代市民社会と民法学』
　　　……………………………………………山城　一真　59

民法解釈方法論と体系
　▶藤原正則「法ドグマーティクの伝統と発展」
　　　……………………………………………水津　太郎　72

民法の基本原理と消費者法
▶大村敦志『公序良俗と契約正義』
……………………………………………………………原田 昌和　87

契約の解釈という技術と比較法文化論
▶沖野眞已「契約の解釈に関する一考察(1)～(3・未完)」
……………………………………………………………竹中 悟人　100

物権変動の規範構造
▶原島重義＝児玉寛「対抗の意義」「登記がなければ対抗できない物権変動」
……………………………………………………………水津 太郎　114

日本的な意思主義・対抗要件主義における
不動産登記の権利公示機能
▶七戸克彦「登記の推定力(1)～(3・完)」
……………………………………………………………石田　剛　128

法社会学と結びついた法解釈学
▶瀬川信久『日本の借地』
……………………………………………………………山城 一真　142

担保法学のダイナミズムの一素描
▶松岡久和「物上代位権の成否と限界(1)～(3)」
……………………………………………………………和田 勝行　155

法変容の突破口としての所有権留保
▶道垣内弘人『買主の倒産における動産売主の保護』
……………………………………………………………阿部 裕介　168

「契約の拘束力」を根拠とした帰責構造論の到達点
▶森田宏樹『契約責任の帰責構造』
……………………………………………………………吉永 一行　183

「詐害行為の対抗不能」と「被保全債権の対抗」
　▶片山直也「一般債権者の地位と『対抗』」
　　　　　　　　　……………………………………白石　大　196

債権譲渡法制の「定数」と「変数」
　▶池田真朗『債権譲渡の研究』
　　　　　　　　　……………………………………白石　大　208

普遍主義的討議理論としての交渉促進規範論
　▶山本顯治「契約交渉関係の法的構造についての一考察(1)〜(3・完)」
　　　　　　　　　……………………………………石川　博康　220

関係的契約理論における解釈理論と解釈学
　▶内田貴『契約の再生』
　　　　　　　　　……………………………………石川　博康　233

「保護」から「支援」へ、そして
　▶大村敦志「消費者・消費者契約の特性」
　　　　　　　　　……………………………………原田　昌和　247

継続的契約論の融解と昇華
　▶中田裕康『継続的売買の解消』
　　　　　　　　　……………………………………中原　太郎　261

契約解除要件論の再構築
　▶山田到史子「契約解除における『重大な契約違反』と帰責事由(一)(二・完)」
　　　　　　　　　……………………………………田中　洋　275

実質的契約自由と約款規制・不当条項規制
　▶山本豊『不当条項規制と自己責任・契約正義』
　　　　　　　　　……………………………………吉永　一行　288

典型契約論の再生
▶大村敦志『典型契約と性質決定』
································田中　洋　301

契約法の多元性・再考
▶小粥太郎「フランス契約法におけるコーズの理論」
································竹中　悟人　314

種類物売買法としての瑕疵担保責任制度の探求
▶北居功「売主瑕疵担保責任と危険負担との関係」
································根本　尚徳　327

戦後民事判例における救済法理の原風景へ
▶道垣内弘人『信託法理と私法体系』
································髙　秀成　342

民法学における法解釈方法論の歩み
▶吉田邦彦『債権侵害論再考』
································木村　敦子　355

不法行為責任と行為・危険・権利
▶潮見佳男『民事過失の帰責構造』
································中原　太郎　368

過失相殺における「原理」と「価値判断」
▶窪田充見『過失相殺の法理』
································和田　勝行　381

団体としての家族とその「保護」
▶高橋朋子『近代家族団体論の形成と展開』
································石綿　はる美　395

家族法立法と市民・社会
▶大村敦志「フランスにおける『立法』と『立法学』」
……………………………………………………幡野 弘樹　409

家族法学と法解釈方法論・法学方法論
▶水野紀子「中川理論——身分法学の体系と身分行為理論——に関する一考察」
……………………………………………………木村 敦子　422

実親子関係をめぐる民法と戸籍法・戸籍実務の交錯
▶水野紀子「フランスにおける親子関係の決定と民事身分の保護(1)〜(3)」
……………………………………………………幡野 弘樹　436

フランス親権法の発展と子の利益
▶田中通裕『親権法の歴史と課題』
……………………………………………………石綿 はる美　449

遺産分割における共同相続人間の価値的平等
▶高木多喜男『遺産分割の法理』
……………………………………………………石田 　剛　464

執筆者一覧　478

企 画 趣 旨

吉永 一行

　このたび、「平成民法学の歩み出し」と称する研究会を立ち上げ、その研究成果を法律時報誌上に連載する機会を得た。代表というのもおこがましいが、企画を言い出した者の責任として、研究会の趣旨を一言説明したい。

　本研究会は、平成元年（1989 年）から平成 10 年（1998 年）に公刊された文献（初出・論文集所収のいずれかがこの期間にかかっていればよく、連載論文においてはそのうちの一部でもこの期間にかかっていれば対象になる）のうち、公刊当時学界にインパクトを与えたと考えられるものを取り上げて、研究会同人で改めてそれを読み直し、その民法学説史上の意義を議論することを目的としている。

　「平成」というキーワードで学説史を切り取ろうというアイディアは、研究会の企画を考えていたのが平成から令和への改元を控えたタイミングであったからという、学術的には本質的でない契機による。もっともそれだけではなく、平成以前（正確には平成 2 年 = 1990 年以前）に初出発表された文献については、加藤雅信編集代表『民法学説百年史』（三省堂、1999 年）が紹介・解説を行なっており、同書が対象にした時期との重複を避ける意味もあった。

　平成の中でも最初の 10 年間に限定したのは、新しく刊行された文献に対する書評としては、同じ法律時報誌掲載の「民法学のあゆみ」（本研究会の名称はこれにあやかった）があることから、本研究会では、刊行から少し時間が経ち、その後の学説の展開や判例、（特別法を含めた）立法への影響も含めた評価ができるようになった文献を対象とすることにしたものである。

　この時期の文献というのは、平成 10 年に大学院に入学した私にとって、

「学界の最新の動向」として接したものであり、民法学の右も左もわからない中でなんとかその内容を理解しようと、先生や先輩たちに頓珍漢な質問をぶつけながら、何度も読み返した論文である。個人的な思いとなってしまうが、学界や勤務校において一定の役割を期待される年齢になりつつある今、改めて原点に立ち返るような研究会を開催できることは、大きな喜びである。

　そうした対象文献をともに読んでいく研究会同人は、私にとって上は「先生」ではなく「先輩」、下は「学生」ではなく「後輩」という関係であるという意味で「同世代」（最年長と最年少の年齢差が20年ほどあるため疑問を呈する向きもあろうが）の研究者であり、時に「敵わないなあ」という絶望にも似た憧憬も含めて刺激を与えてくれている方々ばかりである。この研究会は、そうした同世代研究者の東西交流という意味合いももつが、コロナ禍によるオンライン会議の普及が物理的距離の制約を取り払ってくれたことは、ここに特筆しておきたい。

　私たちから見れば、対象文献の執筆者が属する世代は、「先生」という距離感になる。そうした世代のご業績を取り上げて、その学説史的意義を議論するというのは、不遜ととらえられる面もあるかもしれない。しかし、私たちは、先生たちに追いつき、ともにその先の民法学を目指そうと頑張ってきたし、これからもその努力を続けなければならない。先人の学術的成果をどう理解しているかを発信して、ご批判やご教示を仰ぐことも、民法学を将来に承継していくための責任に属することだろう。

　もっとも、対象文献は、民法の各領域における議論の中心をなしてきたものばかりであり、その内容の理解にしろ、評価・批判にしろ、すでに学界の中で議論が出尽くしているので、これまで言い尽くされたことを整理し直しただけの書評となることをおそれている。「その後」の展開に基づく評価は、「後付け」のものともなりかねない。威勢の良い目標を掲げて研究会を立ち上げたものの、習作のレベルに終わることをおそれている。この点は、研究会における議論のレベルを向上させる努力を重ねることをお約束するのはもちろんだが、あらかじめご容赦を乞うとともに、ご批判やご教示を仰ぎたい。

連載第1回（2021年7月号掲載）

分断の時代に法学教育の原点を考え直す

平井宜雄「法律学基礎論覚書」
（同『法律学基礎論の研究——平井宜雄著作集Ⅰ』
〔有斐閣、2010 年、初出 1988-1989 年〕41-173 頁）

吉永 一行

1 はじめに

　初回研究会から 1 年半余りが経ち、担当も 2 巡目に入った。この間改めて感じるのは、著書・論文に対して読み手が問い掛ければ、著者は、時空を超えて語りかけてくれるということである。同世代の仲間たちとそうした時間を共有できることは、この上ない喜びというほかない。

　今回は、平井宜雄『法律学基礎論覚書』を取り上げる。ジュリスト誌上に1988 年から 89 年にかけて「法律学基礎論覚書」の副題をもつ一連の論文として連載されたものであり、その後、1989 年に合本版（2001 年にオンデマンド版）が刊行されたほか、2010 年刊行の『法律学基礎論の研究——平井宜雄著作集Ⅰ』（有斐閣）41-173 頁にも採録されている。本書評では著作集の頁数によって参照する。

　本文は、「戦後日本における法解釈論の再検討」「『議論』の構造と『法律論』の性質」「戦後法解釈論の批判的考察」「『議論』と法律学像」の 4 つのパート（便宜上これを第 1 章〜第 4 章と呼び、その下の漢数字〔ジュリスト誌上および合本では枠囲み数字〕を第 1 節のように呼ぶ）に分かれている。章見出しに見られるとおり、本論文では①戦後法解釈論の批判的検討と②「議論」論からの法律学像の提示という 2 つのテーマが相互に絡み合いながら（ときには後に述べられることを先取りして）現れており、冒頭から順番に読み通すにはわかりにくい構造になっている。しかもメインモチーフであるはずの「法学教育」は各章表題に現れないので、本論文の論旨はわかりにくくなっ

ている。

　そこで、本論文の紹介にあたっては、記述の順に従うのではなく、平井が提示する「『議論』論からの法律学像」とそれに基づく法学教育の姿（上記のテーマ②）を少し丁寧にたどった上で、それを背景として行われる戦後法解釈論に対する批判的検討（テーマ①）を簡単に整理するという順で行う。

　紹介に続けて、本論文の意義についての検討を試みるが、本論文の法解釈方法論における意義——とりわけ「議論」を通じた相互主観的正当化というモデルにより「価値判断の客観性」の問題を発展的に解消したこと——とそれを出発点とした法解釈方法論のさらなる展開については、すでに要領を得た分析・総括が公表されているところであり[1]、本書評においてその屋下に屋を架す必要はない。本書評はむしろ、本論文自体に立ち返ってその内容を読み取ることに注力するとともに（その意味では書評子の読書ノートにとどまるものである）、平井自身がメインモチーフと位置付けていた（しかしその後必ずしも注目を集めてこなかった）「法学教育」の側面に光を当てて、いくばくかの検討を試みたい。

2　紹　介

⑴　「議論」の理論とそれに基づく法律学像の提示（テーマ②）

　⒜　本論文の問題提起は、法学教育において「非合理主義」が支配しているというものである（第1章第1節、42頁）。なお、本論文の前半では「非合理主義」の文字は用いられていない（「懸念すべきもの」などと表現されている）が、平井の問題意識を端的に表現したキーワードであり、全体を通じてこの語を用いて紹介を行う。

　「非合理主義」は、平井が東京大学法学部で民法を学ぶ学生と接する経験のなかで実感するものであるとされるが、例として（この部分は第4章第2節、168頁）、民法177条の対抗関係について「喰うか喰われるかの関係」と比喩

---

[1]　山本敬三「日本における民法解釈方法論の変遷とその特質」山本敬三＝中川丈久『法解釈の方法論——その諸相と展望』（有斐閣、2021年、初出2018年）27頁、水津太郎「法律学基礎論・法解釈方法論と平成の民法学（特集・平成の法学）」法時91巻9号（2019年）70頁。

的に表現する、「何が『対抗問題』かをあらかじめ定めることはできず、登記の先後によって権利の優劣を定めるのが適当であるような問題をそう呼ぶべき」と同語反復的な説明にとどまるものが挙げられる。さらに、権利濫用や信義則といった一般条項を、(「自己の行為に矛盾した態度をとることは許されない」といった下位命題に置き換えないままに)そのまま用いることも一例に挙げられる。

なお、こうした態度の問題点として、平井は、本論文を受けたミニ・シンポジウム[2]のなかで、(1)実質論の重要性、その結果としての心理や感覚を根拠とする価値判断の重要性の強調(裏返しとしての形式論の手段性の強調)、(2)法律問題を全て価値判断の差異に帰着させ、いずれの価値判断も尊重されるとして議論の続行はできないとする態度、(3)そうした価値判断に解消される結果、異なる「利益考量」を示されると、それもありうるとして直ちに態度を変えてしまうというように、現実と規範との鋭い対立を意識する感覚を失っていることを指摘している。

(b) こうした法学教育における非合理主義を克服する鍵となるのが「議論」である。第2章第1節では、「議論」の一般的な構造がトゥールミンに従って示されるが(64頁以下)、本論文は必ずしもその構造のままに主張が組み立てられるわけではない(例えばWとBの区別が重視されていない)。本論文の理解には、「『議論』の一般的構造は、一定の事実(D; Data)を基礎として或る主張(C; Claim)を行い、反論に応じてそれを根拠づける(W; Warrant さらに B; Backing)という言語活動」(セミコロンで示した略語の補足は引用者による)であること、そして W や B による根拠づけは、相手方からの反論に応じてより一般的な言明に掘り下げながら提示され、反論が出なくなったところで、議論が終結することになるという点をとらえていればよい。

(c) こうした「議論」の一般的構造からは、次の3つの命題が理論的帰結として導かれる(第2章第2節、70頁以下)。

---

2) 平井宜雄＝星野英一＝瀬川信久＝田中成明「ミニ・シンポジウム：法解釈論と法学教育」ジュリ940号(1989年)14頁。以下単に「ミニ・シンポジウム」と呼ぶ。

6

　第一の命題は、「『議論』においては言明は言明によってのみ正当化される」というものである。ここで「正当化」という言葉は、言明の正しさを事実と論理的推論過程からなる論拠によって示すこと（justify の訳語）という意味で用いられている。

　第二は、「『発見のプロセス』と『正当化のプロセス』の区別」である。平井は、仮にリアリズム法学がいうように裁判官が三段論法ではなく直観ないし彼の人格または感情や好みによって判決を生み出しているとしても、三段論法が判決の正当性を論証し、それをテストする役割を果たしていることを否定できないとするワッサロームの見解に共感を示す。心理学的事実としての「発見のプロセス」の問題を、論証の形式妥当性という「正当化のプロセス」と混同して、判決には直観で決まるような非合理的要素が内在していると論結するべきでないという。

　第三は、「正当化には２つの異なったレベルがある」というものである。第一のレベルは、「Ｄが満たされるからＣ、なぜならＷ・Ｂ」という諸言明のつながりが論理的推論として正しいかというテスト——論理的連鎖の欠落・飛躍がないか、両立しない・矛盾する言明を基礎としていないか、言明 α から言明 β が導出できるとするときに、実は β は言明 γ からも導出できるということはないかなど——をクリアしているという意味での正当化である。しかし、——規範的言明や道徳哲学上の言明に関しては——論理的推論のテストにおいて前提となっている一般的言明（議論の一般的構造におけるＢにあたるもの）をも、また正当化しなければならないという第二のレベルが観念され、しかもそこでは「前提」の正当性が問われている以上、何らかの「前提」からの論理的推論の正しさという形では正当性を語れないことになるという。平井は、第一のレベルの正当化を「ミクロ正当化」、第二のレベルの正当化を「マクロ正当化」と呼ぶ[3]。

　(d)　ここで、法律学における「マクロ正当化」は、その当否を判定する客観的な基準・「きめ手」がなく、「法律学は科学たりうるか」という川島の問題提起が想起される（第２章第３節(1)～(3)前半、80頁以下）。これに対して、

---

[3]　山本・前掲注1) 55頁は、ミクロ正当化を法適用に、マクロ正当化を法獲得に対応させる。

平井は、ポパーの見解に依拠して「科学」像の相対化を行うことで応える（第2章第3節(3)後半、82頁以下）。ポパーは、観察や実験結果という経験の記述（単称言明）をいくら積み重ねて帰納的推論を行なっても、仮説や理論のような一般的言明を正当化することはできないと指摘する（白鳥を何羽観察しても「白鳥は白い」という普遍言明を引き出すことはできない）。そうではなく、ある普遍言明の「科学」的な正しさは、当該普遍言明からの論理的推論によって取り出された単称言明が経験によるテストにさらされながらもいまだ反証されていないという点―― 一羽でも黒い白鳥を観察すれば「白鳥は白い」という命題が反証されるのに、それが行われていない点――に見出される。

この論理と経験に基づいた「相互主観的 inter-subjective（間主観的とも訳される）なテスト」は、研究者の合意に達する見込みのある言明でストップし、差し当たりそこで満足する。平井は、こうしたポパーの「科学」観に、「議論」との共通性を見出すとともに、これによれば、法律学も、「議論」を通じて「客観性」を確保しようとする点で自然科学と変わりないことになるとして、「科学」への憧憬という戦後法解釈論の「呪縛」からの解放を試みる。

(e)　ところで、ここまで「議論」を重視するのはなぜか。これを説明するために、平井は、まず、「価値紛争」の第三者の介入による解決という理念モデルを提示する（第4章第1節(1)〜(5)、156頁以下）。すなわち、①財の獲得をめぐる利益紛争と異なり、ある事実の存否やある価値が受け入れられるか否かに関する争いである価値紛争においては、取引・交渉・妥協による解決が困難である。②このため、当事者は自力による解決をあきらめ、第三者の介入による解決を選ぶ可能性がある。ただしそれには、第三者が相手方と結託することはない（結託によって第三者と相手方が自分を圧倒するだけの資源をもつことはない）ということが条件になる。

ここに二者関係から三者関係への変化が生じる。それによって、ⓐ紛争当事者は、それまで関係のなかった第三者に、自分たちの社会関係を客観化・概念化して伝達する必要がある（同節(6)、157頁）。また、ⓑ第三者の決定（紛争当事者の一方から財を奪い他方に与えるという決定）が、当該第三者には

紛争当事者を圧倒するだけの資源がないにもかかわらず紛争当事者に受け入れられる可能性があるのは、第三者が「正義」ないし「公平」に照らして当事者それ自体を比較した（つまり一方だけに偏した決定としない）ときである。平井はここに、「当事者それ自体をいわば目的として扱う思考様式」としての法的思考様式が現れると指摘する。なお、この法的思考様式と対置されるのは、当事者間の財の配分を当事者の外にある何らかの目的を実現するための手段として行うという思考様式（目的＝手段思考様式）であり、そこでは、因果法則に基づいた思考様式が採られることになる（同節(7)、158頁）。

　法的思考様式の特徴としては、判断者が⑦因果法則からの批判（目的が達成されなかったという批判）から身を守ることができ、また④紛争当事者に生じた結果についても責任を免れる（判断者は当事者の「議論」に拘束されて決定したのだから）ということが指摘される（同節(9)、159頁）。

　さて、三者関係への変化からはもう一つ、ⓒ三者関係においては、判断者は規範には通じているが、事件については紛争当事者から「言い分」を聞き取るという形式をとることから、——神判のような例もあり必然とはいえないにしても——歴史的な現象としては、法廷弁論について工夫が重ねられ、それが前述した「議論」の一般的構造のモデルになったことが指摘される（同節(8)、158頁以下）。

　以上のような説明を踏まえて、平井は「議論」の特質について、次のような４点を説明する（160頁以下）。①法的思考様式と「議論」が密接不可分に関連している。②このため、法律家にとって「議論」のもつ意味は、哲学・論理学・倫理学・科学等の分野におけるそれと異なり決定的に重要である。③戦後法解釈論の正統理論に見られる「社会学主義」（後述）は、因果法則的思考様式をとる以上、法的思考様式にとって代わることはできない。そして④法律家の行う「議論」は、紛争解決のためのものであるため、制度化によってそれを効率的に行うことが要請されている——裁判制度における処分権主義、弁論主義、立証責任、欠席判決、事実認定のための規範などがその例である。

　（f）こうした法的思考様式と表裏をなす「議論」の重要性に着目して法律学の像を提示すると、どうなるか。平井は３点を提示する（第４章第２節、

164 頁以下）。

　第一は、「議論」による客観性の保障と、それを効率的に行うための制度的枠組への注目である。

　第二は、議論に参加する者の倫理、ルールである。平井は３つ――「合理性ルール」（主張に対して反論が提起されたときには、主張を行った者は、事実と論理に基づく根拠を示して反論に答えなければならない）、「整合性ルール」（「等しき者は等しく扱え」という「正義」の規範に従って、反論に対して提示される根拠は、常に同一でなければならず、その間に矛盾があってはならない）、「適格性ルール」（「議論」を行う場・機会・能力が等しく与えられていることが主張を正当化する前提である）――を提示する。

　第三は、「良い法律論」の基準の提示である。平井はこれについて、「反論可能性」（ポパーの「反証可能性」に示唆を得た、しかし平井による独自の概念である）をキーワードにして、概ね次のようなイメージを提示する。まず、言明に「反論可能性」があることを前提に（要件１）、反論に耐えた言明（要件４）であることが必要である。そして反論可能性のより大きな言明は、より小さな言明よりも良い（要件２）とされ、これによれば、比喩的表現、一般条項的表現（「正当な」の類）、同語反復的表現は、――要件１に反するという評価もできるが――論理的推論によってより具体性の高い言明を導くことができないという意味で反論のための手がかりを与えるものではなく、「悪い法律論」であるとする。ただし抽象的であるほど「悪い法律論」というわけではない。具体的な、したがって反論可能性も高い（そのうえで反論に耐えている）言明を論理的・演繹的推論によって多く導出できる言明は、導出されたより具体性の高い個々の言明よりも「良い法律論」とされている（要件３）。

　以上が、「議論」を中心にした法律学のイメージである。平井は、それ自体は法律家の伝統への回帰に過ぎないと自認しつつ、「どんな大国でも……物理力や暴力で自己の意思を押し付けることは極めて困難であり、同様に国内問題の解決においても、価値の多元化した現在」の現実からは、「一定の目標の権力的な押しつけではなくして、事実と論理に基づく『議論』による合意ないし交渉による問題解決」の現代的な意味が改めて強調されるべきで

あると指摘する（164頁）。

(2) 戦後の日本の法解釈論に対する批判的考察（テーマ①）

（a）　以上のような「議論」を中心に据えた法学教育により克服が目指される「非合理主義」であるが、平井はそれを法学教育の場にもたらしたのが戦後法解釈論——来栖三郎の「主観を客観のかげにかくす」という問題提起、川島武宜による「科学としての法律学」の提唱、価値のヒエラルヒアを構想する星野英一の「利益考量論」——であると指摘する。そして、あくまでも「法学教育ないし法律家の養成」という局面に限ってのものだと繰り返し強調しながらであるが、戦後法解釈論の基本的な発想に批判を向けている（第1章第1節、41頁以下）。

（b）　この問題に取り組むべく、平井はまず、戦後法解釈論の論点と成果を、碧海純一[4]にならって、次のように整理する（第1章第3節、48頁以下）。

第一は、「法解釈は価値判断を含むか」というものであり、「含む」ということで意見は一致しており、再論する必要はないとする。

第二は、「価値判断の混入は主観性の導入を伴うか」である。来栖が主観説に立つことは明確である。川島についても、法律学における理論は「科学」におけるような「客観的な」基準や「きめ手」がないとしていることから、主観説に位置付けられる[5]。これに対して「客観説」の立場をとることを明らかにしたのは星野である。そこでは「何人も否定することのできないような価値」をとらえるとして、「一方で、もっとも根本的・高次の（それ故に抽象的たらざるを得ない）価値を追及し、他方で、ごく具体的な価値（判断命題）を把握し、両方からおし進めて、価値（判断命題）のヒエラルヒアを構築したい」と構想される。

第三は、「法解釈の主観性にいかに対処するか」である。来栖にあっては、解釈者の「政治的責任」に求められる。川島は、初期においては、法律解釈

---

[4]　碧海純一「戦後日本における法解釈論の検討」恒藤先生古稀祝賀記念『法解釈の理論』（有斐閣、1960年）45頁。

[5]　碧海・前掲注4）59頁以下では、川島の見解を、価値判断が間主観的に認められた価値体系に引照されうるものととらえているとして、客観説に位置付けている。

そのものを行うことを目的とするのではなく、裁判の先例を素材として将来の裁判の予見を行うことに重点をおき、その後は「紛争とその処理」方法についての法社会学的研究に赴き、「法社会学的研究のフィードバックの上に成り立つ法律学」を構想する。客観説に立つ星野によれば、「主観性への対処」は理論上生じなさそうに見えるが、しかし星野自身が「人間の尊重とか、近代化とかいった抽象論だけでは、具体的な問題についてどちらの解釈をとるべきかは決まらないことが多い」と自覚しており、この第三の論点が考慮外におかれるわけではない。

(c) 以上のような戦後法解釈論（のなかで平井が「正統理論」と呼ぶもの）に対して、平井は、そこに共通する発想を5つ析出し（第3章第1節・第2節、93頁以下）、それらの発想は、「議論」を中心に据えた法学教育という観点から見て、批判されるべきだとする（同第3節、118頁以下）。

正統理論に共通する発想の第一は、学者中心主義である。すなわち、法解釈論の焦点が、法律学者の現に行っている解釈に当てられている。

そして発想の第二は、この学者中心主義から生み出される「心理主義」である。発見のプロセスという心理的問題と正当化のプロセスという論理的問題が分化されておらず、前者が後者の領域に浸透しているというものである。

発想の第三は、正当化のプロセスのなかで、ミクロ正当化のプロセスが、独立していないという特徴であり、「未分化主義」と呼ばれる。心理主義の系（コロラリー）として現れるとされ、また法律学者の大きな仕事の一つが「マクロ正当化」である——そのことは体系書やコンメンタール執筆において意識される——ことから、「学者中心主義」とも関連すると指摘される。

心理主義・未分化主義と関連するとされる発想の第四は「社会学主義」である。法解釈論を社会学的事実（現実の社会関係の観察・分析）によって基礎付けようとする傾向である。

最後に指摘されるのは「直結主義」である。研究の方法あるいはその関心が直ちに法学教育にも取り入れられなければならないというものであり、学者が研究と法学教育とに同時に携わっていることとあいまって、学者中心主義との関係が指摘される。

(d) では、これら5つの発想は、法学教育という観点から見て、何故批判

されなければならないのか。ごく大雑把にまとめれば、（研究者に限られない）法律家一般の養成という法学教育の目的が共有されず（学者中心主義・直結主義）、法律家一般に共通する最も基本的な特徴である「議論」をする能力の養成が視野に入れられなかったところ、発見のプロセスを示すにとどまる主張が法学教育から排除されず（心理主義）、さらに判決の結論ばかりが重視されて、それを導く法的構成・形式論（ミクロ正当化）は軽視される傾向がある（未分化主義）。さらに、社会学主義は、ある解釈をとるなら（＝原因）、どのような社会的利益の保護の実現（＝結果）が図られるかという因果法則を前提とした思考様式であり、法的思考様式の核心をとらえていない。

　以上の批判は、「議論」に基づく法律学像から最も遠いところにある「一種の非合理主義」を法学教育にもたらしたという点に収斂する。すなわち、解釈の争いが——主観の相違でありきめ手がないとして、あるいは価値のヒエラルヒアの争いとして——「お互いに肩をすくめて別れる」ことで終わりとなり、主張に対して事実と論理に基づいて反論し、再反論するという態度が培われないというのである。

3　検　討

(1)　ミクロ正当化とマクロ正当化の連続性

　平井のイメージする法学教育像は、法律家一般のする「議論」における「ミクロ正当化」の意義・重要性が根底にある。まずは、この「ミクロ正当化」という平井独自の概念について、その特徴を少し分析してみたい。というのも、ミクロ正当化は、これと対になる「マクロ正当化」との間で相対性ないし連続性と呼ぶべき性質をもっているように思われ、この点が書評子にとってはややわかりにくく感じたからである。

　「連続性」というのは、1つには、次のような意味である。ある言明を前提として、そこからの論理的推論として行われるのがミクロ正当化であり、マクロ正当化とは、その前提となる言明そのものを正当化するプロセスである。そうだとすれば、ある言明を前提に「議論」をしていた当事者の一方が、その前提に対して疑問を抱き（これだけであれば当該当事者の「発見のプロセ

ス」の記述に過ぎない）、その疑問を言明化して反論として提起すれば、前提自体を正当化する必要が生じ、マクロ正当化のプロセスに移行する。

こうした「連続性」からはさらに、ミクロ正当化における「前提」が、何か固定した言明（例えば「条文」）を指すわけではなく、「議論」の行われかたによって異なってくることになり、注意が必要である[6]。

「連続性」についてはもう１つ、ミクロ正当化の定義に含まれる「前提となる言明からの論理的推論によって正当化される」という要素についても検討したい。平井は、ここでいう論理的（ないし演繹的）推論について、論理学上の厳密な意味での演繹のような形式的規則に基づく推論とは異なるものであるとし（75頁）、さらに類推や反対解釈を含む（143頁）ともしている。すると、例えば「車馬通行禁止」である境内を牛が通行したときの評価如何という古典的な設例で考えると、反対解釈を経てルール違反でないとの結論を得ることも、類推解釈によってルール違反であるとの結論を得ることも、いずれもミクロ正当化に位置付けられる法律論ということになりそうである。

しかし、そこで行われる主張の正当化は、「牛の通行が禁じられる／禁じられない」という前提（規範）をめぐるマクロ正当化のプロセスとみることもできそうである（そして論理的推論ではなく、例えば立法者意思の探究や利益考量などによって正当化することが考えられる）。このあたりのミクロ正当化とマクロ正当化の連続性ないし交錯も書評子にはわかりにくいと感じたところである。

⑵ 「法学教育」のあり方

(a) 法律家の活動としての「議論」、そのなかでもミクロ正当化の意義を強調するという観点から法学教育を構成するという平井の構想を、今日どのように受け止めればよいだろうか。

これに関連して、書評子がまず１つ感じるのは、昨今の学生向け教科書は、事例・設例が提示され、しかもそれが単に具体例で学生の興味関心を惹きつ

---

6) ミニ・シンポジウムではこの点について混乱がみられる。平井ほか・前掲注2) 42-44頁の瀬川、星野の発言とそれに対する平井の発言を参照。

けるという意図にとどまらず、準則に事例を当てはめて結論を導く過程を見せるという意図で行われていることである。判例が充実し、条文も増大する中、教科書の役割は、新しい法準則をいかに立てるかということよりも、法準則に従って問題を解決する手順を示すことに移ってきているように思われる。

　(b)　もっとも、そのような教科書の執筆に関わった者として懸念してもいるのは、法準則を意味もわからないままに暗記し、パズルのように三段論法に当てはめれば結論が出てくるかのような誤解を学生に与えていないかということである。もちろん、平井が指向する法学教育はそうしたものではない。

　平井は、自らの法学教育の実践として、事案を前にして「反論可能性の高い命題をできるだけ作り出す」こと（ミニ・シンポジウム 57 頁）を挙げている。判例や条文の文言という形である規範が与えられているところ、具体的事件を解決するに際して、——規範の射程外であり適用できないという結論をとる場合はもとより、当該規範を適用して結論を出す場合においても——当該規範をより具体化して射程を絞った命題を立てるべきだという方針を示したものと理解できる。こうした教育は、例えば法律家が、自ら（や依頼者）にとって不利と思われる判例準則に直面したときに、当該準則を否定する主張を行い、その主張のマクロ正当化を図るという大掛かりな議論を仕掛けなくても、当該判例の射程を適切に画することで、自分の扱っている事件はその射程外にあるとの主張を展開することができるようになるという実践的意義も小さくないだろう[7]。

　(c)　もっとも、平井がこのような意味での「良い法律論」を志向するとき、そこでは、法律家同士の「議論」に用いられる資格のある（あるいはその実用に耐える）法律論が考えられており、判例通説として例示されるような「説得力のある」法律論を作ることには関心が寄せられていない（173 頁補注 2）。この点については、平井が自己の開講する授業（特に演習）では扱わないという趣旨であればともかく、仮に法学部における法学教育像のあるべき姿を語っているのだとすれば、いささか懸念がある。

---

[7]　これに関連しては、解約手付をめぐる本論文 144 頁以下の記述も参照。

ある法準則を出発点に、それより反論可能性の高い（より具体性が高く射程の短い）準則にブレイクダウンしたとして、そのプロセスにおいて導出される言明は論理的に1つに定まるものではなく、前述のように、いずれの言明を採用するかを正当化するプロセスと連続性をもつ。「説得力のある結論」への無関心は、こうした「いずれの言明を採用するか」というプロセスを重視しないというメッセージにも——平井の真意でないとしてもその誤解として——読み取られる恐れがあるように思われる。

平井が問題視しているのは、「実質論」と称して単に発見のプロセスを述べるにとどまる態度（今日「裸の利益考量」などといわれるもの）や、マクロ正当化について「時間に余裕のある研究者」と同じレベルのものを法律家一般の養成の場である法学教育に持ち込むことである。こうした弊害には留意しつつも、なお一定のパターン化した「発見」や「マクロ正当化」について[8]、学生にその例を示し、また実践させてみること、その限りにおいて「説得力のある結論」への一定のアプローチ方法も伝えることは、有用かつ必要ではないだろうか。

（d）　ミニ・シンポジウムにおいて、平井は、ミクロ正当化のみならず発見のプロセスもマクロ正当化も学生に教えるべきという瀬川の主張に対して、「分化しているのだということを十分に意識して教えるべきだというのなら、私に特に異論があるわけではありません」と発言している（48頁）。これを併せて考えると、星野が「自分自身が解釈論を作っていくにはどうすればいいかということを勉強することが学生にとっても必要」（56頁）と発言したのに対して、「そこは、次の段階」（59頁）と答えていることも、解釈の立て方を学部で扱うことを否定する趣旨ではなく、教える内容の分化と順序を考慮して、今日流に言えば「適切なカリキュラムマップを策定するべき」という主張ともとらえることができる[9]。

そして、まさに法学部（さらには法科大学院）のカリキュラムマップの策

8）　もっとも、「パターン化した」というところで、すでに法実務共同体においてその言明は「共有された前提」となっているのだから、そうした言明にさかのぼった結論の正当化も、なお「ミクロ正当化のプロセス」に位置付けるのかもしれない。書評子にはこの点の整理について、確信がもてなかった。

定とその検証が求められている現代の私たちにとって、「発見のプロセス」と区別される「正当化のプロセス」、さらに後者における「ミクロ正当化」と「マクロ正当化」の区別というモデルは、——さらに細やかに内実を検討する必要があると感じるものの——基礎モデルとして有用なものと書評子には感じられた。

なによりも、互いに相容れない価値観をぶつけ合うだけの「分断」が社会を危機に陥れている今日、「議論」による紛争解決という態度の涵養を法学教育の基礎に据えるという主張は、1つの希望として書評子には魅力的に感じられたところである。

[補注] 注9について、本論文の公刊当時すでに1・2年生は教養、3・4年生は専門という分化は厳密なものではなかったのではないかというご指摘を、本書評を法律時報誌に掲載した後にいただいた。東京大学において、2年生にも法学部専門科目が提供されるようになったのがいつのことであるのか正確なところはわからず、この点については、調査が不十分であることについてお詫びをしたい。

注9は、学部1年生から法律専門科目（それも入門科目ではなく民法総則など六法を扱うもの）が配当されることも珍しくない今日の法学部教育のイメージは、平井先生が本論文を執筆する際に念頭においていた法学部教育とだいぶ異なったものであることについて、注意を喚起する趣旨であった。

連載第18回（2023年2月号掲載）

---

9) もっとも今日と異なり本論文刊行当時、法学部専門教育過程は3・4年生の2年間であった。そうすると、限られた時間を何に割り振るかということについては、今日以上にシビアに考える必要があり、学部教育においては、「議論」による問題解決の態度を徹底するために、正当化のプロセス（中でも取り組みやすいミクロ正当化のプロセス）に絞って教育を行うべきであるという判断（今日流に言えばカリキュラム・ポリシーの決定）は十分に支持しうるものである。

日本における人格権法の確立と
これに基づく一元的な民法体系の創成

広中俊雄『民法綱要　第一巻総論　上』
（創文社、1989 年）

根本 尚徳

1　はじめに

　広中俊雄『民法綱要　第一巻総論　上』（創文社、1989 年。以下、本書とい
う）[1]は「大著」である。「狭義の民法総論」を展開する「民法学の体系書」
（以上、はしがき 1 頁）として著された本書は、その提示する民法の体系の内
容によってのみならず、当該体系を構築するために用いられた手法——特に、
市民社会に成立する諸秩序の「法社会学的な観察」[2]——において画期的な
意義を有し、その影響は民法学の外にまで広く及んでいる[3]。

　この小稿では、本書がたたえる豊饒な内容のうち、人格権法を中核とする
民法の体系に関わる部分に関心を集中しながら、我が国の民法学説史上におけ
る本書の意味（の一端）について考えたい[4]。

---

[1]　以下、本書の引用に際しては、引用箇所の頁数を、当該箇所の後に括弧書きで直接に示す。ま
た、本書の新版である広中俊雄『新版民法綱要　第一巻　総論』（創文社、2006 年。以下、新版
という）を引用する際にも、同様の方法による。

[2]　広中俊雄「主題（個人の尊厳と人間の尊厳）に関するおぼえがき」同『方法に関する諸問題』
（信山社、2021 年）447 頁以下、464 頁。

[3]　この点につき、広渡清吾「市民社会論のルネッサンスと法社会学」法社会学 85 号（2019 年）
36 頁以下、42-43 頁を参照。

[4]　広中俊雄博士の民法学および民法の体系に関しては、中村哲也『民法理論研究』（信山社、
2016 年）所収の諸論考が緻密な分析を行う。本稿において、それら諸論考からの逐一の引用は
——それが多数に及びうるため——これを略しているものの、以下における整理や検討は、上記
諸論考による分析にも多くを負っている。

18

2　紹　介

はじめに、本書の内容を整理しよう。

(1)　方　法

　本書は、実質的意義における民法（以下、単に民法という）の内容を明らかにするために、「市民社会[5]に成立する諸秩序[6]と関連させつつ民事裁判の実体法的規準を具体的に日本で立法および判例のなかに確認してゆく……という方法」（81頁）を採る。なぜなら、第1に、社会こそ「法の形成・存立の基盤」（同頁）に他ならないからである。第2に、そのような市民社会が生み出すものとしての民法の内容は、民事紛争の最終的な処理制度である民事裁判（40頁）において最も良く具現しうるからである[7]。すなわち、市民社会では、当該社会に成立する諸秩序に反する行為が行われた場合には、裁判官がその行為に対するサンクションを課すことが予定されている。その際、裁判官は、上記諸秩序に対応するものとしての法に則って当該サンクションの内容を決定しなければならない。他方で、そのような「法は、いわば包括的全体として把握される抽象的な存在であり、個別事案を扱う一国の裁判官たちが依拠して各事案についての結論を導くのに適した形にはなっていない」（28頁）。そのため、「個別事案を扱う裁判官に対しては——上述のようなものとしての法によって個別事案の裁判がなされることとなるように——

---

[5]　本書において、「市民社会」とは「①資本制的生産関係を支配的な生産関係とし、②権力分立を基調とする民主主義的形態の国家をもち、③人間（人格）の尊厳を承認する社会的意識の一般的滲透を導いている社会」（1頁）をいう。本書によれば、このような社会は、1960年代に日本に明確に定着した（同頁）。

[6]　本書において、「秩序」とは「社会構成員一般に——平均的に——　一定の規範的行動様式を観念させることによってその行動を方向づけるものをいう」（2頁注2)）。このような秩序は、いわゆる法秩序（各種の法制度ならびに制定法の判例・学説による解釈の結果として形成される法命題および法規範の総体）とは異なるものである。このことをつとに指摘したのは、藤岡康宏『損害賠償法の構造』（成文堂、2002年）19頁注28)。

[7]　この点につき、広中俊雄「現代の法意識」同『法過程・法意識の研究』（創文社、2004年）71頁以下、76-77頁を参照。

個別事案についての結論を導く際に依拠する（いわば細目的な）法を取り出すべき源泉が指示される」（28-29頁）。制定法主義に依拠する日本においては、そのような源泉＝法源とは、法律である（29頁）。それゆえ、各種の法律（＝立法）ならびに裁判官によるその解釈および適用として行われる各種の民事裁判（＝判例）の内容[8]を検討することで、（民事裁判の実体法的規準という形で具体化する）民法の内容を的確に捉えることができるものと考えられる[9]。

(2) 構　成

　また、本書は、「民法の意義」と題する第一章と「権利」と題する第二章とによって編成される。すなわち、「まず客観的なものとして把握される法（民法）を観察し（＝第一章）つぎにそこで主体（人）により取得される権利を観察する（＝第二章）」[10]。

　さらに、民法の分析に当てられる第一章では、──前述のような方法に基づき──当該分析それ自体（第三節）に先立って、市民社会に成立する諸秩序の解明（第一節）と民事裁判とその規準に関する検討（第二節）[11]とが行われる。

　以下では、以上の作業のうち、第一章第一節および第三節におけるものの要点を確認する。

---

8)　広中博士は、「判例の法形成機能」（44頁）を肯定される。

9)　このような方法によることの帰結として、本書では、民法は、「制定民法が提供する民事裁判の実体法的規準のほか、制定民法に視野を限定せずに広くその種の裁判規準を総括」（80-81頁）したものと定義される。ここに「制定民法」とは「民法典ならびにそれに附属する法律およびそれを補充することを内容とする法律」（54頁）のことを指す。

10)　広中俊雄「綻びた日本民法典の体系と民法学の対処」同『方法に関する諸問題』（創文社、2021年）473頁以下、479頁。なお、引用文に付された傍点は、原著者によるものである（以下、同じ）。

11)　第一章第二節の内容のうち、広中博士の民法解釈方法の特徴などについては、小粥太郎「広中俊雄の民法解釈方法論」法時87巻9号（2015年）37頁以下の参照を乞う。

(3) **内　容**

(a) **市民社会に成立する諸秩序の析出**

「予備的説明」と題する本書の第一章第一節においては、市民社会に成立する諸秩序の内容や特徴が析出される。

ア　4つの基本的秩序

まず、市民社会には、大別して2つの「根本的秩序」（3-4頁、13頁）が存在する。第1が人格秩序であり、第2が財貨秩序である。

人格秩序とは「個々の人間はすべて人格的利益の帰属主体として認められ人格的利益の帰属に対する侵害から護られるべきであるという〔社会構成員の〕社会的意識……に結実しているものとしての、個々の人間がすべて人格的利益の帰属主体として扱われる仕組み」（13頁）[12]である。具体的には、生命、身体、自由、名誉などの人格的利益の各人への帰属が侵害されないことの中に、その存在が観念される（15頁）。このような人格秩序は、「市民社会の存在理由」（13頁）に関わるものである。また、人格秩序の基底とも言うべき上記社会的意識の「標語的表現」こそ、「人間の尊厳」という言葉に他ならない（以上、同頁）。さらに、市民社会における家族結合（夫婦・親子）は、人格秩序の「特殊化した部分」（17頁）を成す[13]。

これに対して、財貨秩序は「市民社会の存立条件」（3頁）に関わるものであり、その内部において財貨帰属秩序と財貨移転秩序との2つに分かれる[14]。

次に、市民社会には、以上のような2つの根本的秩序のそれぞれをいわばその外から包み込むような形で2つの「外郭秩序」（8頁、19頁）が存在する。人格秩序の外郭秩序に当たるものが生活利益秩序であり（19頁）、財貨秩序の外郭秩序を形成するものが競争秩序である（8頁）[15]。

さらに、以上のような4つの秩序──「市民社会の基盤をなすような基本

---

12) 引用文中、亀甲括弧に括られた部分は、引用者が挿入したものである（以下、同じ）。

13) 新版18頁は、家族結合における「人格秩序」との関連において、「同性愛結合」に対する世界各国での社会的＝法的承認の高まりに言及する。

14) 財貨秩序の内容や特徴に関しては、本書4-8頁を参照されたい。

15) 生活利益秩序、競争秩序の各内容や特徴につき、本書8-12頁、18-21頁を参照。

的秩序」（22頁注1））——のそれぞれに反する状態が生起した場合には、当該状態に対する対処の方法（秩序回復手段）として、差止請求権、不法行為損害賠償請求権、不当利得返還請求権などの発生が認められる。また、これらの秩序回復手段の具体的なあり方は、各秩序の内容によって規定される。例えば、ある人への人格的利益の帰属を故意または過失によって侵害した者は、これに基づき帰属主体に生じた損害に関して「『人格秩序』がそれぞれの社会で要請する範囲および態様……において賠償をなすべき責任（不法行為責任）を負う」（16頁）。このような意味で、各種の秩序回復手段もまた、先述のような4つの基本的秩序によって各々の存在を基礎付けられる。

　イ　権力秩序

　市民社会には、上記4つの基本的秩序に加えて、さらにもう1つの秩序、すなわち権力秩序が成立する。権力秩序とは「権力の編成および機能を正当なものとみる〔社会構成員の〕社会的意識……に結実しているものとしての、権力の編成および機能の総体」（21頁）である。市民社会においては、権力の担い手は国家であり、当該国家が「社会構成員……全体の共同の管理に服する形態（民主主義的形態）」を備えるときに、上記社会的意識が醸成される（以上、同頁）。

　権力秩序は、一方で、4つの基本的秩序を確保あるいは助成することをその目的とする（31頁）。また、この目的を達成するために、権力秩序は、それら基本的秩序に反する作為または不作為に対して、裁判所などの権力機構が一定のサンクションを課すことを容認する（23-24頁）。

　他方において、権力秩序は、——刑罰制度あるいは租税賦課や公用収容などのように——ある人に、その人の意思によらずに一定の義務を課すことで、4つの基本的秩序の「例外」（31頁）を成す。

　(b)　民法の体系

　以上のような「予備的説明」を基に、本書の第一章第三節においては、4つの基本的秩序に根ざした民法、とりわけ、「市民社会の存在理由」（13頁）に関わる人格秩序の意義を適切に反映した民法の体系が構想される。

ア　具体像

そのような体系の実質的な先頭に置かれるのは「人に関する法」である。その内部では、まず、①人格権法および②家族法が「人に関する法」の基幹部分＝「人の法」に位置付けられる。そして、これら「人の法」に関連するものとして③生活利益保護法が配置される（以上、89-90頁、92-93頁）。

その後に、「財産に関する法」として、④財貨帰属法、⑤財貨移転法および⑥競争利益保護法が続く。また、上記④および⑤は「財産の法」として、「財産に関する法」の基幹部分を形成する（以上、89-90頁、93頁）。

そして、これら「人に関する法」と「財産に関する法」とを補充する制度（時効や遺留分など）がそれらの後に一括される（93頁）。

さらに、それぞれの法が人にその帰属あるいは享受を保障する利益が侵害された場合における各種の法的救済手段（差止請求権・不法行為損害賠償請求権・不当利得返還請求権）は、各々が保護しようとする利益ごとに分けられて、それぞれの法の下に置かれる。例えば、人格的利益の侵害に対する差止請求権（に関する準則）は、上記①の一部を成す。

イ　伝統的な体系との比較における特徴

また、以上のような体系の構想に当たり、本書は、伝統的な体系を支える２つの発想、すなわち財産法・家族法二分論と公法・私法峻別論とをともに斥ける。

第１に、民法を構成する諸法領域を財産法と家族法とに二分する立場（財産法・家族法二分論）が否定されるべき理由は、このような立場においては、人格権（法）の占めるべき地位が「無視されうる程度のものでしかない」（79頁）からである。すなわち、財産法・家族法二分論に依拠する民法の下では、人は、──１人の人間＝人格としてではなく──一方では経済取引（商品交換）の主体として、他方においては家族の構成員としてしか（少なくとも主としては）捉えられない。

第２に、法は、相互に異質なものである公法と私法という２つの法分野に区別される（べきである）との見解（公法・私法峻別論）は、そこにいわゆる「公法」の概念が明晰さを欠くがゆえに、これによることはできない（33-34頁、78-79頁）。

3　検討

⑴　対象の限定

　以上が、本書のあらまし、特に、本書が提示する民法の体系の概要である。

　本書における立論の数々は、その刊行以来、今日まで種々の議論の対象となってきた。とりわけ多くの注目を集めたものとして、①市民社会論[16]、②人格秩序の析出、人格権法の体系的位置付け[17]、③外郭秩序という概念の提示およびこれに基づく生活利益保護法・競争利益保護法の民法への取込み[18]、④権力秩序の概念の提示およびこれに基づく「公法」の民法への取込み＝公法・私法峻別論の否定＝「民法を全法分野の一般法とする法体系一元論」[19]の提唱、⑤権利論[20]などを挙げることができる。

　以下では、本稿の冒頭において予告したとおり、上記②の意義と、これに関連させる形で上記④の意義との2つについて分析を試みる。その際には、本書の刊行後に示された、これらに関する広中俊雄博士の見解にも合わせて目を向けることとしよう。

⑵　人格秩序の析出、人格権法の体系的位置付け

⒜　歴史的意義

ア　民法の中心としての位置付け

　我が国において、人格権という概念そのものは、古くから知られていた。

---

16)　広中博士の市民社会論を詳細に分析する論考として、広渡清吾「市民社会論の法学的意義」戒能道厚＝楜澤能生編『企業・市場・市民社会の基礎法学的考察』（日本評論社、2008年）58頁以下を参照。また、様々な市民社会論との対比における広中博士の市民社会論の特徴や意義については、広渡清吾『社会投企と知的観察』（日本評論社、2022年）386-403頁が詳しい。

17)　この点をめぐる従来の議論を整理するのは、吉田克己「「人の法」の構築」水林彪＝吉田克己編『市民社会と市民法』（日本評論社、2018年）177頁以下、179-181頁。

18)　吉田克己『現代市民社会と民法学』（日本評論社、1999年）267-274頁がこの点の重要性をいち早く強調した。

19)　水林彪「近代民法の本源的性格」民法研究5号（2008年）1頁以下、7頁。

20)　本書の権利論を批判的に検討するものとして、山本敬三「基本権の保護と不法行為法の役割」民法研究5号（2008年）77頁以下、101-103頁、107頁。

また、本書の公刊の直前には、「人格権としての名誉権」に基づく民法上の差止請求権が判例（最大判昭和61年6月11日民集40巻4号872頁〔北方ジャーナル事件判決〕）によって初めて承認された。これは、特に第二次世界大戦後に学説によって進められた人格権に関する基礎的研究[21]の貴重な成果である。すなわち、それらの研究は、人格権（の内容たる利益）が絶対性を有していること、それゆえ、そのような絶対権＝「権利」としての人格権が形式的に侵害された場合には、それだけを理由に直ちに当該人格権の差止請求権による保護が肯定されるべきことを主張する点[22]に、その眼目があった。

他方、本書が刊行される以前には、一般に、人格権は、市民社会や民法にとって、他の権利や利益のそれとは異なる特別の価値を備えた存在である、とまでは考えられていなかったものと思われる。その証左に、人格権は、例えば民法総則に関する従前の教科書や体系書[23]においては、私権の1つとして、それ以外の権利や利益と並列して取り上げられるに止まっていた。

これに対して、すでに繰り返して確認したように、本書は、人格秩序を「市民社会の存在理由」（13頁）に関わるものと把握した上で、当該秩序に対応する人格権法は、民法の体系の実質的な先頭に当たる「人に関する法」の劈頭を飾るべきもの（家族法・生活利益保護法に先行して配置されるべきもの）である、と説く（92-93頁）。これらの点に照らすならば、広中博士の民法の体系（以下、広中民法体系という）において、人格権法は、したがってまた人格権は、上記体系のいわば心臓部分に当たるものであり、そのような意味で、他の権利や利益とは異質のものとして捉えられている、と言えよう。私見によれば、まさしくこのような形で、人格権法を基点とする民法[24]の体系を、他の学説に先駆けて明示した点に、本書の傑出した歴史的意義が存するもの

---

21) その代表例は、五十嵐清『人格権論』（一粒社、1989年）に収められた諸論考である。

22) この点につき、斉藤博『人格価値の保護と民法』（一粒社、1986年）193-197頁、202-204頁、208-214頁を参照。

23) 例えば、我妻栄『新訂民法総則（民法講義I）』（岩波書店、1965年）32頁、星野英一『民法概論I（序論・総則）』（良書普及会、改訂版、1993年。初版の公刊年は1971年）72頁、89-90頁。ただし、四宮和夫『民法総則〔第4版〕』（弘文堂、1986年）24頁は、一般的人格権の存在に言及する。

24) この点につき、水林彪「近代民法の原初的構想」民法研究7号（2011年）1頁以下、142頁を参照。

と解される[25]。

イ　学界への影響

また、人格権法を民法の体系の中核に据えるという本書の構想は、学界に多大な影響を与えた。

例えば、藤岡康宏博士は、広中民法体系に触発されつつ、また独自の着想[26]をもこれに加味して、人格権の二元的構成とそれに基づく不法行為法の根源的な課題の整理を図られる。すなわち、藤岡博士は、人格権を①民法の基本的な構成要素としての人格権（民法構成上の人格権）[27]と②不法行為法の救済対象としての人格権（救済規範としての人格権）[28]との2つに区別された上で、不法行為法の課題は、上記②の人格権の保護や新たな発見を通じて、上記①の人格権を他の法益の「中心軸」[29]として確立することである、とされる[30]。このような課題の克服によって不断に生成される民法とは、人格権法がその根幹を成すような民法に他ならない。

また、広中民法体系の「承継・展開を標榜」[31]される大村敦志教授[32]も、人格権・人格的利益を核心的要素とする「人の法」について、様々な提言を行われている。特徴的なものとしては、「人の法」を、各種の状況に応じて現われる人のありよう——例えば、女性、子ども、高齢者、外国人、障害者、少数民族、性的少数者、宗教的少数者、無資格者（中途退学者）など——を総体的に把握し、それらに関する法的問題を統一的に検討するための、いわば学理上の「「座」（あるいは「空間」）」[33]として観念すべきである、との主張[34]が注目される。

---

25)　同旨の指摘として、藤岡康宏『民法講義Ⅰ　民法総論』（信山社、2015年）38頁。

26)　以下の本文で見るような人格権の二元的構成には、人格権を一般的人格権と個別的人格権とに区別する学説（例えば、五十嵐・前掲書（注21）7-8頁）の影響を見て取ることも可能である。

27)　藤岡・前掲書（注25）38頁。

28)　藤岡・前掲書（注25）38頁。

29)　藤岡康宏『法の国際化と民法』（信山社、2012年）102頁。

30)　藤岡・前掲書（注29）102頁。

31)　大村敦志『性法・大学・民法学』（有斐閣、2019年）220頁注2)。

32)　大村敦志教授は、広中民法体系の特徴の1つを、「人の法」を中心にしていることに見出される。大村・前掲書（注31）220頁。

33)　大村敦志『民法のかたちを描く』（有斐閣、2020年）44頁。

(b) 実質的意義

　また、本書における人格権法の位置付けは、広中民法体系と伝統的な体系との間に本質的な相違をもたらすものとして、実質的にも重要な意味を有する。

　第1に、すでに見たとおり、人格権法に「独立の分野」としての「正当な地位」（以上、79頁）を与えるために財産法・家族法二分論が否定される。

　第2に、前述のような人格権法の把握の仕方は、本書が①権力秩序を市民社会に成立する諸秩序の1つに数えること[35]および②公法・私法峻別論を峻拒すること、そしてこれらの帰結として、③伝統的に「公法」に分類されてきた法分野をも民法の一部として整理すること、つまりは、一元的な民法体系の構想の基礎——そのような体系を必要ならしめる実質的根拠——を成すものである、と思われる。

　すなわち、1人1人の人間がそれぞれ人格的利益の帰属主体として平等に尊重され、保護されるために市民社会が、したがってまた市民社会の法としての民法が存在する[36]とすれば、そのような人格的利益の平等な尊重と保護とにとって最大の脅威ともなりうる国家権力とこれに関する法、つまりは「公法」とを市民社会や民法にとって無縁の存在と捉えることは許されない、と言わなければならない[37]。別言すると、そのような使命を担う市民社会と

---

34)　以上につき詳しくは、大村敦志『新しい日本の民法学へ』（有斐閣、2009年）468-473頁を参照。同様の発想は、山野目章夫「「人の法」の観点の再整理」民法研究4号（2004年）1頁以下、3-4頁、8頁によってすでに示されていた。

35)　そもそも、権力秩序は、広中民法体系において、①4つの基本的秩序と民法の細目的内容とを媒介する役割（28-29頁）および②一次規範と二次規範と（それぞれの定義については、93頁注1）を参照）を接続する役割を担う点において、——それ自体が本書で深く掘り下げられることはないものの——その要の1つを成す存在である。

36)　本書において、人格秩序が「市民社会の存在理由」（13頁）に関わるものとされていることを、ここで再度、想起されたい。

37)　この点について、「別個の関心のようでありながら切り離しがたく絡みあっているために私には一体をなす関心として自覚されるところの、国家というものに対する関心と人間というものへの関心」が自身の根底には「一貫したもの」として流れていた、との広中博士の発言（広中俊雄『国家への関心と人間への関心』（日本評論社、1991年）はしがきⅱ頁）が示唆に富む。また、「権力というもの、最終的に人の思想、良心や生命を拘束する力を持っているとされている権力というものに対する批判的点検が、広中法学の一貫しているライトモチーフだと思うんです」との樋口陽一博士の指摘（同書42-43頁）をも合わせて参照。

民法とが、国家をその典型とする権力に関する秩序（＝権力秩序）とそれに関する法とを——当該使命の達成にとってその実際のあり方や機能の仕方を最も良く注視すべき対象として——自らの下に取り込むこと[38]が不可欠である。本稿の見るところ、広中民法体系において公法・私法峻別論が厳に否定される理由の根底には、——明言こそされはしないものの——以上のような問題意識が横たわっているものと解されるのである[39]。

(3) 本書公刊後における発展——人格権法・人の法の成熟

さらに、広中民法体系における人格権法（を中心とする人に関する法）は、その後、新版などにおいて、その新たな姿を現すこととなった（このような広中博士の継続的関心からも、広中民法体系にとって人格権法がいかに重要なものであるか、を看取しうる）。

(a) 人格権法（人の法）の再定位

第1に、本書が提示する民法の体系においては、実は、「人に関する法」の前に、「権利主体……〔の〕資格についての準則」を扱う「権利の主体（人（自然人）および法人）」と題する部分が設けられていた（以上、92頁）。

これに対して、新版では、当該部分は民法の体系から除かれた[40]。それは、民法上、「本来的な権利主体」は「人（人間）」であり、法人は「人（人間）と同じ意味において権利主体たりうるのではなく、……人（人間）に準じて権利主体たりうるにすぎない」とされたためである（「「準じて」というのは、法人が権利の主体たりうる範囲（権利の種類等）は、解釈によって画定されるという意味である」。以上、新版99頁）。

そして、以上のような変化に伴って、本書の「人に関する法」（人格権法・家族法・生活利益保護法）は、「人の法」とその名称を改めた上で、形式的にも民法の体系の冒頭の位置を占めることとなった（新版116頁）[41][42][43]。

---

38) 市民社会と国家との関係のこのような捉え方を、今日の市民法論・市民社会論（広中博士のそれをも含む）に共通して認められる問題意識として指摘するのは、瀬川信久「市民法・市民社会論のいま（3・完）」法時92巻13号（2020年）260頁以下、261頁。

39) 以上と同旨と思われる分析として、瀬川・前掲注38）263頁。

⒝ 成年後見制度等の親族法からの分離

第2に、本書においては、禁治産・準禁治産制度は、家族法に属するものとされていた[44]。

しかし、1999年の改正によって、成年後見・保佐・補助制度は「親族法上の制度ではなくな〔り〕」（新版111頁）、判断能力の減退した自然人を——各人の生活状況などに鑑みて最も適切な者が——保護することを目的とする制度へと改められた[45]。

---

40) なお、広中博士は、新版において、以下のような現行民法典の立法史に特に注目される。すなわち、旧民法典の人事編は、権利の主体に関する規定を中心とし、家族に関する規定をその一部とする形で制定された。その後、いわゆる法典論争が起こり、そのような人事編が「個人主義」と「家族制」とのいずれに依拠するものであるかが問題とされた。そこで、現行民法典の起草者は、このような「大問題」（新版105頁）への対処として、人事編を解体することとした。具体的には、パンデクテン体系を新たに採用しつつ、人事編の諸規定のうち、権利の主体に関するものは総則編に（しかも個人主義の色彩を薄めた上で）これを配置し、家族に関する諸規定については、親族編を独立の編として新たに設け、そこにそれらの規定を移すこととした（以上につき詳しくは、新版101-107頁）。このような現行民法典の立法史に関する新版の記述（当該立法史に広中博士が注目をされた事実）を基に考えるならば、新版における変更部分、つまりは①本書では民法の体系の冒頭に置くこととされていた「権利の主体（人（自然人）および法人）」と題する部分（92頁）を削除し、これによって②人格権法と家族法と（さらには生活利益法と）から形成される「人の法」が民法の体系の中心に位置することを形式的にも明確化しようとする点には、以上のような旧民法典の人事編（≒人の法）の解体過程をいわば巻き戻そうとする広中博士の意図が込められている、と解することができるのではなかろうか。

41) 新版115頁の記述によれば、同書116-117頁に示された『新版民法綱要』の編成のうち、「その第二編ないし第四編」が民法の体系を「具体化」したものである。そして、『新版民法綱要』の「第二編」は、「人格権」法をその第一章とする「人の法」の叙述に当てられている。

42) また、民法典3条1項に関して、同項は、人＝人間が、その出生と同時に権利能力を獲得するとともに、1人の人格として「生命および身体（＝健康）の享受を内容とする権利（人格権の中核を成す権利）の現実的享受を始める」（新版98頁）ことを定めたものとしてこれを読むべきである、との解釈が新たに示された。

43) さらに、広中博士は、新版の構想を基に、民法典のあり方に関しても、「第一編 人」で始まる編纂方法に依拠すること（そのような編纂方法による新たな民法典への改正）を提案された（広中俊雄「「第一編 人」で始まる新しい民法典の編纂」同『民法典編纂史の研究』（信山社、2020年）736頁以下、736頁）。上記「第一編 人」には、「個人の法（人格権につき詳細な規定を新設）と家族の法とを含める」べきである、とされる（同738頁。前者の「個人の法」が本稿にいわゆる人格権法に相当することは、多言を要しないところであろう）。また、このような提案は、民法典の体系としてパンデクテン体系に依拠することの放棄を主張するもの他ならない（この点につき、同737-738頁および広中・前掲注10）478頁参照）。

44) この点につき、広中俊雄「十二年を振り返る」同『方法に関する諸問題』（信山社、2021年）420頁以下、429頁、433頁を参照。

これに呼応して、新版では、成年後見・保佐・補助制度は、「人の法」の内部において、家族法から独立することとなった（新版116頁）。広中博士曰く、このような「「人の法」における……個人の法の拡大と親族の法の縮小は、「人の法」の成熟過程」[46]を表すものである。

(c) 「戦争放棄の思想」の原理的基礎付け

第3に、広中博士は、日本国憲法9条所定の「戦争放棄の思想」を人格権法の一要素として原理的に基礎付けられた。

すなわち、広中博士は、国家による戦争を「人間の尊厳に対する明白な侵害」[47]と把握される。その際、広中博士は、国家が敵国の人々を戦闘員・非戦闘員の区別なく殺す点にのみ、（それら敵国の人々の）人間の尊厳に対する侵害を見出されるのではない。さらに、国家が自国の戦闘員に対して、敵国の人々の殺害を命ずる点にも、（自国の戦闘員の）人間の尊厳に対する明白な侵害を肯定される[48]。また、ある国家が一度、戦争を始めれば、その国家の国民（非戦闘員をも含む）1人1人の生命、身体、自由そのものが侵害の危険にさらされることも、紛れもない事実である。それゆえ、人格秩序を基礎とする市民社会にとって、自己の国家権力＝自国による戦争は、その社会の構成員全員の「人間の尊厳」に対する深刻な脅威として全面的に否定されるべきものである、と言わなければならない[49]。したがって、そのような戦争を国権の発動として行うことおよび国家がそのための常備軍を持つことを禁止する前記「戦争放棄の思想」もまた、広中民法体系において、以上のような市民社会の法である民法、なかんずくその根幹部分に当たる人格権法の不可欠の基盤（最深部）を形成するものとして捉えられるべきこととなる。言い

---

45) そのことの具体的意義については、広中俊雄「成年後見制度の改革と民法の体系」同『方法に関する諸問題』（信山社、2021年）371頁以下、409-413頁および新版110-111頁における分析を参照されたい。

46) 広中・前掲注45）415頁。

47) 広中俊雄「戦争放棄の思想について」同『方法に関する諸問題』（信山社、2021年。初出年は2006年）114頁以下、128頁。

48) 以上につき、広中・前掲注47）116-119頁、127-128頁。

49) 樋口陽一「憲法9条と立憲主義」法セ635号（2007年）42頁以下、44-45頁は、広中・前掲注47）を手がかりとしつつ、以上と実質的に同旨と解される分析を展開する。

30

換えるならば、人格権法の基底を成す「人間の尊厳」の理念は、上記「戦争放棄の思想」をも——人格権法の、つまりは民法の一部として——必然的に要請するのである[50]。

4　おわりに

これまで概観してきたように、広中博士の手によって、人格権法は、民法の体系上に——私見によれば、その意義に最もふさわしい、民法の中心という——1つの明確な位置を与えられた。また、これに基づき、民法を一般法とする一元的な法体系の創設が提唱された（さらに、そのような中核的存在としての人格権法が、様々な問題の検討にとって有益なものたりうるような、多面的で、豊かな実質を備えたものであることが、とりわけ本書の刊行後における広中博士の著作によってすでに示されているものと思われる）。後者の主張に関しては、あるいは、なお異論が起きるかもしれない[51]。しかし、前者の構想については、まさしく人格権法に関する日本の民法学の新たな「歩み出し」、しかも大きな一歩として、多くの論者の賛同を得ることができよう。今後、そのような歩みを、さらにどのように進めていくべきか。例えば、人格権法の具体的内容を、いかなるものとして形成すべきか[52]。また、人格権に根ざした——「人の法」としての——家族法のあるべき姿とは、どのようなものか。それらの探求は、我々、後進の手に委ねられている。

連載第14回（2022年9月号掲載）

---

50)　広中・前掲注47）131頁から始まる「付記」では、注49）で引用した樋口・前掲注49）44-45頁における分析が紹介されている。
51)　この点につき、例えば、石川健治「憲法典・間テクスト性・憲法学」法時95巻3号（2023年）92頁以下、97頁注10）を参照されたい。
50)　この点につき問題の整理と検討とを行う近時の論考として、吉田・前掲注17）199-208頁。

批判法学的所有論が示したもの

吉田邦彦『民法解釈と揺れ動く所有論』
（有斐閣、2000 年）

阿部 裕介

1 はじめに

　本書は、民法解釈学方法論に関する論文を収録した第一部と、それを所有論に応用した論文を収録した第二部によって構成されている。本稿では、担当者の問題関心に従って、第二部で展開された所有論を紹介及び検討の中心とし、第一部はその背景として紹介・検討するにとどめたい。

2 紹 介

(1) 第一部　民法解釈学の思想的基層
　第一部は、民法解釈学方法論に関する論文を収録したものである。そのうち、最後の第六章を除く部分は、初出時期が遅いものから早いものへと遡るように配列されている。しかし、第一部所収の論文の多くは、アメリカ法学の方法論的展開との対比を含むところ、初出の早いものから順に配列すると、概ね、アメリカ法学史の時系列に沿うことになる。ただし、第一章は、初出が最も遅い（1999 年）にもかかわらず、アメリカ法学史の中では最初期のリアリズム法学を扱う。そこで以下では、まず第一章を紹介し、ついで第四〜六章を紹介した後、第三章、そして最後に第二章を紹介したい。

(a) リアリズム法学——利益考量論
　第一章（リアリズム法学と利益考量論に関する「基礎理論」的考察）は、日本

の（特に星野英一の）利益考量論と、1920年代から30年代のアメリカのリアリズム法学との関連性及び異同（25頁）を、系譜的考察（6頁）によって論ずるものである。具体的には、利益考量論の特徴のうち、実質的価値判断の重視や予見法学的色彩には、リアリズム法学の影響を検出できるが、価値の序列および客観的妥当性を価値判断の基準とする点は、アメリカ法学ではなくヨーロッパ自然法論の影響によるものであって、リアリズム法学における法の倫理的価値論的議論の弱さ（38頁）を衝くものとされている（25-29頁）。そして、両者に共通する問題として、「法学本来の法価値論・規範論」について「充分な哲学的考察はなされていない」（68頁）ことを指摘する。

(b) 反道具主義法学――「議論」論

　第四章（法的思考・実践的推論と不法行為「訴訟」）は、リアリズム法学の影響の下で1960年以降のアメリカで台頭した「法と経済学」の不法行為法への応用の優勢や、日本民法学の「総合救済システム」論（加藤雅信）が、不法行為「訴訟」の存在意義に疑問を投げかけているとして、不法行為「訴訟」の存在意義を問い直すものである（199頁）。そこでは、訴訟の固有性を、道具主義的な「目的＝手段」的思考様式と対蹠的な「法的思考」（平井宜雄＝田中成明）に求めること（201頁以下）に活路が見出されている。そして、1970年代以降のアメリカにおいて「法と経済学」を批判した（228頁）実践的法学研究・ネオプラグマティズム法学研究[1]もまた、反道具主義の点で「法的思考」と通ずる、と指摘する（219頁）。その上で、この潮流が、不法行為訴訟に固有の（保険政策・行政的規制政策・刑事政策〔229頁〕に解消されない）存在意義を認めるものでもあることを指摘する。

　第五章（債権侵害・不法行為理論・法解釈思考様式）は、本書に先立つ『債権侵害論再考[2]』への書評[3]及び本書第四章への書評[4]を受けたものである。

---

1) なお、アメリカ法学における「法と経済学」批判は、その後に公表された第二章でも取り上げられているが、そこでは、もっぱら、ロールズを祖とする規範的正義論の系譜が紹介されている（73-74頁）。これに対して、第四章は、第二章で規範的正義論の系譜に属するとされるドゥオーキンの、プラグマティズム法学研究への影響に言及するにとどまっている（216頁）。

2) 吉田邦彦『債権侵害論再考』（有斐閣、1991年）。

特に、『債権侵害論再考』に対する磯村書評への応接の中で、契約侵害（債権侵害）の類型化のための分析軸として、「代替性（fungible）ある標準化（規格化）された商品の取引……か、それとも、特異性ある当該取引特殊の投資が絡む契約……か」（265頁）という視点が示されており、これが、第二部（特に第七章）の萌芽とされている（296頁）。

第六章（子の監護紛争をめぐる日米の法状況）は、第四章・第五章で扱った「法的思考」を、古典的紛争（「比較的同質の利益をめぐる……二当事者間の個別的・私的紛争」）を背景に形成されたものと評した上で、現代では紛争の性質が変容していると指摘する（300頁）。その上で、そのような現代的紛争であって、かつ「政策志向型訴訟」とも異なるタイプのものとして、子の監護紛争を取り上げる。そして、アメリカ監護法の当時の動向から示唆を得て、確かに監護紛争は合意形成によって解決されることが特に望ましいが（326頁）、合意を形成できず、または長期の交渉が子の利益を害することへの備えとして、さらには両親間の公平を図るために、司法による監護紛争の早期解決やそのための法的思考はなお存在意義を残している（327頁）と説く。

(c) 批判法学

第三章（現代思想から見た民法解釈方法論）は、平井宜雄「『法的思考様式』を求めて——三五年の回顧と展望」（吉田邦彦編『民法学の羅針盤』〔信山社、2011年〕6頁以下所収）に対するコメントを収録するものである。ここでは、「議論」論の実践（172頁）として、「川島博士の私法理論」及び個人主義・リベラリズム・合理主義・理性中心主義に対する批判理論が展開されている（175頁）。その中には、本書第二部（特に第七章）が取り上げる、所有論における新たな展望（177頁）も含まれている。なお、この段階で、「現代のプラグマティズム論から学ぶところがあり」、第四章のように法的思考様式を道具主義的な目的＝手段思考様式と対立させることは、放棄されている（189頁）。

---

3) 磯村保・法時64巻9号（1992年）74頁。
4) 手嶋豊・法時64巻10号（1992年）93頁。

第二章（アメリカにおける批判法思想の展開とわが民法学の行方）は、1970年代半ば以降のアメリカ法学におけるCLS（批判的法学研究／批判法学）の隆盛を紹介する（78頁）。そして、この動向から示唆を得て、「従来の『利益考量論』の批判的実践を承継し、その方法論的基礎がプリミティブであったところを批判して再編し、将来的に発展させる」ことを目指している（90頁）。具体的には、法的正義論は必要だが、それは「人間的充実」「良き生」などという曖昧なものにならざるを得ず、状況・コンテクストにより評価が異なったり、同一場面でも異なる評価視角により緊張関係を孕む（125頁）として、「ヒエラルヒッシュな正義の体系」（125頁）を措定する従来の利益考量論とは一線を画する。例えば、「コミュニティによる抑圧現象がある時には、むしろ個人主義的利益への配慮が重要」であるが（127頁）、他方で「個人の疎外、非政治化という現代的な現象が出ているときには、共同体主義的、デモクラシー的、関係＝連帯志向的な価値を重視したアプローチが必要になる」（128頁）という。

(2) 第二部　所有権理論の新展開・序説

第二部では、第二章で示された批判法学の研究プログラムを実践した実作として、従来の市場主義的商品所有権理論と個人主義的所有権理論に対する批判理論を展開した論文が収められている。その際には、「所有（property）概念は理論的には——民法が定める在来型のものとは違って——財貨の帰属ぐらいの意味合いで、広く把握できる」（はしがきv頁）という発想に基づき、従来の日本民法学が必ずしも所有権の客体とは考えていなかった様々なものが、所有権理論の射程に収められている。

(a) 市場主義的商品所有権理論への批判

第七章（アメリカ法における「所有権法の理論」と代理母問題）は、代理母契約の法的効力について、従来我が国では公序良俗違反という簡単な指摘に止まることが多く、この問題の複雑さが十分に理論的に明らかにされてこなかった、という問題意識（404頁）から、アメリカ法学における「代理母問題に関する議論の状況の輪郭を示し……その背景をなす理論的問題を解きほぐ

す」ことを標榜する（338頁）。まず、「所有権論の新たな展開」（342頁）として、「人格的所有権理論」（Radin）が紹介される（344頁）。この理論は、「従来の古典的リベラリズムの所有理論への批判」（343頁）として提示されたものであり、それによれば、「所有（物）は、人格的・個人的（personal）なもの……と代替的（fungible）なもの……とに二分される」ところ、従来は後者が過度に強調されてきた（345頁）。そして、そのことを批判し、特に身体の「反商品化」を主張して（348頁）、有償代理母を禁止し、無償代理母についてもその法的実現（特定履行、損害賠償）は控えるべきであると主張する（359頁）。もっとも、その際には、代理母制度による「抑圧的な性的役割の強化」、代理母を禁じても「代理母が中流女性であるとすれば……経済的苦境は生じない」こと、子どもを「遺伝的財産」として見るべきではなく、遺伝や血縁よりも「共有される生活」を重視して「関係的結合」として親子関係を捉えるべきこと、「望まれない子の養子制度」が利用されなくなることによるそのような子の福祉の悪化、代理母制度から排除されている黒人（貧困）女性の苦境などをも考慮している（360-361頁）。そこで次に、「代理母の法政策的議論の状況」として、フェミニズム法学における代理母への賛否の対立、批判的人種理論の観点、伝統的リベラリズムによる代理母の擁護が紹介されている。そして、子を持つという短期的帰結と、不平等の深刻化等の長期的帰結とを対置させなければならないことが、問題解決を困難なものにしているという（401頁）。

　なお、第七章は、人格的所有権理論を川島武宜『所有権法の理論』（岩波書店、1949年：以下「川島論文」という）と対比しており（352頁）、第一一章（現代所有権理論の課題と展望）の前半には、この川島論文への書評（近代所有権理論の意義と限界）が収録されている。そこでは、川島論文の特徴として、マルクス経済学の影響による「近代所有権の商品性」の強調が挙げられた上で（522頁）、「経済的市場取引から視野を拡げて、個人の人格と密接な個人的・人格的所有権なるものを、今日的に見直してみる必要がある」ことが指摘されている（528頁）。

⒝　個人主義的所有権理論への批判

　第八章（環境権と所有理論の新展開）は、「従来の環境法学はやや制度的紹介ないし各論的解釈に追われている状況である」という問題意識に基づき、「それを支える基礎理論に立ち返って、再検討する」ことを目的とする（460頁）。本書は、環境権が「個人主義的所有……の延長線上で理解されてきた」ために、人格権的構成に対する環境権の独自の意義が希薄となっていたと指摘し、これに対して、集団的・共同体的な、公共的な利益に着目すべきであると主張する（427頁）。そして、「絶対的排他的私的所有権論」と対置される「公共的・共同体的所有理論」の一形態としての新たな所有ビジョン（423頁）として、「緑の所有権」論（440頁）に着目する。「緑の所有権」論は、アメリカにおける環境保護のための私的所有権への規制を正当化する基礎理論であり、本書はそこに、「私的所有を前提とした伝統的市場主義モデルの限界設定ないし再編に際して重要な位置を占める、『人間的充実』あるいは『良き生』のための人格的秩序ないし環境設定のあり方」への所有権法学者の関心を見出す（440-441頁）。本書は、そこから導出される帰結自体は目新しいものではないことを自認しつつ、アメリカ環境法学ではそれが「所有権論の展開との相関で説かれている」ことを強調する（455-456頁）。

　第九章（情報の利用・流通の民事法的規制）は、従来、「情報民事法学の一般的な理論枠組が充分意識されてこなかった」ために、具体的問題毎にアドホックな解決がなされてきた、という問題意識に基づき、情報の所有・独占(i)と利用・アクセス(ii)の調和を理論的基軸として、情報利用をめぐる種々の民法的諸問題を横断的に通覧することを標榜する（466頁）。具体的には、一方で、商品取引に関する錯誤・詐欺を肯定する議論を、情報開示による情報利用(ii)を推進するものとして、錯誤・詐欺を否定する議論を、情報所有(i)を認めるものとしてそれぞれ整理し、この領域では前者の動きが強いと評する（468頁）。他方で、知的創作情報の領域では、知的所有権の法制度が「伝統的な個人主義的・絶対的・排他的所有権モデル」「（労働に対する功績・報奨として捉える）ロック的所有論」の延長線上に成立しているが（i）、アメリカにおけるフェアユースの活性化（ii）はこれに対する反省の動きであると評する（473頁）。そして、インターネット空間では、情報の公共財的側面

（ⅱ）が強調され、著作権の保護の妥当性について再考を迫られる一方で、公共財としての情報を名誉毀損やヘイトスピーチ等の「情報汚染」から守るための品質管理が必要となる、と説く（480頁）。

第一〇章（不正な競争に関する一管見）は、不正な競争行為の類型論、要件論の素案を示すとともに、競争秩序の現代的規制のあり方を論ずるものである（486頁）。不正競争は債権侵害の一類型として捉えうることから、この第一〇章は『債権侵害論再考[5]』の続編としての性質を有するが（516頁）、不正競争を「顧客・信用ないし取引を巡る利益の『帰属』（財貨帰属）を巡る紛争」（517頁）として捉える視角に基づき、本書に収録されている。

第一一章前半に収録された川島論文への書評は、川島論文の特徴として、「共同体」的所有論の排撃をも挙げており（522頁）、団体的規律や環境問題、知的情報の管理、貧富の格差から生ずる問題を、今後の所有法学が取り組まなければならない課題として挙げている（529-530頁）。

また、第一一章の後半には、森村進『財産権の理論』（弘文堂、1995年：以下「森村論文」という）への書評（日本版リバタリアニズム所有権論に関する批判的考察）が収められている。そこでは、森村論文は、「ロック＝ノーズィック流の自然権論的な自己所有権テーゼ」によって所有権を正当化することで（536頁）、川島論文とは異なる所有理論を提示したと評価されている（540頁）。その一方で、「ヨリ積極的な再配分に向けての、国家ないしその他の諸々の中間的諸団体のコミットメントが要請されることになるのではないか」とも指摘されている（543頁）。

3　検　討

(1)　第一部について

本書の著者自身は、「法的思考とは何か」という問題意識が第一部の「通奏低音」をなしており（332頁）、「それほど問題意識はシフトしていないつもり」（はしがきⅳ頁）であるという。しかし、初出時期が最も早い第四章に

---

5)　吉田（邦）・前掲注2）。

おけるような意味における、すなわち「『目的＝手段』的思考様式と対蹠的な」（202頁）「法を内的視点から捉える」（216頁）法的思考への関心は、その後の第三章における法的思考と目的＝手段思考との峻別の放棄（189頁）を転機として、徐々に低下し、これに代わって、「外的視点に立つ」（216頁）批判法学への傾倒及び法政策論への傾斜の度合いが、徐々に強まっている。

　その結果として、本書第一部は、全体としては、アメリカ法学史の展開を、リアリズム法学—功利主義法学—反道具主義法学—批判法学という形で図式化し、利益考量論（星野英一）をリアリズム法学の延長線上に、「議論」論（平井宜雄）を反道具主義法学と共鳴するものとして、そして自らを批判法学の実践者として、それぞれ位置付けているように見える。もっとも、批判法学が第四章では「法と経済学」とともに「外的視点に立つ」（216頁）ものとして「法を内的視点から捉える」「プラグマティズム（実践的）法学研究」の新潮流と対置されていたことや（216頁）、アメリカ契約法学における経済分析の有力化と批判法学の退潮が示唆されていることは（342頁）、上述のようなアメリカ法学史の図式に疑問を生じさせる。しかし、本書の叙述を離れてこの図式を検証することはしない。

　従って、第二部と最も関係が強いのも、批判法学を紹介する第二章であろう。第二部の第七章は、プラグマティズムの潮流を扱ったものとして第一部の第四章・第五章を引用しつつ、それが「法政策の領域でいかなる意味を持つのか」を考察している（339頁）。しかし、そこでは、プラグマティズムは、第四章で指摘されていた特徴の多くを失い、理論と法実践（各論）との結びつきの重視（347頁）といったレベルにまで希釈化されている。

⑵　第二部について

⒜　総論

　第二部では、批判法学の視点が所有論に応用されている。本書刊行後も本書の著者は批判法学的所有論の研究プログラムを精力的に遂行しているが[6]、ここでは本書が扱った問題に的を絞りたい。

　2014年に刊行された『財の多様化と民法学[7]』は、現代社会に出現した

「新たな財」として、本書第二部が扱った身体・環境利益・情報・競争利益を網羅している[8]。もっとも、そこでは、「多様な財」に対応した「帰属関係」の多様なあり方が構想されており[9]、本書のようにそうした帰属関係を全て「所有」と呼んで「所有論」を展開することは、慎重に回避されている[10]。

このことは、本書がそうした帰属関係を全て「所有」と呼んでいたのはなぜだったのか、という問いを誘発する。本書は、英米法における property 概念から着想を得たようである（はしがきⅴ頁）[11]。近時のフランス法学でも、このような緩やかな所有概念を採用する新理論が登場し、注目されている[12]。しかし、本書は何のためにそのような緩やかな所有概念に着目したのか。それは、人体や環境、情報、競争利益等を「所有」の対象に《包摂[13]》し、包摂したものをめぐる具体的議論からフィードバックを得て、近代的な市場主義的・個人主義的所有論に対する批判の手がかりとするためであろう。

しかし、前述した『財の多様化と民法学』に象徴されるように、この目論

---

6) 吉田邦彦『多文化時代と所有・居住福祉・補償問題』（有斐閣、2006年）、同『都市居住・災害復興・戦争補償と批判的「法の支配」』（有斐閣、2011年）、同『東アジア民法学と災害・居住・民族補償（前編・中編・後編）』（信山社、2015～2019年）。

7) 吉田克己＝片山直也編『財の多様化と民法学』（商事法務、2014年）。

8) 吉田克己「財の多様化と民法学の課題——鳥瞰的整理の試み」吉田（克）＝片山編・前掲注7）25頁以下。

9) 吉田（克）・前掲注8）60頁。

10) 特に、森田宏樹「財の無体化と財の法」吉田（克）＝片山編・前掲注7）117頁は、「物権、債権およびその他の権利を包摂する『財産権』」の概念を用いることで、本書のような「所有権」概念を避けている。

11) 吉田（邦）・前掲注2）14頁以下も、英米法において契約がpropertyとして扱われることに着目したものとして位置付けられている（はしがきⅴ頁）。もっとも、実際には、property概念自体への言及はなく、right (s) in remという概念について、日本民法典の「物権」よりも広い概念であると指摘していたにとどまる。

12) 横山美夏「フランス法における所有（propriété）概念」新世代法政策学研究12巻（2011年）277頁など。特に、この所有論が身体所有権を肯定することにつき、吉田克己「身体の法的地位(1)」民商149巻1号（2013年）25頁など。

13) 得津晶「民商の壁」新世代法政策学研究2巻（2009年）260-261頁注114は、本書の著者がしばしばこのような「基礎理論・上位概念へ包摂し概念を議論の対象にするという手法」を用いていることを指摘し、これを平井宜雄の方法論の実践として、また、「法ドグマーティク」の応用として位置付ける。

見は今日の目から見て成功したとは言い難い。以下では、このことを各論的に検証したい。

(b) 市場主義批判（第七章）の成否

本書が市場主義的商品所有権論批判の手がかりとする「人格的所有権理論」（第七章）は、身体が所有権の客体となることを前提とする。この前提がアメリカ法学において広く受け容れられたものだとすれば、それは、「アメリカ所有法学におけるロックの存在の大きさ」（474頁）によるものであろう。ロック以来の自然法的所有権論は、むしろ「自己所有権」（536頁）の延長線上で物の所有権を正当化するものであり、そこでは、人による自己の身体の所有に疑問を挟む余地はない[14]からである。

これに対して、日本民法学では、自然法的所有権論の影響が弱いためであろうか、物（民法85条）の要件として「外界の一部[15]」であることや非人格性[16]を挙げ、人の身体は、分離されない限り、物として所有権の客体となることはない、と解するのが一般的である[17]。分離前の身体の一部をも物として所有権の客体たりうるとする、本書に親和的な学説も絶無ではないが[18]、少数説に留まっている。

このことは、日本民法学において人体の処分可能性を論じる際に人格的所有権理論が持つ含意に影響する。分離された身体の一部など、通常所有権の客体と解されているものについては、人格的所有権理論は、処分可能性の原

---

14)　吉田（克）・前掲注12）27頁。

15)　鳩山秀夫『増訂改版日本民法総論』（岩波書店、1930年）241頁、石田文次郎『現行民法総論』（弘文堂書房、1930年）188頁、我妻栄『新訂民法総則』（岩波書店、1965年）202頁など。「外界」の語は、サヴィニーが意思支配の対象を「本人」と「外界」とに区分し、「物」を後者の一部としていたこと（水津太郎「物概念の構造」新世代法政策学研究12号〔2011年〕317頁）を想起させる。

16)　四宮和夫＝能見善久『民法総則〔第9版〕』（弘文堂、2018年）182頁。

17)　吉田（克）・前掲注12）14頁。

18)　二上兵治「体躯権の存否及び性質」法学協会雑誌21巻12号（1903年）1782-1784頁、末弘厳太郎『債権各論〔第3版〕』（有斐閣、1919年）1022頁（身体は任意に処分できないが、このことで所有権は否定されない）、内田貴『民法Ⅰ〔第4版〕』（東京大学出版会、2008年）358頁（その理由として「輸血や臓器移植を売買契約によって行なうことも理論的には可能であ」ることを挙げる）など。これらの著者の多くは、アメリカ法学の影響を強く受けている。

則性を疑わせる意味を持つ。これに対して、通常所有権の客体と解されていない人の未分離の身体については、それは、「人格」の強調とは裏腹に、むしろ処分可能性を原理的には否定せず、政策判断の俎上に乗せる意味を持つ。実際、本書は、日本において代理母契約が簡単に公序良俗違反で無効とされることを批判し（404頁）、無償代理母契約の有効性を肯定するなど、代理母による身体の処分を部分的に許容する方向性を示している（405頁）。臓器移植[19]（356頁注49）等も視野に入れると、身体の処分可能性をおよそ原理的に否定することはもはや不可能であり、代理母契約の効力も、それが代理母による自己の身体の処分であるということのみをもって否定することはできないのだろう。

　もっとも、身体の処分可能性を肯定するための法律構成として、身体を所有権の客体とすることが論理的に必要なわけではない。仮に、本書が、身体の処分可能性を肯定するために、身体の所有権を観念しているのだとすれば、その背後には、法的処分権を所有権の一内容として位置付ける理解が存在するはずである。確かに、身体所有権を否定する学説には、身体を所有権ではなく人格権の客体とすることで身体の帰属を捉えるものが存在し[20]、その中には、身体の処分可能性を原理的に否定するものがみられる[21]。しかし、本書の刊行後、人体が所有権の客体であるか否かを棚上げしながら、人に自らの「人体を処分する権利」を承認する学説も現れている[22]。また、法的処分権は、所有権その他の財産権一般を対象とする、より高次のレベルの権利で

---

19) 後掲注24）も参照。ただし、大村敦志『民法読解総則編』（有斐閣、2009年）253頁は、無償の提供行為が履行されれば提供者はもはや返還請求をなしえないが、そのことは臓器が処分可能であることを意味しない、と解している。もっとも、この解釈は、帰結レベルでは、代理母問題について本書が支持する帰結と符合している。

20) 鳩山・前掲注15）241頁、石田・前掲注15）188頁、我妻・前掲注15）202頁、吉田克己「身体の法的地位(2)」民商法雑誌149巻2号（2013年）125頁など。

21) 吉田（克）・前掲注20）は、身体の譲渡可能性を「原理的に」否定する（122頁、126頁及び129頁）。もっとも、その背後には「身体の商品化を阻止する」という問題意識があるといい（134頁）、そのためか、「身体を対象とした取引」をする契約の無効は、「人間の尊厳に反すると認められるもの」に限られ（122頁）、「身体の一部について分離前の契約の可能性が認められる」（134頁）として、臓器を商品化しないような臓器移植の合意の例を挙げる（注98）。人格的所有権理論との対比からは、身体の原理的譲渡不可能性は、身体の商品化を阻止するという問題意識に比して過剰であるようにも思われる。

あって、所有権の一内容ではない、という見方も成り立ちうる[23]。もちろん、このような見方においても、法的処分の対象は通常は財産権に限られているのであるが、さらに進んで、身体を人格権の客体とすることを前提に、分離前の身体の一部に対する人格権の処分権を認める見解も登場している[24]。

　本書の刊行後、小粥太郎は、本書の市場主義批判に共鳴しつつ、その後の学説も視野に入れて「一見したところでは商品の所有権のようにも見える権利であっても、人格権として性質決定できるなら、あるいは人格権としての性格を加えることができる所有権であれば、商品所有権以上の法的保護を実現することも不可能ではないように思われた」という[25]。しかし、人格権としての性質決定は、所有論へのフィードバックを提供するものではない。人格権の性質決定が及ばない所有権は、商品所有権であり続けるからである。それでも、真に「一見したところでは商品の所有権のようにも見える権利」を人格権として性質決定できるのであれば、その分だけ商品所有権の領域を縮小できるのかもしれないが、人の身体に対する権利は、日本民法学では、そもそも「商品の所有権のようにも見える権利」とは考えられてこなかったものである。本書の視点からは、そのような人の身体に対する権利を人格権として性質決定することは、身体を所有権の客体に包摂することを避けることで、むしろ市場主義的商品所有権理論を無意識的に擁護するものとして映るかもしれない。しかし、だからといって本書のように身体を所有権の客体に包摂したとしても、市場主義批判は、代理母問題における具体的法実践ではなく、身体を所有権の客体に包摂すること自体によって支えられたものと

---

22)　櫛橋明香「人体の処分の法的枠組み（8・完）」法協 131 巻 12 号（2014 年）2570 頁。同 2585 頁は、「人体を処分する権利」が自己決定権の一種として扱われていることを指摘し、エホバの証人輸血拒否事件判決（最三小判平成 12・2・29 民集 54 巻 2 号 582 頁）を引用する。

23)　森田宏樹「処分権の法的構造について」星野英一追悼『日本民法学の新たな時代』（有斐閣、2015 年）508 頁。

24)　米村滋人「人格権の譲渡と信託」水野紀子編著『信託の理論と現代的展開』（商事法務、2014 年）86 頁は、生体臓器移植におけるドナーの「同意」を、単なる侵害行為に対する同意ではなく「ドナーの臓器に対する権利（人格権）の譲渡」として捉えた上で、これを行うための処分権限が権利者（ドナー）に与えられている、と解している。

25)　小粥太郎「所有権のイメージ」糠塚康江編『代表制民主主義を再考する』（ナカニシヤ出版、2017 年）225-227 頁。同 226 頁注 12 は本書を引用する。

ならざるを得ないだろう。

　もっとも、未分離の身体ではなく分離物を扱えば、人格的所有権理論は日本民法学においても市場主義批判に成功しうる。通説も分離物が所有権の客体となることは否定しないが、分離物（所有権）の処分も同様の倫理的問題を生じうるからである。それでもなお、身体を扱うことに本書がこだわったのであれば、本書の目的は、実は市場主義批判ではなく、身体を所有権の客体に包摂することそれ自体だったのかもしれない。

(c)　個人主義批判（第八〜一〇章）の成否

　紙幅の制約もあり、個人主義批判に関しては、情報所有（第九章）につき一言するにとどめる。本書は、情報の所有を観念するものの、同時に、情報の公共財的側面を強調し、現行の著作権制度は「伝統的な個人主義的・絶対的・排他的所有権モデル」の延長線上にあるとして、その再考を求めている。しかし、『財の多様化と民法学』には、まさに情報の公共財的性質ゆえに、特別の立法なしに所有権を承認して特定人による私物化を許容することを消極視し[26]、法律で確立された知的財産権についても所有権との違いを強調する論考[27]が収録されている。こうした論考によれば、情報の法的取扱いから所有論へのフィードバックは望むべくもないが、だからといって、所有論へのフィードバックを得るために情報を所有権の客体に包摂しても、具体的法実践に根ざした所有論を構築するものとは言い難い。

(d)　まとめ

　以上の検討は、価値の主張によって特定の法律構成の選択を正当化することの難しさを示している。

　しかし、このことは本書の価値を否定するものではない。本書は、それまで日本民法学の中で「周縁化」（86頁）されていた問題を「前景化」（86頁）した。たとえば、代理懐胎の是非は、従来、生命倫理の問題とされてきた

---

26)　森田・前掲注10）93頁。
27)　田村善之「『知的財産』はいかなる意味において『財産』か」吉田（克）＝片山編・前掲注
　　7）333頁。

が[28]、本書はそれが身体の処分の可否という民法の問題であることを明らかにした。個人主義的所有権への批判的視点[29]も、今日、不動産所有者による不動産の管理不全が問題となる中で、重要な意義を有する。本書に着想を与えた緩やかな所有概念もまた、それまで日本民法学が認識枠組みを有していなかった客体の法主体への帰属関係を認識可能なものにしていたのではないだろうか。最後に、知的財産法のような特別法からフィードバックを得て民法理論を再考しようとする姿勢（476頁注19）も、法の専門分化に伴い一般法である民法の空洞化が危惧される中で[30]、民法学の有効な生存戦略を示しているように思われる[31]。

連載第30回（2024年3月号掲載）

---

28)　櫛橋明香「人体の処分の法的枠組み(1)」法協131巻4号（2014年）726頁。

29)　所有権の根拠論（吉田邦彦『所有法（物権法）・担保物権法講義録』〔信山社、2010年〕30頁以下）も、世界は本来公共財であるにもかかわらず、個人がその一部を私物化することがなぜ許されるのかを問うものといいう。そのような問題意識は、所有者の自由に一定の制約をもたらしうるだろう。

30)　大村敦志「民法と民法典を考える」同『法典・教育・民法学』（有斐閣、1999年）3-4頁。

31)　田髙寛貴「新領域の実定法学」法時91巻9号（2019年）69頁。なお、この生存戦略は、特別法の中に「民法の制度と理念とを確認して擁護する」（大村・前掲注30）4頁）という反対方向の生存戦略とは区別される。

基本権保護義務論から憲法基底的重層論へ

山本敬三「現代社会におけるリベラリズムと私的自治(1)(2) ──私法関係における憲法原理の衝突」 （法学論叢 133 巻 4 号・5 号〔1993 年〕）

髙　秀成

1　はじめに

　本論文は、山本教授がドイツ留学のなかで醸成した、憲法の私人間適用が
すぐれて民法の問題でもあり、そしてその解明は民法のとらえ方の転換をも
たらす可能性を秘めている、という関心に基づいたものであった。本論文は、
当時、興隆しつつあった憲法学説における基本権保護義務論をめぐる議論に
有力に与するとともに、現在にまで続く民法と憲法の関係性をめぐる学際的
な対話の活況を喚起した点で、画期的業績となった。また、本論文には、山
本教授の以後に続く、多岐にわたる分野における研究の基本的立脚点を提示
した総論としての重要性を認めることもできる。本論文については、複数の
民法・憲法の個別論文のなかで詳細な紹介と分析が加えられているほか、山
本教授自身による折に触れての解題があり、またその都度、理論の深化があ
る[1]。本稿では、本論文が提示した基本権保護義務論の特質に焦点を絞りつ

---

[1]　網羅的ではないが、山本敬三「憲法と民法の関係──ドイツ法の視点から」法教 171 号（1994
年）44 頁、同「基本権の保護と私法の役割」公法研究 65 号（2003 年）100 頁（以下、山本「私
法の役割」として引用）、同「憲法システムにおける私法の役割」法時 76 巻 2 号（2004 年）59 頁、
同「契約関係における基本権の侵害と民事救済の可能性」田中成明編『現代法の展望──自己決
定の諸相』（有斐閣、2004 年）3 頁（以下、山本「契約関係」として引用）、同「民法と他領域(1)
憲法」内田貴＝大村敦志編『民法の争点』（有斐閣、2007 年）8 頁、同「憲法・民法関係論の展
開とその意義(1)(2)──民法学の視角から」法セ 646 号 17 頁、647 号 44 頁（以下、同「憲法・民
法関係論(1)(2)として引用」）、同「憲法・民法関係論の展開とその意義──民法学の視角から」新
世代法政策学研究 5 号（2010 年）1 頁など。なお、書評として石田喜久夫『民法文献批評』（成
文堂、1996 年）87 頁。

46

つ、若干の検討を加えることとしたい。

2　紹　介

⑴　本論文の問題意識（第1章）

　本論文は、私人間における基本権の衝突問題、すなわち憲法の私人間効力
の問題を直接の対象とする（⑴1頁）。本論文は、従来（1993年以前）の私人
間効力論における、国家法たる民法典が憲法典の拘束を受けないかのような
言説は不正確であり、間接適用説のいう「人権を保障する憲法の精神を私法
関係に流入せしめる」プロセスは不透明であると指摘する。そのうえで、直
接適用説・間接適用説の対立と間接適用説の通説化という枠組みで把握する
だけでは不十分ではないかとの疑問を呈する。そこで、本論文は、基本権を
めぐる具体的な判断・評価の基礎づけ過程の構造分析を通じて、かかる判
断・評価の道筋を合理的にコントロールしうる枠組みの必要性を説く（⑴
3-4頁）。私的自治や契約自由の機能不全に伴う介入に対峙して、リベラリ
ズムを基調とした憲法と民法の関係を問い直すことは、民法学にとっても重
要な課題であることが強調される（⑴6頁）。

⑵　私人間効力論の再構成（第2章）

　職業選択の自由を例とすると、「市民Aは国家Sに対して、自己の職業選
択を妨げない権利を有し」、「国家Sは市民Aに対して、Aの職業選択を妨
げない義務を負う」という規範内容がある。Sの義務の前提には、「SはA
の職業選択を妨げてはならない」というSに対する憲法上の禁止規範があり、
それを補強すべくSとの関係でAの防禦を内容とした憲法上の権利規範が
認められる。これに対し、私人間適用は、Sではなく他の私人BがAの基
本権を侵害する場面である（⑴6-7頁）。

　直接適用説の論理構造として、①AとSの関係をAとBの関係と等置し、
契約無効ないし不法行為成立を認める、②憲法上の禁止規範がSだけでなく、
Bにも妥当する、の2つを措定できる（⑴9-10頁）。

　間接適用説は、直接適用の否定と、私人間における憲法の無効力の否定を

前提とする。何故、無効力を否定し、私法規範の解釈に際し基本権の価値ないし精神が考慮されるべきか。憲法の上位規範性に基づく照射的効力、裁判官に対する憲法尊重義務などの説明が考えられる。しかし、一旦、私的自治を理由に基本権が直接妥当することを否定しながら、私法規範の解釈・適用に際し、基本権を（間接的にであれ）考慮することは矛盾ともいえる。本論文は、この矛盾した態度の背後の、「なぜ私的自治を貫徹できないか」という問題を顕在化させず、何となく衡平な解決を志向する点に間接適用説の問題があるという（(1)11-13頁）。

　この問題を踏まえた、再構成の２つの方向性は、ⓐ「ＡはＳに対して、自己の職業選択を妨げないことを求める権利を有する」という防御権が私人間適用にも妥当するという防御権的構成と、ⓑ「ＡはＳに対して、Ｂによる職業選択の侵害からの保護を求める権利を有する」という保護権的構成である。ⓐ防御権的構成は、ＳがＢの侵害行為に関与しているという認識を前提とする。しかし、これは国家の不作為による禁止義務違反の問題である。この国家の禁止義務がいかに認められるか。

　そこで、ⓑ保護権的構成が登場する。保護権的構成は、国家の行為と私人の行為の区別を出発点とする。国家自身による侵害は、私法の立法によっても起こり得る（例：非嫡出子の相続分に関する改正前民法900条４号）。これに対し、侵害行為を私人が行っている場合には、Ｓによる侵害の禁止ではなく、Ｂの侵害からの保護をＳに求めるＡの権利（＝対国家的保護請求権）が問題になる。この保護請求権の承認は、次のような国家観によって正当化される。市民相互間における、殺人・窃盗・暴行などからの保護こそが、国家と法の第一次的な任務であった。現代国家が自力救済を原則禁止とし、個人を無防備な状態に曝す以上、国家が個人の自由を他人による侵害から保護する義務を負う。ただし、保護請求権を認めるにしても、ＳがＡをどう保護するか、一義的に手段は定まらず、立法者は裁量の余地を有する。そして、訴訟において、裁判官は立法者の決定を尊重しつつ、立法者が裁量逸脱し、保護義務を果たしたと言えない場合にはじめて、自ら保護に乗り出すことになる。しかし、表現の自由とプライバシーの衝突に見られるように、裁判官のＡの保護は、Ｂの基本権侵害と裏表の関係に立つ。そこで、保護権的構成は、第

1に、保護は憲法上要請された最低限を下回ってはいけない（「過少保護の禁止」）、第2に、保護はその相手方の基本権に対して過度に介入することになってはならない（「過剰介入の禁止」）、という2つの審査（「最も穏やかな調整」の原理）を要請する（(1)15-18頁）。この保護請求権的構成については、私的自治の尊重と国家の基本権保護義務とはどのように両立するのか、という点が問題となる。これは、基本権規範が私人間の関係にどのような形で作用するかという問題（＝「構成問題」）の前提問題である。次に、過少保護の禁止と過剰介入の禁止の要請のもと、どのような方法で解決が導かれるのか、さらには、双方の基本権の比較衡量をどのようなルールと手続に従って行うべきかという問題（＝「衡量問題」）が残されている（(1)19頁）。

(3) 構成問題への回答（第3章第1節）

次に、本論文は、基本権規範の私人間への作用機序（構成問題）の解明にあたり、アレクシーの自由権の規範構造分析に着目する（(2)2頁）。

(a) 自由と自由権

法的な消極的自由とは、することもしないことも法的に禁止も命令もされていないという二重の法的禁止・命令の不存在（逆に言えば、二重の法的許容）である。憲法上保障される自由権はこれら自由にとどまらず、国家による自由侵害の禁止規範と、個人の対国家の防禦権付与によって補強される。さらには、国家に対する給付請求、保護請求権、権利の侵害を裁判所に訴える（裁判制度を前提とした）「権限」による積極的補強も考えられる（(2)2-3頁）。

(b) 権限と制度的行為

「権限」の行使は制度を前提とした「制度的行為」と位置づけられる。あたかも将棋のルールと「王手」や「詰み」などの個々の行為の関係のように、二人の「人」の行為が「契約の締結」と解されるのは、観察対象となる自然的あるいは社会的な行為を法的行為と性質づける法的制度を構成するルールが前提とされているからである。契約制度もまた法的制度であり、そこでは

ある制度があってはじめて可能になる行為を行う可能性としての「権限」が問題になる。

(c) 私的自治と契約自由の二元モデル

制度的行為の観点は、私的自治と契約自由とが違った平面に属することを示唆する（(2)4頁）。私的自治は法律関係の形成にとどまらず、市民の生活空間における包括的な自由を意味し、自己決定権によって補強されうる。その基礎にあるのは、個人個人が自己のアイデンティティーを求めつつ、自ら「善い」と信ずる生き方を等しく追求できることが何よりもまず保障されねばならないというリベラリズムの思想である。憲法は13条をもって、このリベラリズムの思想を採用している。契約制度もまた、個人が協働して私的自治を実現する上で不可欠な制度であり、リベラリズムを基調とした私的自治を支援する制度である。契約自由は、制度的行為としての契約に関する、私的自治の制度化であり、ここに私的自由と契約自由との間の連続面と断絶面を見出す契機がある。契約自由の消極的側面（民法521条を参照）は、私的自治との連続において捉えることができる。締約強制の許否は、自由介入に対する防禦権の問題である。詐欺・強迫からの保護（民法96条）は、保護請求権の問題と理解できる。これに対し、国家による契約の承認や、裁判所による強制的実現などは、契約自由の積極的側面の現れである。これは、自己決定だけでなく、信頼原理や法的安定性の要請などの秩序的原理によって補われうる（(2)4-6頁）。

(d) 非契約関係と私人間適用

私人Bによる私人Aのプライバシー侵害などの場面を例にとると、Aの保護請求権と対応する国家の保護義務が問題になる。ここで民法709条は、国家が自己の保護義務を果たすべく用意した保護手段と位置づけられるのである。同条による事後的な損害賠償請求権が、保護として過少である場合には、差止めなどの保護手段を考えることになる。実務上、民事保全法上の仮処分が活用される場合、裁判所は民法の不備を補って憲法上課せられる国家の保護義務を果たしていると理解される。これら保護に伴い、Bの表現の自

由の過剰介入が問題になるが、これはまさに民法709条の違法性ないし過失の要件判断や、差止めの許否のなかで、衡量問題として現れる（(2)7-8頁）。

(e) 契約関係と私人間効力

　ＡとＢの間で家屋の賃貸借契約があったが、Ａが家屋を引き渡さない。この場合、Ｂが契約の法的有効性の承認を国家に求め、Ａが契約の強制的実現に服すること自体は、Ａが（過去の自己決定の拘束力を承認するという）契約制度を利用した以上、Ａの契約自由を侵害することにはならない。しかし、契約締結段階でＢによる詐欺などがあれば、契約自由の侵害があり、Ａは保護請求権を行使できる（民法709条、契約の無効・取消しなどによる）。これに対し、Ｂの締約拒絶によるＡの平等権侵害の場合（＝Ａの契約自由実現に国家が助力しない場合）に、締約強制を認めることは、Ｂの自己決定権の重大な侵害を意味するため、慎重にならざるをえない。ＢがＡに競業避止義務を課す合意の場面においては、Ａの契約自由以外の職業選択の自由も問題になる。Ａに対する保護は、Ｂの経済活動の自由への過剰介入が問題とされうる（(2)8-10頁）。

(4)　衡量問題への回答（第3章第2節）

　私人間の基本権の衝突において、どのような衡量がなされるか。衡量を合理的に行うための構造と手続の提示が課題となる。ここでもアレクシーのルール・手続・原理モデルが参照される（(2)15頁）。

(a)　ルールと原理

　ルールとは、常に充足されるか否かのどちらかしかありえない規範であって、その対立は例外条項を設けるか、あるいは一方を妥当しないとするかのどちらかによってのみ除去できる（例：刑法38条1項本文とただし書）。これに対し、原理は、法的可能性と事実的可能性に相関的に可能な限り高い程度で実現されることを命ずる規範である。例えば、「…表現の自由は、これを保障する」（憲法21条1項）などの基本権に関する規範の殆どが原理に当たり、原則・例外の関係による規律に馴染まず、当該原理が、どの程度充足さ

れるのかを問題とせざるをえない。プライバシーと表現の自由が競合する場合などでは、その充足の程度は、対抗する規範による制約や様々な事実的な制約を受けざるをえない（(2)15-16頁）。

(b) 原理間衡量とソフトな秩序形成

原理どうしが衝突する場合には、一方の原理が他方の原理に優先する条件を具体的に確定することによる解決を行うほかない。この条件確定をいかに合理的に基礎づけるか。法的可能性に関する主要な制約要因は、表現の自由に対するプライバシー原理のような対抗原理である。アレクシーによれば、それぞれの原理のウエイトづけの根本原則は、一方の原理の非充足または侵害の程度が高ければ高いほど、他方の原理の充足の重要性が大きくならなければならないという衡量法則である。事実的可能性については、選択される手段は原理実現に適したものであるべきであり（適切性の原則）、選択される手段はそれでなければならないという必要性を持ったものでなければならない（必要性の原則）とされる。これにより、衡量において何が比較されるか、衡量結果としての優先関係の正当化のために何が基礎づけられるかが明らかになる。それでもなお不確定性は残る。アレクシーは、この不確定性除去にあたり、原理間の絶対的優先関係を認めるようなハードな秩序形成を退け、論証責任の導入によるソフトな秩序形成を提唱する。この秩序形成は、1つは、裁判所の先例を通じて形成される具体的な優先関係の確定によってもたらされうる。もう1つは、一定の原理に有利な論証責任ルールを定め、一応の優先を認める方法によってもたらされうる（二重の基準論など）（(2)17-18頁）。

(c) 衡量問題の解決の方向性

Bによって侵害されているAに保護請求権が認められるか否かは構成問題に位置づけられる。そこで、Aの保護がBの基本権の過剰な侵害をもたらさないかが、衡量問題として現れる。ここでは、衡量法則に即して、Aの保護請求権を基礎づけるためには、自己の基本権を支える憲法原理の侵害がいかに重大であり、そしてBの基本権を支える憲法原理を充足すること

はこの場合にはいかに重要ではないかということを論証しなくてはならない（立法不作為の問題局面では、立法府への尊重の要請から、論証責任が加重される）。以上は不法行為が問題となる比較的単純なケースについてである（(2)19-21頁）。

　契約が問題となる場合には、一定の修正を要する。Ｂは、「契約は守られなければならない」という原理を援用できるからである。制度的行為としての契約を利用した以上、Ａもこの原理に拘束される。また、Ａが自己の基本権の制約に同意した以上、Ａの論証責任は非常に重いものとなる。原理間の優先関係につき、本論文は、リベラリズムを基調とし、私的自治と自己決定権を最大限尊重する方向性を提唱する（(2)21-22頁）。最後に、本論文は、基本権侵害からの保護が、対抗原理に対しどの程度の侵害をもたらすか、どのような場合に保護の必要性が認められるか、ありうる保護手段に即して整序する（強制執行の排除＜自由な撤回権・解除権＜履行利益賠償の否定＜信頼利益賠償の否定＜契約の一部無効＜全部無効）。

(5)　リベラリズムと民法学の展望
　国家による保護を認め、憲法が定めた基本権が市民と市民の関係においても尊重されるべきであるという評価を、本論文は直接適用説と共有する。しかし、従来の直接適用説は、ともすれば「弱者」の基本権が「強者」の基本権に対して全面的に貫徹され、私的自治を基本権よりも低く位置づける論理を内包しうるものであった。本論文は、このような意味での直接適用説を、リベラリズムの根幹をなす私的自治と自己決定権を最大限尊重する立場から否定する。

　自力救済の原則禁止のもとでは、「他人の自己決定権を侵害するような形で他人の基本権を侵害してはならない」という禁止規範違反に対しては国家に対する保護請求権を通じた保護がなされる。この保護にあたり用いられる衡量原則と論証責任ルールもまた、リベラリズムの前提に立ち、人間の可謬性を前提とした相互尊重による共生のためのルールを合理的に形成するための枠組みと手続として位置づけられる。本論文は、リベラリズムを基礎として、国家・社会・市民の関係の分析的把握により私的自治と契約自由を再構

成するとともに、論証責任ルールと手続的ルールの定立によって合理化された議論による市民間の共生ルールの確定と形成を志向する。本論文の構想は、憲法の私人間適用にとどまらず、民法および民法学そのものの存在意義について新たな位置づけと解答を可能にするものとして結ばれる（(2) 26-28 頁）。

3　検討

(1)　本論文以後の展開

　当時、相前後して基本権保護義務に関する重要業績[2]が公刊されていたこともあり、本論文以降、私人間効力論は活況を呈した。そのなかで、本論文を含む基本権保護義務論に対して注目すべき批判理論も展開された。まずは、新無効力説[3]である。同説は、実定法に理論上先行する「理念としての人権」と「実定法化された人権」を区別し、後者は、憲法のみならず民法のなかでも実定法化されており、その固有の論理を有する。理念としての人権は、実定法化によりその全方位性を失い、各法領域の論理に服するため、国家を名宛人とした憲法に実定法化された人権は私人間には及ばないとする。次に、合憲限定解釈説[4]である。下位法令である私法規定もまた裁判所の違憲審査に服するのであるが、民法 90 条等の一般条項は、その包括的・一般的性格のゆえ、法令違憲とされることはない。そこで、このような私法の一般条項は合憲限定（もしくは拡張）解釈を施されたうえで、私人間紛争において用いられるのであり、私人間効力論は通常の憲法解釈の問題に解消されるという。また、基本権保護義務論の側からも、これら批判理論の応接などを経て、その論理の深化をみた[5]。

(2)　民事立法と憲法基底的重層論

　基本権保護義務は国家と 2 つの私人の対立をめぐる三極関係において問題

---

[2]　小山剛『基本権保護の法理』（成文堂、1998 年）など。

[3]　以上につき、高橋和之「『憲法上の人権』の効力は私人間には及ばない——人権の第三者効力論における『無効説』の再評価」ジュリ 1245 号（2003 年）137 頁以下。

[4]　君塚正臣『憲法の私人間効力論』（悠々社、2008 年）258 頁以下。

54

になり、その名宛人は国家となる。そして、基本権保護義務は、三権ごとに発現形態は異なる。立法との関係では、立法不作為（ないし立法義務）の問題として現れる。行政との関係では、規制権限不行使（規制権限行使義務）などの問題の形をとる[6]。私人間効力論は主に司法権を念頭に置いて議論がなされてきたが、基本権保護義務の第一次名宛人は立法権であり、その前提は本論文でも確認されている。本論文および後続の論文[7]では、基本権保護の局面として、詐欺取消し（民法96条）や消費者契約法の各種取消し規定を挙げており、これらは立法権の基本権保護義務の問題に位置づけられる。

　立法義務について、防御権の場合とは異なり、下限だけが審査され、明らかな立法不作為、あるいは明らかに不十分な水準の立法の場合に限って違憲とされる。すなわち、「明白な原則」という緩やかな審査密度が採られ、立法府の裁量が非常に広く認められている。そのため、現在、基本権保護に適った消費者契約法が制定されているとしても、かかる立法の不備は立法不作為（基本権保護義務違反）であることには直結しない[8]。山本教授は、立法不作為の問題に終始せず、民法と基本権保護義務の関係に、より積極的な意味合いを見出している。

　山本教授は、本論文の後、批判理論（3(1)）が前提とする憲法─民法関係論を整序したうえで、憲法基底的重層論の立脚点を明らかにした。この立場は、憲法と民法は、互いに協働しながら、国家・社会の基本法を重層的に構成しているとする。憲法は、社会の基本法であると同時に、国家の基本法でもある。そして、民法は、国家の基本法としての拘束を受けつつ、次の制度

---

5)　小山剛「基本権の私人間効力・再論」法研78巻5号（2005年）39頁（以下、小山「再論」として引用）、同「『私人間効力』を論ずることの意義」法研82巻1号（2009年）197頁（以下、小山「意義」として引用）、松本和彦「基本権の私人間効力と日本国憲法」阪大法学53巻3・4号（2003年）269頁（以下、松本「日本国憲法」として引用）、同「基本権の私人間効力──基本権保護義務論の視点から」ジュリ1424号（2011年）56頁（以下、松本「視点」として引用）など。

6)　小山剛「憲法は私法をどこまで縛るのか──憲法の優位と私法の独自性」新世代法政策学研究Vol.11（2011年）27頁、松本「視点」・前掲注5）64頁。また、行政権について、亘理格「参入規制緩和と生命・健康そして生存権──タクシー事業を題材に」法教335号（2008年）38頁以下。

7)　山本「契約関係」・前掲注1）15頁。

8)　他方で、すでにある消費者契約法などの基本権保護に適した立法の削除は憲法問題となりうる。刑法230条および同法230条の2の削除を例にした、小山「意義」・前掲注5）204頁も参照。

構築の任務を果たす。①財産権などの基本権の具体化（物権、債権）、②基本権を他人による侵害から保護する制度（不法行為など）、③基本権の実現の支援制度（契約、法人、代理、家族）である。民法は、これら基本権の保障体制構築にあたり、多くの基本決定を行う。民法は、憲法に汲み尽くされない独自性があり、憲法を基礎におきつつも、協働し合いながら国家と社会の基本法を構成する、という[9]。

　ここから、私法の立法評価として、最下限にとどまらず、いかなる水準で基本権保護義務が履行されているかの視点が導出される。憲法問題が顕在化しない場合にも、より基本権保護に適った制度設計が探求され、既にある私法上の制度の性格についても、そこでなされるべき法解釈や衡量の指針が基本権に求められることとなろう。

(3)　基本権保護義務論と法解釈論

　司法権による基本権保護義務の履行は、多くの場合、法解釈・適用の形をとる。問題は、それは法解釈・適用に尽きるのか、履行確保はどのようになされるのか、である。

　なお、山本教授は、基本権保護のために準拠すべき規定がなく、立法の怠慢が認められる場合における裁判所の救済のあり方[10]を念頭に、基本権保護義務の機能局面は、法解釈・適用に尽きないものと理解する点に留意が必要であろう。具体的には、名誉・プライバシー侵害に対する司法的差止めの問題である。山本教授は、この場合はまさに、法律の規定におよそ手掛かりがないときと考える[11]。これらの場面を、基本権保護義務の履行による法形成とみるか、（差止請求権の根拠論や、広く法の欠缺補充を含めた）解釈作用の範疇とみるか、憲法学説のみならず、民法学説においても議論が分かれるところであろう。

　この点は、民法上の権利・利益の認識論にも関わる。本節の最後の段落でも若干の言及を行う。

---

9)　山本「憲法と民法(1)」・前掲注1) 19頁。
10)　この点については、松本「視点」・前掲注5) 51頁。
11)　山本「私法の役割」・前掲注1) 108頁。

法適用の問題に焦点を絞ると、私法解釈において憲法の精神を読み込むために基本権保護義務を持ち出す必要があるか否か、の対立に逢着する。憲法と民法の上位規範・下位規範の階層関係そのものは、事実の問題である。授権関係の描写を超えた、下位規範が上位規範に拘束されるべきか否かは、価値の問題である。そして、何故、どのように拘束されるかが問題である。山本教授が拘ったのはこの点であり、基本権保護義務論はこのことを解明するための、間接適用説に欠けていたミッシング・リンク[12]であった。

　基本権保護義務の本来的コンセプトは、民事裁判官に特定の結論を指示するものではなく、憲法に適合した結論および論証の上限および下限を画するものにすぎない[13]。司法権に基本権保護義務があるとしても、法解釈・適用にあたり、それは司法権の自己統制の様相を呈する[14]。3(2)で言及したように、山本教授の基本権保護義務論に、より積極的な側面を見出す余地がある。これまで憲法の間接適用が憲法適合的解釈の一場面であることは指摘されてきた[15]。ひとたび、司法権の基本権保護義務論が解釈準則として表れることを直視した場合、(解釈主体を問わず)広く法解釈方法論の問題として、より憲法に適合した解釈への志向性という問題局面を析出することができよう。刑法学では憲法適合的解釈についての議論が進みつつあるが、民法学でもいかに憲法適合的解釈を受けとめるかを課題として設定できよう[16]。

　本論文の独自性は、憲法13条を基軸とし、リベラリズム[17]に根差した国家目的論から基本権保護義務を導出する点にも見出すことができる。リベラ

---

12)　山本敬三＝加藤雅信＝加藤新太郎「公序良俗論とその再構成」加藤雅信＝加藤新太郎編著『現代民法学と実務[上]』(判例タイムズ社、2008年) 63頁。また、小山「意義」・前掲注5) 207頁は、私人間効力が特殊な問題と考えられてきたのは、保護義務というもう1つの部品を発見できなかったためである、とする。

13)　それでもなお、基本権保護義務の論理には、民事裁判所に対し基本権を顧慮することの動因を与え、私人間について妥当する私法の解釈・適用を統御する意義を認めうる(小山「意義」・前掲注5) 207頁。

14)　西村枝美「憲法の私人間効力論の再構成——『私人間』適用から法律解釈の統制へ」憲法研究10号 (2022年) 71頁。

15)　本論文(1) 13頁。また、小山・前掲注2) 212頁は、基本権適合的解釈の立脚点を示す。

16)　この点について、山田哲史「日本における『憲法適合的解釈』論の現状分析」土井真一編『憲法適合的解釈の比較研究』(有斐閣、2018年) 24頁。また、原島啓之「司法の法律および憲法への二重拘束と憲法適合的解釈(2・完)」阪大法学72号1巻148頁。

リズムのなかでも、（普遍化不可能な差別の排除といった）正義の諸要請に基本的価値を置く立場に立脚するならば、それは国家存立目的とともに法の理念をも規定している[18]。本論文に、憲法と民法の関係につき、基本権保護義務論を補助線として、リベラリズムの要請に明晰な実定法上の理路を与える試みとしての側面を見出すこともできよう。

　私人間で衝突が生じるのは、対国家的な「基本権」ではなく、厳密に言えば、全方位的な「基本権法益」であるとの指摘がある[19]。基本権法益、あるいはそれに相当する価値を法の内外いずれに位置付けるかについて、法認識をめぐる基本的視点の対立がある[20]。この点に関連して、不法行為法上の保護や、差止め請求の起点となる、いわゆる「新たな権利」生成の認識の論理として、社会規範の生成に伴うボトムアップ型（①）と、憲法から導出するトップダウン型（②）を対置することができる。これら権利は多くの場合、侵害の外延が明確でない相関的権利に位置づけられるが、山本教授自身、当該権利と対立権益の衡量にあたり社会の意識や動向の意義を否定するものではない[21]。権利生成の認識が2つの経路に開かれている点は重要な点であり、法認識の視点として、それぞれ緩やかに「事実」志向（①）、「体系」志向（②）との対応をみることができるかもしれない[22]。社会的に生成された権利を、論理の平面で絶えず憲法にフィードバックし、繋留させることをどのように捉えるか。ここには、権利の認識をめぐる視線の往復[23]がある。本論文において、体系化の必要性とリベラリズムの要請は分かち難く結ばれている。

---

17)　本論文(2) 12頁注47に挙げられた、井上達夫『共生の作法』（創文社、1986年）をはじめとした文献群。

18)　井上達夫「リベラリズムの再定義」思想965号（2004年）22頁。

19)　松本「日本国憲法」・前掲注5) 279頁。

20)　松本和彦＝藤井樹也＝長谷部恭男＝大沢秀介＝川岸令和＝宍戸常寿「座談会　日本国憲法研究　第12回私人間効力」ジュリ1424号（2011年）75-80頁の対論を参照されたい。

21)　山本＝加藤雅信＝加藤新太郎・前掲注12) 87頁。

22)　2つの志向性の対比につき、大村敦志『もうひとつの基本民法 I』（有斐閣、2005年）18頁。

23)　石川健治「憲法解釈学における「議論の蓄積志向」——『憲法上の権利』への招待」樋口陽一ほか『国家と自由・再論』（日本評論社、2012年）33頁。

4　おわりに

　本論文は、本来の基本権保護義務のコンセプトにとどまらず、憲法が民法解釈を嚮導する体系的結節点としての基本権の役割に着眼し、私法立法や、より基本権適合的な解釈を評価する枠組みとしての「基本権保護義務」を志向していた。

　本稿は、本論文が扱うごく限られた問題に触れることしか適わなかった。本論文で示された基本的視座は、山本教授のその後の業績において一貫しており、民法内部で精緻な法体系を構築するとともに、憲法規範との関係を取り結びつつ法システム全体への洞察を含むものとなっている。本稿は、本論文と密接に関連する業績に言及することができておらず、不十分の誹りを免れない。公序良俗規定をより積極的に基本権保護の役割を担う規定として位置づけ、保護対象となる利益と、参照される規範の性質に応じ各類型において、どのように基本権が機能しているかの明晰な分析を行う山本敬三『公序良俗論の再構成』（有斐閣、2000 年）。基本権の保護と過剰介入の禁止という二つの要請から「権利侵害」と「過失」を位置づける同「基本権の保護と不法行為法の役割」民法研究 5 号（2008 年）。決定権的権利観への転換を提示する同「不法行為法学の再検討と新たな展望——権利論の視点から」法学論叢 154 巻 4・5・6 号（2004 年）292 頁。これら論文は、それぞれが独立して取り上げられるべきインパクトを持っている。本論文は法システムそのものと法の存立目的に関わる途方もない根本問題に対峙しつつ、平成最初の 10 年を経た次の十年紀に始まる公序良俗論と不法行為論の大きなうねりを予示していた。

連載第 20 回（2023 年 4 月号掲載）

さまざまな«civil»の間

吉田克己『現代市民社会と民法学』
（日本評論社、1999 年）

山城 一真

1 はじめに

　本書（以下、本文（ ）内に頁番号を示して参照する）は、「現代市民社会の構造と民法学の課題(1)～(15・完)」として法律時報に公表された論文（1996～97 年。以下、「原論文」という）を基礎とする著作である。本書は、それ自体がその拠って立つ学説史的な文脈を強く意識して執筆されたものであるが、以下でも、時代情況に留意しつつ、その意義を検討することに努めたい。

　検討は、次のように進める。まず、本書の概要をふり返り、著者が現代社会に対峙する「法的戦略」をどのように構想したかを確認する（2）。次に、この戦略を支える分析を、それが展開される社会（3）、その担い手としての市民（4）の各側面から考察する。最後に、この時代に「市民社会」が論じられたことの意義を考察する（5）。

2 梗 概

　本書は、全3章からなり、実定法学（第1章）と社会科学（第2章）とをいわば弁証法的に止揚する（第3章）構造をもつ。その内容は周知であろうし、原論文、本書のそれぞれに優れた書評があるから[1]、以下では、本書全体の構成と各部の主題を示したうえで、特徴的な議論を追尋するにとどめる。

(1) 民法学の新たな理論動向（第1章）

第1章では、1990年代における民法理論の展開が、「契約法」「土地所有権法」「不法行為法」「家族法」という領域に即して分析される。著者は、《国家―社会―個人》という3つの因子の相互連関のなかで法的戦略を構想するという課題を設定し、「社会志向型」「国家志向型」「個人志向型」という視軸から、同時代の学説のカルトグラフィーを試みる。

本書の分析にとって重要なのは、個々の学説に対する論評もさることながら、等しく社会や国家を志向する議論に、性格を異にするものが含まれることが確認される点である。このことを踏まえて、著者は、自らの法的戦略を提示する。その要点は、2つある。第1に、「依拠すべき価値」として、「個人主義すなわち個人の自律と主体性」が選択される（96頁）。第2に、この価値を実現するために、国家・社会のいずれを志向するかは、「必ずしも択一的なものではなく、問題が提示される『場』によって使い分ける」べきである（97頁）。そして、この使い分けは、「当該社会の構造をどのように理解するか」によって決まる（同）。

(2) 市民社会の構造変容（第2章）

第2章では、基礎法学、あるいは社会科学の領域において展開された市民社会論を参照して、「社会の構造」の理解が示される。ここで、著者は、2つの軸から市民社会の分類を試みる。

一つは、「概念」（107頁）としての市民社会である。この部分は、原論文公表後、本書の公刊に先立って提示された「理念的」な整理を基礎とするものであり[2]、ⓐ「市民社会α」：ブルジョワ社会・市場経済社会としての市民社会、ⓑ「市民社会β」：政治的共同体としての市民社会、ⓒ「市民社会γ」：自由な意思に基づく非国家的・非経済的な結合関係としての市民社会

---

[1] 原論文につき、山下末人「現代社会と民法学に関する若干の覚書」大阪経済法科大学法学論集43号（1999年）95頁、本書につき、中村哲也「書評」法時72巻11号（2000年）106頁、山本敬三「書評」法時72巻12号（2000年）101頁を参照。

[2] 吉田克己「総論・現代『市民社会』論の課題」法の科学28号（1999年）8頁。本書108頁3行目から111頁までは、本書での加筆箇所である。

が析出される。

　もう一つは、「発展モデル」（112 頁）としての市民社会である。本書では、近代市民社会の成立を前提に、19 世紀末葉には既に「現代市民社会」が端緒的な成立をみたとする水林彪の歴史観を踏まえて、①家父長制家族の崩壊によって特徴づけられる「現代市民社会Ⅰ」と、②高度経済成長期以後の大衆社会の出現によって特徴づけられる「現代市民社会Ⅱ」とが提示される。

　本章で多くの紙幅が割かれるのは、「発展モデル」としての市民社会についてである。その分析は、川島武宜が、近代市民社会を「自律した個人」によって形成される社会と規定したことを起点とする。川島は、個人の自律性の根拠を、それが商品交換関係成立の前提であることに求めた[3]（121 頁）。これに対して、著者は、村上淳一の研究を援用し、個人の自律を成り立たせたのは、中世における政治的秩序の担い手であった家長の倫理性であるとする（129 頁以下）。

　そのうえで、現代市民社会の成立は、近代市民社会の構造を動揺させる 2 段階の変容として描出される。第 1 に、政治参加、家族生活、生産関係における家父長制的支配の解体に伴い、自律した個人から成る社会という表象が、現実との乖離をみせるようになった（現代市民社会Ⅰ。131 頁以下）。第 2 に、そのような変容を被った構造を維持しつつ、「生産」「消費」「生活世界内部」「生活世界と経済システムの外部環境における接触面」という 4 つの「場」において、社会はさらなる変容を経験した（現代市民社会Ⅱ。134 頁）。この変容は、「生産レベルでの法的空間の縮小と性質変化（非法化）と、反面での生活世界レベルでの法的空間の拡大すなわち法化の同時進行であり、その帰結としての法的空間の拡大と位置の移動」（139 頁）と性格づけられる。

　以上のとおり、本書における「市民社会」は、規範体系と歴史認識をともに表象するものとして[4]、「法規範や現実のあり方に対する批判原理」たる

---

[3]　その論理についての透徹した叙述として、藤田勇『法と経済の一般理論』（日本評論社、1974 年）301 頁以下をも参照。

[4]　あるいは、「社会構成原理」と「法の基本思想」とを同時に表象するものといってもよいであろうか。吉田克己「序論——社会構成原理としての civil と法の基本思想としての civil」水林彪ほか編『市民社会と市民法』（日本評論社、2018 年）1 頁を参照。

役割を担う（111頁）。ここには、市民社会という「理念」を介して、法に関する規範理論と社会に対する歴史認識とが接続されるという方法論的前提が見出されよう。

(3) 現代市民社会の構造と民法学の課題（第3章）

第3章では、民法学による理論的検討が行われるべき4つの「場」である「市場（経済システムⅠ）」「企業（経済システムⅡ）」「生活世界」「経済システムと生活世界との接触の場」に即して、著者の法的戦略が展開される。以下では、本書が示した個々の分析には立ち入らず、その全体に通底する視角に焦点を当てたい。それは、同章の小括（258頁）に示される「自己決定権」「外郭秩序」であるとみられる。

自己決定権の重視は、まず、意思に立脚する契約理論を支持する点に現れる。たとえば、「市場」に即して論じられる企業間取引につき、平井宜雄による継続的契約論を「中間組織における契約のあり方に関する最も説得的な枠組」として支持しつつ、「あくまで契約解釈の基準」として受容する（160頁）。また、消費者取引につき、「経済システムの論理」の「生活世界の論理」への浸潤を食い止めるために、人格的利益としての自己決定権の意義が強調される[5]（163頁以下）。以上には、意思の尊重という近代法のパラダイムを支持しつつ、これを「場」に応じて実質化するという戦略が窺われる。

人格的利益は、企業内部や生活世界における法律関係の分析においても基礎に据えられる。ただし、生活世界においては、それと並んで法化への対応が念頭に置かれる。もっとも、著者は、法の「馴化」「排斥」（211頁）という戦略をラディカルに展開するわけではない。不法行為・契約に関しては、「人間関係のあり方を考慮した『非法的』で人格的応答に意を注いだ紛争解決の場を保障するとともに、最終的には『法的』な解決の場も保障する」仕組みが追求される（214頁）。家族に関しても、公序が、その役割を相対化させつつも、「内容的拡充または組み替え」を伴って存続するとの見通しが示

---

5) そこでは、「消費者契約の検討にとっても示唆的」な議論として、西谷敏『労働法における個人と集団』（有斐閣、1992年）による「個人」基底的な労働法理論が援用される（166頁以下）。

される[6]（227 頁）。

　以上に対して、外郭秩序については、公正競争市場の確立（175 頁）と、公害・環境問題（242 頁）が、現代民法学が解決を迫られる問題として採り上げられる。外郭秩序は、それぞれが「公共圏」をなすものとされ、市民が主体となって形成される場である点で、第一次的には自己決定権論の延長に置かれる（「市民的公共性の民主主義モデルないし自己決定モデル」。269 頁）。

3　民法学と社会

　本書のライトモチーフの一つは、市民社会の類型論である。ところで、本書がいう市民社会は、「概念」と「発展モデル」という 2 つの側面をもつ。このような視角を採るとき、本書に先立つ議論は、「歴史的な捉え方と民法の論理構造との関連づけ[7]」に関心を向けてきたといってよい。以下ではまず、本書が示す歴史認識（(1)）と規範体系論（(2)）が、既往の理解とどのような関係に立つかを考察する。

(1)　歴史的実在として

(a)　民法学と市民社会

　市民社会が法学において論じられるようになったのは、おそらく、それほど古いことではない[8]。

　市民社会論の一つの祖型は、マルクス主義に求められる。これに対応するのが、市民社会 α であろう。もっとも、いわゆるマルクス主義法学は、少なくとも初発においては、「市民社会」を積極的に性格づけてはいない[9]。それは、その理路からの必然の帰結であったとみられる。マルクス主義法学においては、法の主体である「市民」は、商品交換関係の起点たる「商品所有

---

6)　この論点につき、吉田克己「自己決定権と公序——家族・成年後見・脳死」瀬川信久編『私法学の再構築』（北大図書刊行会、1999 年）247 頁をも参照。

7)　原島重義『民法学における思想の問題』（創文社、2011 年）272 頁（傍点は原著者による）。

8)　市民社会の不在は、法学のみにみられる傾向ではないように思われる。たとえば、平石直昭「丸山眞男の『市民社会』論」小林正弥編『公共哲学叢書② 丸山眞男論』（東京大学出版会、2003 年）176 頁を参照。

者」にすぎないからである。

　そうした主体像が刷新されるのは、市民社会が、資本主義社会への対抗原理としての役割を担わされるに至ってからである。その背後にあった学際的動向として、一方では、アダム・スミス的な市民社会観に根差すマルクス再読の試みがあり[10]、他方では、ハーバーマスの社会理論の受容があった[11]。市民社会β、γが析出されたことは、こうした隣接諸学の展開を、法の主体像の転換として受容する試みとみることができる。

　しかし、ここで改めて注意を要するのは、以上のようにみる限り、市民社会β、γを問題とするときにも、社会のありようそのものにではなく、その構成員たる法の主体に関心が向けられているように思われることである。そうすると、考察の焦点は、「市民社会」ではなく、「市民」にこそ当てられるべきであろう。

　(b)　法と社会の関連づけ

　それとともに、著者は、「発展モデル」という基軸を用意する。これは、「概念」としての市民社会とどのような関係に立つのであろうか。

　既述のとおり、市民社会α・β・γは、それぞれが「現実に対する批判原理として相互補完的な役割」を果たすとされ（108頁）、同時併存的な関係に立つ。しかし、「発展モデル」としての市民社会は、所与の時代において複数のありようを呈するものではない。両者は、市民社会の語のもとに異なる対象を指示している。

　こうした位相差は、著者の意図するところでもある。本書において、市民社会は、「そのあり方に関する理念、法規範レベルでの編成のあり方、そし

---

9)　たとえば、川島武宜が示したのはあくまで「近代」「資本主義」に規定された社会であり、そこでは、市民というモーメントには積極的な意義は見出されない（川島武宜「解題」『川島武宜著作集　第四巻』〔岩波書店、1982年〕408頁以下）。山中康雄『市民社会と民法』（日本評論社、1946年）における「市民社会」も、資本主義社会を指示するものであろう。

10)　平田清明「マルクスにおける市民社会の概念について」同『市民社会と社会主義』（岩波書店、1969年）49頁以下。

11)　ユルゲン・ハーバーマス（細谷貞雄ほか訳）『公共性の構造転換──市民社会のカテゴリーについての探求』（未来社、1973年）。

て、現実のあり方という三層」をなすものとされ、そのいずれに着目するか
によって異なる様相を示すとされる（111頁）。この点を踏まえてみたとき、
２系列の市民社会の関係は、一方で、概念としての市民社会が、法の原理・
理念を表現し、他方で、発展モデルとしての市民社会が、社会的現実を表出
するものとして理解され得るであろう。いいかえれば、発展モデルとしての
市民社会が照射する現実に対して、概念としての市民社会を通じて法的解決
を示すという関係が、両者の間には措定されている。

　以上の見方が当を得ているならば、本書は、市民社会の「歴史的な捉え方
と民法の論理構造との関連づけ」を問題とするにあたり、下部構造規定論的
な見方からは慎重に距離を取っていることがわかる。著者の市民社会論が民
法理論に親和するのも、それが法の理念を出発点とするからであろう[12]。

(2)　体系の基礎として

　ところで、市民社会に規範理論の結節点を求める議論は、本書に先立ち、
広中俊雄によって展開された。本書が示す「自己決定権」と「外郭秩序」を
基軸とする批判的分析も、広中理論の一つの発展とみることができる。

　広中理論、特にその秩序論の基本的性格をめぐっては、それが規範理論で
あるか否かが一つの焦点とされ、その著作の厳密な読解が求められてきた[13]。
しかし、少なくとも「市民社会」については、それが「一種の理念型」であ
り、現実を写し取るものではないことは、広中自身の叙述が示している[14]。
本書の市民社会論も、民法学が備えるべき「規範的理論枠組み」を照射する
場と性格づけられている[15]（はしがきi頁）。

　ところで、広中・綱要においては、市民社会の構成員は、市民ではなく、
一貫して「人間」と記述される[16]。このことに留意するとき、等しく人格秩

---

12)　瀬川信久「『豊かな社会』の出現と私法学の課題」法の科学19号（1991年）114頁は、同じ
　社会現象を念頭に置きつつ、社会の変化が法の変動をもたらすという力学をより重視するように
　みえる。

13)　この問題に関する著者自身の理解につき、吉田克己「広中俊雄の民法体系論と市民社会の基
　本的諸秩序論」法時87巻9号（2015年）26頁以下を参照。

14)　広中俊雄『民法綱要　第一巻　総論　上』（創文社、1989年）1頁本文および注1。

15)　著者は、秩序論もまた規範理論であるとみる。吉田・前掲注13）25頁以下を参照。

序の重要性を説く本書の主張の重要性は、《国家―社会―個人》というモデルを提示することで、市民ならぬ《個人》の位置づけを明らかにした点にあるように思われてくる。

著者が《国家―社会―個人》の相互連関という問題を設定したのは、現代市民社会の登場が「国家と社会＝個人とを対立させる二元的・二項対立モデル」としての近代モデルを変容させたとの認識による（4頁、97頁注1）。つまり、《国家―社会―個人》という視角は、その起源に照らしてみれば、いわば二層三項モデルを提示するものであり、そうすることで、《個人―国家》の二項対立を描く近代民法のパラダイムの克服を目指したものである（はしがきⅰ頁）。

けれども、二層三項モデルには、これに尽きない含意があるように思われる。すなわち、一方では、それは、《国家―社会》の対抗を基礎とする法体系論に《個人》の項を挿入する議論とみられる。また、他方では、《社会―個人》という構成要素をもつ民法理論の層に《国家》の項を加えたものともいえるであろう。

「個人の自律と主体性」に価値を認める著者の法的戦略に符合して、本書の議論は、本質的には《個人》に力点を置く[17]。このように、法原理における価値の源泉を個人に見出す点こそが、本書の主張が広く支持を得たもう一つの要因だといえよう。しかし、そのことは、他面において、著者の主張を支えるのがはたして「市民」なのかという疑問をよぶ[18]。

4　民法学と市民

《個人》基底的な民法理論において、市民を語ることにはどのような意義があるのであろうか。個人たる資格が、現行法のもとではあらゆる人間に等

---

[16]　この点につき、広中俊雄「主題（個人の尊厳と人間の尊厳）に関するおぼえがき」民法研究4号（信山社、2004年）59頁を参照。

[17]　これに対して、民法理論における《国家》の役割に関する考察は、本書の刊行後、いわゆる公私協働論において主題的に展開されたとみることができるであろう。

[18]　たとえば、著者とともに人格秩序の重要性をいち早く強調した藤岡康宏「人格権」法教126号（1991年）36頁は、少なくとも直接には市民社会論にコミットしない。

しく認められることからすれば、市民を語ることは、法の主体につき、個人である以上の何かを求めるものであろう（(1)）。それは、ひいては民法観の問題にも通じる（(2)）。

(1) 志操として

既にみたとおり、民法学は、「市民社会」には長らく意義を認めてこなかった。これに対して、「市民法」については、本書以前からの蓄積がある。このことは、「市民」が、「社会」ではなく、「法」のありようを規定するものとして捉えられてきたことを示唆する。もっとも、市民法の概念は多義的であり[19]、これを対象とする言説にもいくつかの系譜がみられる[20]。

第1に、市民法の概念をいち早く提示したのは、橋本文雄であった。そこでは、市民法は、ヘーゲルの意味における市民社会の法として性格づけられるが[21]、実定法学に内在的な議論に基礎を置くためであろう、橋本のこの分析は、民法学においても広く受容され、以後、市民法と社会法の異質性が意識されるようになった。

第2に、これとは異なる系譜として、いわゆる市民法論がある。これは、戒能通孝に起源をもち、渡辺洋三、清水誠、池田恒男らによって承継される議論であり[22]、本書もこれを再評価する（96頁）。市民とは、商品交換社会の上にヌーッと自生したものではなく、生死を賭して闘ったエリートであるとの戒能の言に象徴されるように[23]、市民法論が想定する市民は、「国家的志操[24]」を体現し、時に資本主義の矛盾に対抗する[25]。著者は、これを市民社会βの成員と捉えた（126頁以下）。

---

19) 西谷・前掲注5）104頁の指摘を参照。
20) 以下にみるほか、山中・前掲注9）、磯村哲『社会法学の展開と構造』（日本評論社、1975年）も、それぞれに異なる系譜を形成するものであろう。
21) 橋本文雄『社会法と市民法』（有斐閣、1957年）90頁以下。
22) 後掲注25）のほか、清水誠『時代に挑む法律学——市民法学の試み』（日本評論社、1992年）、池田恒男「現代市民法試論」同ほか編『現代市民法学と民法典』（日本評論社、2012年）3頁。
23) 戒能通孝「市民法と社会法」『戒能通孝著作集 第八巻』（日本評論社、1977年）141頁。
24) 広渡清吾『法律からの自由と逃避』（日本評論社、1986年）220頁以下を参照。
25) 天野和夫ほか編『マルクス主義法学講座⑤ ブルジョア法の基礎理論』（日本評論社、1980年）13頁以下〔渡辺洋三〕。

そのような意味での市民を問題とすることは、単に「個人」を問題とする場合と比べて、どのような意味をもつのか。この点は、個人の価値を法原理として直射する自己決定権論に現れているように思われる。著者による自己決定権論については、次の2つの特徴を指摘することができる。

第1に、自己決定権は、それ自体が価値なのではなく、「個人の価値を実現するための手段」（265頁）である[26]。このことが、自己決定権の行使に対して、他者が有する個人の価値を尊重するという内在的限界を設定する。

第2に、自己決定権は、法主体の倫理性によっても限界づけられる。著者は、「自己決定」を「近代市民法の基本的理念」として位置づけ、近代市民社会の構成員たる家長は、本源的には「『自主的人間人格』として倫理性を備えた存在」であったとみる（126頁以下）。ところが、現代市民社会の出現に伴って家父長制的社会が解体されると、「我利我利亡者的利己主義者」の社会が現出した（133頁）。こうした「発展」を踏まえて、著者は、自己決定権尊重のいわば対重として、個人の徳性を求める。そのような資質を備えた理想的個人こそが、著者の表象する「市民」だといえよう。

(2) 思想として

法主体の倫理性は、その厚みを増すときには、《国家—社会》への参加をも要請する。このことは、著者が、自己決定権とともに「公共圏」としての外郭秩序の意義を強調したこととも関わる。ハーバーマスの市民社会論とともに受容された公共圏の概念を踏まえて、著者は、市民社会γとして概念化する。本書の主張が受容された背景には、このような市民社会像が、星野英一ら、民法学からの共感をよんでいたという事情も無視し得ない[27]（110頁）。

ところで、星野が、（著者のいう）市民社会γを本来の市民社会とみるのに対して、著者は、市民社会αに分析の主軸を定めつつ、市民社会γに分析を

---

26) この関係では、さらに、吉田克己『市場・人格と民法学』（北海道大学出版会、2012年）21頁において、本書の基調でもある「個人の前面化」が「支援なき個人の前面化」へと転ずることへの危惧が示されることも想起されてよい。

27) ただし、原論文は、ハーバーマスの市民社会論からは距離を取っていた。本書116頁注7をも参照。

及ぼすことも排除しないという姿勢を示す。いいかえれば、著者の構想においては、市民社会αからγまでが、1つの民法の対象領域に収められている。これは、著者がいう「概念」としての市民社会が、民法学の対象領域に照らして、現実のあり方を批判するために設定された視角であることを反映したものである（111頁）。

これに対して、星野と同じく、著者のいう市民社会γを市民社会論の中心領域（「狭い意味での市民社会[28]」）とみて、これを市民社会αと対置する議論として、大村敦志の構想が知られている。大村は、法的規律の対象に即してみるとき、民法は、市民社会α、γの差異に即して「取引民法」「生活民法」への分化を遂げたとの見方を示す[29]。大村によれば、民法を1つのものとして成り立たせるのは、その対象ではなく、それが体現する思想である[30]。

このように、著者と大村の議論は、市民社会の捉え方をめぐる相違を示すのであるが、民法のありように関する限り、両者に懸隔はないように思われる。大村が思想として擁護するのは、たとえば、「公的領域と私的領域の区別を公事として議論するという姿勢」であり、「人間性の探究に裏打ちされた自由・平等という価値の承認」である[31]。これらは、著者が否定するものではなく、むしろ、自己決定権とそれを支える市民の倫理とに照応させることができるであろう（96頁）。

その反面において、民法を通じて《社会》へとコミットする仕方については、両者の間に力点の違いがみられる。本書にとっての民法は、その理念を通じて現実の社会を批判する手段である。これに対して、大村の関心は、民法によって社会が設計される場面により多く注がれる[32]。こうした相違を反映して、《個人》の表象も、大村においては、「生活者」というにふさわしいものとなっている。

---

28)　大村敦志『市民社会と〈私〉と法Ⅱ』（商事法務、2010年）148頁。
29)　大村敦志「民法と民法典を考える」同『法典・教育・民法学（民法総論研究）』（有斐閣、1999年）1頁、特に105頁以下。
30)　大村・前掲注29）108頁以下、特に112頁。
31)　大村・前掲注29）112頁。
32)　大村敦志『生活のための制度を創る——シビル・ロー・エンジニアリングにむけて』（有斐閣、2005年）を参照。

5 おわりに——市民社会論とは何であったのか？

(1) 民法学と市民社会

本書の最大の特徴は、市民社会という視座から実定法の広汎な領域に踏み込むことで、戦後民法学を支配した2つの思潮——解釈学志向の民法理論と、社会学志向の民法理論——を建設的なかたちで継承した点にある。市民社会は、いずれの思潮においても、そのものとして意識されてはこなかった。それゆえにこそ、この「新しい」概念は、両者がともに共感を示す実作の成立を可能にしたのであろう。こうした文脈を俯瞰することができる20余年後の地平からふり返るとき、本書は、それを受け止める者に対して2つの問いを投げかけているように感じられる。

第1に、それぞれの思潮は、はたして同じ「市民社会」を表象したのか。本書は、市民社会に対して「概念」と「発展モデル」という異なる位置づけを与えるが、こうした見方は、下部構造規定論的な法・社会観とは一線を画している。だからこそ、著者は、社会の現実によって法を批判するのではなく、法によって社会の現実を批判することができたのであろう。

けれども、そのような分析方法に立つ限り、批判の射程は、批判の根拠である自己決定権の尊重という法理念には及ばない。ここには、本書の論理が抱えるある種の保守性が現れているようにみえるが、この点につき、とりわけマルクス主義法学陣営からの批判的な言及が少ないことは、いささか奇異に思われる[33]。

第2に、本書の主張は、市民社会に訴求することで支持されたものなのか。それは、民法学が既に承認する「個人の自律と主体性」の貫徹を説いたにすぎないのではないか。そうであるならば、市民社会への言及は、贅語にすぎ

---

[33] 大島和夫『日本の法学とマルクス主義』（法律文化社、2019年）323頁は、「法学者の中で、市民社会の経済システムにここまで踏み込む者は少ない」として、著者の分析を評価する。その一方で、民法学の側から、森田修『契約規範の法学的構造』（商事法務、2016年）70頁が、「『市民社会に繋留された公共的秩序』なるものを基礎として私法による紛争解決をはかれると考え続けることは、繰り返し叫ばれている大きな危機に対処しうるものだとは筆者には思えない」との懸念を示したことは、看過し得ないであろう。

なかったのではないか。

この点に関しては、本書の書評において、次のような相異なる反応が示されたことも目を惹く。ある者は、「著者が取り組んでいるのは社会的現実であって学説批判ではない」から、第1章の検討は「冗長」であると評する[34]。これに対して、別の論者は、「民法学の主要な領域を網羅的に視野におさめ」た点をこそ高く評価する[35]。多くの民法研究者にとっては、後者のような評価を捨て難いであろうが、それは、ともすると、本書の意義を、同時代の民法理論の手際よい整理に矮小化しかねない。問われているのは、本書の主張を「市民社会論」として受け止める際の民法学の姿勢であろう。

(2) 民法学の沃野と「戦後の法学」

市民社会という切り口が登場するや、さまざまな民法学説がそこに糾合されたことは、1990年代の民法学を語るうえで注目すべき動向の一つである。民法学における市民社会論は、今日では、当時ほどに熱を帯びてはいない。しかし、それは、いまなお、かつてない拡がりをもって法学を規定しているとの見方も示されている[36]。

さまざまな思惑を交錯させながらも、市民社会論がこれほどにも多くの民法学者を惹きつけたのは、社会が不断に姿を変えるように、民法もまた閉じた体系ではあり得ないという信条のゆえであろう。本書は、そのように社会へと開かれた民法像を打ち出すことで、民法学の沃野を示すようである[37]。

連載第12回（2022年7月号掲載）

---

34) 中村・前掲注1) 109頁、106頁。
35) 山本・前掲注1) 107頁。
36) 瀬川信久「市民法論・市民社会論のいま(1)～(3)」法時92巻10号94頁、11号91頁、13号260頁（2020年）を参照。
37) もっとも、本書の時代精神を形容するのに「平成民法学」という性格づけが適切であるかには、評者は疑問を抱く。本書が体現するのは、むしろ「戦後民法学」ではないか。同じく元号を冠する「昭和史」も、戦前と戦後との矛盾という時代的特性を度外視しては語り得ないであろう（渡辺洋三『法と社会の昭和史』〔岩波書店、1988年〕）。

民法解釈方法論と体系

藤原正則「法ドグマーティクの伝統と発展 ——ドイツ法学方法論覚え書き」
(瀬川信久編『私法学の再構築』〔北海道大学図書刊行会、1999 年〕35-80 頁)

水津 太郎

1 はじめに

(1) 本稿の対象・関心

1997 年度に開催された日本私法学会第 61 回大会では、民法シンポジウムとして、「転換期の民法学——方法と課題」[1] が実施された。このシンポジウムにおいては、藤原正則が、ドイツ法の観点から報告をおこなった。本稿が対象とするのは、この報告にもとづいて公刊された論文(以下「本論文」という)である。

本稿の関心は、本論文がドイツの法学方法論の研究としてどのような意義をもっているかよりも、本論文が日本の民法解釈方法論について、どのような問題を投げかけているかにある。そこで、本稿では、本論文の内容を紹介した(2)後、本論文が示した考え方を日本の民法解釈方法論の文脈に位置づけて検討することを試みる(3)。はじめに、本論文の前提となる事柄をみておく((2))。

本稿では、本論文を引用するときは、頁数のみを記すこととする。

(2) ドイツの法学方法論と日本の民法解釈方法論

広い意味での法解釈の構造については、①法獲得、つまり個別の事案について適用される法規範を確定することと、②法適用、つまりそのようにして

---

1) 能見善久＝高見進(司会)「転換期の民法学」私法 60 号(1998 年)4 頁。

確定された法規範を個別の事案に適用することとが区別される[2]。この区別を踏まえて、本論文が公刊された当時、ドイツの法学方法論と日本の民法解釈方法論との一般的な違いとして指摘されていたことを確認しておこう[3]。

日本の民法解釈方法論においては、「解釈」の名のもとに、①のみならず、②を含んで議論する傾向があった。また、①については、欠缺補充も、「解釈」に含まれる。この意味での「解釈」では、立法者意思が尊重されず、裁判官の裁量が広く認められる。事実が重視され、理論は軽視される。①および②によってされる「包摂」は、次の意味において不十分である。すなわち、個別の事案について適用される法規範を確定すべきであるという意識が弱く、「包摂」は、かたちだけのものとなっている。

これに対し、ドイツの法学方法論においては、「解釈」は、①に属する。そのうえで、「解釈」は、欠缺補充から厳格に区別される。①においては、一定の留保が必要であるものの、立法者意思が尊重されている。他方で、裁判官の裁量をできる限りコントロールしようとする志向が強い。このことについて、民主主義・三権分立という観点が引き合いに出されている。①および②によってされる「包摂」については、個別の事案について適用される法規範を確定すべきことが重視されている。この意味において、「包摂」は、厳格である。

2　紹　介

(1)　本論文の課題

本論文は、日本の実定法の研究者に自己批判の材料を提供するという観点（67 頁注 3）から、次のことを課題として設定するものである。すなわち、

---

[2]　山本敬三「日本における民法解釈方法論の変遷とその特質」山本敬三＝中川丈久編『法解釈の方法論』（有斐閣、2021 年）53 頁〔初出 2018 年〕。

[3]　本論文が先行研究として挙げているのは、Guntram Rahn, Rechtsdenken und Rechtsauffassung in Japan, München 1990; 能見善久「法律学・法解釈の基礎研究」星野英一先生古稀『日本民法学の形成と課題　上巻』（有斐閣、1996 年）41 頁、山本敬三「民法学のあゆみ」法時 69 巻 10 号（1997 年）96 頁、とくに包摂について、村上淳一「包摂技術とコミュニケーション」同『現代法の透視図』（東京大学出版会、1996 年）101 頁〔初出 1994 年〕等。

本論文の課題は、ドイツの法学方法論の新しい動向等を紹介することではなく、むしろ、ドイツの法律家一般に共有されている法学方法論、主として評価法学[4]について、掘り下げた検討をおこなうことにある（36-37頁・41頁[5]）。

(2)　解釈と欠缺補充との区別

ドイツの法学方法論では、法源は、慣習法を別とすれば（49頁）、制定法に制限される（41頁。その由来について、42-45頁）。そのうえで、解釈と欠缺補充とが厳格に区別される。

(a)　解　釈

解釈については、サヴィニー以来の伝統として、①文言解釈、②論理解釈、③歴史的解釈、④体系的解釈という解釈方法が示されるのが一般であるとされる。②と④とが一つに括られたり、目的論的解釈が解釈方法に加えられたりすることもある。もっとも、これらの解釈方法をどの順序で用いるべきなのかや、どのように組み合わせるべきなのかについて、共通した理解は、ないものとされる（45-46頁）。

ドイツでは、解釈において、立法者意思が尊重されるといわれてきた。もっとも、今日においては、極端な主観説、つまり歴史的立法者意思説をとる者は、いないとされる（46頁）。本論文は、歴史的立法者の意思をまったく無視することはできないものの、歴史的立法者の意思に拘束されるわけにもいかないため、立法者意思の尊重といっても、そこでの立法者意思は、規範化されたものであることを強調している。本論文によれば、この考え方は、利益法学から評価法学への展開という文脈のなかに位置づけられる。すなわち、利益法学から評価法学への展開は、立法者が優先した利益そのものから、立法者がおこなった評価へと着眼点が移行した点にあるものとされている

---

[4]　ここでの評価法学は、青井秀夫『法理学概説』（有斐閣、2007年）317頁・319頁において、「評価法学の多数説」として挙げられるもの、そのなかでも、「法意識内在的または法内在的な評価法学」とよばれるものである。

[5]　本論文がこの課題を設定した背景については、能見＝高見（司会）・前掲注1）84頁〔藤原正則〕およびフランツ・ビドリンスキー（藤原正則訳）「私法の法発見における原理と体系」北法49巻6号（1999年）1373頁も参照。

（38 頁）。そこで、「ある利益を優先させたという事実的立法者の代わりに、そこでの評価という抽象化させ規範化させられた立法者が、法規ないし法体系の中心に据えられる」（47 頁）。評価法学が利益法学の改良された形式であるとされる（両者の関係について、72 頁注 47 も参照）のは、そのためである。つまり、本論文によれば、歴史的立法者意思説からの離反は、利益法学から評価法学への展開にともなうものであったととらえられる。

(b) 欠缺補充

　ドイツの法学方法論によれば、解釈の枠は、「法規の文言」によって画される（47 頁）。したがって、「法規の文言」を超える法規範を解釈によって導き出すことは、許されない。本論文は、ドイツでは、この意味での解釈の枠を超える場合において裁判官が自由な法獲得をすることは、厳に戒められていることを強調している（48 頁）。ドイツの法学方法論において、どのようなときに欠缺が認められ、その欠缺をどのように補充して法の継続形成[6]をすることができるのかについて多くの議論がされているのは、そのためである。本論文は、欠缺補充について、ラーレンツ＝カナーリスによりながら、次の説明をおこなっている（49-51 頁・62 頁）。

　欠缺とは、狭い意味では、制定法が「立法者の計画」に反して不完全であるときのことをいう。この場合には、「立法者の計画」に従った欠缺補充、つまり制定法内在的な法の継続形成をすることができる。ここでの欠缺補充は、類推や目的論的縮減によってされる。

　これに対し、制定法が立法者の計画に反して不完全であるとはいえないものの、「全法秩序の要求」からみると不完全であるとされるときがある。これも、広い意味では、欠缺にあたる。ここでされる法の継続形成は、制定法の外（*extra legem*）にある──そのため、制定法を超える法の継続形成とよ

---

[6]　Rechtsfortbildung の訳語については、近年、立ち入った検討がされている。北村幸也「ドイツ法における《裁判による法形成》の論じ方」同『裁判と法律のあいだ』（成文堂、2020 年）41-49 頁〔初出 2017 年〕。論者は、「法の付加形成」という訳語を提案しているものの、そこでの指摘を踏まえれば、ドイツの通説的な法学方法論を扱う文脈では、「法の継続形成」という訳語を選択することに問題はないであろう（同書 44 頁を参照）。

ばれる——ものの、なお法の内（*intra ius*）、つまり全法秩序およびその基礎に据えられているもろもろの法原理の枠にとどまるものでなければならない。具体的には、取引の需要、事物の本性、法倫理的原理を考慮に入れた法の継続形成が、これにあたる[7]。

(c) 解釈と欠缺補充との区別の意味

このように、ドイツの法学方法論では、解釈と欠缺補充とが厳格に区別され、欠缺補充も、制定法に内在的なものであるかどうかが区別される。本論文によれば、この考え方は、「法規に対する強い拘束性から出発して、他方で判例による法形成をどう説明しかつコントロールするかという課題」に取り組んだ結果として生み出されたものであり（51頁）、「全法体系の整合性」（63頁）を確保しようとするものとしてとらえることができるものとされる。

もっとも、ラーレンツによれば、一連の作業は、「同一の思考プロセスの異なった段階」（52頁）に位置づけられる。客観的・目的論的解釈でされている考慮は、制定法を超える法の継続形成でされる考慮と大差がない（62頁）。それにもかかわらず、各作業が区別されているのは、山本敬三が指摘するように（69頁注21）、追検証可能性を確保するためであると考えられる。そこで、本論文によれば、ドイツの法律家は、「表面上そう自称しているほどには硬直した作業をしているわけではな」（41頁）く、「柔軟なやり方」（52頁）をとっているものと評価される。

(3) ドイツの法学方法論と体系

このように、ドイツの法学方法論が「全法体系の整合性」（(2)(c)の第1段落）を確保しようとするものであるとすると、そこでの「体系」とはどのよ

---

[7] この段落は、Karl LARENZ/Claus-Wilhelm CANARIS, Methodenlehre der Rechtswissenschaft, 3. Aufl., Berlin u.a. 1995, S. 232, 246 から、水津が本論文の内容を若干補充している。ラーレンツとカナーリスとでは、欠缺のとらえ方が異なるため、制定法を超える法の継続形成のとらえ方が異なっている。本論文は、カナーリスに依拠するものである。ラーレンツとカナーリスとの対比については、磯村哲「法解釈方法論の諸問題」同編『現代法学講義』（有斐閣、1978年）99-102頁。カナーリスによれば、制定法を超える法の継続形成は、制定法に反する法の継続形成と異なり、欠缺補充の性格を有する。DIES., ebenda, S. 252.

うなものかが問題となる。

(a) 外的体系

外的体系とは、「法素材の論理的抽象によって構成された民法典の概念体系」（52頁）であるとされる。ドイツの伝統的な法解釈学の中心的な関心は、「外的体系とそこに含まれる抽象的概念による法的構成」（52頁）にあった。外的体系についても、法素材全体の見通しをよくするなど、一定の効用があるものの、次の欠陥がある（52-53頁・57頁）。すなわち、概念にもとづいて論理の操作をするだけでは、評価が見落とされるおそれがある。また、概念は、問題となっている事象がその概念にあてはまるか、あてはまらないかを厳格に問うため、多様な事象をうまくとらえることができない。

(b) 類型論と動的システム論

このようにみると、外的体系は、「柔軟な法形成と法発展およびコントロール」（53頁）を確保するという観点からは、十分な役割を果たすものではない。そこで、新しい方法論として、類型論と動的システム論とが主張されている（53-57頁・62頁）。前者は、一般に受け入れられているものであり、後者は、ヴィルブルクにより主張され、F・ビドリンスキーにより展開されているものである。

両者の考え方は、次の点において共通している（53頁）。すなわち、規範は、たんに論理のもとで扱われるべきではなく、「評価と目的設定」のもとで扱われるべきであるとしていること、規範のなかには、「量的に段階づけられる基準」も含まれるものとしていること、「現行法のなかから一定のファクターを抽出し、その組み合わせを一定の枠内で柔軟に変形させていく」手法をとっていることなどである。

(c) 内的体系

これらの方法は、評価法学が模索している内的体系の構想に寄与するものであるとされる。本論文は、内的体系の構想について、主としてカナーリスに従って（52頁）論じている。内的体系は、「法原理の協働、相互制肘」（59

頁）からなっている。内的体系を構成する法原理は、法発展の方向性を十全
にコントロールするため、「価値関係的ないし法倫理的な内容」（59頁）を備
えるものである。法原理（以下たんに「原理」という）と法ルール（以下たん
に「ルール」という）との関係は、アレクシーを踏まえて（76頁注87・60頁）、
次のとおりとらえられる（58-59頁）。上位の原理は、下位の原理に媒介され
ることによって、ルールに具体化する。原理は、互いに衝突するものであっ
ても、制約を受けながら実現されるのに対し、ルールは、適用されるか、適
用されないかという二者択一的な性格を有する。原理は、その順位や数があ
らかじめ決定されているのではなく、判例・学説・立法によって不断に変化
するとされる。つまり、内的体系は、「開かれた」（52頁）ものである。

　山本敬三によれば、評価法学の課題は、法解釈において評価がおこなわれ
ることを認めつつ、その評価を可能な限り合理的に基礎づけるための方法論
を確立することにあったとされる。本論文は、この認識を共有しつつ（69頁
注21）、評価法学は、この課題について、内的体系の構想により、「法の継
続形成を可能な限り、実はそれ自体も変化し続けている現行法の全法体系と
整合させ」ることによって応えようとしたものであるとしている（59頁）。
本論文によれば、「評価法学なり内的体系とは、現行法に含まれる規範性の
優位のもとでの現行法の不断の再編成の作業である」とまとめられる（59頁）。

(d)　トーピク論・前理解に対する評価

　本論文は、評価法学に挑戦するさまざまな見解を扱っている（59-61頁）。
たとえば、フィーベックのトーピク論は、体系思考と問題思考とを対立させ、
法的問題の解答は、体系からは得られないなどとしている。また、エッサー
の前理解は、法適用者の判断を決定するのは、前理解であるとしている。し
かし、両見解は、評価法学の側から、次のとおり批判されている。トーピク
論は、正当化の根拠を、結局のところ常識や世論に求めるものである。また、
前理解では、発見のプロセスと正当化のプロセスとが混同されているととも
に、前理解は、結局のところ常識に帰着するものであるため、それについて
合理的なコントロールをすることができない。

(4) ドイツにおけるドグマ（法理論）の役割

ドグマ（法理論）とは、「個別のケースの解決と法体系とを首尾一貫させるための道具立て」（63頁）であるとされる。ドイツでは、評価法学が追求する目的、つまり「法体系と法発展との整合性」（67頁）の確保という観点から、ドグマ（法理論）が必要とされている。

もっとも、ドグマ（法理論）は、この本来の文脈・射程を離れて独り歩きすることがある。そこで、ドグマ（法理論）については、ドイツにおいても、批判がされている（63-65頁）。比較法学者であるケッツによれば、ドグマ（法理論）は、概念の整理をするうえでは有用であるものの、評価を操作可能にする道具にすぎず、それ自体が問題解決の妥当性を確保するものではない。ドグマ（法理論）は、しばしば問題解決を混乱させているとされる。

(5) 日本の民法学への示唆

本論文は、ドイツの法学方法論の考察を踏まえて、日本の民法学について、次の指摘をしている（66-67頁）。「制度間の整合、体系性に関する関心の乏しさ」が、「わが国の民法学の問題性」ではないか。「わが国の民法全体の体系的整合性を意識し異なった局面での評価矛盾を回避するようないま一つマクロの法理論を指向する必要がある」。日本の民法学がドイツの議論から方法論的態度として最も学ぶべきなのは、このことではないか。

3　検　討

(1) 評価法学と利益衡量（考量）論

加藤一郎の利益衡量論と星野英一の利益考量論は、利益衡量（考量）にもとづく価値判断に着目するものである。価値判断は、評価といいかえることができる。それでは、この考え方は、評価法学とどのように異なるのか。

(a) 加藤の利益衡量論と星野の利益考量論

加藤の利益衡量論[8]において、利益衡量にもとづく価値判断がされるのは、個別の事案を解決する局面（法適用＋法獲得）である。これによれば、利益

衡量にもとづく価値判断は、その個別の事案に結びつけてされる。また、加藤は、まずは制定法を意識的に除外して、どのようにその個別の事案を解決すべきであるかを検討すべきであるとしている。

　これに対し、星野の利益考量論[9]では、利益考量にもとづく価値判断は、加藤の利益衡量論と異なり、解釈・欠缺補充をする局面（法獲得）でされる[10]。この場合には、解釈・欠缺補充によりどのような価値が実現され、また、どのような人のどのような利益が保護されることとなるのかを踏まえたうえで、価値判断をおこなう。また、星野は、解釈の決め手となるのは、利益考量にもとづく価値判断であるものの、まずは制定法の条文から出発し、立法者・起草者意思を探求すべきであるとしている。

　このようにみると、加藤の利益衡量論は、評価法学とは別のものである[11]のに対し、星野の利益考量論は、評価法学に類するところがあるといえる[12]。

(b)　星野の利益考量論と評価法学

　もっとも、星野の利益考量論と評価法学との間には、違いがある。ここでは、価値判断をめぐる問題に焦点をあてて、次の点を指摘しておこう。

　本論文によれば、「評価法学なり内的体系とは、現行法に含まれる規範性の優位のもとでの現行法の不断の再編成の作業である」（2(3)(c)）。この作業により、解釈・欠缺補充においておこなわれる評価が合理的に基礎づけられて正当化される。

　星野の利益考量論によれば、利益考量にもとづく価値判断が解釈・欠缺補

---

8)　加藤一郎「法解釈学における論理と利益衡量」同『民法における論理と利益衡量』（有斐閣、1974年）3頁〔初出1966年〕。

9)　星野英一「民法解釈論序説」同『民法論集 第1巻』（有斐閣、1970年）3頁〔初出1968年〕、同「「民法解釈論序説」補論」同書48頁。

10)　星野は、加藤の利益衡量論を「第1種」のもの、自己の利益考量論を「第2種」のものとよんでいる。星野英一「いわゆる『預金担保貸付』の法律問題」同『民法論集 第7巻』（有斐閣、1989年）171頁〔初出1987年〕。この区別に着目する近時の論文として、西内康人「民法の解釈」民商158巻3号（2022年）618頁。

11)　Vgl. RAHN, a. a. O. (Fn. 3), S. 262; 村上・前掲注3) 124頁注4等。

12)　星野英一「民法の解釈の方法について」同『民法論集 第4巻』（有斐閣、1978年）82頁〔初出1971年〕は、自己の立場は、評価法学に近いとする。この文脈では、大久保邦彦「利益衡量論（利益考量論）の再評価」阪法72巻2号（2022年）1頁も参照。

充の決め手となる。一方で、①価値判断は、価値のヒエラルヒアにもとづい
てされる。価値のヒエラルヒアは、実定法に内在するものではなく、自然法
から導かれるものである。そのため、その構築は、「大変難しくて、なかな
かできません」といわれる[13]。他方で、②利益考量・価値判断は、素人がす
るものと法律家がするものとによって変わらない。また、星野は、「裁判官
に対する評価」の高さ、つまり裁判官に対する信頼から出発している[14]。そ
うであるからか、価値判断については、「あまり難しく考える必要はな」く、
「結論としてどっちがよいか」を考えてすればよいともいわれる[15]。この考
え方によると、解釈・欠缺補充が、①によれば、信念に、②によれば、直観
にそれぞれゆだねられてしまうと批判されている[16]。星野の利益考量論は、
決め手とされる利益考量・価値判断において、立法者意思や制定法内在的な
評価を尊重しない点[17]、さらに、裁判官に対する信頼から、解釈・欠缺補充
においておこなわれる価値判断を合理的に基礎づけて正当化する志向が方法
論の枠組みにおいて弱い点[18]で、評価法学と異なっている。

(2) 「議論」による正当化

(a) 「議論」論

「議論」論は、大まかにいえば、「議論」という語用論レベルの概念にもと
づいて、価値判断にかかる言明についても、相互主観的な批判的討論をとお
して、合理的に正当化することができるとするものである。それによれば、
正当化のプロセスが発見のプロセスから区別されたうえで、ミクロ正当化
（内的正当化）と、マクロ正当化（外的正当化）とに区別される。「議論」に
より正当化された価値判断にかかる言明については、合理性や正しさ、ある種
の客観性を語ることができる。

---

13) 星野英一『民法の焦点 PART1』（有斐閣、1987 年）103 頁。

14) 星野・前掲注 9)「民法解釈論序説」補論 63 頁。

15) 星野・前掲注 13) 103 頁。

16) 平井・後掲注 21) 139 頁・151 頁・191 頁。

17) RAHN, a. a. O. (Fn. 3), S. 293; 能見・前掲注 3) 54 頁。

18) 山本敬三「法的思考の構造と特質」田中成明ほか『岩波講座 現代の法 15』（岩波書店、1997
年）267 頁注 65、同・前掲注 3) 100 頁。

(b) 「議論」論の位置づけ

ドイツにおいては、「議論」論は、包摂的正当化のみでは正当化として十分でないとの包摂モデルに対する批判としてあらわれたものの、法学方法論の具体的なレベルに与えた影響は、大きくないとされる[19]。もっとも、本論文によれば、「間主観性と追検証可能性を追求しようとするのが、ドイツの法学方法論の出発点である」（62頁）。「議論」論は、この出発点について基礎的な貢献をするものであると考えられる[20]。

他方で、平井宜雄の「議論」論[21]は、日本の戦後の民法解釈方法論が法学教育にもたらしたとされる非合理主義が、法律家の養成にとって有害であるという問題関心から出発している。もっとも、平井の主張や提言は、法律家の養成というコンテクスト[22]とは無関係に、とりわけ日本においては、大きな意義をもっているものと考えられる[23]。日本においては、一般に、価値判断を合理的に基礎づけて正当化する志向が方法論の枠組みにおいて弱かった（(1)(b)）ほか、第1次法解釈論争において、価値判断の主観性・客観性等が民法解釈方法論の大きなテーマとなっていたからである。

(3) 価値判断の正当化と体系

(a) 価値判断の正当化

解釈・欠缺補充においておこなわれる価値判断を合理的に基礎づけて正当化するためには、次の方向性が考えられる。すなわち、①内的体系を構築していく方向性や、②論証の構造の把握や論証の手続・制度の整備を目指していく方向性である[24]。「議論」論は、②を目指すものであるといえる。もっとも、「議論」論をそのようなものとしてとらえる限り、「議論」論それ自体

---

19) 能見・前掲注3）45頁・65頁。本論文の指摘（37頁・61頁）も参照。

20) 能見・前掲注3）64頁を参照。

21) 平井宜雄『法律学基礎論の研究』（有斐閣、2010年）に所収された論文のうち、法律学基礎論覚書および続・法律学基礎論覚書の副題がふされた論文〔初出1988-1990年〕。

22) このコンテクストに焦点をあてて平井の「議論」論を扱う近時のものとして、吉永一行「分断の時代に法学教育の原点を考え直す」本書所収。

23) このことについて、山本・前掲注18）247-248頁、同・前掲注2）50-51頁も参照。

24) このことについて、山本・前掲注18）248-249頁も参照。

民法解釈方法論と体系　83

によっては、マクロ正当化（外的正当化）に属する価値判断そのものを正当
化する方法は、明らかとならない。そこで、①について検討をおこなう必要
がある。

(b)　内的体系の構想

　星野の利益考量論は、解釈・欠缺補充の方法として利益考量にもとづく価
値判断をおこない、その基準としての自然法から導かれる価値のヒエラルヒ
アの構築を目指すものであった（(1)(a)(b)）。ここでの価値のヒエラルヒアは、
内的体系とかかわるものであるといえる。しかし、星野の利益考量論によれ
ば、解釈・欠缺補充においておこなわれる価値判断が、信念や直観にゆだね
られてしまうという批判があった（(1)(b)）。

　問題は、内的体系をどのようなものとして構想するかである。これについ
ては、次の方向性が示されている[25]。まず、価値判断の基準を自然法に求め
るというように「直ちに実定法の外に出てしまうのではなく」、「民法内在的
な価値」を承認したうえで、「価値の面」での「体系性」を追求するという
方向性である[26]。これは、評価法学における内的体系の構想と相通ずるもの
であるといえる。次に、原理という規範──「対抗原理による制約を受けな
がら、その限度でできる限り充足されることを要請する規範」[27]──の性格
に着目したうえで、原理間衡量とそれによる解釈・欠缺補充の正当化の枠組
みを明らかにするという方向性である[28]。この考え方は、解釈・欠缺補充に
おいておこなわれる価値判断を合理的に基礎づけて正当化する志向が方法論
の枠組みにおいて強い点で、星野の利益考量論とは基本的な性格を異にす

---

[25]　内容としては、Gabriele KOZIOL, Juristische Methodenlehre in Japan, in: RabelsZ, Bd. 83 (2019),
　　S. 380-381 が、日本の法学方法論の現在の動向の一つとして取り上げる「体系的・ドグマーティ
　　ッシュな試み」に位置づけられる。以下に掲げるもののほか、大久保邦彦による一連の研究が重
　　要である。

[26]　大村敦志『民法総論』（岩波書店、2001 年）127 頁・131 頁。大村自身は、「内的体系」という
　　用語を用いていない。

[27]　山本・前掲注 18) 254 頁。

[28]　山本・前掲注 18) 231 頁、とくに 251 頁・253 頁・255 頁・267 頁注 64・同頁注 65 のほか、
　　同・前掲注 2) 59-60 頁・59 頁注 79。さらに、同「民法における動的システム論の検討」法学論
　　叢 138 巻 1・2・3 号（1995 年）208 頁。

る[29]。この考え方によれば、ここでの原理には、制定法や先例の尊重といった形式的原理も含まれること、原理には、政策に相当するものも含まれること、日本の民法解釈方法論において伝統的に重視されてきた社会関係の観察・分析は、原理間衡量のあり方に組み込まれることなどが指摘される。この考え方は、本論文が示した評価法学における内的体系の構想を発展させるものであるといえる。

(c) 内的体系の基礎づけ

では、評価法学において、評価が体系的でなければならないとされるのは、なぜか。その基本的な理由は、次の意味での正義の理念に求められるものと考えられる[30]。すなわち、「等しきものは等しく、等しからざるものは等しからざるように扱え」と定式化される正義の理念によれば、法秩序における評価は、一貫したものでなければならない。これによれば、内的体系は、評価の一貫性を確保するという観点を踏まえて構想されることとなる。

他方で、日本の戦後の民法解釈方法論においては、体系は、概念法学的なもの——外的体系といってもよい——と同一視されたため、議論が深められなかったといわれる[31]。本論文は、民法解釈方法論の文脈において、先行研究[32]とともに、別様の体系——内的体系——とそのあり方を示した点において、大きな意義が認められるものと考えられる。

---

[29]　小粥太郎「民法解釈方法論の近況」中田裕康先生古稀『民法学の継承と展開』（有斐閣、2021年）9頁は、山本の考え方を「行き届いた利益衡量の方法を提示」（強調水津）するものと位置づけている。

[30]　Claus-Wilhelm CANARIS, Systemdenken und Systembegriff in der Jurisprudenz, 2. Aufl., Berlin 1983, S, 16, 45, jetzt in: DERS., Gesammelte Schriften, Bd. 1. Berlin 2012, S, 201, 230. 同書の翻訳として、クラウス－ウィルヘルム・カナリス著（木村弘之亮代表訳）『法律学における体系思考と体系概念』（慶應義塾大学出版会、1996年）。

[31]　能見＝高見（司会）・前掲注1）87-88頁〔北川善太郎〕、89頁〔瀬川信久〕。「外的体系」という用語は、用いられていない。

[32]　山本・前掲注28）251-252頁・291-292頁。さらに、青井秀夫『法思考とパタン』（創文社、2000年）80-87頁〔初出1985年〕。

(4) 理論の役割

(a) 本論文が重視する「理論」

本論文が重視する「理論」は、「わが国の民法全体の体系的整合性を意識し異なった局面での評価矛盾を回避するようないま一つマクロ」なものである（2(5)）。他方で、日本の民法学は、この意味での理論が乏しいとされる。本論文は、そのあらわれとして、民法177条の規定により扱われる局面と民法94条2項の規定が類推適用される局面とがどこで画されるのかが明らかにされていないことを挙げている（66頁）。そこで、最後に、「取消しと登記」の問題を素材として、「理論」のあり方を考えてみたい。

(b) 「取消しと登記」と「理論」

AからBへとAが所有する甲土地が売られ、さらに、BからCへと甲土地が売られた場合において、AがBによる詐欺を理由として、売買契約の意思表示を取り消した（民96条1項・120条2項）。判例法理によれば、①Cが取消し前の第三者であるときと、②Cが取消し後の第三者であるときとが区別される。①では、Cが民法96条3項の規定により保護されないときは、AのCに対する甲土地の所有権にもとづく請求は、Aが登記を備えなくても、認められる[33]。民法177条の規定は、適用されない。これに対し、②では、Aは、民法177条の規定により、登記を備えなければ、取消しによる甲土地の所有権の回復を第三者であるCに対抗することができない[34]。そのため、CがAから甲土地の所有権にもとづく請求を受けたときは、第三者であるCは、Aが登記を備えるまで取消しによる甲土地の所有権の回復を認めないと主張することができる。

ここでは、取消しによる権利の回復の保護と、登記による不動産取引の安全の確保とが対立している。判例法理は、取消権行使の自由を尊重すべき局面かどうかや、登記を備えることができた局面かどうかを考慮して、①の扱いと②の扱いとを区別しているものと考えられる。これに対し、学説のなか

---

33) 大判昭和4・2・20民集8巻59頁を参照。
34) 大判昭和17・9・30民集21巻911頁。

には、判例法理について、次の批判をするものがある。①では、物権変動が遡及的に無効となったこと（民121条を参照）を前提としているのに対し、②では、復帰的な物権変動が有効に生じていることを前提としている。これは、矛盾である。そこで、無権利構成を徹底する方向性を示すものや、反対に、対抗問題構成を拡張する方向性を示すものがある。

　しかし、判例法理と同じように、①と②とは評価において「等しからざるもの」として扱われるべきであるととらえつつ、――評価と切り離された――論理や法的構成が一貫しないという理由のみにもとづいて論理や法的構成から判例法理と異なるルールを導くのであれば、そこでの「理論」は、次の意味において主客を転倒しているものと考えられる。評価の整合性と論理や法的構成の整合性とでは、後者が前者に仕えるのであって、その逆ではない。「論理の法則を遵守することは、具体的な法的思考にとっては、必要条件にすぎず、十分条件ではない。いや、それどころか」「評価は、疑いなく形式論理の範囲外」にある[35]。

連載第24回（2023年8月号掲載）

35）　CANARIS, a. a. O.（Fn. 30）, Systemdenken und Systembegriff, S. 22, in: DERS., Gesammelte Schriften I, S. 208.

民法の基本原理と消費者法

大村敦志『公序良俗と契約正義』
(有斐閣、1995 年〔初出 1987 年〕)

原田 昌和

1 はじめに

本書は、1987 年に法学協会雑誌上で公表された論文[1]をまとめたものである。後に大村は、本書および本書と同時期に執筆された「取引と公序」[2]の狙いとして、「公序良俗の内容は政治秩序・性風俗に限られるべきではなく、一方で、取引当事者間における契約正義の実現、他方で、競争秩序を中核とする取引秩序の実現というミクロ・マクロの両面から、これを拡張していこうというものであった」と語っている[3]。

本書執筆の背景として、本書では、①当時、意思主義の復権あるいは契約自由の再興を説く見解が主張される一方で、契約正義の意義を強調する見解が主張され、契約法の原理的問題が議論の俎上に上っていたこと、②実際上の問題として、とりわけ約款規制を始めとする消費者問題への対応が求められていたこと[4]が挙げられている。

---

1) 大村敦志「契約成立時における『給付の均衡』(一)～(六・完)」法協 104 巻 1 号 1 頁、2 号 1 頁、3 号 1 頁、4 号 1 頁、5 号 1 頁、6 号 1 頁 (1987 年)。原論文に対する書評として、石田喜久雄「民法学のあゆみ 大村敦志『契約成立時における『給付の均衡』(一)～(六・完)』」法時 59 巻 12 号 (1987 年) 125 頁がある。なお、本稿では、学術論文の作法に従い、人物名には敬称等を付さない。

2) 大村敦志「取引と公序」同『契約法から消費者法へ』(東京大学出版会、1999 年〔初出 1993 年〕) 163 頁。

3) 大村敦志『広がる民法 5 学説解読編 公論の空間を発見する』(有斐閣、2020 年) 41 頁。なお、大村敦志・小粥太郎『民法学を語る』(有斐閣、2015 年) では、大村本人による研究回顧も行われている。

88

2 紹 介

(1) 本書の目的は、原理上は、契約自由と契約正義という2つの原理の関係を「給付の均衡」法理あるいは暴利行為論という具体的な法制度を通じて検討することを、実際上は、約款規制・消費者保護など今日的な課題に対処するために「給付の均衡」法理あるいは暴利行為論を活用する可能性を検討することを目指すものである（4頁）。

本書において「給付の均衡」法理とは、契約が有効に成立するためには、当事者の合意が存在することが必要とされるが、そのほかに、給付間に均衡が存在することが要求されることもある、という考え方あるいはそれを実現する制度のことをいい（3頁）、本書は、比較法的・沿革的に「給付の均衡」法理あるいは暴利行為論を分析するとともに、わが国における判例の展開を整理・検討したうえで、わが国におけるその具体的適用の要件および効果について、一定の提案を行ったものである。

(2) (a) 本書はまず、わが国の現行民法典90条（以下、断りのない限り、平成29年改正前のもの）について、法典調査会での審議過程、成立後第二次大戦終結までの間の学説・判例の展開、遡って、ボワソナード草案および旧民法典の審議過程を検討する（第1章）。要点としては以下の通りである。

①現行民法典90条の制定過程においては、主たる議論は「善良ノ風俗」の削除をめぐって行われる一方で、「公ノ秩序」としては行政警察・司法など国の制度に関わるものが、「善良ノ風俗」としては性風俗に関わるものが主として想定され、その適用は限定的に考えられており、本条が暴利行為あるいは経済的な問題に関わるものとは考えられていなかった（同第1節）。

---

4) たとえば、山本豊「附随的契約条項の規制における自己責任と契約正義——西ドイツ約款規制論に見る」同『不当条項規制と自己責任・契約正義』（有斐閣、1997年〔初出1980年〕）3頁、加藤一郎「免責条項について」同編『民法学の歴史と課題』（東京大学出版会、1982年）、能見善久「違約金・損害賠償額の予定とその規制㈠～（五・完）」法協102巻2号1頁、5号1頁、7号1頁、10号1頁、103巻6号1頁（1985年～1986年）、河上正二『約款規制の法理』（有斐閣、1988年）は、いずれも本書原論文発表前後に公表（初出）されたものである。

②暴利行為論がわが国の教科書や論文で言及されるようになったのは大正9年（1920年）以降のことであり、大判昭和9・5・1民集13巻875頁によって判例として定着した。その背後にはドイツ民法138条2項があるが、条文の文言が参照されるにとどまった（第2節）。③旧民法典制定過程において、ボワソナード草案にはレジオンの規定が置かれていたが、審議過程での日本人委員の反対によって挫折した。ただその理由は、「武士に二言はない」とか権利関係が不安定になるというものであって、ボワソナードの自由・正義観が理念として理解されてはいなかった。

　(b)　第2章では、フランス法のレジオンおよびドイツ法の暴利について、主として立法過程における議論が検討されている。

　①中世ローマ法学ではラエシオ・エノルミスの広範な適用が認められていたが（第1節）、②フランス法では、16世紀以降レジオンの適用は制限される傾向にあり、フランス革命からコード・シヴィルの時期には、レジオンはいったん廃止された。コード・シヴィルでは、レジオンが不動産売買など限られた場合に認められたが、賛成派は、衡平や人間性、市民的正義の原理といった根拠を援用しており、衡平を原理とする契約観が残存していた（第2節）。③ドイツ法では、16世紀以降、ラエシオ・エノルミスは広範に適用され、他方、利息規制については、従前の禁止から利率制限へと転換した。19世紀後半には、ラエシオ・エノルミスが廃止され、利息自由化立法も行われたが、間もなく弊害が現れたため、BGB138条2項につながる1880年および1893年の暴利法が制定された。BGB制定過程では、すでに部分草案の段階でラエシオ・エノルミスは採用されず、第一草案・第二草案の段階でも暴利行為を良俗違反として規律しようという態度は見られなかったが、帝国議会の委員会審議においてBGB138条2項新設が提案され、成立した。議論の重点は、法的安定性か弱者保護か、（暴利法の存在を前提として）信用暴利と物的暴利の扱いを区別すべきか否かという法政策レベルにあり、契約法の基本原理や契約観などの理念的な議論は見られなかった（第3節）。

　(c)　第3章では、1970年代以降を中心とした、フランス法、ドイツ法のその後の発展およびその他の国の状況が検討され、比較法的にみた、給付の均衡法理の方向性が示される。

①フランス法では、判例は、法律の規定がない限りレジオンは適用されないという態度を 19 世紀以来維持しているが、この態度は、代理人等の報酬の減額などいくつかの分野で、実質的に修正されている。立法においても、肥料売買や著作権などの分野でレジオンが認められるようになった。他方、民法典を改正して、レジオン規定を一般化する試みも何度か現れているが、本稿発表時には実現していない[5]。これらの提案は、無経験の利用のような主観的要件を付加するものが多いようである（第 1 節）。②ドイツ法では、判例の集積によって BGB138 条 2 項の主観的要件の内容がかなり明らかにされている。ただし、適用領域に関しては、消費貸借以外の契約類型については否定例が多く、包括的な禁止規定を有するわりには、実際の適用範囲はさほど広くない。このような限界を克服するために、判例により、138 条 2 項の要件が存在しなくても、給付の不均衡に、非難すべき態度が加わるならば、法律行為は 138 条 1 項により無効であるとの法理が形成された。立法としては、賃料暴利を規制するドイツ刑法（StGB）改正や BGB138 条 2 項の「窮迫」を「強制状態」に変える改正が行われている。また、給付の不均衡と力の格差の大きさを相関的に考える堆積理論も主張されたが、支持を集めることはできなかった（第 2 節）。③以上のほか、欧米諸国の法を概観した後、ローマ法系諸国における「給付の均衡」法理は、次の 5 つの型をとって現れたとされている。すなわち、Ⅰ型：ラエシオ・エノルミスを広範に認めるもので、18 世紀以前の継受ローマ法に広く見られる。Ⅱ型：ラエシオ・エノルミスを制限的に認めるもので、ALR やコード・シヴィル、ABGB のような 18 世紀末から 19 世紀初めの立法に見られる。Ⅲ型：ラエシオ・エノルミスを否定するもので、日本など 19 世紀中葉から後半の立法に見られる。Ⅳ型：暴利行為を良俗違反として無効とするもので、BGB など 19 世紀末から 20 世紀初めの立法に見られる。Ⅴ型：良俗違反と切り離して要件効果を柔軟にしたもので、20 世紀初頭以来の立法に見られる。立法の趨勢もⅠ型→

---

5) 2016 年民法改正により、レジオンに関する旧 1118 条は削除され、改正 1143 条において暴利行為を強迫の一類型とする規定が設けられた。荻野奈緒＝馬場圭太＝齋藤由起＝山城一真「フランス債務法改正オルドナンス（2016 年 2 月 10 日のオルドナンス第 131 号）による民法典の改正」同法 69 巻 1 号（2017 年）292 頁。

Ⅲ型→Ⅴ型と変遷しているものと見られ（Ⅱ型・Ⅳ型は過渡期のものと位置付けられる）、今日において支配的な立法は、非ローマ法系の英米法・北欧法とⅤ型の大陸法であり、これらの立法のメリットを可能な限り導入することが考えられてよいとする（第3節）。

なお、とくに本書前半では、給付の客観的な不均衡に基づく規制法理を目指すようなニュアンスの記述も見られるが、第3章後半あたりからは、当事者間の関係の利用を考慮に入れた、要件効果の柔軟な規範を目指すべきというように、論述のトーンに変化が感じられる。

(d)　第4章では、日本法に関して、225件にわたる暴利行為に関する判例が、各種契約類型に分けて詳細に分析されている[6]。昭和40年代ころまでは、消費貸借契約の違約金や代物弁済予約に関するものが多いが、利息制限法4条に損害賠償額の上限が規定され、代物弁済予約について清算義務を認める判例法理が確立するにしたがって、一時裁判例は減少する。昭和50年代に入ると、ホステスの保証契約のほか、先物取引やマルチ商法などの消費者契約の分野における裁判例が増加する。これらを横断的にみたとき、暴利行為による無効は、代金や利息など契約の中心部分に関するものより、担保・違約金・解除など契約の周辺部分におけるものや、契約外の利益に関する場合の方が認められやすく、近時においては、ホステスの保証契約や事故後の示談のような当事者間の関係を利用して不当な利益を得るタイプの増加が目立つ（消費者の不当勧誘事例も、契約成立前の段階で形成された関係を利用して、契約締結に至らせたものとみることもできる）[7]。要件については、昭和9年判決の「客観主観併用型」という定式は必ずしも堅持されておらず、「主観推定型」や「客観単独型」もかなり多く、柔軟化している。効果についても、消費貸借契約の利息・違約金を中心に、一部無効を認める判例が多く、こちらも柔軟化している。

(e)　以上の分析をもとに、結語では、次のように、わが国における暴利行為論の解釈論の試みが提示される（364頁以下）。

---

6)　暴利行為に関する判例を網羅的に取り上げて、その趨勢や傾向を明らかにしたという点でも、本書には画期的な意義がある。

7)　本書は、当事者間の関係の利用を主観的要件に含めないことを前提としている点に注意。

要件については、①当事者の「関係・状況」と「利得」の大きさを中心的ファクターとし、これを相関的に考慮することを原則とする。②両当事者の主観的態様である利得者の「意図の悪性」と被利得者の「意思の抑圧」は付随的ファクターとし、これらの不存在の証明は利得者に有利に、これらの存在の証明は被利得者に有利に働くものとする。③行為の「反社会性」という当事者間の事情を超えた事情も、それが顕著である場合には考慮できるものとする。「利得」の大きさの判断は、一般人基準（＝「市場価格」）を原則とするが、利得者・被利得者のそれぞれの事情に着目した判断方法を用いることを排除しない。

効果については、典型的な公序良俗違反の場合の処理とは異なり、一部無効・相対無効を認め、実際上、裁判官による契約の改訂を部分的に認めることにする。

さらに、適用領域を３つの型に分けて、各型の特性に合わせて、異なるファクターにウエイトを置くことを提案する。①かつての違約金や代物弁済予約のような、「付随条項規制」に関しては、条項自体の妥当性が最重要視される（Ａ型）。②「関係状況濫用規制」に関しては、「利得」の大きさと「関係・状況」の存在が問題にされる（Ｂ型）。③特別な関係や状況がない「暴利行為規制」に関しては、「関係・状況」に代わって、「意図の悪性」や「意思の抑圧」が重視される（Ｃ型。ただしＢ型との区別は理念的なものであり両者は連続的なものとされる）。このうち、今後の主たる適用領域はＢ型になるとされ、Ａ型Ｃ型はそのヴァリエーションと位置付けられる。

3　検　討

(1)　まず、学説史上の意義として、本書は必ずしも公序良俗論全体の再構成を目指したものではなかったが、本書をきっかけに公序良俗論全体を問い直す動きが生じた。

すなわち、本書以前の公序良俗論は、主として判例の分類と整理が中心であった[8]のに対して、大村は、本書で、取引当事者間における契約正義――「給付の均衡」法理――の実現という視点を提示し、法令違反行為効力論を

取り扱う「取引と公序」で、競争秩序（経済的公序）を中核とする取引秩序の実現——こちらも契約正義の一側面である——という視点を提示し、公序良俗論に関する基礎理論を示したのであった[9]。本書刊行と同時期に（原論文からは少し遅れて）、公序良俗論に関する基礎理論を提示したのが、山本敬三『公序良俗論の再構成』（第1部第1章の「公序良俗論の再構成」の初出は1995年[10]）であり、国家機関である裁判所は、個人の基本権を保護する義務を負うという立場から、公序良俗論全体の再構成を目指すものである。

このような動きについて大村は、本書および「取引と公序」が、山本『公序良俗論の再構成』とあわせて、「公序良俗論の革新のための新たな思考枠組みを提示したと評価することが許されるのではないかと思う。両説の登場によって、『公序良俗違反＝例外』ですませる素朴な見方は過去のものとなったといえるだろう」と述べている[11]。本書は、その後の判例における公序良俗論の積極活用の火付け役となったとともに、判例の分類にとどまらない「新たな思考枠組みの提示」の先駆けともなったわけである[12][13]。

大村によれば、両者の共通点・相違点には以下のようなものがある[14]。まず、共通点として、①公序良俗違反がその適用範囲を広げているという事実認識、②この現象を説明するために、従来とは異なる原理の援用が必要だと

---

8) その代表が、我妻栄「判例より見たる『公の秩序善良の風俗』」同『民法研究II 総則』（有斐閣、1966年〔初出1923年〕）121頁、同『新訂民法総則』（岩波書店、1965年）270頁である。

9) 山本敬三『公序良俗論の再構成』（有斐閣、2000年〔初出1998年〕）188頁の評による。

10) 山本論文の紹介と大村の見解との詳細な比較については割愛し、ここでは、本書をよりよく理解するために必要な範囲で、両者の関係について言及する。

11) 大村敦志『もうひとつの基本民法I』（有斐閣、2005年）17頁。

12) 椿寿夫・伊藤進編『公序良俗違反の研究 民法における総合的検討』（日本評論社、1995年）も、本書原論文が契機のひとつとなって開始された総合的研究といえよう（椿寿夫「法律行為論の課題一斑」同書6頁）。

13) 大村・山本両理論を踏まえて、また異なる方向に進もうとするのが森田修である。森田は、公序良俗の類型化とは、集積される裁判例およびそこから取り出される判例法理の検索の枠組みを用意することで足り、その後は、事案の類型あるいは利益状況の共通した紛争場面に即して、その裁判例の集積から一定の判断基準と考慮要素とを取り出すことで、予測可能性が何がしか図られるということでよいという認識に立ったうえで、（とりわけ山本理論を意識してと思われるが）公序良俗違反によって侵害される秩序が何かという観点からの類型化を行う。川島武宜＝平井宜雄編『新版注釈民法(3) 総則(3)』（有斐閣、2003年）132頁以下〔森田修〕。

14) 大村・前掲注15) 17頁以下。

の理論認識、③要件面では法令違反を組み込み、効果面では相対無効・一部無効を積極的に認めるという法技術面での方向性の3点を挙げる。他方、相違点としては、まず、①民法90条の保護法益として、経済的公序論は、「当事者の利益保護」を目的として掲げる一方で、「競争秩序の維持」も目的とする。契約正義論も「当事者の利益保護」の側面を有しつつ、「取引秩序の維持」という色彩も帯びており、契約正義＝経済的公序論の保護法益は「個と共同性」の双方であり、両義的である。これに対して、山本論文では、基本権の保護が中心に据えられており、個の優越（リベラリズム）は明らかである。つぎに、②両論文共に「法令（政策決定）」の尊重を公序良俗論の中に埋め込んでいるが、大村論文には「基本権（憲法）」に対する配慮が相対的に弱く、山本論文では「良俗（習俗）」に関する説明が必ずしも十分ではない。最後に、③方法論的な態度として、大村論文は事実思考が比較的強い——歴史的経緯など実定法外の諸要素に着目している——のに対して、山本論文は論理性——実定法の体系性（とくに憲法との階層関係）を重視する——によって貫徹されている。

　両者を比較して、吉田克己は、次のように述べている[15]。すなわち、山本理論は、リベラリズムを基調とする個人志向型の理論であるが、同時に「国家による自由」も指向されている。他方、大村理論は、民事裁判を通じた契約への介入と、そこでの法源としての国家法の活用を通じて、契約正義の実現を志向する、国家志向型の理論といってよいが、国家と社会の関係については、大村の「社会」は、必ずしも国家との緊張関係を孕むものではなく、国家と社会がひとまとまりになり、それと個人との相互関係が問題とされている印象が強い。

　国家と社会との関係について、近時、大村は、次のように述べている。大村の現在の思想を語っている部分なので、少し長くなるが、引用したい。

　　「山本は多くの憲法学者と同様に、個人の人生の在り方に介入しない（ように見えるが、実ははっきりしない）。グローバリズムの猛威に対抗するのは、

---

15)　吉田克己『現代市民社会と民法学』（日本評論社、1999年）19頁以下、23頁以下。

一人一人の個人である。これに対して、私はより積極的な市民社会を想定する。現代の市民は、自分たちの人生の改善のために、契約によって（社会的な環境としての）制度を作り出す。そのためには、契約そのものが（社会的なコントロールを受けた）制度として機能することが期待される。

私はこのような立場をレパブリカニズムと自称する。確かに私たちは各自が追求する人生の目的を持っているが、そのための共通の前提（res publica）を共有している。これを改良していくことは、社会とその政府の役割である。……

私の市民社会は自律分散的・進化的なものであり、時代の流れの中で様々な試みが新しい権利や制度を生み出したのを受けて、これを選別・集約していくものとして想定されている。しかし、それが常に適切な結果をもたらすという保証、各市民に対して抑圧的に働かないという保証はない。そこにあるのは、公論を通じて、よい議論が暫定的に生き残り、そのことを通じて秩序は漸進的に変化していくという見方である。」[16]

（2）　すでに指摘されているところでもあるが、著者の「給付の均衡」論のその後について触れておきたい。上述のように、前半において給付の客観的不均衡に基づく規制法理を目指していた（かのように見える）本書は、最終的には、「利得」の大きさと「関係・状況」の存在を中心的ファクターとして相関判断する法理を提案し、このような判断を行うB型が今後の主たる適用領域になるとしていた。

このような法理については、これを「実質的契約自由」の回復を目指すものと理解する可能性があるが、これについて、本書は、たしかにV型がI型と異なり「給付の均衡」以外の要素を組み込んだものとなっていることは否定できないが、V型においても、「給付の均衡」という要素が存在するとい

16）　大村・前掲注3）51頁。大村敦志『典型契約と性質決定』（有斐閣、1997年）や人の法構想、フランス民法研究などを経て、契約正義は、レパブリカニズムの一局面をなすととらえられているとみてよいだろうか。大村の市民社会論については、大村敦志「フランスの市民社会と民法・覚書——現代日本の民法学の観点から」同『民法のかたちを描く　民法学の法理論』（有斐閣、2020年）233頁以下なども参照。

96

うこと、多かれ少なかれⅠ型との関連が意識されているということを確認しておきたい、と述べている（371頁）。

ところが、後の『消費者法〔第4版〕』（有斐閣、2011年〔初版1998年〕）117頁においては、「暴利行為論はあくまでも『暴利』すなわち契約内容自体に着目した法理である。それゆえ、交渉力不均衡の結果を捨象しその原因のみに着目して契約を無効とするのに適した法理であるとはいえない。そうであるとするならば、立法論としては、交渉力不均衡のみに着目して契約の効力を否定する規定を設けることが望ましい。オランダ法の『状況の濫用』のような規定がそのモデルになるだろう」と述べ、B型にとどまることなく、「関係・状況」の方を要素とする方向に進んでおり、むしろ「利得」の大きさという客観的要件が、消費者契約の規制への暴利行為論の広範な適用の制約となるとするかのようである[17]。

もちろん、こうした交渉力不均衡のみに着目して契約の効力を否定する法理を、契約正義―取引秩序の維持―によって正当化することは可能である。しかし、もはやかつてのⅠ型との関連が意識されているとはいいにくく、「給付の均衡」法理による規制という色彩は薄まっているようにも思われる。

（3）次に、本書の視点から見たその後の裁判例の展開について触れたい。上記のように、本書は、当事者の「関係・状況」と「利得」の大きさを中心的ファクターとして相関的に考慮し、両当事者の主観的態様である利得者の「意図の悪性」と被利得者の「意思の抑圧」を付随的ファクターとして考慮するB型が、公序良俗則の基本型になるとし、事案類型としては、先物取引やマルチ商法などの消費者契約の領域についての裁判例が昭和50年代以降増加傾向にあることを指摘している。このような裁判例の傾向は現在も続いており、そうした裁判例の集積に基づき、2018年（平成30年）消費者契約法改正において、困惑類型の追加が行われた（4条3項3号以下）。とくに同4号や6号は当事者間の「関係・状況」の利用という観点が明確であり、B型的な発想は消費者取引の場面では受け入れられているといってよい。暴

---

[17]　森田修・前掲注13）107頁の指摘による。

利行為論を通じて消費者保護の課題に対処するという本書の目的は、一定程度達成されたといえよう。

　B型、C型にみられる、契約締結過程の事情と契約内容を相関的に考えるという思考方法は、公序良俗論以外の場面にも波及しているように思われる。たとえば、建物賃貸借契約における更新料条項の消費者契約法10条後段該当性について、「賃貸借契約書に一義的かつ具体的に記載された更新料条項は、更新料の額が賃料の額、賃貸借契約が更新される期間等に照らし高額に過ぎるなどの特段の事情がない限り、消費者契約法10条にいう『民法1条2項に規定する基本原則に反して消費者の利益を一方的に害するもの』には当たらないと解するのが相当である」とする最判平成23・7・15民集65巻5号2269頁も、賃貸人と賃借人という関係を基礎に、更新料条項の契約書上での提示（説明）と更新料の額との相関判断を行ったものとみることができ、このような思考方法の現れと位置付けることも可能だろう。

　立法に関していえば、消費者契約法8条以下の内容規制や、2017年（平成29年）改正民法548条の2第2項のみなし合意の除外は、いずれも、事業者と消費者、定型約款準備者と顧客という「関係・状況」と条項内容の相当性を相関的に判断するB型的な発想の延長に立つものといえよう。付随的条項であるにも関わらずA型に進まなかったという意味では大村の提案通りにならなかったともみうるが、見方を変えれば、A型の規制が妥当する「関係・状況」が上記のように定型化されたと考えることもできよう。

　（4）　最後に、2017年（平成29年）民法（債権関係）改正において、暴利行為論の明文化が激しく議論された——最終的には条文化されなかったのであるが——のは周知のとおりである[18]。

　たたき台の一つとなった民法（債権法）改正検討委員会の案は、現代的暴利行為をもカバーすべく、「当事者の困窮、従属もしくは抑圧状態、または思慮、経験もしくは知識の不足等を利用して、その者の権利を害し、または

18）　審議の資料と議論の内容の紹介については、桑岡和久「債権法改正立法資料集成(2) 暴利行為」民商法雑誌155巻2号（2019年）389頁を参照。

不当な利益を取得することを内容とする法律行為は、無効とする」との提案をしていた（【1.5.02】〈2〉）。現代的暴利行為の理解として、同提案は、「伝統的な暴利行為の定式の前半部分——他人の窮迫・軽率・無経験に乗じること——を意思決定過程に関する主観的要素ととらえ、後半部分——いちじるしく過当な利益の獲得を目的として法律行為をすること——を法律行為の内容に関する客観的要素ととらえた上で、両者の相関関係によって不当性を判断し、法律行為の無効を導くという考え方が展開されている」と述べ、本書を注記で挙げている[19]。ただ、Ｂ型・Ｃ型の区別はあまり意識されておらず、当事者の客観的な「関係・状況」というファクターと、利得者の「意図の悪性」や被利得者の「意思の抑圧」という主観的なファクターは、主観的要素の中で一体的に考えられているようである。そういう意味では、当事者の一定の関係や状況に限定した範囲での「給付の均衡」法理を導入しようとする大村理論よりも、むしろ、契約の成立上の問題と内容的不当性の問題の「合わせて一本」を主張する議論[20]の影響の方が強いようである。

　法制審議会の審議では、たとえば、第30回会議では、「従属状態」、「抑圧状態」、「信頼関係」、「経験の不足」、「知識の不足」を利用することを付け加えることや、客観的要素と主観的要素を相関的に判断して不当といえる場合や相手方の権利を侵害する場合も暴利行為に該当するとする考え方が示されたり[21]、第64回会議では、「相手方の困窮、経験の不足、知識の不足その他の相手方が法律行為をするかどうかを合理的に判断することができない事情があることを利用して、著しく過大な利益を獲得し、又は相手方に著しく過大な義務を負担させる法律行為は、無効とするものとする」という案が示されるほか[22]、主観的要素に従属状態あるいは抑圧状態を付け加える意見が出されている[23]。「合理的に判断することができない事情」とは、当事者間の関係や状況を含むものとして用いられているが、この表現は、その後の案で

---

[19]　民法（債権法）改正検討委員会編『詳解・債権法改正の基本方針Ｉ　序論・総則』（商事法務、2009年）58頁。

[20]　河上正二「契約の成否と同意の範囲についての序論的考察(4)」NBL472号（1991年）41頁以下。

[21]　民法（債権関係）部会資料27・3頁（第1、1、イ）。

[22]　民法（債権関係）部会資料53・1頁（第1、2、(2)）。

[23]　民法（債権関係）議事録第64回10頁〔山本敬三幹事〕。

も用いられている[24]。ここでも、B型・C型の区別はあまり意識されず、当事者の客観的な「関係・状況」と、利得者の「意図の悪性」や被利得者の「意思の抑圧」という主観的なファクターは、主観的要素の中で一体的に考えられているようである。ただ、審議過程においては、現代型暴利行為と呼ばれているもののかなりの部分は状況の濫用法理と重なっており、状況の濫用法理を設けるべきだという意見も述べられており[25]、当事者の「関係・状況」の利用が現代における暴利行為適用事例の中心になっていることは、検討の共通理解となっていたとみられる。そうだとすれば、このことを初めて自覚的に主張した本書の主張は、債権法改正に関する議論にも大きな影響を与えたといえるだろう。

4　おわりに

契約正義に関する大村の研究を通時的に見たとき、本書がきっかけとなって、消費者取引の場面での暴利行為論の一層の活用や公序良俗則の意義全体を問い直す動きが生じ、判例学説や債権法改正に大きな影響を与え、大村自身においても、その後の研究と合わせて、市民社会論へと深まりを見せている。ところで、大村の指導教授である星野英一は、「これからの中心問題は、契約の自由でなく、契約における正義の実現である」とし、具体的には「特に、対価の均衡、レジオンをどう扱うかが、今後の重要なポイントとなろう」と述べていた[26]。星野を源流とする流れが、大村を通じて大きく成長していく様を見て取るのは、難しいことではないだろう。

連載第2回（2021年8月号掲載）

［後注］再校時に、山本敬三『憲法・民法関係論と公序良俗論』（信山社、2024年）に接した。

---

24)　「合理的に判断することができない事情」という表現は、2016年（平成28年）、2018年（平成30年）の消費者契約法改正においてもたたき台となっている。
25)　民法（債権関係）議事録第10回7頁以下〔松本恒雄委員〕、同第30回30頁〔松本恒雄委員〕。
26)　星野英一「契約思想・契約の歴史と比較法」芦部信喜ほか編『岩波講座　基本法学4——契約』（岩波書店、1983年）47頁から48頁。

契約の解釈という技術と比較法文化論

沖野眞已「契約の解釈に関する一考察(1)〜(3・未完)」
(法学協会雑誌 109 巻 2 号、109 巻 4 号、109 巻 8 号〔1992 年〕)

竹中 悟人

1 はじめに

　沖野眞已「契約の解釈に関する一考察(1)〜(3)」は、法学協会雑誌に 1992年に連載された論文である[1]。フランスの契約解釈に関する重要な分析を含み、1990 年代民法学の重要な業績の一角を占める。

　日本において「契約の解釈」は、「法律行為の解釈」あるいは「意思表示の解釈」といった概念の代わりに、またはそれらの概念とともに、100 年にわたり議論されてきた。現代社会で形作られる複雑で多様な契約をコントロールするための重要概念として位置づけられることも少なくない[2]。

　「契約の解釈」という概念は明確ではない。そもそも日本法上、「契約の解釈」について正面から定める規定は存在しない。また同概念との関係で議論される内容も、実務・学説それぞれにおいて、さらには、ドイツ法・フランス法・英米法等論者が依拠する比較法的立場に応じ、様々である。

　比較的最近まで、「契約の解釈」は、ある時期のドイツ法学説にその淵源を見出す形で議論されてきた。そのため、従来の日本ではドイツ法の紹介に絡ませた議論が多かった。これに対し、(フランス民法典の再評価という機運

---

1)　沖野眞已「契約の解釈に関する一考察──フランス法を手がかりとして（1〜3）」法協 109
　　巻 2 号、109 巻 4 号、109 巻 8 号（1992 年）

2)　2017年民法改正に際しても、契約の解釈についての条文を明定するかにつき、議論がなされて
　　いる。例えば、「民法（債権関係）の改正に関する中間試案」（平成 25 年 2 月 26 日決定）第 29
　　には、条文案が存在する。

が高まった[3]）20世紀後半に、フランス法の視点から「契約の解釈」の意義を明らかにしようとしたのが、本稿が扱う沖野論文である。

2　紹　介

　沖野は、「契約の解釈」に関し、まず、当時の日本の学説が、法律行為における「表示行為の客観的意味を確定すること」を「解釈の目的」とする客観説に立脚しているとする。その上で、それらの学説は、「当事者が契約を締結した際の諸事情を表示行為そのものとする、あるいはその解釈資料とするために、客観的意味といってもそれは両当事者に即した意味であって、結論としては両当事者の付与した主観的意味が一致する場合はその意味によることを認めていた」（247頁。以下（　）内は同論文の法学協会雑誌の連番頁数を指す）とも指摘する。

　しかし沖野は、日本において、「表示行為をどう捉えるか」、「当事者の意思の尊重をどう考えるか」といった点について十分に整理されているとはいえず、「契約の解釈に関する学説を、総合的に捉え直すこと、諸説を整理し位置づけることが必要」（248）であるとする。

　その上で沖野は、比較法的研究において「フランス法の紹介はいかにも少な」（248）いと指摘し、この問題に関する「基礎的な作業」としてフランスの契約解釈の動向の参照の必要性を指摘する。

　沖野は以上のように当時主流のドイツ法学ではなくフランス法学に目を向けるが、「契約の解釈」との関係でのフランス法の特色につき、3点指摘する。第一に、フランス民法は「契約解釈の方法・基準について民法典中に比較的詳細な一連の規定を置いている」こと。第二に、フランス民法においては「時代を通じて一貫して『当事者の意思』が重視されているといわれており……特異」であること。第三に、フランス法の枠組は「日本法とは異なる枠組みで契約の解釈が論じられているから……日本の学説の展開を整理するう

---

3)　星野英一「日本民法典に与えたフランス民法の影響」星野英一『民法論集第1巻』（有斐閣、1970年）69頁以下（初出は日仏法学3号〔1965年〕）が嚆矢となる。

えで参考になる」(248) ことである。

以上の問題意識を踏まえ、沖野の検討は、日本法からフランス法へという順序で行われる。

(a) 日本法

沖野は、日本法は旧民法まで「フランス民法典にならい、契約解釈原則を規定する一連の条文を置いていた」と指摘する。しかし、明治民法がこれらの規定を削除したため、「民法典制定直後には契約の解釈の問題はほとんど論じられなかった」(253)[4]。

(イ) 明治民法前後

明治民法制定前後の学説として沖野は (旧民法の契約解釈原則の起草者と目する) 富井を挙げる。富井は「法律行為一般の解釈ではなく契約の解釈を問題とし」、「有効に成立した契約を総体として解釈することを契約の解釈としている」(497)。また、富井は「契約書の解釈を問題」としており、「解釈の主眼は両当事者の意思の探究である」(498) と理解していた。

このような富井の理解につき、沖野は「博士の説明はフランスの学説をふまえたものである」とし、「表示と意思の対立という図式、それを前提としたうえでの意思の優位という構図は、明確にはとられていない」(498) と評する。

(ロ) 大正期の学説

沖野によれば、「契約……の『解釈』が本格的に論じられるのは大正時代以降」であり、「大正時代から昭和初期にかけて、ドイツの学説の影響下、法律行為の解釈とは意思表示の表示行為の有する意味を客観的に明らかにすることであり、法律行為解釈の基準は、①当事者の企図する目的、②慣習、③任意規定、④信義誠実の原則である、とする見解が通説的見解として確立」(496) したとする。

沖野は、これらの議論を丹念に紹介したうえで、「通説とそれ以前の見解との差異は、客観説か主観説 (意思説) かにあるのではなく、意思と表示と

---

4) 沖野によれば現行民法典に関連する条文がないわけではないとされる。実質的に契約解釈原則に該当しうる規定として、1条2項 (信義則)、91条 (任意規定)、92条 (慣習の効力) を沖野は挙げる (281 以下)。

いう対立の図式をとるか否か、契約の解釈とするか意思表示ないし法律行為の解釈とするか、といった別の点に求められるのではないか」と評する（510）。

　(ハ)　昭和期以降

　沖野は、「通説として確立した」客観説は、昭和30年代後半以降「諸点にわたって見直しが迫られた」（253）と指摘する。

　昭和30年代に現れた「通説的見解に対する批判」につき、沖野は以下の4点にまとめる。すなわち、「『解釈』の中には異質の作業が存在すること、法律行為の解釈として統一的に論ずることには疑問があること、両当事者が表示に付与した主観的意味が合致する場合には、表示の客観的意味ではなくその主観的意味に依るべきこと、解釈の具体的基準も解釈の中に含まれる異質の作業に応じて再検討されるべきこと」（514）である[5]。

　沖野はその後、上記の批判を受けた「現在の学説状況」（521）も概観した上で、「そこでの諸問題についての個別の検討、およびこのような問題状況自体の適否の検討については、フランス法を見た後に、たちもどることとしたい」（536）とする。

　沖野によってなされる日本法の検討の総括において印象的なのは、「フランスにおける契約解釈が参考となると考えられる点はどこにあるか」（537）との問いが、先んじて立てられている点にもある。

　沖野によれば、日本法では、「両当事者の『内心の意思』の合致がある場合その意思に拠るということの根拠はなお十分に示されているとは言い難」（537）く、また、別の見解の背後に見受けられる「ドイツ流の私人の自己決定としての『私的自治』の尊重の考え方」についても、「そこでの『私的自治』の捉え方、『意思』の内容については、十分に詰められていない」（538）が、フランス法では、「契約解釈において第一に為すべきは『両当事者の共通の意思の探究』であるとされ、20世紀初頭のドイツ法学の影響にもかかわらず、『当事者意思の尊重』を第一とすべきことが現在に至るまで維持されて」おり、「フランスにおける『意思尊重』が、どのような意味でどのような根拠に基づき、主張されているのか、そしてその具体的帰結は何か、ド

---

5)　沖野は川島説による批判、賀集説等による再批判を詳細に跡づける（287）。

イツ法学特にいわゆる『表示理論』に対しフランスの学説がどのように応え
たかを見ることは、右諸問題の解決を考えるにあたって、得るところ少なく
ないのではないかと考えられる」(538) とされる。

　(b)　フランス法

　沖野は、フランス民法典は、ローマ法由来の原則をドマ・ポティエが定式
化した 9 ケ条の規定を置くほか、信義則、衡平、慣習、法律についての規定
2 ケ条も含め、それらが契約解釈に関する条文に該当するとした上で[6]、フ
ランスにおける「法定の解釈原則に関する議論」は二つに大別できるとする。
第一が、「契約解釈方法の基本原則・枠組に関する議論」(1156 条・1134 条 3
項・1135 条関連) であり、「両当事者の共通の意図の探究こそが契約解釈の
基本原則であるとする考え方が一貫して主張され、維持されている」(540)
と評する。第二が、「個々の解釈原則に関するもの」であり、(フランス民法
典起草当初は十分に顧慮されなかった) 1157 条以下の規定につき、「当事者意
思を基準とする主観的解釈と意思以外の客観的基準による客観的解釈という
観点」(541) から、その規定の性格も含め再検討を図る議論がなされている
と評する。

　沖野はまず、フランス民法典制定前の学説としてドマ・ポティエの見解を
敷衍し、「ポティエの見解においては、ドマに比べ、意図探究・意思優越の
原則の比重がきわめて高い」(553) とした上で、その後のフランスの古典理
論において「註釈学派の多数は契約の解釈を両当事者の共通の意図の探究で
一貫されるものと捉えている」(562) とする。

　次に沖野は、20 世紀初頭の「批判学説」としてサレイユ・ドゥルゥ・グ
ノォの分析を行う。沖野は批判学説による古典理論批判として次の 4 点を挙
げる。第一が、当事者意思に依拠する古典理論の擬制的性格に対する批判、
第二が、古典理論が問題とする意思が「主観的かつ可変の……具体的な現実
の意思」ではなく、客観的社会的要素が含まれる「『合理人』の抽象的意
思」であるという批判、第三が、フランスにおける裁判官像に関し、当事者

---

6)　以下では沖野論文の挙げる当時のフランス法の条文 (2016 年フランス債務法改正前の条文) を
　用いる。

意思への依拠が「裁判官を拘束しその恣意をよく予防する」との発想は「幻想」に過ぎず、衡平を全面に出す形での裁判所のコントロールに変化する必要があるという批判、第四が、法を支配する原理を意思に求めるべきではなく、意思は「正義実現のための手段」に過ぎないという批判（1266-1270）の４点である。

　ただ、沖野によれば、これらの批判を提唱したサレイユ・ドゥルゥ・グノォ各論者の方向性は必ずしも一様ではなく、一方では、「意思を排除する方向に」（サレイユ）、他方では、「意思を限定する方向に」（ドゥルゥ・グノォ）進んだ（1270）とされる。

　沖野によれば、「その後広く支持を得たのはドゥルゥ、グノォの主観・客観二元論」（1282）である。

　ドゥルゥ・グノォの見解がその後のフランスで支配的になった理由につき、沖野は次のように分析する。第一に、彼らの見解が「フランスの心理的伝統」、すなわち「契約当事者の意思が契約関係の本質的要素であり、契約上の権利義務は当事者の意思に由来するという考え方」に適合的であったからであるとする（1283）。第二に、ドゥルゥが、意思と表示のいずれかの排他的な採用を否定し、当時の表示学説が「表示は欲せられたことを要するとし、あるいは『表示意思』を要求し、あるいは一定の場合に内心の意思への依拠を認める、といった例外や制限を設け…実質的には内心の意思を考慮するというきわめて複雑な様相」（1284）を呈しており、その帰結において「古典理論と大差ない」と評することで、ドイツ法・フランス法の対立を止揚するかにもみえる指摘を行っていたからであるとする[7]。

　沖野は以上のようなフランス学説史の総論的検討に加え、さらに二つの検討を付け加える。

　第一が、フランス民法が、「意思理論を前提としながらなお表示の客観的意味に一定の力を与えようと」（1300）した例として取り上げられる「明瞭かつ明確な条項」の理論についての検討である。

7）　なお、沖野においてはフランスにおける裁判官像の変化についても触れられるが（1284）、本稿では立ち入らない。

106

　第二が、法定の契約解釈原則たる 1156 条以下の「法的性格」(1340) と
「構造」(1356) について分析である。

　前者は「解釈原則総論」の一部として位置づけられるのに対し、後者は沖
野によって契約「解釈原則各論」として位置づけられている[8]。

　本論文の連載は以上をもって中断し、その後は未だ公表されていない。

　目次から推測するに、未公表部分は、「フランス法」の残り、具体的には
「解釈原則各論」の最後である「個々の解釈原則をめぐる議論」と、「フラン
ス法」の「補論」、最終章としての「結語」である[9]。

3　検　討

　沖野論文は、20 世紀後半までの日本の比較法研究における欠缺領域とも
いえる「フランスの」契約の解釈論につき詳細な検討を加えた論文として、
極めて重要な意義がある。従来の日本において「契約の解釈」の問題はドイ
ツ法由来の議論に依拠する形で論じられていたが、その状況を比較法的な視
点から相対化した。

　この相対化の視点は、2017 年民法改正に関する議論の中でも一定の意義
を有するようにもみえる。

　2017 年民法改正の過程で、契約の解釈原則に関しドイツ流契約解釈論に
依拠した立法提案[10]がなされたものの、この動きに対し実務側から強い懸念
が表明され、改正提案が頓挫したという出来事があった。この議論の過程で
提示された実務側（主に裁判官委員）の理解は、契約の解釈を「共通の意思」
の解釈に「還元する理解」と評されることがある[11]。ここには、沖野が本論
文におけるフランス法の分析を通じて指摘する「当事者の意思を契約関係の

---

8)　この区別は目次（沖野・前掲注 1）法協 109 巻 8 号 1265 頁）に表れる。

9)　沖野・前掲注 1）法協 109 巻 8 号 1265 頁の目次参照。

10)　前掲注 2）参照。

11)　池田悠太「設問としての『契約の解釈』——契約をめぐる議論空間の整序にむけて」東大ロ
　ー 11 巻（2016 年）33 頁・61 頁は、2017 年民法改正における契約解釈準則に関する議論に関し、
　「実務家委員の発言には、『共通の意思』に還元する理解も示唆されており、『契約の解釈』とい
　う営みの構造につき再検討の契機が認められた」（同 61 頁）と分析する。

契約の解釈という技術と比較法文化論　107

本質的要素と捉えるフランス的な視点」と近接した要素が見て取れるようにも思われる[12]。議事録の発言のみを根拠に即断することは避けねばならないものの、もしそのような評価がなおありうるならば、フランス法という欠缺領域の比較法研究により日本の状況を相対化する、という沖野の試みは、日本の学説ではなく、裁判実務の特徴を析出するという文脈において、一定の意義を有すると評しうる。

(1) 対抗軸の位置づけ

　では、日本の「学説」に対する沖野論文のインパクトは、比較法研究の欠缺補充のみにとどまるのか。

　沖野論文の提示する主題にはいくつかのものがあるように思われるが、その主題の一つを「従来の学説における『表示か意思か』という問いを批判的に検討した上で、異なる対抗軸を指し示す」点に見出しうるならば、ここでの「問い」は、沖野論文がいかなる対抗軸を現実に提示しえたかにかかる。

　この点につき、本稿では、沖野が本論文（本稿で扱ってきた沖野論文を以下、「契約解釈論文」とする）公表以降、比較的近い時期に公表した二つの論文と対照することにより、検討を試みたい。

(a) 「個別から典型へ」

　第一に着目するのが、契約解釈論文をもとになされた私法学会報告に基づく論文、「フランス法における契約の解釈」（以下、「私法論文」とする）である[13]。私法論文には、契約解釈論文で結果的に未完となったフランス法の残りの検討部分に該当すると思われる記述も存し、契約解釈論文を補完する論文として位置づけられる[14]。

　先に提示した「表示か意思か」という問いに対する対抗軸の設定という視

---

12)　池田・前掲注11）の分析は、法制審での議論と沖野の指摘との同質性を指摘するものではない。ただ、沖野による「当事者の意思を……本質的要素と捉える」視点の別バージョンが伏在していると把握することは不可能ではないと評者は考える。なお、沖野教授自身が同改正の法制審においていかなる解釈を採用していたかについては別の検討を要する問題である。

13)　沖野眞已「フランス法における契約の解釈」私法54号（1992年）276頁以下。

点から眺めた場合、私法論文で着目すべきは、総括部分において示される次の記述である。

「第三に、従来は、意思か表示かという問題の立て方が主流であったと見受けられるが、個別と典型という視点を導入するべきであると考える。というのは、成立段階と内容段階を分けた場合、内容段階における意思の尊重は当事者のなした合意を尊重するということになるのであり、ここでは意思か表示かよりもむしろ、当事者の個別事情に即した解釈か、段階的ではあれ、それから離れたより典型・類型的な解釈かという視点の方が重要になるからである[15]」（下線部評者）

私法論文におけるこの記述は、契約解釈論文と若干の表現の差異がある。契約解釈論文では次の一説が対応する。

「両当事者の共通の意図に従った主観的解釈、慣習等の基準に従った客観的解釈といっても、そこで主観、客観として表されているのは、意思か表示かというより、むしろ、当事者が何を取り決めたかを当事者の具体的事情に即して決定する、個別具体的解釈と、より抽象的な基準によって内容を確定する典型的（ないし類型的）抽象的解釈であって、そこには、個別具体から典型抽象へという視点がみられる、ということである。[16]」（下線部評者）

契約解釈論文でも私法論文同様、「個別」と「典型」が対置されている[17]。

---

14)　私法論文で特徴的なのは、契約解釈論文第3章第2節第2款以下で扱われていた「『明瞭かつ明確な条項』の理論」、及び契約解釈論文第3章第3節「法定の解釈諸原則―解釈原則各論」の取り扱いである。私法論文では、前者は、フランス法において「両当事者に共通の意図という基準自体純粋に主観的なものではない」（沖野・前掲注13）、280頁）ことの例証の一つとして触れられているのに対し、後者は、「フランス法の特色」という段落の中で、法律解釈論というよりはむしろフランスの裁判官観との関係で位置づけられているようにもみえ、契約解釈論文において示される、解釈原則総論・各論といった対比の中には収まっていないようにもみえる。

15)　沖野・前掲注13）283頁上段。

16)　沖野・前掲注1）(3)1297頁。

契約の解釈という技術と比較法文化論　109

いずれの論文においても、「典型（類型）」の語において念頭におかれていると思しき内容は「信義誠実、衡平、法律、慣習」であるが[18]、二つの記述を対比すると、私法論文では、（契約解釈論文にはあった）「抽象」が切り捨てられているという違いがある。「典型＝類型」への絞り込みが図られたとの評も可能であろう。

(b)　「典型」の揺らぎ

　「個別」と「典型」の対置、の意味を把握する上で、もう一つ重要な情報を与えるように思われるテクストが、1996年に公表された「いわゆる例文解釈について」[19]と題された論文である（以下、「例文論文」とする）。

　この論文は、例文解釈についての（日本の）学説判例の詳細な分析を含み、「契約解釈論文」と必ずしも内容が連続するものではない。しかし、例文論文は、契約解釈論文では検討が意図的に除外されていた[20]「判例の分析」に該当する部分を含む。そのため、同論文が「契約解釈論文」と一定の関連を有していると評価することは不可能ではない。例文論文においても、先に指摘した「個別」と「典型」の対置との関係において、対応する記述が存在する。例文論文の「四　おわりに」では、「例文解釈において示された『意思』の探究をめぐる問題は、契約解釈一般に妥当すると思われる[21]」との指摘がなされた上で、同段落の脚注で次のような指摘がされている。

---

17)　なお、沖野における「個別」と「典型」の対置に関し、池田・前掲注11) 43-45頁に簡潔な分析がある。

18)　沖野・前掲注1) (3)1296頁。ドゥルゥ・グノォの次の議論（についての沖野による紹介）が背景にあるように思われる。
　　「したがって、両当事者の共通の意図が存在しない場合にはもはやそれに依拠することはできず、……端的に一般利益および衡平という客観的基準によって契約内容を決めることになる。そして、このような客観的基準はまさに民法典自身が認めているものである（1134条3項、1135条、1158条等）」（1274頁）
　　「1134条3項・1135条・1158条等」という引用から、フランス法における誠実履行義務（bonne foi：1134条3項）、衡平 équité・慣習（1135条）が対応することがわかる。

19)　沖野眞已「いわゆる例文解釈について」『星野英一先生古稀祝賀論文集　日本民法学の形成と課題　上』（1996年）603頁。

20)　沖野・前掲注1) 248-249頁参照。

21)　沖野・前掲注19) 648頁。

「考慮される事情については、当事者が合意を書面化している以上まず書面に現れているところを出発点として、個別の事情から類型的な事情へと順に考慮がされるべきであろう。類型的な契約目的や慣習、任意規定、さらには、内容の合理性の判断といった類型的な事情については、それが本当に『意思』の指標たりうるか、どのような場合に指標たりうるかを、明確にする必要がある。[22]」（下線部評者）

　ここでも、「契約解釈論文」における「個別」と「典型」の対置というテーマと類似の指摘を看取しうる[23]。その上で、例文論文の記述には次のような特徴が指摘できる。第一に、契約解釈論文と比較する場合、例文論文では用語法にさらなる変化が現れる。すなわち、契約解釈論文・私法論文では「個別」に対置される概念として「典型」に重心が置かれていた[24]が、例文論文では「類型」に重心が移る。

　第二に、例文論文において「類型」という概念で念頭におかれる内容にも変化がみられる。一方で、契約解釈論文が「典型」という概念のもとで想定する内容は「信義誠実、衡平、法律、慣習[25]」であった。これに対し他方で、例文論文が「類型」という概念のもとで具体的に想定する内容は「類型的な契約目的や慣習、任意規定、さらには、内容の合理性の判断といった類型的な事情[26]」である。これらを併せ考えると、沖野は「表示か意思か」という古典的な対立軸をフランス法を介し相対化することで別の対抗軸に止揚しようと試みつつも、その対抗軸の内容に関し、経時的に揺れ動いているようにもみえる。

---

22)　沖野・前掲注19) 649頁注40。
23)　もちろん、例文論文は「例文解釈」に関する日本の判例分析に関する論文であり同一視はできないとの見方も可能であろう。しかし、例文論文には、契約解釈論文において意図的に割愛された「判例の分析」に対応する部分が見いだしうる点、上記の記述が「契約解釈一般」（沖野・前掲注19) 648頁）についての言及の上でなされている点も合わせ考えるならば、同論文の記述を「個別」と「典型」の対置の文脈において比較することは、不適切とまではいえない。
24)　「典型的（ないしは類型的）」とされていた。
25)　沖野・前掲注1) 1296頁。
26)　沖野・前掲注19) 649頁注40。

(2)　沖野論文の見据えるもの

以上の「揺れ」はどのように評価しうるか。

確かに、契約解釈論文と例文論文において挙げられている考慮要素は実質的に同じであるという評価も可能である。

しかし、沖野における「揺れ」に意味を持たせることも不可能ではない。評者には、この「揺れ」は、沖野が契約解釈論文公表後、フランス法学説における別の文脈をなぞり始めたことの反映であるように思われる。

そもそも、「個別→典型」の時期（契約解釈論文）の沖野の所説において、「典型」の概念で念頭におかれていた内容は、「信義誠実、衡平、法律、慣習」であり、これは、日本の（ドイツ由来の）旧来の学説における古典的議論由来の構図を想起させる。

これに対し、「個別→類型」の時期（例文論文）の沖野の所説において念頭におかれている内容は、「類型的な契約目的や慣習、任意規定、さらには、内容の合理性の判断といった類型的な事情」であり、かなりの修正が加えられている。ここでは、「慣習」は存置されているものの、「法律」は「任意規定」に、「信義誠実・衡平」は「契約目的・内容の合理性」に、修正されている。

この用語法上の変化をどう見るか。

評者は修正後の用語法に、同時期の別の（フランスにおける）議論の文脈との親和性を看取する。大村教授による「典型契約論」との近接である。

大村論文は、典型契約規定の意義に関するフランス法の検討から、契約解釈以外のフランス法上の諸制度——具体的にはフランス契約法における成立要件の議論——も含めた形で、広い意味での「契約の目的」について論じるものであった[27]（大村の議論は、契約の解釈「のみ」に焦点を当てるものではないものの契約の解釈も広く射程に含む）[28]。

そして大村論文では、典型契約の任意規定性の意義や契約成立要件の分析を踏まえた契約目的概念に焦点を当てることで、「契約目的」や「契約の合

---

27)　大村敦志『典型契約と性質決定』（有斐閣、1997年）、初出は「典型契約論——契約における個人と社会」（法協110巻9号、111巻7号、12号、112巻7号、10号〔1993-1995年〕）。

28)　現実には、フランス法の議論において両者は併せて議論されることが少なくない。

理性」といった考え方についても焦点が当てられていた。そのような大村の議論と比較対照する場合、「法律」が「任意規定」に、「信義誠実」が「契約目的や契約の合理性」に、と変化する沖野の「揺れ」は、沖野がフランスにおける「狭義の」契約解釈の文脈から、（大村が念頭におく）「広義の」契約解釈に関する問題領域へと関心を移行させていることの反映のようにも思われる。

　この理解は評者の推測の域を超えるものではない。
　しかし、以上の推測の傍証として、契約解釈論文中、沖野がドゥルゥ・グノォらの議論をまとめる部分において脚注に記載した次の記述についても触れておきたい。
　沖野は、次のように指摘する。

「両当事者の意思が合致しない場合は、契約の解釈においても仮定的意思や客観的解釈において扱われ得るが、むしろ、［評者注：フランス法では］錯誤等で処理される。……フランスにおいては、錯誤は現実に対する誤った認識と定義されるため日本ほどには表示の意味の確定が正面から問題にはならないのであろう。もっとも要素の錯誤といえるかどうかの判断は契約内容となっているかどうかの判断を伴うから解釈が入らざるをえないはずであるが、この点はとくに契約の解釈という形では捉えられてはいない。……日本法において、近時活発な議論の対象となっているのは、当事者の有した主観的意図が食い違う場合に、契約の内容はいかなる意味で確定されるのか、そしてそれは契約の成否および有効性とどのような関係にたつのか、という問題であった。右問題は、したがって、フランス法においては、『契約の解釈』としては扱われていない。それは、『契約の解釈』すなわち契約の効果の問題と切り離された、契約の成立の問題の一つとして扱われている。これについては、補論として、後述する。[29]」

---

29)　沖野・前掲注1)(3)1300頁注179。

この沖野の記述は、「契約の解釈」がカバーする問題領域が、フランス法において日本法と大きく異なることを強く意識するものであるといえる[30]。沖野は「契約解釈論文」の時点で、日本において伝統的に議論されてきた「法律行為の解釈」の議論が、フランス法における契約の解釈「外」の問題とも対応関係を結んでいることも薄々勘付いていたのではないか。先述の「揺れ」は、それが、私法論文・例文論文と稿を経る中で徐々に顕在化した揺れと理解することも可能である。

以上のように解しうるならば、沖野・後続論文における「揺れ」は、以上のような、フランスにおける契約の解釈「外」の問題領域の重要性への認識の程度を反映したものと捉えることもできる。

その場合、一連の沖野論文の意義は、「契約の解釈」に関する比較法的資料の欠缺補充というよりも、比較法における一定の制度間の「真の」比較を可能にするために必要とされる前提条件の理解に関わる、比較法文化論の萌芽を示すものとして捉えなければならないのではないだろうか。

4　結びに代えて

沖野契約解釈論文は未完のままである。

しかし、「補論」を残し未完となったのは、以上のような問題の深遠さをある時点から強く意識したからかもしれない。

そのように考えると、同論文が「未完」であることには、むしろ「相応の意味」があると捉えるべきことになろう。

連載第 27 回（2023 年 11 月号掲載）

---

30)　実際評者の知るところ、沖野が上記で疑念を示す錯誤の問題は、フランスでは契約の成立要件の解釈の問題としても長らく議論されてきた領域であり、さらにいえば、契約の解釈の問題も含め、フランスのコーズ論のより大きな文脈に繋がる問題である。

物権変動の規範構造

原島重義＝児玉寛「対抗の意義」
「登記がなければ対抗できない物権変動」
（舟橋諄一＝徳本鎮編『新版注釈民法(6)』〔有斐閣、1997 年〕）

水津　太郎

1　はじめに

　著者は、『新版注釈民法(6)』において分担執筆した民法 177 条の「対抗の意義」「登記がなければ対抗できない物権変動」についての注釈（以下「本注釈」という）のなかで、判例や学説を整序する等にとどまらず、規範構造説と称する学説を主張した[1]。規範構造説は、現在、これを基本的に支持するものがあらわれている[2]ものの、一般には、比較的近時に展開された独自性が強い主張の一つとして扱われている。

　本稿では、規範構造説の主張について、その総論的な部分を紹介した（2）うえで、規範構造説を位置づけたり、そのバリエーションを検討したり等することを試みる（3）。

　以下では、本注釈については、頁数のみで引用する。本注釈が所収された『新版注釈民法(6)』は、2009 年にその補訂版が刊行されている。もっとも、本稿が扱う内容については、引用部分の文言を含め、変更はない。補訂版の頁数は、本注釈の頁数の後にこれを示す。

---

[1]　本注釈の書評では、本注釈は、「論文」とよばれている。横山美夏「民法学のあゆみ」法時 71 巻 11 号（1999 年）114 頁。

[2]　横山美夏「『対抗スルコトヲ得ス』の意義」鎌田薫ほか編『新不動産登記講座 第 2 巻』（日本評論社、1997 年）2 頁〔以下「対抗」として引用する〕、同「物権変動の登記の効力」民法研究 2 集 9 号（2020 年）19 頁〔以下「物権変動」として引用する〕。

2 紹 介

(1) 規範構造説とは

いわゆる「対抗問題」をめぐる判例や学説の状況は、混迷している。そこで、著者は、この混迷している状態を鳥瞰することができる「準拠枠」を設定する。そして、「この準拠枠を、物権変動に関する民法規範の構造から抽出されたという意味において規範構造説と呼び、この準拠枠の要素を、変動原因規範・優劣関係決定規範・排他的帰属確定規範と呼ぶ」（459-460頁、補訂版540-541頁）とする。つまり、著者が主張する規範構造説は、変動原因規範・優劣関係決定規範・排他的帰属確定規範を要素とする準拠枠を設定することを内容とするものである。

(a) 三つの規範

三つの規範の内容や各規範相互の関係は、次のとおりである（460-462頁、補訂版541-543頁）。

①変動原因規範　変動原因規範とは、「物権の変動原因を規定する規範」をいう。

②優劣関係決定規範　優劣関係決定規範とは、「事実上競合している物権変動の権原相互の優劣関係を決める規範」をいう。

変動原因規範には、それぞれ固有の優劣関係決定規範が内在する。そして、変動原因規範に内在する優劣関係決定規範が適用されると、これにより先順位とされた権原が競合している権原に優先する。そして、物権は、排他的帰属を内容とする権利であるため、物権については、一物一権主義が適用される。一物一権主義によれば、同一の物について同一の内容をもつ物権は、一つしか成立しない。その結果、物権の排他的帰属が確定する。このように、変動原因規範に内在する優劣関係決定規範が適用されるときは、一物一権主義により、物権の排他的帰属が確定する。

③排他的帰属確定規範　これに対し、排他的帰属確定規範は、変動原因規範に内在する優劣関係決定規範に代えて適用されるものである。排他的帰属

確定規範が適用されるときは、「置き換え」がされるものと表現される。不動産物権変動に関する排他的帰属確定規範を定めているのが、民法177条の規定である。著者がいう排他的帰属確定規範の内容は、対抗不能規範とよぶことができるものと、対抗力規範とよぶことができるものとに分けられる[3]。対抗不能規範は、登記を備えなければ、第三者に対抗することができないこととかかわるものであり、対抗力規範は、登記を備えたときは、第三者に対抗することができることとかかわるものである。すなわち、民法177条の規定は、「変動原因規範に内在し権原相互の優劣関係を決定する規範の適用を排除し、しかも、競合する権原を法的に対等なものとして併存させる」。このことを内容とする規範は、対抗不能を生じさせるという意味において、対抗不能規範とよぶことができる。そして、民法177条の規定によれば、対抗不能規範によって生じた「権原におけるこの競合状態は、どちらかが先に登記を具備することによって解消され、同時に、排他的帰属も確定する」。このことを内容とする規範は、登記の対抗力を定めるという意味で、対抗力規範とよぶことができる[4]。

この考え方によれば、「ある変動原因規範にもとづく物権変動に本条〔民法177条〕の登記を要求することの法的な意味」は、「この変動原因規範に内在する優劣関係決定規範に代えて、これにとって外在的な排他的帰属確定規範によって物権変動の競合状態を解消し、一物一権主義を貫徹すること」にあるとされる[5]。

(b) 無権利の法理と対抗の法理

著者によれば、事実上競合している権原がある場合において、無権利の法理と対抗の法理とは、次のとおり区別される（475頁、補訂版556頁）。

無権利の法理は、変動原因規範に内在する優劣関係決定規範を適用するこ

---

3) 著者自身が対抗不能規範や対抗力規範という用語を用いているわけではない。

4) 著者は、「本条〔民法177条〕にいう登記が排他的帰属を確定するのであり（いわゆる登記の対抗力）」と述べている。もっとも、対抗力規範が定めるのは、本文に掲げた引用部分のうち、「権原におけるこの競合状態は、どちらかが先に登記を具備することによって解消され」ることのみであって、「同時に、排他的帰属も確定する」ことは、一物一権主義が適用された結果であるものと考えられる。

とによって導かれるものである。他方で、対抗の法理とは、変動原因規範に内在する優劣関係決定規範に代えて、排他的帰属確定規範を適用することによって導かれるものである。つまり、対抗の法理は、無権利の法理と異なり、変動原因規範に内在する優劣関係決定規範を排除することを前提とする。

(c) 対抗力としての登記と公示力としての登記

著者によれば、対抗力としての登記は、公示力としての登記と区別されなければならない（461-462頁、補訂版542-543頁）。

対抗の法理では、登記は、変動原因規範に内在する優劣関係決定規範に代えて排他的帰属確定規範を適用する場合において、法的に対等なものとして併存するものとされた権原の競合状態を解消するという意味をもつ。ここでの登記が、対抗力としての登記である。これに対し、無権利の法理では、変動原因規範に内在する優劣関係決定規範が適用される。この場合にも、この規範によって先順位とされた権原がその優先性を確実なものとするため、登記を備えなければならないとされることがある。もっとも、ここでの登記は、公示力としての登記である。つまり、対抗力としての登記は、「置き換え」をしたうえで求められるものであるのに対し、公示力としての登記は、「置き換え」をしないで求められるものである。別の観点からいえば、対抗力としての登記は、排他的帰属確定規範のうちの対抗不能規範によって法的に対等なものとして併存するものとされた権原のいずれについても、求められるものであるのに対し、公示力としての登記は、変動原因規範に内在する優劣関係決定規範によって先順位とされた権原についてのみ、求められるものである。

---

5) このようにみると、排他的帰属確定規範も、事実上競合している権原について、対抗不能規範により、それらの権原を法的に対等なものとして併存させたうえで、対抗力規範により、登記を備えた権原のほうを優先させるという方法によって、その優劣を決定するもの、つまり優劣関係決定規範の一種であるといえる。そうであるとすると、著者がいう優劣関係決定規範と排他的帰属確定規範との関係は、次のとおり整序されることとなる。すなわち、著者がいう優劣関係決定規範は、変動原因規範にとって内在的なものであり、排他的帰属確定規範への「置き換え」がされることがあるのに対し、排他的帰属確定規範は、変動原因規範にとって外在的なものであり、それ自体が対抗不能規範と対抗力規範とからなる優劣関係決定規範を定めるものである。

118

(2) 二重譲渡の法的構成

〔設例〕Aは、Bに対し、Aが所有する甲土地を売却した。その後、A
は、Cに対しても、甲土地を売却した。Cは、所有権移転登記を備えた。

〔設例〕において、Cは、Aから甲土地の所有権を取得したことを第三者
であるBに対抗することができる（民177条）。しかし、甲土地の所有権は、
AとBとの間でされた甲土地の所有権の移転を内容とする売買（契約）によ
って、AからBへと移転している（民176条）。そのため、Aは、甲土地に
ついて無権利となる。そうであるとすると、Cは、Aから甲土地の所有権を
取得することができないのではないか。このような疑問を出発点として争わ
れているのが、二重譲渡の法的構成とよばれる問題である。著者によれば、
この問題は、次のようにして解決される。

(a) 民法176条が定める変動原因規範と、それに内在する優劣関係決定規範

民法176条は、法律行為を権原とする物権変動は、意思表示のみによって
その効力を生ずるという規範（変動原因規範）を定める。この規範は、それ
に内在するものとして、「権原において時間的に先行した者が、これに遅れ
た者に対して優先」（472頁、補訂版554頁）するという規範（優劣関係決定規
範）を定めているものと考えられる。無権利の法理は、この規範から導かれ
るものである。そのうえで、一物一権主義が適用されることによって、物権
の排他的帰属が確定する。〔設例〕では、AとBとの間でされた甲土地の所
有権の移転を内容とする売買（契約）は、AからBへの甲土地の所有権の移
転の原因となる（変動原因規範の適用）。AとBとの間でされた甲土地の所有
権の移転を内容とする売買（契約）は、AとCとの間でされた甲土地の所有
権の移転を内容とする売買（契約）よりも時間的に先行しているため、Aと
Bとの間でされた甲土地の所有権の移転を内容とする売買（契約）のほうが
優先する（優劣関係決定規範の適用）。そこで、Bは、Aから甲土地の所有権
を取得する。Aは、甲土地について無権利となる。そのため、Cは、Aか
ら甲土地の所有権を取得することができない（優劣関係決定規範から導かれる

無権利の法理の適用）。甲土地の所有権は、甲土地について一つしか成立しない。そうであるとすると、甲土地の所有権は、Ｂへと排他的に帰属することが確定するはずである（一物一権主義の適用）。

(b) 民法 177 条が定める排他的帰属確定規範への「置き換え」

　もっとも、民法 176 条が定める変動原因規範に内在する優劣関係決定規範は、民法 177 条が定める排他的帰属確定規範に置き換えられる。この「置き換え」は、「『隠れた先順位の権原』によって後発の第三者の権利取得がつねに阻止されることを不当とする評価」（473 頁、補訂版 554 頁）にもとづくものである。〔設例〕では、民法 177 条の規定が適用されることによって、ＡとＢとの間でされた甲土地の所有権の移転を内容とする売買（契約）と、ＡとＣとの間でされた甲土地の所有権の移転を内容とする売買（契約）とが法的に対等なものとして併存する（対抗不能規範の適用）[6]。二つの売買（契約）の競合状態は、どちらかが先に登記を備えることによって解消される。Ｃが登記を備えたときは、ＡとＣとの間でされた甲土地の所有権の移転を内容とする売買（契約）のほうが優先する（対抗力規範の適用）[7]。そのため、Ｃは、Ａから甲土地の所有権を取得する。甲土地の所有権は、甲土地について一つしか成立しない。そこで、甲土地の所有権は、Ｃへと排他的に帰属することが確定する（一物一権主義の適用）[8]。

(c) 権原と権利との区別

　著者によれば、「この意味において、本条〔民法 177 条〕の存在が二重讓

---

[6]　ＢとＣとのいずれも登記を備えていないときは、どうか。著者によれば、この場合の扱いは、「規範構造の解釈問題」であるとされる（462 頁、補訂版 543 頁）。もっとも、規範構造説によれば、民法 177 条が定める排他的帰属確定規範が適用されるときは、民法 176 条が定める変動原因規範に内在する優劣関係決定規範が排除され、競合する権原が法的に対等なものとして併存するものとされる（対抗不能規範の適用）一方で、この権原の競合状態は、どちらかが先に登記を備えることによって解消される（対抗力規範の適用）ものと理解される。物権変動の規範構造をこのようにとらえる以上、ＢとＣとのいずれも登記を備えていないときは、両すくみとして扱われるものと考えられる。横山・前掲注 2) 対抗 9 頁、同・前掲注 1) 116 頁。

[7]　ここでは、著者は、「対抗」の対象を権原とするものであるという理解を前提としている。3 (3)の検討を参照。

[8]　このことについて、前掲注 4) を参照。

渡を可能とする」(462頁、補訂版543頁)。二重譲渡とは、「権原相互の優劣
関係決定規範の排除……のゆえに生ずる法的に対等な権原相互の競合状態」
のことである（476頁、補訂版558頁）。これまでの見解は、「いわば『権利ド
グマ』ともいうべき思考」にとらわれていたのに対し、著者の見解は、「権
原と権利との区別」を徹底したものであるとされる（475頁、補訂版557頁）。

(3) 「置き換え」の正当化

　民法176条の規定は、民法177条が定める排他的帰属確定規範に置き換え
られる（(2)(b)）。もっとも、だからといって、その他の変動原因規範に内在
する優劣関係決定規範も、民法177条が定める排他的帰属確定規範に置き換
えられることにはならない。その「置き換え」がされるべきであるかどうか
は、それぞれの変動原因規範、たとえば取消し、解除、取得時効、相続等と
いった変動原因規範ごとに、「『隠れた先順位の権原』によって後発の第三者
の権利取得が阻止されるという事態が生じうるのかどうか、……生じうると
しても第三者保護が必要なのか、必要であるとしても本条〔民法177条〕に
よる修正を行うべきか」(473頁、補訂版554-555頁)を検討することによっ
て判断されるべきものであるとされる[9]。

3　検　討

(1)　規範構造説による二重譲渡の法的構成

　二重譲渡の法的構成については、さまざまな見解が主張されてきた。物権
変動の規範構造という観点から、代表的な二つの見解を整序したうえで、そ
れらの見解と著者の見解とを対比してみよう。

(a)　不完全物権変動説・公信力説における物権変動の規範構造

　不完全物権変動説によれば、民法176条の規定は、民法177条の規定によ
って、次の規範を定めるものとなったととらえられる。それは、法律行為に

---

9)　具体的な検討の例は、横山・前掲注1) 115-116頁。

よる物権変動は、意思表示をしても、登記を備えなければ、完全にはその効力を生じないという規範である。この理解によれば、民法176条が定める変動原因規範の内容は、民法177条の規定によって修正を受ける[10]。二重譲渡が認められるのは、そのためであると理解される。

これに対し、公信力説によれば、民法176条の規定により、法律行為による物権変動は、意思表示のみによって、その効力を——不完全物権変動説との対比では、完全に——生ずるものととらえられる。民法177条の規定は、登記がされていれば、そのとおりの物権（変動）もあるであろうという信頼——積極的な信頼——を保護するため、無権利者からの取得（原始取得）を認めた規範である。この理解によれば、民法177条の規定は、民法176条が定める変動原因規範および同規範に内在する優劣関係決定規範を適用したまま、つまり無権利の法理から出発したうえで、その例外を定めたものであると理解される。

(b) 規範構造説の独自性

以上に対し、規範構造説によれば、不完全物権変動説と異なり、民法177条の規定は、民法176条が定める変動原因規範の内容とかかわるものではない[11]。また、規範構造説は、公信力説と異なり、民法176条が定める変動原因規範および同規範に内在する優劣関係決定規範を適用したまま、つまり無権利の法理から出発したうえで、民法177条の規定が適用されるとするものでもない。そうではなく、規範構造説によれば、民法177条の規定を法律行為による物権変動について適用するということは、民法176条が定める変動原因規範に内在する優劣関係決定規範の適用を排除して、同規範にとって外

---

10) そのため、この理解によれば、〔設例〕において、Cが甲土地を占有するBに対し、所有権にもとづく明渡しを求めるときは、Cは、請求原因として、所有権移転登記を備えたことまで、主張・立証しなければならないこととなるはずであろう。しかし、この扱いは、意思主義（民176条）と整合しない。一般的な考え方によれば、第三者であるBが、抗弁として、Cが所有権移転登記を備えるまでCがAから所有権を取得したことを認めないという権利主張をおこない（対抗要件の抗弁）、Cが、再抗弁として、所有権移転登記を備えたことを主張・立証するものとされている。

11) 松岡久和『物権法』（成文堂、2017年）187頁は、規範構造説を評して、同説は、「不完全物権変動説を異なる角度から補強するものと思われる」（強調水津）としている。

在的な排他的帰属確定規範を適用する、つまり「置き換え」をする意味をもつものとされる。

　民法 176 条の規定と民法 177 条の規定とが同時に採用されたことに着目する論者は、「対抗要件主義が加わることによって、意思主義の内容が、意思主義しかなかった場合と異なるのではないか」[12]との疑問を提起していた。著者の主張は、この疑問について、明晰なかたちで言語化された一つの回答を与えるものである（472 頁、補訂版 554 頁を参照）。

(2) 物権変動の規範構造の定式

(a) 権原の優劣

　著者は、権原の優劣という観点[13]から、物権変動の規範構造を定式化している（2(1)(a)）。この理解によれば、民法 176 条が定める変動原因規範との関係では、物権変動の権原としての法律行為とはなにかが問題となる。以下では、売買（契約）[14]による所有権の移転について、検討をおこなう。

　通説であり、判例[15]でもあるとされる物権行為の独自性否定説のなかには、次の見解が含まれるものと考えられる。すなわち、①債権行為（売買契約）から区別された物権行為（物権的合意）を観念せず、物権行為（物権的合意）と未分化の債権行為（売買契約）にもとづいて、所有権の移転の効力が生ずるとするもの、②債権的意思表示と物権的意思表示とから構成される一つの契約（以下「売買にともなう契約」という）にもとづいて、所有権の移転の効力が生ずるとするもの、③債権行為（売買契約）と物権行為（物権的合意）とを区別し、所有権の移転の効力は、物権行為（物権的合意）にもとづいて生ずるものの、両行為は、ともにされるとするものである。売買（契約）によ

---

12)　星野英一「物権変動論における『対抗』問題と『公信』問題」同『民法論集 第 6 巻』（有斐閣、1986 年）147 頁〔初出 1983 年〕。

13)　これについては、横山美夏「競合する契約相互の優先関係(1)〜(5・完)」法雑 42 巻 4 号（1996 年）914 頁、43 巻 4 号（1997 年）607 頁、45 巻 3=4 号（1999 年）464 頁、47 巻 1 号（2000 年）41 頁、49 巻 4 号（2003 年）815 頁を参照。

14)　本稿では、権原の理解について、以下に掲げる①説から③説までのいずれをとるかを明らかにしないときは、「売買（契約）」と表記することとしている。

15)　最判昭和 33・6・20 民集 12 巻 10 号 1585 頁。

る所有権の移転において、その権原とされるのは、①説によれば、債権行為（売買契約）であり、②説によれば、売買にともなう契約であり、③説によれば、物権行為（物権的合意）である。以下では、まず、①説により検討をおこない、②説と③説については、後でこれを扱う（(c)）。

〔設例〕は、民法176条が定める変動原因規範に内在する優劣関係決定規範によれば、次の扱いがされる。すなわち、甲土地の所有権の移転についての権原として、AとBとの間でされた甲土地の所有権の移転を内容とする債権行為（売買契約）と、AとCとの間でされた甲土地の所有権の移転を内容とする債権行為（売買契約）とが順にされている。そこで、権原についての時間順の原則により、AとBとの間でされた甲土地の所有権の移転を内容とする債権行為（売買契約）のほうが優先する。そのため、Aから甲土地の所有権を取得するのは、Bであるはずである。もっとも、民法176条が定める変動原因規範に内在する優劣関係決定規範に代えて、民法177条が定める排他的帰属確定規範が適用されるため、次の扱いがされることとなる。すなわち、いずれも甲土地の所有権の移転についての権原であるAとBとの間でされた甲土地の所有権の移転を内容とする債権行為（売買契約）と、AとCとの間でされた甲土地の所有権の移転を内容とする債権行為（売買契約）とが、法的に対等なものとして併存し（対抗不能規範の適用）、Cが登記を備えたときは、AとCとの間でされた甲土地の所有権の移転を内容とする債権行為（売買契約）のほうが優先する（対抗力規範の適用）。その結果、この場合には、Aから甲土地の所有権を取得するのは、Cとなる。

(b) 物権変動の優劣

他方で、規範構造説をとったうえで、物権変動の優劣という観点から、物権変動の規範構造を定式化することも考えられる[16]。このとらえ方によれば、民法176条が定める変動原因規範に内在する優劣関係決定規範は、物権変動についての時間順の原則を定めたものとなる。そして、民法177条が定める排他的帰属確定規範への「置き換え」がされると、対抗不能規範により、物

---

16)　横山・前掲注2）物権変動 23-24 頁を参照。

権変動が法的に対等なものとして併存することとなり、この物権変動の競合状態は、対抗力規範により、どちらかが先に登記を備えることによって解消されることとなる。

〔設例〕は、民法176条が定める変動原因規範に内在する優劣関係決定規範によれば、次の扱いがされる。すなわち、甲土地の所有権は、AとBとの間でされた甲土地の所有権の移転を内容とする債権行為（売買契約）によってAからBへと移転する。Aは、甲土地について無権利となる。この場合であっても、AとCとの間でされた甲土地の所有権の移転を内容とする債権行為（売買契約）は、有効である（民561条）ものの、Cは、Aから甲土地の所有権を取得することができない。もっとも、民法176条が定める変動原因規範に内在する優劣関係決定規範に代えて、民法177条が定める排他的帰属確定規範が適用されるため、次の扱いがされることとなる。すなわち、AからBへの甲土地の所有権の移転と、AからCへの甲土地の所有権の移転とが競合して生じ（対抗不能規範の適用）[17]、Cが登記を備えたときは、AからCへの甲土地の所有権の移転のほうが優先する（対抗力規範の適用）。その結果、この場合には、Aから甲土地の所有権を取得するのは、Cとなる。

(c) 物権的意思表示・物権的合意と処分権限

民法176条が定める変動原因規範に内在する優劣関係決定規範を適用する場合において、②説や③説によるならば、甲土地の所有権がAとBとの間でされた甲土地の所有権の移転を内容とする売買にともなう契約や物権行為（物権的合意）によってAからBへと移転したときは、AとCとの間でされた甲土地の所有権の移転を内容とする売買にともなう契約のうちの物権的意思表示や物権行為（物権的合意）は、無効となるのではないか。この問題については、Aは、甲土地の所有権について処分権限を有しないため、Cは、甲土地の所有権を取得することができないとしても、その売買にともなう契約のうちの物権的意思表示やその物権行為（物権的合意）は、無効とならな

---

17) この規範は、Aに対し、甲土地についての法定の処分権限を与えるものではない。そのように理解するのであれば、Aからではなく、BからCへの甲土地の所有権の移転が生じ、Bは、甲土地の所有権を失うこととなってしまうであろう。

物権変動の規範構造　125

いものと考えられる[18]。

　そうであるとすると、②説や③説をとるときの扱いは、①説をとるときの扱いに準じて理解すればよいこととなる。

(3)　権原と物権変動──「対抗」の対象

　著者は、権原の優劣という観点から、物権変動の規範構造を定式化している（(2)(a)）。著者によれば、著者の考え方は、「権原と権利との区別」を徹底したものであるとされる（2(2)(c)）。

　では、著者の構想において、物権変動には、どのような位置づけが与えられているのか。民法 177 条が定める排他的帰属確定規範への「置き換え」がされるべきかどうかは、それぞれの変動原因規範ごとに、つまり権原の性質を踏まえて判断される（2(3)）[19]。他方で、民法 177 条が定める排他的帰属確定規範への「置き換え」がされた場合において、「対抗」の対象は、権原であるととらえられるのか、それとも、物権変動であるととらえられるのか。これについては、「対抗」の対象は、権原であるとするようにみえるところ（「権原相互の競合」〔476 頁、補訂版 558 頁〕等）と、物権変動であるとするようにみえるところ（「物権変動の競合」〔462 頁、補訂版 543 頁〕等）とが混在しているように思われる[20]。

(a)　権原の対抗

　まず、著者は、「対抗」の対象を権原とするものであると理解することが

---

18)　物権行為を含む処分行為一般について、四宮和夫『民法総則〔第 4 版〕』（弘文堂、1986 年）155 頁注 1。他人の権利について処分行為がされた場合において、その他人が追認したときは、その処分は、処分の時にさかのぼってその効力を生ずるものとされる（最判昭和 37・8・10 民集 16 巻 8 号 1700 頁〔民法 116 条の規定の類推適用〕を参照）。この扱いは、その処分行為が無効とならないことを前提とするものである。

19)　なお、物権変動の優劣という観点から物権変動の規範構造を定式化する（(2)(b)）ことと、民法 177 条が定める排他的帰属確定規範への「置き換え」がされるべきかどうかを権原の性質を踏まえて判断することとの間には、矛盾はないものと考えられる。横山・前掲注 2）物権変動 32 頁を参照。

20)　横山・前掲注 2）対抗 8 頁は、著者の構想を共有したうえで、後者の考え方をとっているものと考えられる。

考えられる。この理解によると、規範構造説は、次の批判を受けることとなる。同説は、民法 177 条が「不動産に関する物権の得喪及び変更」、つまり物権変動は、登記を備えなければ、第三者に対抗することができないと規定していることと整合しない[21]。また、不動産登記は、物権変動を公示することとしている（不登 3 条柱書）。その権原は、登記原因として公示されるものの、登記原因の日付は、権原が生じた日ではなく、権原にもとづく物権変動が生じた日であるとされている。売買（契約）による所有権の移転において、当事者が、その所有権は代金の支払がされた時に売主から買主へと移転すると合意したときは、登記原因である売買の日付は、売買（契約）が成立した日ではなく、代金の支払がされた日となる。

　他方で、このように、「対抗」の対象を権原ととらえる方向性は、別の文脈において、これと同趣旨の主張をする見解がある。将来債権譲渡（民 466 条の 6 第 1 項）がされたときは、その債権が現に発生する前であっても、第三者対抗要件を備えることができ（民 467 条 2 項）、その時点で対抗力が生ずるものと考えられている[22]。前記の見解は、このことを正当化する構成として、「対抗」の対象は、債権の移転ではなく、債権の移転を目的とする法律行為（債権譲渡契約）であるとしている[23]。

(b)　物権変動の対抗

　次に、著者は、「対抗」の対象を物権変動とするものであると理解することが考えられる。この理解によれば、〔設例〕について、次の説明がされることとなる。民法 176 条が定める変動原因規範に内在する優劣関係決定規範に代えて、民法 177 条が定める排他的帰属確定規範が適用されるときは、AとBとの間でされた甲土地の所有権の移転を内容とする売買（契約）と、AとCとの間でされた甲土地の所有権の移転を内容とする売買（契約）とが法

---

[21]　佐久間毅『民法の基礎 2〔第 2 版〕』（有斐閣、2019 年）54 頁。

[22]　最判平成 19・2・15 民集 61 巻 1 号 243 頁を参照。

[23]　白石大「将来債権譲渡の対抗要件の構造に関する試論」早法 89 巻 3 号（2014 年）135 頁。将来動産譲渡担保についても、これに準じてとらえることができるものとされている。同「債権担保法制の立法に向けた検討課題」田髙寛貴編著『担保法の現代的課題』（商事法務、2021 年）45-46 頁。

的に対等なものとして併存し、その結果として、AからBへの甲土地の所有権の移転と、AからCへの甲土地の所有権の移転とが競合して生ずる（対抗不能規範の適用）。この場合には、Bは、Aから甲土地の所有権を取得したこと、つまり物権変動を第三者であるCに対抗することができず、また、Cも、Aから甲土地の所有権を取得したこと、つまり物権変動を第三者であるBに対抗することができない[24]。Cが登記を備えたときは、AからCへの甲土地の所有権の移転が優先する（対抗力規範の適用）。したがって、Cは、Aから甲土地の所有権を取得したこと、つまり物権変動を第三者であるBに対抗することができる。

(4) 民法177条の規定の趣旨と規範構造説の意義

　規範構造説によれば、民法177条の規定の趣旨は、事実上競合する権原や物権変動を法的に対等なものとして併存させ、その優劣を登記の先後によって決定することにあるものととらえられる。これに対し、民法177条には、不動産物権変動は、登記を備えなければ、第三者に対抗することができないとしか規定されていない。そこで、民法177条の規定の趣旨を前記のように限定的にとらえるべき理由が明らかでないと批判されている[25]。

　もっとも、民法177条の規定が、競合的物権変動の優劣を登記の先後によって決定することを含むことには、疑いがない。そうであるとすると、前記の批判を受け入れたとしても、規範構造説が次のことを示した意義は、失われないものと考えられる。すなわち、物権変動の競合が生じているから、民法177条の規定を適用するのではなく、民法177条の規定を適用するから、物権変動の競合が生ずることとなるということ、登記を備えなければ対抗することができない物権変動の範囲の問題は、物権変動の競合状態を生じさせ、その優劣を登記の先後によって決定すべき物権変動の範囲の問題として位置づけられることである。

連載第7回（2022年2月号掲載）

---

24)　このことについて、前掲注6)を参照。

25)　石田剛ほか『民法II〔第3版〕』（有斐閣、2019年）39頁（73頁も参照）〔石田〕。さらに、佐久間・前掲注21) 79頁を参照。

日本的な意思主義・対抗要件主義における
不動産登記の権利公示機能

七戸克彦「登記の推定力(1)〜(3・完)」
法学研究 62 巻 11 号(1989 年)、63 巻 1 号、3 号(1990 年)

石田　剛

1　はじめに

　不動産の所有権がある者に帰属することをどう証明するか、どのように不動産登記制度を構築し、登記の利用を国民に促しつつ、登記の真正を担保すべきか、という問題は、民法・不動産登記法の根本的な課題である。

　表題の論文は、こうした根本的な課題に独仏法がそれぞれ異なるアプローチで対処してきた経緯を比較対照したうえで、独仏法の混合的な性格をもつ日本法が目指すべき方向性を打ち出そうとする意欲的な作品である。平成年間における物権変動及び不動産登記法の議論を牽引した著者の原点ともいうべき労作に遡り、その後の民法学及び立法の展開にも目配りをしながら、不動産物権変動法制の更なる発展の手掛かりを探求したい。

2　紹　介

(1)　序　論

　登記の推定力に関しては、古くからその意義、根拠及び効果をめぐる議論の蓄積がある。

　判例[1]及び訴訟法学の通説は、登記の推定力を事実上の推定と解している。その根拠として、①フランス法的な意思主義・対抗要件主義を採用し、公信

---

1)　最判昭和 46・6・29 判時 635 号 110 頁、最判昭和 50・7・10 金法 765 号 37 頁。

力及び登記官の実質的審査権を認めていない日本法においては、ドイツ法系の法律上の権利推定力は認められないこと、②仮に法律上の推定と解する場合、反対証明は極めて困難なものになるが、相手方にそのような困難性を負わせてまで登記名義人を保護すべき合理的理由に乏しいこと、③従前の学説がいう推定の根拠はいずれも蓋然性を指すものにほかならず、それは事物の蓋然性に基づく推定たる事実上の推定に他ならない、などと説かれてきた。

　上記②の指摘に対しては、法律上の推定説の側から、推定対象を現在の「権利状態」と解しつつも反対証明の方法・程度を軽減し、あるいは推定対象を「権利取得」と捉えようとする動きもみられ、推定の効果をめぐる議論と推定の対象をめぐる議論との密接な関連が明らかになっている。加えて、蓋然性を超えてまで登記名義人を保護する必要性があるとの反論も有力にされ、学説は占有の推定力との権衡論も取り込み、鋭く対立している。

　こうした状況をふまえ、上記①は法律上の推定という効果を否定する決定的な論拠といえるか、上記③のように推定の根拠は事物の蓋然性に尽きるか（蓋然性を超える何らかの目的的要請はないか）という観点から、日本の不動産登記制度のあり方を物権変動論その他の不動産実体法あるいは不動産手続法の建前との関係において検討することが本論文の目的とされる。

⑵　フランス法

　フランス法における訴権体系・法定証拠主義のもとでは、①契約当事者間の訴訟（対人訴訟）と②契約関係で結ばれていない者の間の訴訟（対物訴訟）とが区別され、所有権の証明は後者においてのみ問題となる。

⒜　契約当事者間の訴訟

　債権関係、特に契約に基づく権利行使に関しては、書証優越原則と公証人慣行が存在する。フランス法の意思主義は、ローマ法の延長線上にある証書に化体された占有移転、すなわち、原則として公正証書作成時に所有権が移転する「疑似要式主義」というべきものである。公正証書が契約的関係の存在を反映する蓋然性を極めて高いものにし、それが書証優越原則を正当化させる原因となっている。

他方、伝統的に、登記は契約証書の抄本又は謄本たる性質を有し、登記が公示するのは権利それ自体ではなく行為である。フ民 1336 条（原始規定）によれば、「書証の端緒」として登記が援用されると、書証優越原則が排斥され、人証及び推定による証明が許されるものの、そうした援用が認められるのは、公正証書原本がやむをえない事情により消失した場合に限られる。登記・謄記のみでは、契約関係に関する裁判官の心証は確信に至らず、債権関係の存否は人証その他の証拠を含めて総合的に判断される。つまり債権関係の証明に関して、登記・謄記は極めて微弱な証拠価値しか有しない。

(b) 所有物返還訴訟

所有物返還訴訟について、フ民法典は、証明責任及び証拠方法に関して取得時効を定めるのみである。いわゆる悪魔の証明問題（原始取得が存在しない限り無限に続く証明の論理的な不能性と証拠散逸による証明の事実上の困難性）に対して、19 世紀フランスの学説は占有制度による解消を試みた。すなわち、①現在の占有に付与される権利推定力、②１年間継続した占有に付与される占有訴権、③長期間の占有に付与される取得時効、の３つが占有の効力として位置づけられ、これらが悪魔の証明から真の所有権者を保護する制度として理解された。

占有訴権は、所有物返還請求訴訟において、「証明責任原告にあり」の原則の下で不利な立場にある真の所有者を保護する制度として位置づけられる。占有訴権も占有が所有権を反映する蓋然性を根拠とするが、行使期間に制限があり、真の所有者を敗訴の危険から完全に救済できるわけではない。

取得時効は、所有物返還訴訟において、長期間物を占有する者は所有者である蓋然性が高いことにも基づき、所有権それ自体を証明するものと位置づけられる。

「何人も自己の有する以上の権利を譲渡することを得ない」（Nemo plus juris……）原則の下で、不動産の譲渡契約を結ぼうとする者は、譲渡人が所有者であることを確かめるため、時効期間に相当する 30 年間にわたる権原連鎖を調査しなければならない。その際に、①公証人を介在させた証書取引慣行と②登記制度が重要な意味をもつ。すなわち、公証人は不動産譲渡契約

に際して、最長期取得時効期間である 30 年よりも前の権原に遡って譲渡人の権原を調査すべきものとされ、権原証書の連続性は年代順に権原証書ないしその一部をストックする登記制度を通じて調査することができる。そして、1955 年 1 月 4 日デクレ 3 条により、前主の権利取得証書が公示されていなければこれに続く権利証書の公示が受理されないものとされ、しかも公示される証書が公正証書に限定されることにより、権原連鎖はいっそう徹底されている。このような時効主張を容易化する方策により、当事者が「悪意の証明」に直面する可能性は実際には低い。

　もっとも、意思主義の建前から、公証人の介在しない無方式の所有権移転原因契約でもその有効性を認めざるをえない。対抗要件主義による間接的な公示強制も、公示を懈怠した当事者に対して二重契約という極めて限局された場合に限ってサンクションを課すものにすぎず、公示なき契約を完全に駆逐することはできない。そのため、20 世紀初頭以降の判例学説は、債権関係の証明に関する法定証拠主義は、所有権の証明には適用がないとしつつ、「原告が被告よりも《より良い（権利）またはより蓋然性の高い権利を有するとの証明で足りるとする見解を承継し、事実審裁判官は、権原・占有等あらゆる証拠資料の蓋然性を基礎とした事実上の推定により、自由心証に基づき、原告被告の何れが所有権者らしいかを相対的に判断すべきものとしている》。もっとも、判例準則からは、権原証書及び占有が、依然として所有権に関する高い証拠力を有していることが分かる。

　反面、登記は、権利自体ではなく、契約を公示する制度であり、当事者が登記を援用しても、それが所有権に関して有する蓋然性ないし証拠力も、オリジナルである権原証書に劣後し、単にその証拠力を補充する意義を有するに留まる。対抗要件主義が妥当する（権原が同一の前主に由来する）場合、所有権証明問題は顕在化せず、二つの契約の優劣問題となる。

(3)　ドイツ法

(a)　物権法部分草案（TE）

　ドイツ法は、「悪魔の証明」から真の権利者を救済するために、登記の推定力を法定した（BGB891 条）。TE の起草者ヨホフは、所有権の証明負担を

軽減する方法として、公信力と法律上の推定を挙げ、後者をさらに、「蓋然性の高い絶対権を帰結する覆滅し得る法律上の推定」と「相対的物権を導く覆滅し得ない法律上の推定」に細分する。前者においては、万人との関係で所有者と認められる程度の高い蓋然性が求められる一方、両当事者の権利の相対評価による後者においては、そこまでの高い蓋然性は求められない点に違いが生じうる。

　ヨホフは、相対的所有権を排斥して完全な支配権としての所有権を貫徹するため、前者に与した。すなわち、プロイセン土地所有権取得法（EEG）7条を参照し、所有物返還請求権について、TE198条「登記された所有権者は、右登記により、あらゆる所有権者としての訴権を行使する権能を与えられる。」を起草した。EEG7条の趣旨は、所有権者として登記された者が原告となり所有権に基づく法的主張を行う際に取得原因の証明を免除することにあり、被告自身が真の所有者であった場合など、被告が原告以外の者の所有権を証明する利益を有する場合、反対証明により覆滅しうる推定であると解した。もっとも「反証」の意義につき、今日の一般的理解（現在の状態に至る迄あらゆる可能な発生原因に該当する事実の不存在又は何らかの消滅原因に該当する事実の存在の証明が求められる）と異なり、推定の前提事実の不存在・消滅に関してのみ反論を許すものと理解されていたことに留意が必要である。

　登記が万人との関係で権利者らしい蓋然性を確保するには、登記の公信力の承認だけでは十分でなく、成立要件主義により登記が所有権を反映する蓋然性が高められている必要がある。もっとも、この論拠は、推定規定の設置を「絶対的所有権」概念との関係で正当化するための、「消極的な根拠」に過ぎない。また蓋然性の低い場合になされる所有権の相対的判断は、実体法における「相対的所有権」概念を導くという指摘も留意されてよい。

　(b)　第一草案 (EI)
　TE198条は、EI826条として、土地に関する権利の一般規定に場所を移され、所有権（権利）の推定から、権利「取得」・「放棄」を推定する文言に変化した。また推定が登記名義人の利益・不利益の両面に働く旨が明らかにされた。推定対象が権利の取得・喪失とされた結果、反対証明の対象が推定事

実と相容れない事実状態と解されることが条文上明確にされた。

EIは、いわゆる登記の形式的確定力の原則ではなく、物権契約の概念を導入しつつ、法律上の権利推定規定と公信の原則の採用により登記の証明力を担保しようとした。法律上の推定力の基盤は、成立要件主義・公信力の採用により登記が実体関係を反映する蓋然性が高いこと及び登記官の審査における合法（適法）主義に求められている。合法主義は日本法にいう形式的審査主義に相当し、ドイツ法が実質的審査主義を採っているという理解は正確でない。ドイツでもフランスと同様、不動産取引につき公証人を介在させた要式主義が徹底しており、登記申請に供される書面は真実性の高い公正証書が求められる点にも注意を要する。

EIは、登記の推定力採用の根拠を、悪魔の証明から当事者を救済する必要性と登記が実体関係を反映する蓋然性が高いことに求めている。もっとも、高度な蓋然性を確保するために、成立要件主義・公信力及び合法主義を採用すべき論理的必然性はない。蓋然性は法律上の推定にとって決定的な要素ではなく、むしろ蓋然性を超えて（あるいはこれに反して）まで推定すべき目的的要請の有無（ないし強さの程度）、つまり証明の困難性救済の必要性こそが、問題の中心となるべきである。

法律上の推定に関する総則規定であるEI198条とEI826条との関係につき、826条の推定対象は、現在の権利状態ではなく、「権利の取得ないしは放棄に必要な事実」を意味し、198条が定める事実推定と矛盾しないと説明されている。ただ物権行為の独自性理論のもとで、推定される物権変動原因事実としての取得・喪失が物権契約を意味する点は注意を要する。

TEでは手続法上の登記申請意思と物権変動を目的とする実体法的な意思が未分化のまま包摂されていたが、EIにおいて、所有権移転に関するアウフラッスングにおいて、物権契約は登記の手続有効要件たる共同申請の合意と同一の行為として登記官の面前で同時的になされるべきことから、登記官は所有権移転の実体的合意の存在も認知しうることになる一方、所有権移転以外の物権変動については登記官の面前での締結が要求されない結果、この場合における登記官の審査対象は登記申請意思に限定されることになる。

(c)　第二草案

　EI は、様々な批判を受けつつも、ライヒ司法省準備委員会は EI の内容を概ね維持した。もっとも、抹消登記に関しては、抹消された権利の「放棄」ではなく「不存在」を推定するものと改められた。不適法に登記された権利の抹消の場合、放棄（＝自己の意思に基づく物権の喪失）を推定するのは不都合というのが理由である。これにより、少なくとも抹消登記の推定力に関しては、推定対象が無因的な物権変動原因の事実から「権利状態」に変化した。

(d)　民法典（BGB）

　BGB891 条にいう推定の効果を、本証によって覆滅しうる「法律上の推定」の一種と解することにほとんど異論がない。ただ推定対象については多少問題がある。立法直後の学説は、EI 理由書と同様に、権利（物権）変動を生じさせた何らかの原因事実（権利取得事実）の推定と解していた。しかし、こんにちでは ZPO292 条との対比において「権利推定」概念が厳格に解され、「あらゆる具体的な成立ないし消滅原因事実を捨象した、当該権利の現在の存在ないし不存在が直接推定される」とする見方（権利状態推定説）が圧倒的多数説である。

　権利取得推定説と権利状態推定説との違いは、推定覆滅の方法に現れる。前者は、手続法上の許諾主義により要求される「許諾」の不存在の主張立証で十分であるとするのに対し、後者は、さらに「現在登記されている権利状態が、登記後あるいは登記原因以外の方法で登記簿に記載され得るようなことがなかったことの主張・証明」を要求する。占有の権利推定（BGB1006 条）に関しては、反対証明の困難性を考慮し、権利取得原因の推定と解されている一方、登記の推定について権利状態推定説を維持すべき根拠としては、① EI の表現が、現行法で「帰属する」「存在しない」に変更された点、②抹消登記による権利不存在の推定の存在にもかかわらず、権利取得推定説によれば権利の放棄が推定されてしまい、これは当初より無権利の登記名義人に対して抹消請求がされた場合に不合理な結果を生むこと、③判例・通説によれば、登記簿それ自体から明らかになる、あるいは推定の相手方の主張する、あるいはその他諸般の事情から推測される、可能な限りの取得喪失原因

の不存在を証明すれば足りるという形で反対証明の対象を限定する方向にあり、反対証明の難易につき両説間に結果的相違はほとんど生じない、ということが挙げられる。

(4) 日本法
(a) 日本法の構造
　日本では、書証優越原則は定められず、不動産譲渡の債権契約を要式契約とし、あるいは公正証書を物権変動の成立要件とするなどの直接的な証書強制が行われることもなかった。民法の起草者は取引の簡易・迅速化の側面のみを重視し、証拠確保による実質的な権利保護の側面について非常に楽観的な予測のもと、フランス法・旧民法の全体構造のうち意思主義の部分のみを採用した。その結果、日本法は、「比較法的に見ても類を見ない極端な諾成主義立法」となった。事実上の推定説が主張する、仏日法の等質性はもはや強調できる程度には存在していない。
　その一方で、登記制度について、ドイツ法的な権利帳簿形式と権利に関する登記手続に関する共同申請主義を採用した。登記による公示の対象は「権利」であり、「契約」ではなく、意思主義・対抗要件主義もフランス法と似て非なる制度とならざるをえない。しかも、共同申請主義は、「形式的合意主義」を承継したものであり、それが担保するのは原因契約を捨象した真正権利者それ自体の連続性と抽象的な権利変動にとどまり、登記原因（売買等）の真正に及ぶものではない。

(b) 学説の検討
　従来の学説は物権変動一般あるいは登記の効力に関するドイツ法的な解釈論の余地を直ちに排斥し、不動産登記法がドイツ法起源であることを重視してこなかった。しかし、「新法は旧法に優先する」「特別法は一般法に優先する」の原則に基づき不動産登記制度の前提たるドイツ法の物権変動理論が、不動産につき民法典の建前を修正するとみることも不可能ではない。
　登記官の審査方法に関する規定（旧不登35条・49条）も、登記の連続の原則及び登記手続における形式的確定力もドイツ法に由来する。ドイツの学説

は BGB891 条の基礎として、形式的合意主義・書面の要求・登記連続性の原則の存在を挙げている。日本の登記が登記名義人の連続性は確保しても、登記原因契約の連続性を確保していない点も、ドイツ法継受の影響と理解される。登記の推定力に関しても、ドイツ法と同様に解する基盤は整っている。

占有訴権に関しては、本件保護機能を担保する上で不可欠である併行禁止原則を破棄し、ドイツ法的占有訴訟（即決仮処分が機能を代替している）へと接近している。取得時効に関しても、学説はその機能する余地を狭く解する傾向にある。日本法においては占有を中心とする制度による機能拡大は期待できないし、そうした「先祖返り」をする必要もない。本権証明機能の代替としてドイツ法的登記の権利推定力を認めるべきである。

(5) 結　語

フランス法から実体法を継受した以上、ドイツ法的な権利推定力は認められないという事実上の推定説は説得力を有しない。「法律上の権利推定」力を認めるべき実定法上の基礎及び証明困難性救済という現実的な必要性が存する。

登記への信頼保護・取引安全という観点は、証明の困難性救済という法律上の推定の直接的根拠・目的によって充たされる間接的ないし終局的効果といえる。推定力と成立要件主義・公信力はいずれも「悪魔の証明」から当事者を救済するための方策であり、一方が認められなければ他方も認められない関係にはない。成立要件主義・公信力以外の方法でも登記が権利を反映する蓋然性が高められるならば、法律上の権利推定力を承認して差し支えない。

3　検　討

(1)　登記の証明力という観点──登記手続法との架橋

本論文が登場した昭和末期、不動産登記をめぐる民法学者の議論は、民法177 条の「第三者」の範囲や民法 94 条 2 項類推適用等、対抗力・公信力に関するものに集中していた。登記の推定力ないしは証明力に関心を寄せる民法学者はきわめて稀であった。

当時すでに不動産物権変動と登記に関連するドイツ法研究も相当蓄積されていたものの[2]、物権変動論の領域においてもフランス法研究の影響力が強まっていた[3]。そうした状況下において、「登記の証明力」という観点から独仏法を比較対照するアプローチは斬新な印象を与えた。本論文は、悪魔の証明救済という目的的要請を強調して、登記の証明力強化を提唱し、手続法との関連性をふまえた実体法理論の構築を目指す視野の広さと独仏法に跨る比較法分析の精度の高さに際立った特徴が認められる。

物権契約概念と共同申請主義との関連性をめぐる立法過程の丹念な追跡は、ドイツ不動産物権変動法の理解を格段に深化させた。またフランス法が不動産取引に公証人が深く関与し、かつ占有を中心とする所有権証明のための仕組みが整備された環境のもとで意思主義・対抗要件主義を採用していることを検証し、日本法の意思主義・対抗要件主義がフランス法のそれと似て非なるものであることをも説得的に論証している。これらの知見を総合して、日本法的な対抗要件主義に見合う登記の法律上の推定力を認めるべきという提言が導かれている。

日本法の対抗要件主義が相対的な物権の帰属状態を結果的に承認しており[4]、また、権利自白の活用により所有権帰属問題につき争いが生じることなく紛争が解決されることが多い点において、ドイツ法との間になお懸隔があるとみるならば、（ヨホフによれば）絶対的所有権の観念に適合的とされる

---

2) 原島重義「『無因性』概念の系譜について」九州大学法学部創立三〇周年記念論文集『法と政治の研究』（有斐閣、1957 年）451 頁、好美清光「Jus ad rem とその発展的消滅——特定物債権の保護強化の一断面」一橋大学研究年報法学研究 3 号（1961 年）403 頁以下、広瀬稔「無因性理論についての一考察」論叢 77 巻 2 号（1965 年）44 頁、月岡利男「ドイツ民法成立期における登記主義と公信主義」松山商大論集 29 巻 4 号（1976 年）176 頁等、磯村保「二重売買と債権侵害㈠〜㈢」神戸 35 巻 2 号（1985 年）385 頁、36 巻 1 号 25 頁、2 号（1986 年）289 頁、特に 1872 年プロイセン土地所有権取得法については、有川哲夫「土地所有権取得法」名城 19 巻 3=4 号（1970 年）111 頁、20 巻 3-4 号（1971 年）19 頁、22 巻 2 号（1973 年）1 頁、24 巻 1 号（1974 年）76 頁。

3) 星野英一『民法論集第二巻』（有斐閣、1970 年）1 頁、鎌田薫「不動産二重売買における第二買主の悪意と取引の安全」比較法学 9 巻 2 号（1974 年）42 頁、滝沢聿代『物権変動の理論』（有斐閣、1986 年）175 頁、横山美夏「不動産売買契約の『成立』と所有権移転㈠・㈡完」早法 65 巻 2 号（1990 年）1 頁、3 号（1990 年）85 頁。

4) 背信的悪意者からの転得者問題について、最判平成 8・10・29 民集 50 巻 9 号 2506 頁。

「ドイツ法的な法律上の推定」は日本法に親和しないという見方もありえよう。もっとも、この点については、後述のとおり（→(2)）、著者がボワソナードの所説に与して、民法177条を旧民法が採用したフランス法的な構造を承継した善意者保護規範と解していることに留意すべきである[5]。ボワソナードは、対抗不能の効果につき相対的効力説を排斥し、意思表示のみにより完全に移転する所有権の絶対性を堅持した。そして本論文の肝は、日本法における不動産登記の意義と役割を、証書（行為）の公示というよりも、「権利」の公示に見出すべきことを強調することにある。絶対的な所有権を基礎とする限りにおいて、独仏日法はいずれも共通の基盤を有すると見ることができるのであり[5a]、登記の推定力という問題は、著者によれば、意思表示に基づく物権変動に関する効力要件主義vs対抗要件主義の対立問題を超えた地平に位置付けられる。こうした見方によれば、登記に法律上の推定力を認める議論は日本法においても展開可能である。

(2) 信頼保護規範としての対抗要件主義——登記欠缺による善意の推定

　著者は、民法177条の規範構造の解明と悪意者排除論の正当化を目的として、別稿でボワソナード理論を深堀りしており[6]、登記の証明力の観点を対抗力の場面にも交えている。対抗力を証明力と関連付ける着想も興味深い観点を指摘するものといえる。

　ボワソナードによれば、公示の目的は隠れた行為を第三者に知らせることにあり、対抗要件制度は善意の第三者を保護するためのものである。旧民法はこの趣旨を条文上明示していたが、修正後の民法177条も、登記の欠缺から隠れた行為の不存在につき第三者の善意が法律上推定されることを黙示に

---

5) 七戸克彦「不動産物権変動における対抗要件主義の構造」私法53号（1991年）239頁。

5a) もっとも、この点については懐疑的な見方もある。たとえば、所有権の段階的移転を説く諸説（たとえば鈴木禄弥「特定物売買における所有権移転の時期」『契約法大系II』（有斐閣、1962年）89頁、内田貴『民法I〔第4版〕』（東京大学出版会、2008年）433頁）など。

6) 七戸克彦「不動産物権変動における対抗力の本質——ボワソナードを起点として」慶大院法学研究科論文集23号（1986年）71頁、同「不動産物権変動における意思主義の本質——売買契約を中心として」慶大院法学研究科論文集24号（1986年）121頁、同「『対抗』のフランス法的理解」同26号（1987年）65頁。

包摂するもの（第三者は自己の善意の証明に代えて、登記欠缺を証明すれば足りる。）と理解しうる。民法177条は、登記を怠った帰責性のある者に対抗不能という制裁を付与することで善意の第三者の信頼を保護する規範であるところ、「第三者」の範囲に関する善意悪意不問説と悪意者排除説の対立は、登記欠缺により法律上推定される善意につき、反対証明が許容されるか否かの問題へと置換され、公益が関係する場合は反対証明が許されないが、問題が私益間に止まる場合は反対証明が許容されるとする。

　ドイツ法的な権利推定力（登記された権利の存在に関する「法律上の推定」）と、登記されていない行為（権原）の不存在に対する善意の「法律上の推定」がどのような関係に立つのか、ボワソナード流の善意推定構成が、公証人が取引に関与する慣行と厳格な権原連鎖を要求する証書登録型登記制度を備えるフランス法において受容可能であるとして[8a]、著者自らフランス法との異質性を強調する日本法にも当然に妥当すべきか、については議論の余地があるかもしれない。この構成によるとしても、登記が私益と共に公益の保護をも担いうるあるいは担うべきであるとすれば、反対証明は原則として許されない（善意悪意不問）とみるべきではないかという疑問も生じうる。

　とはいえ、独仏法いずれとも異なる独自の制度として、日本法的な対抗要件主義の規範構造を登記されない物権変動の不存在に対する消極的信頼の保護と捉える着想は[7]、長い歴史のある対抗問題の法的構成に関する議論に新たな視点を加えた[8]。しかも、かかる信頼保護構成は変動原因の如何を問わず物権の得喪変更一般に妥当しうるものとされている[9]。

(3) 原因行為の公示機能と権利の公示機能──物権行為の独自性

　著者は、フランス法において、私書証書による契約が売買予約の性質を、

---

7)　多田利隆『信頼保護における帰責の理論』（信山社、1994年）298頁、同『対抗の法理と信頼保護の法理』（成文堂、2019年）131頁もドイツ法における信頼保護法理一般の比較法研究を通じて同様の構成を採用する。

8)　七戸克彦「相続と登記」法政85巻3-4号（2019年）159頁

8a)　フランスにおいてもこのような推定構成には根本的な批判がされていたことにつき、前掲注6)慶大院法学研究科論文集79頁を参照。

9)　七戸克彦「民法899条の2をめぐって(1)」法政87巻1号（2020年）150頁。

公正証書による契約が本契約の性質をもち、売買予約は債権行為、本契約は物権行為に相応すると指摘する一方[10]、ドイツ法もラントごとに手法は区々とはいえ、不動産譲渡契約における形式遵守の要請（要式性）を徹底していることを明らかにし[11]、従来対立的に図式化されることが多かった（フランス法的）一体主義と（ドイツ法的）分離主義と間に共通項を探求し、登記の推定力の基盤として、登記の真正を確保するため公証人等の専門職が契約締結過程に関与する仕組みを整備する必要性に目を向けさせた。

平成17年不動産登記法改正において、権利に関する登記申請の添付情報として登記原因証明情報の提供が必須とされた（不登61条）。書面（情報）の真実性そのものを向上させる抜本的改革までは手が回らなかったとはいえ[12]、旧法下における申請書中心主義（登記原因証書の真実性担保機能を軽視する傾向）を改め、司法書士及び土地家屋調査士による綿密な実質的審査を経た正確な資料として登記所に提出させることにより紛争の予防を図ることが目指されたことに大きな意義が認められる。この点は「鎌田モデル」[13]の結晶と理解することができる[14]。これは、一方において、原因行為を公示するという旧民法由来の発想を不動産登記手続に反映させるものとみられる。

他方で、同改正審議の過程で、登記義務者の承諾書を添付した登記権利者の単独申請の導入も検討されたものの、採用には至らなかった[15]。登記手続の専門家である司法書士等が関与して作成した登記原因証明情報を添付して共同申請すれば、別途公証人等の法律家が原因行為（契約締結）に関与しなくとも、物権変動の真正が担保されるとする社会通念が共有されていることを意味する。原因行為から抽象化された物権変動に向けられた意思を専門職である司法書士が確認すれば、登記の真正は確保されるという発想は、債権

---

10)　七戸克彦「意思主義の今日的妥当性」森泉章ほか編『民法と著作権法の諸問題（半田正夫還暦記念）』（法学書院、1993年）26頁。

11)　七戸克彦「ドイツ民法における不動産譲渡契約の要式性」法研62巻12号（1989年）277頁。

12)　七戸克彦監修『条解不動産登記法』（弘文堂、2013年）380頁〔七戸克彦〕。

13)　鎌田薫「不動産物権変動の理論と登記手続の実務——フランス法主義の特質」法務省法務総合研究所編『不動産登記をめぐる今日的課題』（日本加除出版、1987年）57頁、七戸克彦「不動産物権変動における公示の原則の動揺・補遺（10・完）」民研613号（2008年）3頁。

14)　小粥太郎「不動産登記法」内田貴＝大村敦志編『民法の争点』（有斐閣、2007年）104頁。

15)　清水響編著『一問一答不動産登記法』（商事法務、2005年）164頁。

行為から抽象化された物権行為を措定する考え方と親和性があるように思われる。物権行為の意義及び登記の真正担保に向けられた本論文の問題意識が幅広く社会に認知され、その問題提起がじわじわと受容されることによって生じた動きともいえよう。

　さらに令和３年不動産登記法改正による相続登記の申請義務化は、公法的な観点に基づき、不動産登記の所有権証明機能を充実させるため、遺産分割による最終的な遺産の帰属状態のみならず、宣言的登記としての性質を持つ共同相続登記及び相続人申告登記を通じた遺産共有状態の公示機能の強化をも図ったものである。不動産登記制度は、その原因行為の公示機能と権利変動の結果の公示機能の両面において着実に発展しつつある。フランス法的な対抗理論とドイツ法的な登記による権利公示機能との接合を模索した本論文は、平成年間におけるこうした不動産登記法の発展を推進する役割を果たしたものと考えられる。

連載第 33 回（2024 年 6 月号掲載）

法社会学と結びついた法解釈学[1]

瀬川信久『日本の借地』
(有斐閣、1995 年)

山城 一真

1 はじめに

本書は、定期借地の導入をめぐる「政策的提言」(はしがき i 頁。以下、本文 ( ) 内に頁番号を示して参照する)を求められる状況において、法社会学的視点に立つ法解釈学を展開した「実作[2]」である。本書が取り組んだのは、定期借地をめぐって拮抗した二つの理論を、いわば事実によって洗う作業であった。

一つは、法学者の「物権化＝近代化論」である (2-4 頁)。それは、土地所有権は地代徴収権に収斂するとみて、借地利用権の物権化を説く。その基盤を与えたのが、イギリスの資本主義的農業における地主・資本家的借地人・農業労働者からなる土地利用関係 (いわゆる「三分割制」) という近代化のモデルであった。

もう一つは、経済学者の「自由化論」である。それは、借地法・借家法による規制が借地・借家の供給を阻害するとみて、規制緩和と契約自由の拡大によって貸地供給が生まれると説く (5-7 頁)。

物権化＝近代化論は、現実社会における借地減少に直面して、基礎理論を失った。これに伴って台頭した自由化論は、借地減少の理由を、地価高騰や正当事由 (借地法 4 条但書) を厳格化する判例法理に求めた。しかし、それ

---

[1] はしがき iv 頁。

[2] 「実作」の語につき、乾昭三ほか「民法学の課題——法解釈学、実用法学、そして法社会学」法時 39 巻 3 号 (1967 年) 47 頁以下〔星野英一・甲斐道太郎各発言〕を参照。

では、戦前は地価高騰にもかかわらず借地が多かったこと、判例の登場以後にも借地が増えた地域があることの説明がつかない。かくして、借地法学は、借地の減少という変化を捉えられておらず、「歴史観、法社会学的モデル」の再構成（7頁）を迫られている。以上が、本書の出発点である。

2　紹　介

　本書の考察は、歴史分析に基づいて理論枠組を導出するという順で進められるが、紹介の便宜から、結論を先取りして理論枠組を示したうえで、その裏づけとして歴史分析に言及する[3]（1900年代の暦年を西暦によって示すときは、下二桁のみを表示する）。

(1)　理論枠組
　(a)　本書は、借地減少の要因を解明するために、都市の成長に伴う農地・原野等の都市的利用への転換が貸地によってされるための条件を探究する。これは、借地（＝貸地）の需要・供給と、所有地売買の需要・供給によって決まる（73-74頁）。
　所有者側の要因は、土地売却と比較して貸地がもたらす①収益、②不利益である。①は、売買価格に対する収取地代額（年額）の比率（地代利回り：インカムゲイン）、売買地価に対する地代値上がり額の比率（地価上昇率：キャピタルゲイン）と、土地売却代金（売買価格）との比較によって決まる。②は、売却せずに貸地として土地を保有するためにかかる費用であり、土地保有税と保有後の売却益に対する譲渡所得税とを合わせた負担と、直ちに売却するときの譲渡所得税の負担との比較によって決まる。
　これに対して、需要者側の要因としては、③借地をするときの負担（地代）と土地を購入するときの負担（土地購入資金を借りたときの金利負担）とが比較される。
　(b)　以上のファクターは、借地の需給関係をどのように方向づけるか。売

---

[3]　なお、本書の論旨については、著者自身による要約がある（237頁以下）。

買・賃貸借のいずれによっても土地サービスの面で需要者が得る利益が変わらないと仮定し、三つのシミュレーションが示される（209-212頁）。

第一に、土地保有税の負担も地価の上昇もないとすると、借地が成立するのは、《借入利率＞地代利回り＞他の資産運用の収益率》の場合である。一方で、借入金利が低下すると、賃借よりも購入を選ぶ者が増えて地代利回りが低下するから、借地は減少する。他方で、他の資産運用の収益率が上昇すると、土地所有者は貸地を売却してその代金を他の資産運用に回すから、借地は減少する。

第二に、土地保有税の負担があるとすると、借地が成立するのは、《借入利率＋土地保有税率＞地代利回り＞他の資産運用の収益率＋土地保有税率》の場合である。すなわち、土地保有税率の増加は、土地の購入抑制と売却促進を生じさせるから、借地需要が増加して貸地供給が減少し、借地量は変化しない。しかし、土地需要者は、土地を資産とみないから、資産価値が減少しても土地を取得・保有する。したがって、借地需要の増加が貸地供給の減少を下回り、借地が減少する。

第三に、地価の上昇があるとすると、借地が成立するのは、《借入利率－予想地価上昇率＞地代利回り＞他の資産運用の収益率－予想地価上昇率》の場合である。すなわち、地価の上昇は、土地の購入促進と売却抑制を生じさせるから、借地需要が減少して貸地供給が増加し、借地量は変化しない。しかし、土地需要者は、土地を資産とみず、土地供給者よりも地価上昇率を低めに予想するから、値上がり益を考えて土地を購入するよりも、低い地代を評価して借地を選択する。したがって、借地需要の減少が貸地供給の増加を下回り、借地が増加する。

(2)　歴史的観察・考察

歴史分析は、いかにして以上の理論枠組を導くのか。本書第1章（「札幌のケーススタディ」）では、札幌における借地減少の要因が分析されるが、その結果は、「明治以後の日本の都市に共通のものであって、ただ札幌において顕著に現れたもの」（69頁）とされるから、以下での紹介は、本書第2章（「東京、大阪を中心とする一般的考察」）のうち、明治期以降の東京を扱う部

分によって代表させる[4]。

(a) 明治・大正期には、1890年代以降、地価が急騰した。この傾向は20年代まで続き、特に第一次大戦後（16年）には、年15〜25％の割合で上昇した。地価上昇は、土地を保持して貸地経営を行うインセンティブを生んだ（89-98頁）。

地代利回りは、幕末から明治初年にかけては4％程度であったが、地租軽減（1884年）による市街地宅地の税率の引下げ、企業の勃興等により、1890年代末には10〜20％に達した。しかし、以後は低下に転じ、16年以降の地価上昇が終わった23年には3％程度の水準になった（98-105頁）。

租税負担は、1880年以後、売買地価と地代収益が上昇したにもかかわらず課税標準地価が据え置かれたため、相対的に軽くなった。この状況は、宅地地価修正法制定（10年）まで続いた（107-109頁）。

このように、借地した場合の地代負担が大きい一方で、土地を所有する場合の地租負担が小さかったにもかかわらず、所有地取得が行われないのは、宅地需要者が購入資金を調達することができなかったためである。その背景には、余剰資金が工業振興に誘導され、金利が高額になったという事情があった。これに対して、余剰資金を有する者は、高利の貸付を行い、その担保実行を通じて土地所有権を取得して貸地経営を拡大した。こうして土地集積が展開したことで、大量の借地が成立した（109-110頁）。

(b) 大正中期以降は、地価が停滞し、地代利回りが小さくなったことに加えて、借地法制が導入されたことで、貸地経営の条件は悪化した。

地価は、第一次大戦後（16年）に急騰したものの、戦後不況（20年）以降、都市の商業地・工業地で停滞・下落した。これに対して、郊外の住宅地の地価は、昭和期までは上昇を続けた。その要因は、俸給生活者が不況の影響を受けにくいことのほか、郊外交通の普及、住宅金融の開始にある。その後、日中戦争開始（37年）後に軍需産業が活発化し、都市への人口集中が進むと、工業地・住宅地の地価は緩やかに上昇した（122-123頁）。

---

[4] 江戸期に関しては、土地の大部分を占めていた拝領地と武家地が払い下げられてほとんどの借地が消滅したため、明治期以降の借地との間には連続性がないと結論づけられている（75-89頁）。

地代利回りは、横ばい・漸増の傾向にあった。地価上昇によって低下した地代利回りは、地価の停滞・下落に伴って回復し、36年ころには5〜8％の水準を維持した。その結果、貸地・貸家の価格と自用の敷地・建物の価格との間には大きな差がなく、貸地経営を放棄するインセンティブははたらかなかった（124-125頁）。

戦時中には、地代家賃統制令（39年）、更新拒絶に正当事由を要求する借地法改正（41年）が行われた。また、改正地租法（31年）の制定等に伴い、租税負担は漸増した（134-135頁）。もっとも、地代家賃統制令も、貸地の資産収益性を否定はしなかった（126-127頁）。

その一方で、住宅金融は依然として高金利であり、一般の国民は借地か借家をせざるを得ない状況が続いた（135-136頁）。

（c）敗戦から高度成長期までは、地価上昇に伴う地代利回りの低下、値上がり益の増加を背景としつつも、市街化前進地域では住宅借地が増え、中心部にも事業用借地が存在し続けた。

45〜50年の混乱期には、急激なインフレーションが生じた一方で、地代家賃統制令によって地代の上昇が抑制された。これに伴い、地代利回りは著しく低下し、最高地価の銀座では0.2％になった。加えて、財産税（46年）、富裕税（50年）への対応として所有地が物納されたことで、大規模土地所有が崩壊した。小規模土地所有者の貸地でも、地方税法改正に伴い、地租標準課税率が土地の賃貸価格28.8％から240％へ引き上げられたことで、地代収益率は著しく低下した（146-153頁）。

このように、土地の値上がり益は大きいものの地代収益が小さく、かつ、現在の資金需要が増大する状況が生じた結果、土地の売却が促され、借地率は減少した。しかし、借地数は増加した。その要因は、周縁部では統制地代額が相対的に高かったこと、中心部では戦後復興に伴う住宅需要のために借地が設定されたこと、租税負担に対応するために貸家の家主が借家人に建物を売って借地を設定したことにある（153-159頁）。

混乱が終息した50年以後は、貸地の条件は安定・好転した。地価上昇率の高騰（商業地：38％、住宅地：45％）によって値上がり益が増加したが、改正所得税法（46年）によって譲渡所得税が課されたこと等の結果、利益の実

現は困難であった（159-161頁）。その一方で、地代統制が漸次緩和されて地代額が上昇した結果、地代利回りは回復した。その後、60年代以降の地価急騰に伴い、地代利回りは再び低下した（161-162頁）。しかし、統制令による権利金収取の禁止が50年に廃止されると、大都市では権利金が一般化・高額化し、さらには更新料の授受が始まった。これらの一時金を加えた実質的な地代利回りの回復により、新規の借地設定が増加した（162-166頁）。

貸地の租税負担は、地価の上昇に見合った課税標準の再評価が行われなかったため、相対的に減少した（168-170頁）。

住宅金融は依然として未整備であり、所有権取得に必要な資金を得ることは困難であった。その背景には、余剰資金が産業基盤整備と技術革新に投資されて住宅に流れなかったという戦前以来の事情があった（170-172頁）。

(d) 高度成長期に入ると、地価上昇に伴う地代利回りの減少、地主からの明渡し訴訟の増加を背景に、借地が減少する。これは、高度利用化による土地の収益力の増加が本格化したことを反映したものである。

しかし、借地減少の主因は、住宅金融の充実にあった。60年代後半から70年代前半にかけて、民間金融機関が貸付条件を緩和・改善して住宅貸付を増やすとともに、70年代後半からは住宅金融公庫の融資が増大したことで、住宅金融が急速に充実・拡大した。こうして所有権取得による住宅供給が進むと、借地需要は激減する（190-196頁）。

以上の経緯は、裏を返せば、貸地経営が、資金の偏在と都市の急成長を背景とする「土地の高利貸し」であったことを物語る。そのため、社会の余剰資金が消費部門、住宅部門に流れるようになると、貸地経営は成立しなくなる（220頁）。かくして、「借地は、住宅地の供給形態としてはその歴史的使命を終えて、いわば安楽死すべきもの」となった（231頁）。

(3) 分　析

(1)に述べた理論枠組を導くのは、以上の歴史的考察である。その分析に基づく成果として、さらに二点に触れておきたい。

(a) 第一は、借地法制が果たす役割、とりわけ、借地法制の存在が借地供給を阻害するという経済学者の分析の当否である。

148

　借地・借家法制が果たす役割は、都市の成長過程において、借地・借家が成立する社会・経済的背景によって規定されるが、事業用借地、借家の成立条件は、居住用借地の成立条件とは相当に異なる（203-209頁）。したがって、借地・借家法制の役割は、用途（居住用・事業用）、借地・借家を区別して考察されなければならない。居住用借地における借地法の役割は、ⓐ土地収益率の増大による地価上昇の有無と、ⓑ土地取得のための借入金利の高低との組合せで四分される（213-214頁）。

　①《ⓐ無／ⓑ高》という条件では、土地需要者は借地をせざるを得ず、地主は、自由な競争によれば取れない地代増額を実現することができる。この場合には、借地法は、地主の暴利行為を抑制する機能を果たす。

　②《ⓐ有／ⓑ低》という条件では、土地需要者は借地をする必要はなく、地主は、借地期間を短期化し、土地収益率の増大を理由に地代増額を請求する。この場合には、借地法は、いったん借地した者を、より高い地代を提供する土地需要者との競争から保護する機能を果たす。

　③《ⓐ無／ⓑ低》という条件では、土地需要者は借地をする必要はなく、地主も、地代増額を請求する理由はない。この場合には、借地法は、特段の機能を果たさない。

　④《ⓐ有／ⓑ高》という条件では、借地法は、①・②の機能をともに果たす。これらは、市場の失敗を補正する意味をもつ。

　けれども、借地法のこうした役割は、借地供給の増減には寄与しない。地主の負担が増えることで貸地供給が減少する一方、借地法による保護を借地需要者が評価することで借地需要は増大するからである[5]。もっとも、地主に負担を感じさせるほどに借地人が借地法による保護を評価することはないから、全体としてみれば借地は減少する。その限りでは、経済学者の想定は正しい。しかし、地価上昇が生じるのは、期間満了時にさらなる高度利用化が予想される地域に限られるから、以上の作用は限定的であり、金利低下による借地需要の減少に比べて小さな影響力しかもたない（215-216頁）。した

---

5) つまり、地価上昇がある状況で借地が成立するのは、《借入利率－予想地価上昇率＋立退料＞地代利回り＞他の資産運用の収益率－予想地価上昇率＋立退料》という条件においてである（215頁）。

がって、借地法制の存在が借地供給を阻害するという見方には、十分な説得力がない。

これに対して、法律家は、土地保有税の低さや地価上昇率の高さによって借地の減少を説明した。しかし、借地減少の主因が住宅金融の充実にあったことを看過する点で、これもまた誤っている（212頁）。

（b）第二は、借地に伴って授受される一時金と[6]、借地権価格の位置づけである。明治・大正期には、地代利回りの低下を補うために、権利金が授受され始めた。一時金の収受は、予想される将来の地代値上げの労力を軽減するとともに、旧来の借地人と新規の借地人との間での地代額の相違を縮小し、借地人間の軋轢を避けることを可能にした。加えて、大火を契機として賃借人が一時に大量に入れ替わる際に借地権売買が行われ、その対価として借地権価格が形成された（105-107頁）。

大正中期以降には、権利金が慣行化するとともに、借地権が法的保護を受けるようになったことで借地権価格の観念が成立した。もっとも、私法上の法律関係において借地権価格が参酌されるのは、権利金が授受された場合に限られていた。このことは、権利金が、借地人による土地の価値の部分的な買取り（＝地主と借地人による土地の価値の分有）という観念に結びつけられたことを示している（創設的借地権価格の生成。127-134頁）。

戦後になると、権利金の一般化・高額化に伴い、借地権価格の観念が定着するとともに、権利金を、地代の前払いではなく、土地価格の一部譲渡の対価とみる理解が広まった。その一方で、権利金の授受がない場合にも、借地権価格が民事紛争の解決基準とされるようになった（自然発生的な借地権価格の承認）。ただし、借地権価格を基礎として立退料を算定する例は、いまだみられない（162-168頁）。

高度成長期以降、大都市では立退料が慣行化・高額化した。その一つの要

---

6) それら一時金のうち、権利金は、「賃料の一部前払い」たる性格を有するが、これに加えて、商業地では「営業上の利益の対価」、借地権取引が慣行化している地域では「譲渡性の対価」、立退料の支払が義務化している地域では「土地の価値の一部譲渡の対価」たる性格を帯びる。そのほか、「借地権・借家権そのものの対価」「場所的利益の対価」といった性格が指摘されるが、これらは、上記のいずれかに解消される（184-185頁）。

因が、判例法理の展開であった。判例によれば、建物買取価格は、場所的利益を含むが、借地権価格を含まない[7]。ところが、その一方で、正当事由の判断においては借地人の事情も参酌すべきであるとし[8]、これと前後して、立退料を考慮して正当事由を判断する裁判例が現れ始めた。その結果、借地人は、正当事由の存在を争うことで、事実上、借地権価格に基づく補償を立退料として得られるようになった（180-185頁）。

　以上のように、高額の権利金・立退料が授受される賃貸借は、土地の売買に似た実質をもつ。すなわち、これらの金銭は、土地価格の一部譲渡の対価（権利金）と、土地の返還に伴う地価上昇分の償還（立退料）たる性格を帯びるようになる[9]。

(4) 結　論

　以上の考察に基づき、立法と法理の針路が示される。

　立法につき、法定更新のない定期借地は、居住用借地には適しない[10]（230頁）。期間満了時の借地人の保護と、期間満了時の保護がない借地の供給とを比較したときには、前者の利点がより大きいからである。すなわち、居住用借地については投下資本の回収期間を想定し難く、借地人は、その地域において生活基盤と生活関係を形成するうえに、老齢化に伴って明渡しが難しくなる。その反面、居住用借地の設定は急速な産業化の時代の産物だから、規制緩和によっても増加しない。

---

7) 最判昭和35・12・20民集14巻14号3130頁。

8) 最大判昭和37・6・6民集16巻17号1265頁。

9) これと並行して、低い地代利回り（(2)(c)、(d)）を説明するために、「借地権価格＋底地価格＋α＝更地価格」とする鑑定理論が生み出された。ここにいうαは、借地権の存在によって土地の最有効利用が制約され、土地の市場流通性、担保価値が減退したことによる価値喪失分であり、地主が借地権を買い取り、借地人が底地を買い取ることで回復する。そこで、借地の存続中は、地代額は、当該契約条件のもとでの最有効利用に対応する地代よりも低い額に抑えられるが、借地権が消滅すると、底地価格は地主、借地権価格は借地人に帰属することで、契約による制約がなくなることによる価値の増分（＝α）が配分される。なお、αが観念されるようになったのは、不燃都市建設、容積率増加に伴って土地利用の高度化＝高収益化が加速・恒常化したためである（186-188頁）。

10) これに対して、事業用借地については、定期借地権を認めるなどの自由化を図るべきであるとされる（229-230頁）。

法理につき、三分割制を基礎とする物権化＝近代化論は、日本に固有の状況に対応しない（233-235頁）。物権化＝近代化論が基礎とする、土地賃借権を土地利用の原則形態とする理解は、農地から市街地への転換が急速に進んだ第一次的都市化の時代にしか妥当しないからである。また、物権化＝近代化論は、売買による宅地供給を慮外に置くとともに、借地問題を地主対借地人という対抗図式に還元した。しかし、借地法は、本来、私人間の利害調整の法ではなく、「都市の諸資源の配分に関する都市法」として、土地の租税負担、不動産金融、都市の成長による開発利益の帰属等の問題をも捉えるものでなければならない。

3　検　討

(1)　方法と実作

（a）　本書の際立った特徴は、その方法の選択にある。それは、本書に先立って著者が手がけた法解釈方法論に関する一連の研究と、どのように関わるのか。

　法解釈方法論研究の成果については、「あまり自覚しないままにやっていたのを、自覚的に議論の仕方を詰めさせる」「だけ」ではないかとの指摘に対して、著者が、「だけ」という限界を認めつつも、「法解釈は価値判断だ、その価値判断は事実から出てこない」という利益衡量論の前提に対する疑問が研究の端緒であったと応じたやりとりが知られている[11]。本書の課題は、定期借地をめぐる事実認識の検証を通じて借地法制の方向づけを探る点において、こうした関心の延長線上にあるといえよう。

　ところで、解釈者の信念から価値判断を導出する態度に対しては、本書の登場と前後して、これを「心理主義」とする批判が向けられた[12]。それと比較したとき、本書の考察は、法律論には「マクロ正当化も、発見のプロセス

---

[11]　好美清光ほか「特集　民法学の課題と方法」法時61巻2号（1989年）25頁〔好美清光、瀬川信久各発言〕。

[12]　平井宜雄『法律学基礎論覚書』（有斐閣、1989年）47頁以下における「心理主義」批判を特に参照。

も含めるべきである[13]」との前提に立って、「価値判断」あるいは「利益」の内実の解明を目指したものと位置づけられよう。

(b)　本書が採るこうした方法に対しては、「経済還元主義でよいか」との評がある[14]。この疑問は、さらに一般化すれば、法解釈の正当化の契機を法外在的な要素に依存させることの当否に帰着するであろう[15]。

著者によれば、法解釈の方法は、それ自体について正否を語り得るものではなく、立てられる問題に応じて選択されるものである[16]。そうすると、そもそも正当化とは何であり、その契機をどこに見出すべきかも、問題に応じて決まるはずである。たとえば、考察の対象たる法を「国家法規範」に限るときには、法システム内在的な正当化を探究することが意義をもつであろう[17]。こうしてみると、著者もまた「経済還元主義」に与するわけではなく[18]、ただ、本書において設定された問いに答えるためには、経済が法に与えた影響を問う必要があるとしたにすぎないと考えられる。

この点を確認したうえで、重要なのは次のことである。著者は、法解釈の評価基準はいかようでもあり得るから、その間に優劣を立てることはできないと考えたわけではないように思われる。著者は、立てられるべき問題の存在を強調する。すなわち、法解釈の意義は、法システム内在的な正当化という観点からだけでなく、政治・経済システムとの相互連関のなかで検証されなければならない。つまり、社会をどのように導くかが法解釈の価値をも左右するというのが、著者の眼目であり、本書を支える認識であったと考えられる。「法解釈は法規範を作る作業であり、それは社会のモデルを必要とす

---

13)　平井宜雄ほか「ミニ・シンポジウム　法解釈論と法学教育」ジュリ940号（1989年）33頁〔瀬川信久メモ〕。

14)　吉田邦彦「書評」ジュリ1084号（1996年）121頁。

15)　同様の指摘は、たとえば、瀬川信久『『豊かな』社会の出現と私法学の課題」法の科学19号（1991年）97頁等によって示された分析にも妥当しよう。

16)　瀬川信久「民法の解釈」星野英一編集代表『民法講座　別巻1』（有斐閣、1990年）97頁以下。さらに、松久三四彦「瀬川信久先生の民法学」北法61巻6号（2011年）204-205頁をも参照。

17)　この点に関わる近時の議論として、瀬川信久「コメント──エントロピー概念の展開と自然科学・人文社会科学の交流」日本學士院紀要77巻1号（2022年）69-70頁を参照。

18)　本書の成果を「土地所有よりも生産・生活を重視する思想」と「結び付けたい」と述べられる際には（234頁）、規範論レベルの正当化が重視されているとみてよいだろう。瀬川・前掲注15) 97頁の問題設定をも参照。

る[19]」というのは、まさにこの趣旨であろう。

（c）　本書に先立って同様の関心を強く示したのは、我妻榮の法学だったのではないか。著者は、我妻法学の特徴を、「実質的な法律判断を法的三段論法から区別して重視し、そこでは判断の作用に着目して、資本主義の社会経済組織の分析から導いた指導価値理念を提示した」と約言する[20]。本書の最も根本的な意義は、こうしたヴィジョンを共有しつつ、その発展の道筋を探るために、その社会認識を高度成長期以後の社会に対応するものとして更新する点にあったように思われる[21]。

（2）　社会と法理

本書は、借地法学の動向としては 80 年代半ばまでの状況を扱うが、これは、戦後の賃貸借法学の前半期に当たる[22]。しかし、本書の成果は、戦後後半期の解釈論において基礎とされるべき知見にも及んでいる。

著者の後の研究においては、戦後後半期の賃貸借法学は、サブリース訴訟に代表される「事業化」と、更新料・敷引特約訴訟にみられる「消費者契約化」とによって特徴づけられている[23]。両者はいずれも建物賃貸借をめぐる問題であるが、紛争類型のこうした変容は、借地の減少を社会変動の必然とした本書の見立てを裏づける。事案類型の相違に応じた社会・経済の実態の把握を目指すという分析手法にも、本書との連続性があろう[24]。そのうえで、新たな視座としては、当事者以外のアクター——サブリースにおける転借人、更新料・敷引特約における管理業者——を巻き込んだ複合契約の構造のなかで「私的自治の回復」が図られてきたことが、紛争類型横断的に当てはまる

---

19)　瀬川信久「民法解釈論の今日的位相」同編『私法学の再構築』（北海道大学図書刊行会、1999年）9 頁。瀬川・前掲注 15）は、こうした問題関心に対応する綱領的論文といえる。

20)　瀬川信久「『民商の壁』を超えるために」新世代法政策学研究 7 号（2010 年）219 頁。

21)　本書は、借地問題の先に金融に関する構造変容を見通すものであるが、瀬川信久「我妻先生と金融ビッグバン」学士会会報 828 号（2000 年）138 頁は、金融の問題に即してこの論点を展開する。

22)　瀬川信久「不動産の賃貸借——その現代的課題(1)」松尾弘ほか編『不動産賃貸借の課題と展望』（商事法務、2012 年）1 頁。

23)　瀬川・前掲注 22）4 頁以下を参照。

24)　瀬川・前掲注 22）16 頁本文および注 51 を参照。

154

問題状況として指摘される点が特に注目される[25]。

4　おわりに

　本書の特徴が、法解釈論争の関心を引き継ぎつつ、我妻理論の社会認識に正面から取り組んだ点にあるとすれば、そこには、戦後民法学の継承という性格を見出すことができるであろう。それは、世代的には著者に先行する平井説がいわば戦後批判を展開したことと対蹠的である。平井説の登場が法解釈方法論の様相を一新したことを思えば、著者こそが、戦後民法学の最終世代に属するとも評し得るであろうか。

　ところで、戦後という視座からみたとき、その間の住宅・金融政策がもたらした借地の減少は、今日、所有者不明土地問題を生み出す一因ともなっている。その対応は、不動産法を「諸資源の配分に関する都市法」と位置づける必要を再認識させたが、実際に提示された解決策に対しては、「所有者不明土地を国土政策等の観点から政策的に活用していくという観点」が希薄であるとの評もみられる[26]。

　過般の立法における政策的観点の希薄さは、あるいは、所有者不明土地問題への対応が民法の改正にまで及んだことによるものかもしれない。しかし、そうだとしても、政策的な裏づけの問直しが民法にまで及ぶ状況にあって、民法学（者）がそれに応える用意を整えているかという問いは残る。言葉の正確な意味における概念法学批判を旨とする本書が投げかけるのも、まさにそのような問いであったように感じられる。

連載第 29 回（2024 年 2 月号掲載）

---

25)　消費者法化という側面の分析においては、本書で展開された一時金の性質をめぐる分析の成果（高橋眞「書評（民法学のあゆみ）」法時 70 巻 9 号〔1998 年〕103 頁は、この点を高く評価する）が、借地・借家の差異を超えて活用されている。また、本書の分析を踏まえると、賃貸借当事者間の交渉力格差を是正する法理が、存続保障（213 頁）から消費者契約法へと移行したことが確認されるが、この点も、不動産賃貸借の現状を捉えるうえで重要であろう。

26)　相続土地国庫帰属法につき、吉田克己『物権法Ⅰ』（信山社、2023 年）362 頁。

担保法学のダイナミズムの一素描

松岡久和「物上代位権の成否と限界(1)～(3)」
(金法 1504 号 6 頁、同 1505 号 13 頁、同 1506 号 13 頁〔1998 年〕)

和田 勝行

1 はじめに

　本論文は、その副題のとおり、「(1)賃料債権に対する物上代位の是非」という基本問題と、「(2)転貸料債権に対する抵当権の物上代位の可否」「(3)包括的債権譲渡と抵当権の物上代位の優劣」という応用問題を扱う[1]。

　「賃料債権に対する物上代位」の問題（以下「本問題」とする）に転機をもたらしたのは、最二小判平成元・10・27 民集 43 巻 9 号 1070 頁（以下「平成元年最判」とする）であった。平成元年最判は、賃料債権に対する物上代位を否定ないし制限する立場が学説上有力だったにもかかわらず、物上代位を無条件に肯定する見解を示した。奇しくも、その後のバブル経済の崩壊と共に不動産価格が急落し、「担保割れの状況や抵当権を実行しようにも買受人が現れず競売できない事態」が生じたため、「抵当権者の目は……賃料債権に向けられることになり、物上代位権がにわかにクローズアップ」された（本論文(1)金法 1504 号 7 頁）。かくして平成初期には、賃料債権に対する物上代位とそれへの対抗手段をめぐる様々な問題が生じ、華々しい議論が展開された。このように本問題は、平成初期の社会経済情勢（それにより増大した抵当権者の賃料把握のニーズ）にも大きく影響を受けた。その後、平成 10 年以降の一連の最高裁判例[2]により、各問題に実務的決着が着き、議論は沈静

---

1)　本論文は、金融法学会シンポジウム（1997 年 10 月）における著者の報告とその際の質疑を基礎としている（報告資料は金融法研究・資料編⒀〔1997 年〕96 頁以下、シンポジウムの記録は金融法研究 14 号〔1998 年〕81 頁以下に収録）。

156

化した。

　近時、本問題に関連する判例が公表されることは少ない[3]。にもかかわらず、本論文を取り上げるのは、本問題の解決を基礎づける「理論」について学説上の議論が続いているからである。平成元年最判が無条件肯定説を採用したこと、さらに平成15年担保・執行法改正（以下「平成15年改正」とする）により収益執行手続（民執180条2号）が創設されたことは、理論的にどのように受けとめられるべきか。本稿の目的は、本問題の理論面に注目し、本論文が有した意義・現在への影響を明らかにするとともに、今なお流動的な議論状況を示すことにより、担保法学のダイナミズムの一端を描き出すことにある（なお、本稿の性質上、文献引用は網羅的ではない）。

　本稿では、紙幅の関係上、本論文(2)を除外する。(2)の問題と比較すると、(1)(3)の問題の方が理論的な重要性は大きいと考えるからである。

2　紹　介

(1)　賃料債権に対する物上代位の是非（本論文(1)金法1504号6頁以下）

　著者は、賃料債権に対する物上代位の是非につき、従来の各説（無条件肯定説[4]・否定説[5]・果実説[6]・減価要件説[7]）の対立点として、①抵当権の価値把握の範囲と②関係当事者の利益衡量を挙げる。そして、①には、a抵当権と先取特権との異同の問題とb物上代位の対象となる賃料債権の特殊性の

---

2)　最二小判平成10・1・30民集52巻1号1頁（包括的債権譲渡との関係）、最一小判平成10・3・26民集52巻2号483頁（一般債権者の差押えとの関係）、最二小決平成12・4・14民集54巻4号1552頁（転貸料債権への物上代位の可否）、最三小判平成13・3・13民集55巻2号363頁（賃借人による相殺との関係）、最一小判平成14・3・28民集56巻3号689頁（敷金の充当との関係）など。

3)　収益執行と賃借人による相殺との関係については、最二小判平成21・7・3民集63巻6号1047頁がある。なお、――本稿の初出後――物上代位と賃借人による相殺との関係については、最二小判令和5・11・27民集77巻8号2188頁が公表されている。

4)　被担保債権の債務不履行以外に物上代位に条件を設けない見解。

5)　賃料債権に対する物上代位を原則として否定する見解。

6)　平成15年改正前の民法371条（以下「旧371条」とする）を参照し、抵当不動産自体の競売開始決定以後に限り、賃料に対して抵当権の効力が及ぶことを認める見解。

7)　抵当権設定以後に設定された賃借権（に係る賃料債権）に対してのみ、物上代位を認める見解。

問題があるとし、次のように述べる（8頁以下）。

①aにつき、両者の違いは約定担保性・公示性・追及力にあるが、賃料債権に物上代位権が及ぶか否かという単純な場面では、関係当事者の利益衡量を踏まえて抵当権の価値把握対象をどう解するかという約定担保性の点が、中心問題である。すなわち、抵当権が物の交換価値のみを把握するという伝統的な抵当権理解に対し、抵当権が目的物の交換価値に加えて賃料収入をも担保価値として把握すると構成できるなら、賃料債権への抵当権者の期待は保護に値する。無条件肯定説をとる場合、この構成の是非の検討を要する。

①bにつき、賃料債権は目的物の増加価値・派生価値としての性格が強く、損害賠償債権等のように単純に目的物の交換価値に代わるものではない。問題は、賃料債権が抵当権の価値把握の対象かという①aの問題に還元されるが、賃料は法定果実であるため旧371条[8]との関係も問題となる。

②につき、抵当権設定者との関係では、設定者の経済活動の自由と抵当権者の担保的利益の保障との調和が問題となり、民法304条の差押要件の意義をどう解するかが核心となる。一般債権者との関係では、抵当権の担保価値把握が賃料債権に及ぶか否かが前提問題であり、物上代位が肯定されれば、登記による物上代位権の公示の有無が問題になる。第三債務者との関係では、同人が二重弁済の危険を負わない利益が重要だが、この点は賃料債権に対する物上代位を認めた上での議論であり、物上代位の成否・時期には関係しない。

以上の整理を踏まえ、著者は、基本的視点につき次のように述べる（11頁以下）。

①抵当権の担保価値把握のあり方　　収益物件の場合には将来の賃料債権の価値が競売価格（＝交換価値）に反映するのであり、抵当権が使用価値を離れて交換価値のみを把握するという理解自体が再考を要する。例えば、建

---

8)　旧371条1項は、「前条ノ規定ハ果実ニハ之ヲ適用セス但抵当不動産ノ差押アリタル後……ハ此限ニ在ラス」と定めていた。「前条ノ規定」とは、抵当権の効力が付加一体物に及ぶ旨を定めた民法370条である。旧371条1項はその例外（とさらにその例外）を定め、付加一体物性を有する天然果実を想定した条文であった（阿部裕介「304条・371条（物上代位と収益執行、改正後の制度の位置づけ）」法教406号〔2014年〕16頁）。

物の競売手続が遷延する間に生じる賃料債権は、競売手続が速やかに終了すれば本来買受人のもとで発生するものであり、それを反映する競売代金には抵当権者の本来の優先権が及んでいたはずである。さらに、目的物に対する抵当権の実行前の価値把握としても、抵当権者がオフィスビル等の定期賃料収入を期待し、収益物件として評価するのは合理的である。このように使用価値の変形である賃料債権をも担保価値として把握する形で抵当権が成立しているとすれば、抵当権の実行の一方法として、賃料債権にも物上代位権を行使できると構成可能である。賃料債権に対する物上代位は、債務不履行を要件とする差押えがなされる前は設定者の取立・処分権限を束縛せず、それ以降についてのみ抵当権者の優先的価値支配を認めることを可能とし、抵当権的な使用価値把握を実現する。

②代替的物上代位と付加的物上代位　抵当権が賃料債権をも担保的に価値把握しているとすれば、物上代位は目的物の価値の滅失・減少を補填するという補填的構成は必然的ではない。補填的構成の当てはまる損害賠償債権等の代替的物上代位と、賃料債権（目的物から派生した増加価値）に対する付加的物上代位とは区別される。両者の決定的な違いは、物上代位の対象となる債権が、抵当権者の最後の拠り所となるか否かという点にある[9]。

③物上代位権と一般債権者の利益　賃料債権に対する物上代位により一般債権者の引当財産が無制限に侵食されるとの批判があるが、抵当権者が直ちに競売を行えば賃料債権は買受人のもとで生じるのであり、賃料債権は競売が遅れることにより設定者の責任財産に「付加的に」生じているとみることができる。こうした「付加的な」賃料収入は抵当権によってすでに把握された価値であり、一般債権者は期待できない[10]。

④否定説・果実説からの批判への反論　付加的物上代位は債務不履行を要件とし、差押前の賃料債権の取立等は制限されず、債務者（抵当権設定者）の経済活動を阻害することはない。法定果実にも旧371条を適用する見

---

9)　著者は、両者を区別する意義として、①被代位債権につき付加的物上代位では設定者の処分権確保の観点が前面に出る、②付加的物上代位では抵当権の順位反映の要請は大きくない、③付加的物上代位は債務不履行を要件とする抵当権実行の一形態であり、債務不履行以前は原則として物上代位権行使を認めるべきではない、点を挙げる（16頁注18）。

解は、物上代位権行使を競売開始決定時以降に限定する十分な根拠がなく、不要な競売申立てが物上代位のために強制される問題がある。

以上より、著者は、無条件肯定説が妥当であるとする。

(2) 包括的債権譲渡と抵当権の物上代位の優劣
(本論文(3)金法 1506 号 13 頁以下)

著者は、包括的債権譲渡と抵当権の物上代位の優劣につき、従来の各説（差押時基準説[11]、登記時基準説[12]、具体的債権発生時基準説[13]）の対立点として、まず先取特権の物上代位に関する判例の射程の理解があるとする（17 頁）。そこでは、抵当権と動産売買先取特権の違いとして登記による公示の有無を考慮する必要があり、根本的には、賃料債権の譲受人と物上代位権者の利益衡量が実質的問題となるという。さらに、抵当権の登記に公示力・対抗力を認める場合には、物上代位権に追及効を認めるか否かが問題になるとする。

以上の整理を踏まえ、著者は次のように分析を施す（17 頁以下）。

①登記の公示力・対抗力　　従来の判例[14]が示す準則（他の債権者が先に目的債権を差し押さえても、なお物上代位権を行使できる）は、抵当権の物上代位についても維持され、その理由は登記の公示力・対抗力によって説明され

---

10)　賃料収入を得るための出費が一般責任財産から支出される限りでは一般債権者の利益と衝突する面があり、また、そうした出費が本来は賃料の一部で賄われるとすれば、抵当権者が賃料全部を物上代位により把握することは賃貸不動産荒廃の原因にもなり得る。そこで、物上代位権行使の範囲を賃料債権の一部（賃料から平均的管理費用額を控除したもの）に限定する案も検討されている（13 頁。著者は結論として否定）。物上代位によると賃貸不動産の管理費用すら確保されないという問題は収益執行制度創設の一つの論拠となったが、現在は物上代位でも、差押対象債権を「管理費・共益費相当分を除く賃料債権」と解することで実務的な対応が図られている（園部厚『民事執行の実務[下]』〔新日本法規出版、2017 年〕479 頁、487 頁）。

11)　物上代位による差押えと債権譲渡の第三者対抗要件の先後で優劣を決する見解。

12)　抵当権設定登記と債権譲渡の第三者対抗要件の先後で優劣を決する見解。

13)　物上代位による差押時以後に発生する賃料債権について物上代位を優先させる見解。著者も支持するこの見解は、「登記による優劣決定を第一段階」で行いつつ（この限りで登記時基準説と共通）、「第二段階として、登記基準では劣後するはずの賃料債権処分であっても、差押え前に発生した具体的賃料債権の処分は有効とする」。そのため、「具体的債権発生時基準説」という名称は説の内容をうまく表現していないとして、後に「二段階基準説」と改称された（松岡久和「賃料債権に対する抵当権の物上代位と賃借人の相殺の優劣(2)」金法 1595 号〔2000 年〕36 頁）。

14)　最一小判昭和 59・2・2 民集 38 巻 3 号 431 頁、最二小判昭和 60・7・19 民集 39 巻 5 号 1326 頁。

る。登記に加えて差押えが必要なのは、差押えまでは設定者による取立て・譲渡、第三債務者の弁済を認めるためであり、登記の公示力・対抗力とは矛盾しない。目的債権（既発生の債権）の帰属が変更した場合の物上代位権の追及効の有無は、登記の公示力・対抗力とは別問題である[15]。

②追及効の有無　　既発生の債権につき、従来の判例は債権譲渡後の物上代位権の行使（追及効）を否定する[16]。差押えの意義を第三債務者の保護に求めたとしても、必然的に追及効の肯定に至るわけではない。また、付加的物上代位の対象である賃料債権については設定者の処分の自由を考慮するべきであること（賃料は抵当権者の最後の拠り所ではない）、債権譲受人も保護に値する利益を有し得ること、譲渡された債権は「債務者カ受クヘキ金銭」でなくなるという理解が素直であること等からも、追及効を否定するべきである。

③将来の賃料債権の特殊性　　②に対し、（物上代位による差押えの時点で）未発生の（将来の）賃料債権[17]は、なお物上代位権の客体であると考えるべきである。設定者は潜在的にではあるが抵当権者によって将来の使用収益権能を価値的に把握されており、債権譲渡も制約を受ける[18]。利益衡量からみても、将来の賃料債権の譲受人を保護することは抵当権者が登記によって確

---

15)　登記の公示力・対抗力を認めつつ追及効を否定する立場は、「いわば部分的な対抗力を認めるもので、登記の対抗力の一般的な議論からすると違和感があるのは否定できない」とされる（24頁注34）。もっとも、後の論文では、通常の営業の範囲内で集合物に属する個々の動産の有効な処分が認められる集合動産譲渡担保の例が挙げられ、（担保権者による）価値把握と（担保設定者による）処分は必ずしも矛盾するものではないと述べられている（松岡久和「抵当権の本質論について──賃料債権への物上代位を中心に」占部洋之ほか編『現代民法学の理論と実務の交錯：高木多喜男先生古稀記念』〔成文堂、2001年〕20頁）。

16)　前掲注14）の判例参照（ただしこの判例においては傍論）。

17)　賃料債権は、「使用収益の単位期間の経過とともに発生するのが原則であり（民法614条）、まだ使用収益していない期間の賃料債権は未発生である」とされる（19頁）。期間の経過とともに具体的賃料債権が発生するとの理解は、今日でも一般的である（中田裕康『契約法〔新版〕』〔有斐閣、2021年〕402頁）。

18)　念頭に置かれているのは、抵当権設定（登記）後の債権譲渡である。19-20頁は債権譲渡に抵当権設定（登記）が後れる場合にも抵当権の実行が優先するかのように読めるが、この点は後に修正された（松岡久和「賃料債権と賃貸不動産の関係についての一考察」佐藤修＝齋藤修編集代表『現代民事法学の理論：西原道雄先生古稀記念（上巻）』〔信山社、2001年〕90頁以下および注37参照）。

保した賃料債権への期待を奪うこととなるし、債務不履行を要件とする付加的物上代位の差押えにつき、将来の賃料債権に関し差押えの時機を失したという批判を抵当権者に向けることもできない。

④具体的債権発生時基準説の法的構成　債権譲渡により物上代位権が行使できなくなることの説明は、「債務者カ受クヘキ金銭」でなくなるとする理解と「払渡又ハ引渡」に該当するという理解の二通りが可能だが、目的債権の帰属変更を理由とする前者の理解が自然である。これによると、次の構成が可能である。付加的物上代位では、抵当権の登記によって潜在的に賃料債権にも物上代位権の支配が及ぶ。その優先弁済権は差押えによって保全され、差押えまでは設定者に処分権がある。それゆえ、既発生の賃料債権は、譲渡により確定的に抵当権の価値支配から脱し、物上代位権は行使できない（追及効の否定により、物上代位権の効力保全のための差押えができない）。これに対し、将来の賃料債権には抵当権の価値支配がなお及び、物上代位権の行使としての差押えにより、抵当権者は優先弁済権を保全できる（譲受人からみると、登記により公示された抵当権者の潜在的な価値支配が差押えによって具体化し、譲受人は将来の賃料債権の譲受けを抵当権者に主張できない）。

　以上より、著者は、未発生の賃料債権については、差押えにより物上代位が（抵当権設定〔登記〕後の）債権譲渡に優先するとする。

3　検　討

(1)　本論文の意義

　本論文は、「理論」的観点からみると、「抵当権の本質」論・「（付加的）物上代位の構造」論の2点につき、重要な意義を認めることができる。

(a)　「抵当権の本質」論との関係

　平成元年最判を転機に再び有力化した無条件肯定説は、関係当事者間の利益衡量を論拠とする一方、その結論が理論的にどのように正当化されるかについて不明確な点を残していた。しかし、後の論稿で著者が指摘したように、単に利益衡量や政策的考慮というだけでは、「派生的解釈問題についても、

立法論に際しても、議論の透明性・反論可能性を高めて、問題解決の方向性と指針を示すことは困難である」[19]。この問題意識から、既に実務家の論稿に萌芽が見られた抵当権の新たな担保価値把握理解（抵当権は交換価値のみならず、使用収益価値をも抵当権設定時から〔潜在的に〕把握している）を自覚的に展開し、理論的検討の俎上にのせた点に本論文の意義がある[20]。

(b) 「(付加的) 物上代位の構造」論との関係

著者の主張は、抵当権の担保価値把握は設定時から賃料債権にも（潜在的に）及ぶというものであり、付加的物上代位は、抵当権の効力が及ぶ対象に対する抵当権の実行の一形態とされる。ここから読み取り得るのは、①抵当権の効力は（潜在的にだが）当然に賃料債権にも及び、賃料債権は抵当権の本来的価値把握の範囲内にある[21]、②物上代位の規定（民372条・304条）は、付加的物上代位に関するかぎり、（賃料債権に抵当権の効力が及ぶことを根拠づける実体的規定ではなく）抵当権者が賃料債権から優先弁済を受ける方法を定める手続的規定である、との理解である[22]。著者が②の理解までを明示的に述べるわけではないものの、著者の議論を突き詰めると、①②の理解に至るのではないかと思われる。この意味で、本論文には「(付加的) 物上代位の構造」論への示唆も含まれているとみうる。

---

19) 松岡・前掲注15) 15頁。

20) 髙橋智也「抵当権の物上代位制度の現代的位相（二・完）──抵当権の価値把握範囲に関する判例及び学説のパラダイム転換を中心として」熊法102号（2003年）193-194頁も、「抵当権の本来的な価値把握範囲と物上代位の目的債権の範囲との論理的な関連性を問う作業」等の重要性を明確に意識して議論を展開したのが松岡説であり、松岡説を伝統的な抵当権＝価値権説に代わる新たな抵当権概念の確立を試みたものと位置づける。

21) 髙橋・前掲注20) 194頁は、松岡説を「当然的構成」（抵当権の効力は当然に賃料に及ぶという意味）の主張者と位置づける。

22) 本文②の趣旨を述べるのは、高木多喜男『担保物権法〔第4版〕』（有斐閣、2005年）139頁である。この見解は、平成15年改正後の民法371条を、抵当権の効力が賃料に及ぶことの実体的根拠規定とする。ただし、松岡説は既に平成15年改正前に主張され、かつ、旧371条を賃料（法定果実）に（類推）適用する立場でもなかった点に注意を要する（なお、鈴木禄弥『物権法講義〔改訂版〕』〔創文社、1972年〕185頁は、法定果実に旧371条1項ただし書を適用して賃料債権が抵当権の支配に服することを根拠付けつつ、抵当権の実行方法としては物上代位の手続を借用するべきであるとしていた）。

以下、この(a)(b)につき、今日までの議論状況を立ち入ってみてみよう。

(2) 「抵当権の本質」論と賃料債権に対する物上代位

「抵当権は目的物の交換価値（のみ）を把握する」という考え方は、抵当権＝価値権説として長らく支配的地位を占めた。この考え方によると、物上代位とは、抵当権の効力が目的物の交換価値の変形物に対しても及ぶことを定める制度である。そして、賃料が物上代位の対象となることについては、「交換価値の済し崩し的な具体化」[23]という説明がされた。しかし、この説明の妥当性には疑義があり、学説上、賃料債権に対する物上代位の否定説ないし折衷説が有力化した[24]。他方、平成元年最判は、条文の文理を中心的根拠にあげ、賃料債権に対する物上代位を無条件に肯定した。これを転機に再び有力化した無条件肯定説は、その結論を関係当事者間の利益衡量を中心に根拠付けた[25]。しかし、結論的に無条件肯定説が妥当であるとしても、それは従来の「理論」（抵当権＝価値権説）とはどのように調和するのか。

松岡説は、「修正価値権説」とも呼ばれる[26]。すなわち、価値権説を基本的に維持しつつ（価値権性を「抵当権の本質」と理解しつつ）、抵当権の価値把握が賃料債権に及ぶことを基礎づけようとする。松岡説は、抵当権の把握する交換価値は使用収益価値を反映する、抵当権の価値支配は被担保債権の不履行を受けた抵当権実行の前後で変化する、賃料債権は抵当権実行時に具体的に把握される交換価値の派生物である等の観点から、抵当権の価値権性と賃料債権の担保価値把握とを両立させようとした[27]。他方、松岡説と並ぶ先駆的学説とされる髙橋（眞）説は、伝統的理解に従い交換価値と使用収益価値との峻別を維持しつつ、旧371条を手掛かりに賃料（法定果実）に抵当権

---

23) 我妻栄『新訂 担保物権法』（岩波書店、1968年）281頁。

24) 平成元年最判以前の議論の詳細につき、鎌田薫「賃料債権に対する抵当権者の物上代位」石田・西原・高木三先生還暦記念論文集刊行委員会編『金融法の課題と展望』（日本評論社、1990年）28頁、特に33頁以下参照。賃料債権に対する物上代位に否定的な見解の論拠には、抵当権は目的物の使用収益権能を設定者に留める非占有担保（＝価値権）であるから、目的物使用の対価である賃料に対して抵当権者は干渉できないという理論的論拠が含まれていた（同37頁）。

25) 鎌田・前掲注24) 77頁参照。

26) 鳥山泰志「抵当本質論の再考序説(1)」千葉23巻4号（2009年）13頁。

27) 本論文への批判も踏まえて展開された著者の主張につき、松岡・前掲注15) 21頁以下参照。

の効力を拡張することを試みた[28]。しかし、こうした試みが成功しているかには、疑問も呈されている[29]。

修正価値権説の批判者の一人は、「抵当権の本質」を価値権に見出すことに限界があるとし、その本質を換価権に求める[30]。この抵当権＝換価権説によれば、目的物の換価（金銭化）の方法は売却に限られず、賃貸による収益も金銭化の一方法である以上、抵当権の換価権能には収益権能も包含される。したがって、換価権の行使により収益からも満足を受けられるという抵当権本来の効力から、賃料債権に対する物上代位が正当化される[31]。

以上の議論と異なり、従来の「本質」論の議論構造に疑問を呈し、その解体を目指す見解もある[32]。この見解は、「本質」から演繹的な議論を行う傾向のある従来の学説を批判する一方、抵当権の価値権性やそれが内在する換価権自体を否定することはできないとする[33]。本問題に関する注目すべき主張は、価値権説は抵当権の（金銭）債権類似性を承認する理論として意義があるというものである[34]。抵当権の債権類似性という観点によると、「抵当権も金銭債権と同じく権利者に金銭による満足をもたらす権利であるからには、理論上、その被担保債権の履行期の到来後に抵当権者が抵当不動産の賃

---

28) 髙橋眞「賃料債権に対する物上代位の構造について」金法1516号（1998年）12頁。これは、従来の旧371条「類推適用説を修正・発展」させる立場である（髙橋・前掲注20）194頁は、高橋（眞）説を「拡張的構成」に位置づける）。ただし、本文で紹介した高橋（眞）説は、後の論稿で修正されている（髙橋眞「抵当権による賃料の把握について──価値権説・果実の把握・物上代位」法雑46巻3号〔2000年〕331頁参照。著者の考え方の変化については、同『抵当法改正と担保の法理』〔成文堂、2008年〕19-20頁も参照）。

29) 髙橋・前掲注20）214頁以下、古積健三郎『換価権としての抵当権』（弘文堂、2013年）205頁以下。松岡説への重要な批判は、その立論は「競売による交換価値の把握を媒介にした収益価値の把握を正当化するにとどまり、競売とは無関係に直接に収益価値を把握することまで正当化するものではない」というものである（古積206頁。同218頁注117も参照）。

30) 古積・前掲注29）6-7頁。

31) 古積・前掲注29）207-208頁。

32) 鳥山泰志「『抵当本質論の再考序説』その他について」民法理論の対話と創造研究会編『民法理論の対話と創造』（日本評論社、2018年）121頁。

33) 鳥山泰志「抵当本質論の再考序説(6・完)」千葉25巻4号（2011年）139頁注179は、「抵当権を価値支配権とみることと、それに換価権が内在すると解することは両立する」という。

34) 鳥山・前掲注33）138頁。鳥山説は、抵当権は一方で「一定額の金銭の取得を目的とする点で金銭債権と等しく」、他方で「所有権……と同じく、存在すること自体によって権利者に利益を供する」物権であるという二面性を主張する（鳥山・前掲注32）134頁）。

料から満足を求める可能性は最初から開かれている」とされる[35]。

(3) 「物上代位の構造」論と付加的物上代位の意義

本問題においては、「抵当権の本質」論と「物上代位の構造」論とが交錯する。後者で問われるのは、抵当権の（実体的）効力が賃料債権に及ぶメカニズムである。抵当権の効力を賃料債権に及ぼす論理としては、①果実の法理と②物上代位がある[36]。①については、平成15年改正による民法371条の改正と収益執行制度の創設が重要である。すなわち、改正後の民法371条は民法370条の例外規定という体裁をとらないこと、また、収益把握のための抵当権実行手続が正面から認められたことを踏まえると、被担保債権の不履行後に抵当権が果実（法定果実を含む[37]）に効力を及ぼすことは、抵当権の本来的効力に属すると理解しやすくなったとも思われるからである。では、①・②の各論理からは、どのような立場が導かれるか。

(a) 果実の法理

民法371条に依拠する果実の法理とは、抵当権の本来的効力が賃料債権に及ぶと見る立場と理解することもできる。抵当権の実体的効力は同条によって賃料債権にも（潜在的に[38]）及び、収益執行（民執180条2号）と物上代位（民372条・304条、民執193条1項後段）はその実行手続として位置づけられる。抵当権の本来的効力が賃料債権にも及び得ることは、それが抵当権の本来的効力である以上、登記により公示されている。ただし、優先弁済権の具

---

35)　鳥山・前掲注33）97頁。実際にこの帰結を認めるか否かは利益衡量の手法を通じた政策的検討の問題であり、ここでは——松岡説による批判にもかかわらず——鎌田の利益衡量論に従うことが可能になるとする（97頁注111）。

36)　水津太郎「抵当権に基づく賃料の把握——物上代位・担保不動産収益執行・担保債権執行」法教421号（2015年）73頁。

37)　平成15年改正後の民法371条の「果実」とは、天然果実および法定果実の双方を含むというのが立案担当者の説明である（谷口園恵＝筒井健夫編著『改正 担保・執行法の解説』〔商事法務、2004年〕56頁）。

38)　民法371条の文言（「抵当権は……果実に及ぶ」）にもかかわらず、抵当権の効力を具体的に法定果実に及ぼすためには、収益執行又は物上代位の手続を踏まなければならないと一般に解されている（阿部・前掲注8）15頁。収益執行との関係で、谷口＝筒井・前掲注37）56頁参照）。

体化のためには、上述の抵当権の実行手続を踏まなければならない。物上代位権行使としての差押えは、抵当権者の優先弁済権を具体化する（保全する）意味を持つ。以上の論理は、松岡説や古積説に見いだされ得る（ただし、これは筆者〔和田〕の評価である）[39]。果実の法理によれば、民法371条が抵当権による賃料債権把握の実体的根拠規定であり、付加的物上代位の規定（民372条・304条）は抵当権の実行手続を定めるという理解が導かれよう[40]。

(b) 物上代位

物上代位の構造については、抵当権者が賃料債権上に新たな権利を取得するという構成（「新たな権利取得」構成）[41]と、原目的物上の権利と「等質かつ同等の効力をもつ権利」がそのまま対象債権に引き継がれるという構成があり得る[42]。前者の構成をとれば、新たに取得された権利は原担保権とは別途の公示を具備しなければならないとの発想に傾きやすく、後者の構成をとれば、原目的物上の権利は公示の有無と無関係に対象債権上に移行する。この違いは、差押えの趣旨を含む民法372条・304条の解釈に影響を及ぼす。ただ、いずれの構成をとるにせよ、賃料債権に対する物上代位の実体的根拠規定は民法372条・304条であり、民法371条は物上代位の根拠規定ではないという理解が導かれよう[43]。

---

[39]　松岡久和『担保物権法』（日本評論社、2017年）50頁や67-68頁によると、現在の松岡説は民法371条を物上代位の根拠規定と位置づけているように思われる。また、道垣内弘人編『新注釈民法(6) 物権(3)』（有斐閣、2019年）768頁〔古積健三郎〕は、「372・304条の賃料に関する規律は、抵当権者の賃料からの満足を簡易な債権執行によって容認するものとして捉えるべき」と述べる。

[40]　こうした理解のあり得る問題点としては、①民法304条ただし書きの「差押え」要件は第三者との利害調整を果たすものである以上、その実体的意義を無視しえないのではないか、②賃料とそれ以外の物上代位の対象につき同じ規定の持つ意義が異なることは妥当か、等が考えられよう。

[41]　水津太郎「物上代位とはなにか——『行使することができる』の解釈」法教415号（2015年）71頁。

[42]　水津・前掲注41) 72頁以下。

4　終わりに：担保法学のダイナミズム

　上記3(2)(3)で取り上げた議論につき、現時点で筆者に定見はない。本稿が示したかったのは、当初通用していた理論も社会経済情勢の変化により変更を余儀なくされることがあり、新たな利益衡量により妥当な結論が見定められた後には、再度理論による結論の正当化が問題になるという、担保法学のダイナミズムの一端である。もちろん、理論→新たな利益衡量→理論の更新、というサイクルは、多かれ少なかれ他の領域でもみられる現象だろう。しかし、担保法学は「とかくそのときどきの経済情勢に流されがち」[44]であるとは言えようから、（利益衡量の重要性を認めつつも）基礎にある「理論」を軽視するべきでないという本論文の問題提起は、真摯に受けとめられなければならない。担保法学に係る理論研究の深化は、後進に今なお残された課題であるのではないか。

連載第4回（2021年10月号掲載）

---

43)　本文で述べた理解と収益執行の実体的根拠との関係については、①民法371条は収益執行の実体法的基礎であると考える立場（平成15年改正と物上代位は無関係とする立場）と、②収益執行の実体法的基礎も民法372条・304条であり、民法371条は天然果実にのみ適用されると考える立場がある（水津・前掲注36）72頁以下参照。平成15年改正の立案担当者の説明は①だが、水津説は②を提案する）。

44)　道垣内弘人「第3章 担保物権 序論」加藤雅信ほか編『民法学説百年史』（三省堂、1999年）275頁。

法変容の突破口としての所有権留保

道垣内弘人『買主の倒産における動産売主の保護』
（有斐閣、1997年）

阿部 裕介

1 はじめに

　本書は、著者の助手論文をもとにした連載「買主の倒産における動産売主の保護——所有権留保の効力を中心にして(1)〜(6・完)[1]」（以下「法協連載」と呼ぶ）を、一部修正の上まとめたものである。

　現在、法制審議会・担保法制部会（以下「法制審」と略する）で、動産・債権担保法制の見直しに向けた審議が進められている。今日、本書を読み返すことには、いかなる意味があるだろうか。

2 紹 介

(1) 問いの設定（序章・第1章）

　本書の問いは「買主の倒産において動産所有権留保売主にはどのような法的地位が与えられるべきか」（1頁）というものである。この問い自体は新しいものではないが、本書は、この問いを問い直す理由として、従来の研究の問題点を2つ指摘する。

　問題点の1つは、動産売主の取りうる他の担保手段から独立に所有権留保を論ずる傾向（1頁）である。そこで、本書は、所有権留保を、動産売主の用いうる多くの担保手段の中に位置付けて論じる（5頁）。この姿勢は『買

---

[1]　法協103巻8号・10号・12号（1986年）、104巻3号・4号・6号（1987年）。

主の倒産における動産売主の保護』という本書の書名にも表現されている[2]。

本書はまず、法典上売主に与えられた代金回収手段として、代金支払請求訴訟及び強制執行・売買契約の債務不履行解除・動産売買先取特権の行使（転売代金債権への物上代位を含む）を挙げ、買主が倒産すると、いずれの手段も売主に十分な保護を与えないことを確認する（第1章第2節）。次いで、動産売主が未払代金の回収のために講じ得る手段として、動産抵当の設定（自動車・建設機械の場合）、譲渡担保、ファイナンス・リースを挙げた上で、譲渡担保以外の手段には欠点や利用可能な場面の限定があり、譲渡担保も所有権留保以上の保護を与えるものではないことを確認する（第1章第3節）。

本書は、従来の研究のもう1つの問題点として、〈所有権留保の効力いかんによって、どのような影響・結果が生じるか、また、そのような影響・結果を生ぜしめることは妥当か否か〉といった検討の不足（5頁）を指摘する。具体的には、買主の倒産手続開始後の所有権留保売主の処遇（所有権留保特約の有効性及び倒産手続への対抗可能性、双方未履行双務契約に関する規定の適用の有無、取戻権行使の可否）及び買主の倒産手続開始前の所有権留保売主の処遇（売主による目的動産の引揚げに対する担保権実行中止命令の可否、倒産申立解除特約の有効性）をめぐる従来の通説や有力説の立論が、結論から生ずる帰結とその妥当性判断とを十分に踏まえたものとはいえないと指摘する（第1章第4節）。そこで、本書は、買主の倒産において所有権留保売主に一定の法的地位を与えることがどのような結果をもたらすのかを解明した上で、そのような結果を生ぜしめることが妥当か否かを判断する、という「ポリシーの選択・決定」によって、所有権留保売主に与えられるべき法的地位を明らかにしようとする。そして、生ずべき様々な結果を、「ポリシーを決定する際のファクターとして」捉えようとする（66-67頁）。

(2)　**比較法的分析**

本書は、「ファクターの精密化」のための方法として、近時買主の倒産における所有権留保の効力が変化したフランス法及びイングランド法を取り上

---

2)　道垣内弘人「本当にやりたかったのは……」専所62号（2021年）22頁。

げる（69頁）。そして、その変化をポリシーの変更によるものとして描写し、ポリシー変更の前後で考慮されたファクターを抽出する。

(a) フランス法（第2章）

　フランスでも、所有権留保以外の手段は買主倒産時に売主の地位を十分に保護するものではない（第2節）。さらに、判例はかつて、商品買主倒産時の所有権留保売主による商品の取戻しをも否定していた。その理由とされたのは、商品が外観上買主の占有にあるために、買主に支払能力があると他の倒産債権者が信じており（外観的支払能力）、この信頼を保護すべきである、というものと、債権者平等原則の尊重であった（第3節）。しかし、1980年5月1日の法律は、買主破産時の所有権留保売主による商品の取戻しを認めた。その理由とされたのは、取戻しを認めることで、売主・買主双方の地位が改善され（ミクロ経済的理由）、さらにフランス経済全体が抱える問題を解決できること（マクロ経済的理由）であった（第4節）。

(b) イングランド法（第3章）

　イングランドでも、所有権留保以外の手段は買主倒産時に売主の地位を十分に保護するものではない（第2節）。これに対して、買取賃貸借による所有権留保がなされている場合には、買主＝賃借人の倒産時に売主＝賃貸人が完全な所有者として目的物を取り戻すことが認められた。判例は、買取賃貸借が破産手続上詐害行為に当たらないと判断し、表見所有権規定に基づく取戻しの否定についても、事案によっては、所有権を移転しない商慣習の存在を認めることで表見所有権規定の適用を排除しており、表見所有権規定自体に対する批判も強くなっている[3]（第3節）。しかし、買取賃貸借は転売や加工を予定した動産の売買には利用できなかった（185頁・234頁）。そこで、条件付売買（conditional sale）による所有権留保について、ロマルパ事件判決（1976年）は、売主と買主との間に信認関係（fiduciary relationship）を認めることで、信託財産に関する追及権に基づき売主に転売代金上の権利を認

---

[3]　その結果、表見所有権規定は1986年倒産法で廃止されている（263頁）。

めた。これにより、転売・加工を予定した動産の売主に有効な保護が与えられるようになった[4]。学説は、その背景に、動産売主を優先的に保護するというポリシーの作用を見出した上で、動産売主を保護しまたは保護しないことで生ずる様々な帰結を考慮しつつその妥当性を論じている（第4節）。

(c) 日仏英の比較（第4章第2節）

本書は、以上の議論から、いずれの法制でも「買主の倒産における動産売主の保護は、ほとんど全面的に所有権留保に期待され」「他の手段では動産売主の保護が達成し得ないことを共通の前提としている」（276頁）ことを確認した上で、各国で考慮されてきたファクターのうち、共通のファクターを統合し、フランス・イングランドに特有の事情を前提とするものを除いて、我が国の解釈論を決定するにあたって考慮すべき22個のファクターを抽出する。

(3) 試論の提示（第4章第3節・結章）

最後に、本書は、抽出したファクターのそれぞれについて、実際にそのような結果が生ずるのか、生ずるとしてそれが妥当か否かを議論する[5]。

その結果、本書は買主倒産における所有権留保売主のあるべき処遇を提示する[6]。その具体的内容は、「3 検 討」の中で紹介する。

3 検 討

本書の著者は、本書を「利益考量のプロセスを明確化し、それを検証しようとした一つの習作」（はしがきⅲ頁）と位置付けている。しかし、本書の方

---

[4] しかし、法協連載完結後の判例は、信認関係の成立を否定するようになった（256頁）。

[5] ただし、これらの判断は「十分な裏付けを持っていない」ため、「さらなる検討が必要」とされている（327頁）。

[6] 法協連載では、さらに「解釈論的試論——採るべき法律構成」（第4章第4節）として、所有権留保売主の処遇の法形式的な理由づけなどが論じられていた。しかし「私が真に示したかったことのためには必ずしも必要と思われなかったから」（はしがきⅰ頁）という理由で、本書からは削除されている。

法論的意義についてはすでに分析が存在することもあり[7]、本稿はそこに立ち入らない。

　以下では、まず、買主の倒産における所有権留保売主の処遇をめぐる、本書公表から法制審での審議に至る議論の展開を、本書と関連づけて描く(1)。次いで、本書が挙げたファクターとこれに対する本書の判断とが、本書が扱わなかった問題においてどのような意味を持ちうるのかを検討する(2)(3)。ただし、本書のアプローチに従い、所有権留保の法的性質論には立ち入らない。

(1)　買主の倒産における所有権留保売主の処遇をめぐるその後の議論

　本書の主張は、結論のレベルでは、その多くが、すでに米倉明『所有権留保の実証的研究』によって説かれていたものであり（はしがきi頁）、本書の主張が結論のレベルでその後の学説等に受け入れられているとも言い難い。しかし、本書の独自性は結論に至る論証の過程にあり、そこで示された価値判断は、一定程度受け入れられているといえよう。

(a)　買主の倒産手続開始後の所有権留保売主の処遇
（ⅰ）　目的動産の取戻しの可否

　本書は、買主倒産前に担保権が実行されていない場合でも、会社更生手続では原則として、また破産手続では常に、所有権留保売主に目的物の取戻権を認めるべきであると主張していた。この主張は、本書の著者による体系書の最新版でも維持されている[8]。また、本書とはアプローチが異なるが、金融信用と商品信用の峻別という観点から取戻権説を主張する学説も登場している[9]。

　しかし、現在でも、倒産手続開始後の所有権留保売主の取戻権を一律に否定する見解が通説の地位を維持している[10]。法制審でも、所有権留保売主を含む「新たな規定に係る担保権を有する者」一般を、破産・民事再生手続で

---

7)　大村敦志『フランス民法』（信山社、2010 年）240-241 頁。

8)　道垣内弘人『担保物権法〔第 4 版〕』（有斐閣、2017 年）373 頁。

9)　石口修『所有権留保の研究』（成文堂、2019 年）159-160 頁注 76。

10)　道垣内・前掲注 8) 373 頁。

は別除権者として、会社更生手続では更生担保権者として扱うことが提案されており、その理由も、通説が説く「担保としての法的性質」に尽きている[11]。そのため、本書の問題提起を受けて議論が尽くされているとは未だ言い難い状況にある、と評されている[12]。

もっとも、破産手続では別除権と取戻権のいずれを認めても大差ない結果を導出しうることは本書も認めていたところであり（318頁）、このことは民事再生手続でも同様である。これに対して、会社更生手続における更生担保権者は担保権を実行できないため、売主が資金繰りに窮して連鎖倒産するのではないか、また手続開始前の保全処分によって担保権実行が禁止されてから更生手続が開始されるまでに目的物が減価することで売主が害されるのではないか、などの指摘（316頁）は、現在でも妥当する。しかし、目的物の減価の問題は、取戻しを認める以外の方法でも対処可能であることを本書も認めている（294-297頁）。また、連鎖倒産の危険は、動産売主に限らず更生担保権者一般に当てはまる問題であり、再建型倒産手続の一般法として、担保権実行に対してより制限的でない民事再生法が制定されるなど、事業再生手法の多様化に伴って会社更生手続開始の申立て件数が減少傾向にあること[13]は、会社更生に伴う更生担保権者の連鎖倒産を生じにくくする動向とも評価しうるように思われる。

(ii)　倒産手続開始前の登記・登録または対抗要件具備の要否

本書は、所有権留保売主が買主の倒産手続開始後に権利を行使するために、手続開始前に対抗要件を備える必要があるか、には立ち入っていない。

しかし、その後の学説はこの問題をめぐって激しく対立している。後述するように、学説は所有権留保を第三者に対抗するために対抗要件が必要かを巡って対立しており、必要説を前提にすると、管財人・再生債務者の第三者性を介して、倒産手続開始前に対抗要件を備えなければ手続開始後に権利を行使できないと考えることになる。他方で、不要説に立ったとしても、倒産

---

11)　部会資料8・2頁。

12)　和田勝行「破産・民事再生手続における（第三者）所有権留保の取り扱いに関する一考察」論叢180巻5=6号（2017年）700頁。

13)　山本研「日本における事業再生と倒産手続」早大法務研究論集4号（2019年）60-61頁。

手続開始後に権利を行使するためには手続開始前に公示を備えていることを要すると考える学説も存在する[14]。

　本書の著者による体系書の最新版は、売主の所有権留保には対抗要件具備の必要はないとするが、その理由は物権変動の不存在に尽きており[15]、倒産手続開始後の権利行使のために所有権留保売主にも手続開始前の公示を要求すべきかを直接に論じてはいない。しかし、本書のアプローチを応用すると、たとえば、次のような議論ができるのではないか。

　この論争は、売買契約の当事者ではない信販会社の自動車所有権留保をめぐる判例法理の展開を契機とするものである。判例は、信販会社が売主に代金を立替払いして立替金等債権を担保するために販売会社から所有権の移転を受けたとされた事案では、民事再生手続開始時に販売会社に登録名義があっても、信販会社自身の登録名義がなかった以上、信販会社が別除権を行使することはできないと判断した（最二小判平成22・6・4民集64巻4号1107頁）。他方で、信販会社が購入者の保証人として保証債務を履行し販売会社に法定代位した事案では、破産手続開始時に販売会社に登録名義があれば、信販会社は登録名義がなくして別除権を行使できると判断した（最一小判平成29・12・7民集71巻10号1925頁）。

　最判平成22年の事案では、売買代金債権以外が被担保債権とされており、被担保債権と目的物との牽連性（本書のファクター〔13〕：282頁）の点で、売買代金債権が被担保債権とされた事案とは異なる。これに対して、最判平成29年の事案では、売買代金債権を担保するために所有権を留保した販売会社に信販会社が法定代位しており、所有権留保売主が未払代金の回収のために別除権を行使する場合、参考になるのは最判平成29年だけであると考えられる。

　最判平成29年は、信販会社の別除権行使を認める理由の一つとして、購入者の破産手続開始時に「販売会社を所有者とする登録」があれば、「留保所有権の存在を前提として破産財団が構成され」ても、破産債権者に不測の

---

14)　現在の学説分布の概観として、森田修編『新注釈民法(7)』（有斐閣、2019年）632頁〔青木則幸〕参照。

15)　道垣内・前掲注8）368-369頁。

影響を与えない、ということを挙げる。これは「目的物が破産財団を構成しないことが公示され、一般債権者の信頼を格別保護すべき利益状況にない」ことを意味すると指摘されている[16]。これを裏返すと、目的物が購入者の責任財産を構成するという倒産債権者の信頼が、倒産債権者にとって予測できない所有権留保によって裏切られること（本書のファクター〔11〕：282頁）を避けるべきである、という判断を抽出できる。もっとも、登録された自動車については、購入者を所有者とする登録がなければ、購入者の責任財産を構成すると信頼することはできない。上記の指摘も、販売会社を所有者とする登録の存在を、「目的物が破産財団を構成しないこと」の公示、すなわち購入者の登録名義の不存在に読み替えている。従って、販売会社を所有者とする登録があることは、購入者に登録名義がないことを示すのに十分な事実として摘示されているに過ぎない、という理解も可能であろう[17]。

これに対して、引渡しを物権変動の対抗要件とする動産の場合、倒産債権者は、購入者の占有に基づき、目的物が購入者の責任財産を構成すると信頼するかもしれないが、本書によれば、この信頼は今日では保護に値しない（303頁）。

(b) 買主の倒産手続開始前の所有権留保売主の処遇

本書は、会社更生手続で所有権留保売主を更生担保権者として扱うべき例外的場合において、手続開始前の取戻しも制限すべきであると主張するが（318頁）、いかにして取戻しを制限するのかには立ち入っていない。

(i) 担保権実行中止命令の活用可能性

しかし、法協連載では、更生手続開始申立てに伴う中止命令（会更37条1項〔当時：現24条1項〕）を活用して取戻しを制限することが想定されてお

---

16) 堀内有子「判解」民事篇平成29年度（下）（2020年）683頁。

17) 東京大学民事法判例研究会における藤澤治奈教授（立教大学）の報告（未公表）は、登録名義が所有権留保売主にも買主にもない場合（例えば、所有権留保売主の前主に登録名義が残っている場合）に、所有権留保売主の別除権行使が否定されるかはブランクである、という。これに対して、多くの評釈は、最判平成29年が販売会社の登録名義それ自体を要求しているという理解を前提として、それが所有権留保に対抗要件を要求する趣旨なのか否かを論じている（森田修「判批」金法2097号〔2018年〕36頁など）。

り[18]、本書の著者による体系書の最新版では、会社更生に加えて民事再生でも「場合に応じて」取戻しを中止命令でコントロールすべきとされている[19]。担保権実行中止命令を発令できるのは、担保権者に「不当な損害を及ぼすおそれがない」場合に限られるので（会更24条1項柱書但書、民再31条1項本文）、本書のファクターに対する判断を踏まえると、この要件の中で、売主の連鎖倒産の危険や時の経過による目的物の減価[20]、さらには未払代金の割合などをも考慮すべきことが暗示される。

　倒産手続開始後に所有権留保売主に取戻権を認めない通説（前述）からは、所有権留保売主による手続開始前の取戻しを担保権実行として担保権実行中止命令の対象とすることへの障壁はさらに低くなる。担保権実行中止命令は担保権実行「手続」の中止を想定したものであるが、中止命令の規定を類推適用して私的実行の中止命令を発令すべきとする見解が有力であり[21]、法制審でも、所有権留保を含む「新たな規定に係る担保権」一般につき私的実行を中止命令の対象とすることが提案されている[22]。

　また、本書は、所有権留保では清算金を生ずる余地が事実上少なく、清算金が生じなければ担保権実行の意思表示と同時に清算が完了して完全な所有権が売主に戻るので、その後の引渡請求は中止命令の対象にならない、という見解を紹介している（42頁）。他方で、清算の完了に加えて実際に物件を引き揚げた時点ではじめて実行が完了する（ので、それまでは引渡請求に対する中止命令も可能である）という見解も存在し（42頁）、法協連載はこの見解を支持していた[23]。

　これに対して、平成14年に制定された新会社更生法は、会社更生手続に包括的禁止命令制度を導入した（会更25条1項）。会社更生手続における包括的禁止命令の効力は担保権実行にも及ぶため、これによって担保権実行を

---

18) 法協104巻6号957頁。

19) 道垣内・前掲注8) 373頁。

20) 以上につき同旨、松下淳一『民事再生法入門〔第2版〕』（有斐閣、2014年）100頁。

21) 伊藤眞『破産法・民事再生法〔第5版〕』（有斐閣、2022年）872-874頁、同『会社更生法・特別清算法』（有斐閣、2020年）64-66頁。

22) 部会資料8・2-3頁。

23) 法協104巻6号957頁。

待たず予め担保権実行を制限することが可能となった。法制審でも、清算完了後の引渡請求を中止命令の対象とはしない[24]一方で、私的実行禁止命令制度を設けること[25]や、担保権実行通知から清算までに猶予期間を設けること[26]で債務者の再生の妨げとなる手続開始前の担保権実行を制限することが目指されている。

(ii) 倒産申立解除特約の有効性

法協連載は、更生申立解除特約も担保実行の特約として有効であるが、この条項に基づく引渡請求も中止命令に服しうる、と主張していた。この主張は、所有権留保売買契約の更生開始申立解除特約を無効とした最三小判昭和57・3・30民集36巻3号484頁に反対するものであった。本書にはこれに対応する記述はないが、前掲最判昭和57年の事案では買主が既に代金を半分以上支払っており、代金を全く支払っていない場合に判旨の一般論がそのまま適用されるか否かははっきりしていない、という指摘の引用は残されており（62頁）、未払代金の割合等を斟酌して担保権実行の可否を柔軟に決することへの志向がなお見られる。

しかし、その後も、フルペイアウト方式のファイナンス・リース契約における、ユーザーの民事再生手続開始申立てを解除事由とする特約を無効とする最三小判平成20・12・16民集62巻10号2561頁が現れている。その判決理由では、当該特約が「民事再生手続の中で債務者の事業等におけるリース物件の必要性に応じた対応をする機会を失わせる」ことが問題視されており、この「対応」には中止命令の発令が含まれると解されている[27]。法協連載は、倒産申立解除特約の無効と中止命令とをともに取戻しを制約する手段として競合的に位置付けた上で、より柔軟な手段として中止命令を選択していたが、倒産申立解除特約の無効によって中止命令の実効性が確保される関係にあるとすれば、倒産申立解除特約を無効としても、本書の志向する柔軟な解決は

---

24) 部会資料8・7頁。

25) 部会資料8・3頁。

26) 部会資料15・24頁【案15.5.4.1】。同25頁の説明は、中止命令等を申し立てる機会の確保に言及している。

27) 部会資料8・22頁。

否定されないことになる。本書の著者による体系書では、現在でもなお特約の有効性が主張されているが、「たんなる担保実行特約と解すれば」「売主の立場からは無効とされるのと同じく意味を持たない特約」として、という留保が付されており[28]、担保権実行の要件を潜脱する効力は否定する趣旨と解される。法制審でも、「新たな規定に係る担保権」一般につき、設定者の倒産手続開始申立てによって私的実行の効力を当然に生じまたは担保権者による私的実行を可能とする契約条項を無効とする規定を設けるか否かが検討されている[29]。そこでは、前掲最判平成20年の射程が所有権留保売買にも及ぶことを前提として、無効とする条項の外延や、清算型である破産手続の開始申立てに関する条項をも無効とするかに議論の焦点が置かれている[30]。

(2) 所有権留保売主と（集合物）譲渡担保権者との競合・優劣

本書は、買主が目的動産に他の担保権を設定した場合における所有権留保売主の権利行使への制限や他の担保権者との優劣を論ずるものではない。もっとも、本書も、動産売買先取特権の弱点の一つとして、動産譲渡担保の設定によって行使できなくなること[31]を挙げ（13頁）、その譲渡担保も所有権留保売主の権利には劣後するだろうという見通しを示してはいる（36頁）。また、イングランド法の検討でも、所有権留保が浮動担保権（floating charge）の実効性を害することを懸念する学説を紹介して（262頁）、そこから〔9〕留保売主に強い権利を認めると、買主は他の債権者から信用供与を受けえなくなる、というファクターを導出している（282頁）。しかし、イングランドと異なり、日本では企業担保が大きな役割を果たしていない、という現状認識から、結局このファクターを重視してはいない（299頁）。

その後、金融機関によるABL（Asset Based Lending）が推奨される中で[32]、買主から集合物譲渡担保の設定を受けた者と所有権留保売主との優劣を対抗

---

28) 道垣内・前掲注8) 374頁。

29) 部会資料8・20頁。

30) 部会資料8・22-23頁。

31) 後掲注44) 最判昭和62・11・10。

32) 経済産業省「ABL（Asset Based Lending）研究会報告書」（2006年）4頁など。

要件具備の先後によって決すべきとする学説が有力化した[33]。他方で、本書が示した〔13〕共同担保の増加に直接寄与している売主に優先を認めるべきであるという価値判断（304-305頁）に基づき、少なくとも両者の優劣を対抗要件具備の先後によって決するのではなく、所有権留保売主が対抗要件を具備すれば（または具備しなくても）その優先を認めることを主張する見解も存在した[34]。

最二小判平成30・12・7民集72巻6号1044頁は、売買代金の完済まで所有権留保売主から買主に所有権が移転しないことを理由に、集合物譲渡担保権者の所有権留保売主に対する権利主張を認めなかった。しかし、この判決は事例判断の体裁を取り、当該事案における所有権留保の目的物と担保される売買代金との対応関係を強調することで、目的物の代金債権以外を被担保債権に含んだ「拡大された所有権留保」に射程を及ぼすことに慎重な姿勢を窺わせる[35]。従って、この判決は、動産売買の目的物については動産売主の未払代金債権を他の金融債権に優先させるべきであるという実質的価値判断によって、形式論理の射程を画している、といえるだろう。

法制審では、動産売主が所有権留保を第三者に対抗するための要件一般につき、対抗要件を不要とする案と、引渡し（買主への現実の引渡しと同時にされる占有改定）を対抗要件とするという案とが両論併記で提案されている[36]。その上で、目的物に譲渡担保が設定された場合については、所有権留保と譲渡担保との競合を前提とした上で、所有権留保が当然に優先するという案と、所有権留保が一定期間内に対抗要件等の一定の要件を具備した場合にのみ、それが譲渡担保権の対抗要件具備に後れても優先するという案とが検討されている[37]。後発の所有権留保を優先する理由としては、所有権留保における被担保債権と目的物との牽連性（本書のファクター〔13〕）、所有権留保売主を優先しなければ信用売買が不可能になり、買主の事業遂行に支障が生ずるお

---

33) 森田修「方法論的総序」NBL1070号（2016年）10頁など。
34) 和田・前掲注12) 699頁。
35) 田髙寛貴「判批」速判解25号（2019年）59頁、松本展幸「判解」最判解民事篇平成30年度（2021年）337-338頁など。
36) 部会資料14・5頁。
37) 部会資料14・19頁以下。

それがあること（本書のファクター〔8〕に類似）、集合物譲渡担保権者は不確定性を織り込んで担保評価をしているはずであること（本書のファクター〔9〕の否定）が挙げられている。そして、いずれの案においても、留保所有権の優先は「その目的物の代金債権を担保する限度で」とされている。

(3) 動産売主による債権回収の保護

本書は、買主の倒産に際して他の手段が動産売主を十分に保護しないことを検証することで、動産売主の保護が「ほとんど全面的に所有権留保に期待されている」ことを示していた（前記1(2)(c)）。これにより、本書は、買主の倒産における所有権留保の効力が、買主の倒産において動産売主をどの程度保護すべきかというポリシーの選択によって定まるべきものであることを論証している。

そうすると、動産売主が用いうる他の手段は、なぜ弱いのだろうか。本書が挙げたファクターの中には、〔19〕所有権留保を用いることができる売主は大企業に限られている（283頁）、というものもある。このファクターは、所有権留保もまた、動産売主の保護として不十分なのではないか、という疑問を惹起する。本書はこの疑問に正面から答えないが、ファクター〔19〕に対する判断（310頁）からは、自衛手段を講じられる売主だけでも保護する方が、誰も保護しないよりはよい、という価値判断が窺われる[38]。実際、〔13〕共同担保の増加に対する動産売主の寄与をはじめ、本書が挙げるファクターの多くは、所有権留保売主だけでなく動産信用売主一般を保護する／しない場合にも当てはまり、両者の処遇の差を正当化するものではない[39]。

従って、本書の先にある展望の一つとして、所有権留保売主の保護と同じポリシーに基づき、売主に法律上当然に与えられる保護を強化する方向が考えられよう[40]。いわば、所有権留保を法変容の突破口として位置付け、その

---

[38] さらには、法変容の過程では一貫性を犠牲にすることもやむを得ない、と考えているのかもしれない。金融法学会における本書の著者の質問（金融法研究38号〔2022年〕76頁）には、そのような発想が窺われる。

[39] 森田果『金融取引における情報と法』（商事法務、2009年）は、所有権留保について本書が挙げたファクターのいくつかを「モニタリングの分担による効率性の改善」の観点から読み替える（121頁）と同時に、動産売買先取特権をも同様の観点から正当化している（123-124頁）。

法変容を貫徹するのである。本書の書名が「所有権留保」の語を欠いていることも、この方向を示唆しているのかもしれない。

　もちろん、もう一つの展望として、売主に法律上当然に与えられる手段が所有権留保と比べて弱いという現状を、動産売主を保護すべきか否かとは異なる次元のポリシー選択の結果として正当化する方向も考えられる。この方向は古典的なものであるが[41]、今日でも、信用売主は担保権の存在を条件として信用を供与しているとは限らないので、買主の取引を制約しないように、法定担保である動産売買先取特権の効力は弱めておき、強い担保権がなければ信用を供与しない売主にのみ、より強い効力を有する約定担保である所有権留保を利用させる、といった構想が考えられよう[42]。

　本書が指摘していた動産売買先取特権の弱点のうち、実行方法の不明確さ（13-14 頁）は、平成 15 年の民事執行法改正で改善された[43]（民執 190 条 2 項）。また、通説では所有権留保売主も買主倒産時に別除権者または更生担保権者として扱われる（前記(1)(a)(i)）など、本書が動産売買先取特権の弱点として指摘したものの一部は所有権留保にも当てはまる。現時点で残されている両者の主要な差異としては、追及効の制限（民 333 条）、買主から（集合物）譲渡担保の設定を受けた者との関係[44]、私的実行権限の有無などがあり、これらの点で、所有権留保の利点を動産売主一般に享受させるべきかが問われよう。

連載第 13 回（2022 年 8 月号掲載）

［追記］（2024 年 8 月）
　本稿は法律時報 2022 年 8 月号に掲載された。本稿が紹介する法制審の動

---

40)　たとえば、内田貴『民法Ⅲ〔第 4 版〕』（東京大学出版会、2020 年）638-639 頁。

41)　たとえば、我妻栄『新訂担保物権法』（岩波書店、1968 年）55-56 頁。

42)　拙稿「動産担保における優先順位の変更」法学 84 巻 3=4 号（2020 年）368 頁。

43)　道垣内弘人ほか『新しい担保・執行制度〔補訂版〕』（有斐閣、2004 年）130 頁以下〔山本和彦〕。

44)　最三小判昭和 62・11・10 民集 41 巻 8 号 1559 頁は、譲渡担保の設定に際しても、動産売買先取特権の追及効の制限を及ぼしたが、法制審ではこの規律も再検討の対象とされている（部会資料 15・4 頁以下）。その経緯につき、拙稿・前掲注 42）366 頁以下参照。

向は、法律時報掲載当時のものである。その後、法制審では、2022年12月に担保法制の見直しに関する中間試案が取りまとめられ、現在も要綱案の取りまとめに向けた検討が続けられているが、企画の性格上、こうした法律時報掲載後の法制審の動向は叙述に反映していない。

「契約の拘束力」を根拠とした帰責構造論の到達点

森田宏樹『契約責任の帰責構造』
(有斐閣、2002年〔初出 1990-1997年〕)

吉永 一行

1 はじめに

　本著は1990年から1997年にかけて公表された論文[1]をまとめて、2002年に刊行されたものである（なお以下では、初出論文をも含む意味で「本著」と呼ぶことがある）。

　本著で扱われているテーマを、初出論文の公刊順なども踏まえて推測される著者の問題関心の変遷にそって並べると、①瑕疵修補責任を中心とした瑕疵担保責任の法的性質（第3編）、②瑕疵担保責任の債務不履行責任に対する独自性（第4編）、③（結果債務・手段債務二分論を通じてみた）債務不履行における帰責事由（第1編）、④（③を踏まえた）履行補助者責任論（第2編）となる。以下では、本著の内容を、この順で紹介する（なお紙幅の都合と評者の関心・能力から、比較法的部分には立ち入らない。また、本著公刊当時の学説状況については、主として著者から見える風景を中心にするという趣旨で、基本的には、本著における紹介に依拠する）。

　本著の基盤となる考え方は、契約により生じる債務の不履行における債務者の責任は、──伝統的通説がとる過失責任主義ではなく──「契約の拘束力」を根拠とする（本稿では過失責任主義と対置して「契約拘束力主義」[2]と呼

---

1)　同時期の著者の論文として、「瑕疵担保責任に関する基礎的考察(1)～(3・未完)」法協107巻2号171頁、6号895頁、108巻5号735頁（1990～1991年）およびそれに基づく学会報告「瑕疵担保責任に関する基礎的考察」私法51号129頁（1989年）がある（前者を「基礎的考察」、後者を「学会報告」と略称する）。こちらは、必要なところで言及をするにとどめる。

184

ぶこととする）というところにある。この契約拘束力主義は、本著刊行から7年後の2009年に学者有志による民法（債権法）改正検討委員会が発表した「債権法改正の基本方針」（以下「基本方針」と呼ぶ）において採用され[3]、その後の債権法改正（平成29年〔2017年〕法律44号）に大きな影響を与えている。2020年4月1日に改正民法が施行されて1年ほどが経過した今、改めて本著が、どのような学説状況の下において、どのような問題意識のもとに、どのような理論的提案を示したかをたどることには、意味があるだろう。紹介に続く検討では、成立した債権法改正やその解釈論との対比を含めて検討をする。

2　紹　介

⑴　第3編　売買契約における瑕疵修補請求権
──履行請求、損害賠償または解除との関係

第3編では、売買契約における買主の瑕疵修補請求権が扱われる。

瑕疵担保責任をめぐっては、初出論文公刊当時、すでに、契約責任説が有力となっていた。そのなかで、著者は、契約責任説をとったとしても、それは瑕疵修補義務の前提が満たされたというだけであり、どのような要件・範囲で瑕疵修補請求権が成立するかを検討する必要があると指摘する。

著者の問題意識は大きく分けると2つである。

1つは、「債務者に対する拘束力の問題」、すなわち売主は瑕疵の修補が可能である限りで常に修補義務を課されるのかという問題である。瑕疵なき物の給付義務が認められ、瑕疵修補義務はその一内容として包含されると考えるときには、この義務が履行不能（当時の理解では少なくとも社会的不能と評

---

2)　こうした呼び方は必ずしも一般的でなく（もっとも本著刊行直後の時期に呼ばれていたような「新しい見解」という呼称はそろそろ避けるべきであろう）、また契約が拘束力をもつこと自体は過失責任説も否定しないのだから、最善の呼称ではないのかもしれない。しかし、賠償責任の理論的根拠が契約（の拘束力）に見出されているという意味で、本稿ではこの呼称を用いることとした。

3)　民法（債権法）改正検討委員会編『詳解・債権法改正の基本方針Ⅱ──契約および債権一般(1)』（商事法務、2009年）244頁、247頁

価できることを要する）になるのでなければ、売主は常に瑕疵修補義務を負うことになりそうである。しかし、実際には、修補に過分の費用がかかる場合や、売主に修補能力がない場合に、修補義務を否定する解釈が行われており（改正前民法634条1項ただし書も参照）、著者は、売主の瑕疵修補義務に何らかの限定を付す必要があるとする（本著244-245頁）。

著者が検討の手がかりとするのが、フランスにおける「現実賠償」をめぐる議論である。すなわち、瑕疵修補請求権は、引渡債務の履行請求権そのものではなく、その不履行に基づく損害賠償の一方法としての現実賠償であると位置付ける（現実履行と金銭賠償の中間的な性格を有するとする）ことを主張する（本著245-247頁）。

こうした法的構成を与え、瑕疵修補請求権を損害賠償の一方法ととらえることによって、修補に要する費用が、売主の負うべき損害賠償に比して不相当に大きくなるときには、売主の修補義務を否定するという解釈を導くことが可能であるとする。さらに、その際、売主の損害賠償の範囲は、契約目的に照らして判断されることから、瑕疵修補請求権の成否の判断には、瑕疵修補が契約目的達成にとって不可欠か否かが影響する（本著248-249頁）。

問題意識のもう1つは、「債権者に対する拘束力の問題」、すなわち、瑕疵の修補が可能である限り、買主は、まずは瑕疵修補請求権を行使する（その履行を催告する）ことが必要であり、相当の期間の経過を経て生じた解除権を行使した後でなければ、損害賠償（特に、修補に必要な費用の賠償）を受けられないのかという点にある。

伝統的見解は、債務転形論を前提に、瑕疵修補請求権が不能または解除によって消滅しなければ、填補賠償（修補費用賠償）を求めることはできないとしていた（本著257頁）。

これに対して著者は、判例・通説の解決にならい、買主は、瑕疵修補と、損害賠償・代金減額のいずれを請求するか選択できる——ただし売主が遅滞なく瑕疵修補の申し出をし、それが買主にとって不利益をもたらさないときには、買主は修補を拒絶できない——とすることが、実質的にも妥当だと主張する（本著255頁）[4]。

この結論は、1つには、債務者の利益の観点から、債務転形論を放棄し、

履行請求権と塡補賠償請求権は択一的関係に立ちつつ併存するととらえるべきだと説明される。

説明のもう1つは、前述した瑕疵修補請求権の「現実賠償」としての性格から行われる。瑕疵修補請求と塡補賠償（修補に代わる賠償）請求は、ともに損害賠償の方法として、買主が選択権をもつとする（本著260頁）。

(2) 第4編 瑕疵担保責任論をめぐる新たな展開

第4編も、瑕疵担保の基礎理論として契約責任説が有力となり、法定責任説対契約責任説という対立図式ではとらえきれない状況を前提にして、問題を提起する。そこで扱われるのは、契約責任説における瑕疵担保責任の特則性を説明すること——瑕疵担保責任は債務不履行責任としての性質をもつのに、なぜ債務不履行責任とは別個に瑕疵担保責任の規定を設ける必要があるのかを説明すること——である（本著301頁。すでに「基礎的考察(1)」174頁までに現れている問題関心である）。

著者は、債務不履行責任は過失責任であるのに対して瑕疵担保責任は無過失責任であるとする当時しばしば見られた説明を排し、瑕疵担保責任の特則性を「特定物・不特定物を問わず、……『受領』後においても特に売主の瑕疵なき物の給付義務の不履行責任の追及が許容される」点に見出す。

そこでいう「受領」とは、単なる物理的な意味での受取りとは異なり、買主の履行認容の意思が加わったものだとされている。こうした「受領」があったときには、本来、売主の履行義務は消滅し、その存在を前提とする債務不履行責任も、それ以後は排斥されるはずである。しかし、瑕疵が「隠れた」ものであった場合には、買主の履行認容の意思に瑕疵（錯誤）があったことになり、買主は弁済受領の有効性を否定して、改めて売主の債務不履行責任を追及しうることになるとする（本著308頁。298頁も参照。すでに学会報告135頁にも示されているが、「基礎的考察」では未完部分である）。

こうした解釈は、本旨に従った債務の履行を完了したと信じた売主の取引

---

4) さらに改正前民法634条2項本文が請負において瑕疵修補請求と損害賠償請求を択一的な関係としていたこととのバランスも考慮に入れられているものと解される。

安全と、買主の保護を調和したものであり、かつ、判例法における（瑕疵について悪意であり、解除や損害賠償といった保護を受けるに値しない買主を排斥するという）実質的判断を理論的に説明できるとする。

(3) 第1編　結果債務・手段債務の区別の意義について
——債務不履行における「帰責事由」

次に、債権総論の領域における問題を扱う第1編・第2編を検討しよう。

第1編は、「結果債務・手段債務」の分類の意義を検討するものである。本著刊行当時、こうした分類について日本でもすでに様々に言及されていた（その整理は本著1-3頁）が、著者は、フランス法における議論を分析し、それが「契約上のフォート＝帰責事由」の内容ないし判断のあり方の相違を説明し、正当化するためのものであるということを明らかにする。そしてそこに示唆を受けて、日本においても、結果債務・手段債務の区別は、帰責事由判断において、債務者の具体的な行為態様についての評価を必要とする（手段債務）か否（結果債務）かという点に見出すべきだとする（本著47頁）。

著者はさらに、フランスにおけるそうした「結果債務・手段債務」論が前提としている契約の帰責構造をも検討する（本編の副題にも現れており、むしろ本編の意義はこの検討の方にこそある）。そして、フランスにおいて、債務不履行責任における帰責性は、債務者が自らの意思（合意）によって設定した契約規範に従わなかったこと、言い換えれば「契約の拘束力」に根拠があることを前提としていることが強調される。この意味での「帰責事由」は、債務者が契約上負っている債務の内容、射程ないし厳格さを媒介として判断される。結果債務・手段債務の区別は、そうした判断に際して、債務者が契約上負っている債務の内容等に区別があることを示すものだと説明される。すなわち、結果の実現が確実であると約束をした場合であれば、不可抗力（何人も予見も回避もしがたい事情）によらないにもかかわらず、債務者が契約において約束した結果を実現しないことにその帰責性が含まれ、そうではなく、結果を実現するために慎重に注意義務を尽くすことを約束するにとどまるのであれば、その注意義務への違反があったときに帰責性があるということになる（本著49-50頁）。

こうした帰責判断は、その結論だけを見ると、債務不履行における帰責事由について、債務者の具体的行為義務の違反（過失）によって基礎付けられる場合と、「給付結果の実現の保証」によって基礎付けられる場合との2種類のものがあるとする見解（潮見教授の旧説である保証責任・過失責任二元論）と、実質的にはほとんど異ならない（本著53頁）。しかし著者は、こうした二元論を、「過失責任」という狭隘な（しかも民法典の沿革にもそぐわない）「帰責事由」概念を採用した上で、そこから放逐された責任類型を規定の欠缺として別個の「保証責任」として構成するものだと指摘する。そして、著者の提示する帰責事由論は、結果債務と手段債務とが「契約上の債務の拘束力」という共通する帰責構造を前提としていることを明らかにすると同時に、その中で契約上の債務の内容・射程によって帰責性の判断のあり方が異なってくることを説明しうる枠組みを提示している（手段債務において不履行事実と帰責事由の判断が重なることも、偶然ではなく理論的必然であると説明される）点で、理論的にもより優れていると評価する。

(4) 第2編　履行補助者責任の再検討

最後に、こうした契約拘束力主義的な帰責事由論に立つと、履行補助者論がどのような姿を見せるかという点について、第2編を検討していこう。

この問題について、刊行当時における伝統的な通説は、債務者の「帰責事由」を「債務者の故意・過失またはそれと信義則上同視すべき事由」と定式化する。そして、この「信義則上同視すべき事由」の内実は、履行補助者を①「債務者の手足として使用する者（真の意味での履行補助者）」と②「債務者に代わって履行の全部を引き受けてする者（履行代行者・履行代用者）」に区別したうえで、①については履行補助者の故意・過失がそうした事由にあたる（したがって債務者に帰責事由があるとされる）とし、②については、こうした履行補助者を用いることが許されていたかという観点から、さらなる類型化を図る。

著者は、こうした見解について、なにゆえに履行補助者の故意・過失が債務者の故意・過失と同視されるのかという理論的な正当化の観点からは無内容であると批判する（本著66頁、147-151頁）。

また、履行補助者論を「他人の行為による責任」と位置づけ、使用者責任（民法715条）と類比する刊行当時の有力なアプローチに対しても、使用者責任とは異なる固有の意義をもった履行補助者責任を構想する以上、そこには、固有の正当化根拠が必要であると批判する（本著67頁、152-159頁）。

　こうした問題意識のもと、著者は、フランス法およびEU法（パック旅行指令）を比較法的素材して（本著第2編第1章・第2章）、履行補助者責任論の再構成を試みる（本著第2編第3章）。

　著者が示す枠組みでは、まず、履行補助者責任論が、債務不履行の一般理論で正当化される責任類型と、（その例外と位置付けられる）「特殊な保障責任」と呼ぶべき責任類型に分けられる。

　このうち、第1編で検討された契約拘束力主義の考え方との関係で重要なのは、前者の債務不履行の一般理論で正当化される責任類型である。著者の主張の要点は、「過失責任の原則」「自己の責任の原則」の名の下に、「契約の拘束力」をないがしろにするべきでないという点にある（本著166頁）。すなわち、債務者が債務を履行するためにその意思に基づいて他人を用いたのであれば、当該他人の行為を用いるという形での自らの「履行行為」によって不履行が生じたといえ、自分は無過失だとして免責を得ることは許されないとする。なお、債務内容が、債務者自らが履行するべきもの（不代替的な債務）である場合において、債務者がその債務を履行するために他人を用いたときは、そのこと自体がすでに債務不履行を構成し、債務者への帰責が認められることになる（本著167頁）。

　著者は、このような説明により、使用者責任——危険責任・報償責任を根拠とし、また使用従属関係を要件とする——とは異なる固有の意義をもった履行補助者責任論を基礎付けることができるとする（本著168頁）。

　他方で、著者は、「他人の行為による契約責任」のすべてが、こうした債務不履行の一般理論で正当化されるわけではなく、その例外に当たるような責任類型を、法律の特別規定ないし解釈による判例の法創造によって、認めることも可能だとする。そうした責任類型は、「特殊な契約上の保障責任」と位置付けられる（本著169頁）。その例として、著者は、フランス法（とその背景になったEU法）における、パック旅行を主催する旅行業者の旅行客

に対する運送契約や宿泊契約の不履行についての責任に関する規律をあげる。もっとも、こうした「特殊の保障責任」は、契約類型ごとの具体的・政策的な価値判断によって認められる「特殊な保障責任」であるから、一般化することはできないとも指摘する（本著170頁）。

3　検　討

⑴　本著における見解の学説史上の意義

本著刊行当時の学説状況を見ると、瑕疵担保責任論においても、帰責事由論においても、法定責任説（特定物のドグマ）や過失責任といった前提概念から演繹的・理論的に導かれる主張ばかりではなく、実質的な利益衡量に基づいた（典型的には信義則を媒介とした）議論が百出していた。本著の特徴は、そうした議論状況にあって、単に利益考量に基づく新たな結論を提案するのではなく、むしろ、それまで実質的な利益考量を踏まえて提示された結論に、理論的な根拠を与えようとする点にある。

その最大のものは、債務不履行における「帰責事由」について「契約の拘束力」を根拠とする構成（本稿で「契約拘束力主義」と呼んでいるもの）を示すとともに（第1編）、それを前提として履行補助者責任論を整理したこと（第2編）である。冒頭でも触れたが、こうした著者の主張は、債権法改正にいたる議論において、理論的な基盤を提供したといえる。それは例えば、改正法に関する体系書で契約拘束力主義に基づく説明が支配的となっていること[5]や、復代理人を選任した任意代理人の責任（その軽減）に関する改正前民法105条の規定——伝統的通説が履行補助者の分類を行う際の手がかりとしていた条文でもある——の削除について、立案担当者が、履行補助者の行為による債務者の責任について債務不履行の一般理論によるべきと考えられるからと説明している[6]ことに現れている。

さらに、瑕疵担保責任（とりわけ瑕疵修補）に関して、追完請求権は、履

---

[5]　中田裕康『債権総論〔第4版〕』（岩波書店、2020年）159頁、潮見佳男『プラクティス民法　債権総論〔第5版補訂〕』（信山社、2020年）96頁など。

[6]　筒井健夫＝村松秀樹『一問一答民法（債権関係）改正』（商事法務、2018年）27-28頁。

行請求権と同質（あるいは履行請求権そのもの）だとする契約責任説の暗黙の前提に疑問を呈し、同質性と異質性を併せもっているという理解を示した点（第3編）——そのことを示すために用いられた「現実賠償」という用語こそ定着したとは言い難いが——、および瑕疵担保責任の特則性について、買主の「受領」後の責任であると主張をした点（第4編）——もっとも、その理論的根拠として示された、買主の履行認容の意思に瑕疵があったという構成は、その後、著者自身も必ずしも強調してはいないが[7]——にも、今日なお学説の対立点となっている問題提起を見出すことができる。

(2) 著者の主張の検討

(a) 序

もっとも、「契約の拘束力を根拠とする帰責事由」なり「履行請求権とは異質な側面をもった追完請求権」というそれ自体は抽象的なテーゼが、今日の議論の前提として定着したといえるにしても、それを踏まえて債務不履行における帰責事由の判断構造を具体的にどのように描くか、追完請求権をどのように設計するかは、演繹的・一義的に決まるものではない。実際、今日の議論は再び百家争鳴の様相を呈している。

また、そもそも、本著における著者の見解の中には、のちの著書[8]で補充されたものもあり、必ずしも当初から明確に一つの方向を示していたというわけでもない。

そこで、以下では、帰責事由論および追完請求権（とりわけ修補請求権）をめぐる議論の中で、特に重要な対立点について、著者の考え方にどのような特徴があり、どのような意味を見出せるのかを、本著およびその後の著作を検討する中で明らかにしていくこととしたい。

---

7) 森田宏樹「売買における契約責任」瀬川信久ほか編『民事責任法のフロンティア』（有斐閣、2019年）273頁以下（以下では「契約責任」で引用する）。

8) 森田・前掲注7）のほか、同『債権法改正を深める——民法の基礎理論の進化のために』（有斐閣、2013年〔初出2010～2012年〕。以下では『深める』で引用する）。

（b） 帰責事由論

　まず帰責事由論、そして結果債務・手段債務論について見ていこう。

　著者は、本著（第1編）において、結果債務・手段債務を区別する意義は、手段債務においては債務者の具体的な行為態様についての評価をしなければ帰責事由を判断できないのに対して、結果債務においてはそうした評価は不要であり、結果が実現していなければ、債務者は、それが不可抗力によることを証明しない限り免責されないという点にあるとした。そしてそこでは、いずれにしろ、「契約の拘束力」すなわち債務者が自らの意思（合意）で設定した規範を守らなかったことに、帰責の根拠があるという理解が前提にされた。

　こうした見解を単純にとらえれば、次のような理解に至りそうである。

　①債務者の帰責性（＝免責の可否）は、債務者が契約を守らなかったこと（＝不履行の事実）に求められるのだから、不履行事実と免責事由の判断を分けることはできない。

　②帰責性の根拠は「契約の拘束力」に求められるのであるから、債務者に帰責できるか否かの基準は、契約の中に規律し尽くされているとみることになる。

　③債務不履行に基づく損害賠償請求権の成否を考えるにあたっては、結果債務と手段債務のいずれに当たるかを考えた上で、それぞれにおける帰責事由の判断構造に照らして、債務者の帰責性の有無を判断することになる。

　しかし、いずれの理解も、著者はとっていないようである。このことを確認していこう。

　まず、①についてである。これについては著者自身が後の著作（『深める』35頁）の中で、(1)不履行事実＋(2)免責事由という帰責事由の判断枠組をとることは、次のように説明できるとする。すなわち、(1)結果が実現していないという外形的な事実状態があることを前提に、(2)契約上の義務の射程は当該事由の克服まで及んでいるかという事後的・規範的な評価を行うという構造だとするのである。不履行事実＋免責事由という判断枠組を維持することは、改正前民法における通説、そして改正後の民法415条1項の構造にも合致するものだといえる。

次に②についてである。②のような発想は、潮見教授に典型的に見られるものである。そこでは、結果債務については、不履行リスクが「契約によって」債務者の負担とされているか否かが、手段債務については、債務者が尽くすべき注意は「契約に照らして」判断するべきことが強調されている[9]。

この点についての著者の立場は実は必ずしもはっきりしない。著者は、本書において、帰責事由を「債務者が自らの意思（合意）によって設定した契約規範に従わなかったこと」と説明しており（本著49頁）、ここからは、帰責事由の判断の基準は、契約に遡ると理解することもできそうである。しかし、その後の著作では、前述の①でも触れたように、免責事由の判断が「事後的」なものだとしており、当初の契約ですべてが規律し尽くされているとは考えていない可能性もある（もっとも、事後的な事情も含めて、当初の契約が解釈されると考えれば、やはり規範は当初の契約に規律し尽くされているとも表現できる）。また、第4編に現れている通り、瑕疵担保責任について著者は、売主の担保責任を、買主の受領という契約履行過程における事情（その際の当事者の主観的態様）に鑑みて、当事者が当初に設定した契約規範の内容が一定の範囲で変容ないし修正されるとの理解を示している（よりはっきりとこのことを述べるのが「契約責任」302頁である）。そうすると、著者は、帰責事由論においても、「現在化」論をとらない立場であるとの推測が成り立つ。

最後に③である。このように結果債務と手段債務を二分する考え方は、潮見教授の見解に典型的に見られる[10]。すなわち、債務を結果債務と手段債務に分けた上で、結果債務については、「結果不実現」＋「不履行リスクが債務者の負担とされていなかったことによる免責」という判断構造をとる。これに対して、手段債務では、債務不履行の判断と別に免責事由を判断する意味はないとする[11]。

---

[9]　潮見・前掲注5）98-100頁。こうした見方を、契約の「現在化」と呼び批判するものとして森田修『契約責任の法学的構造』（有斐閣、2006年）12-13頁、539頁。また、これに対して「現在化」という問題のとらえ方自体に疑問を投げかけるものとして潮見佳男ほか「〔シンポジウム〕契約責任論の再構築（討論）」私法69号（2007年）3頁以下（19-22頁）における山本敬三発言。

[10]　こうした構成は、潮見教授の旧説である保証責任と過失責任の二元論と整合的であるとも指摘されている。中田・前掲注5）161頁。

[11]　潮見・前掲注5）99-100頁。

これに対して著者は、本著（37頁）におけるフランス法の紹介の中で（その後『深める』38頁においては日本法の解釈論としても）、結果債務・手段債務の区別が相対的であること、それぞれの内部における債務の範囲・強度に多様性があることを指摘しており（「諸債務の段階にも2つ以上の程度がある」というレミィの表現を引用する）、すべての債務を2つのカテゴリーに分断することに対して否定的な姿勢を見せている。

(c) 修補請求権

続いて、修補請求権の限界をめぐる議論について検討しよう。瑕疵修補責任に関する著者の研究は、「債務者に対する拘束力」「債権者に対する拘束力」の2つの問題意識から行われている。

これらの問題を考えるにあたって、著者は「現実賠償」という考え方——その内実は、修補請求権は履行請求権との同質性と異質性をもつという指摘である——を手掛かりにして、いずれの問題についても履行請求権の場合とは異なる結論を導くことが理論的に可能になると主張していた。もっとも、著者の見解は、修補請求権について定めがなく、完全履行請求権のコロラリーとしてこれを基礎付けることが一般であった改正前民法のもとにあって、履行請求権との異質性を強調する（それによって履行請求権におけると異なる結論をとる道を開く）点で意義があったという点に注意が必要である。そこから進んで、どのような場面では同質性を、どのような場面では異質性を根拠にした解釈論を提示するべきかという枠組を示すことは、必ずしも関心の対象となっておらず、今日まで残された課題といえよう。一方で、債権法改正の立案担当者は、——明言しているわけではないが——基本的には、追完請求権を、契約に適合したものを引渡すという売主が負う債務の履行請求権と同質ととらえつつ（少なくとも異質ととらえている節はない）[12]、債権者に対する拘束力の問題について、民法415条2項（とりわけ3号）はその文言上適用されない——買主は修補義務の履行の催告（を通じた解除権の発生）を要せずに修補に代わる損害賠償（修補費用の賠償）を請求できる——として

---

12) 筒井＝村松・前掲注6）276頁も参照。

おり[13]、ここでは異質性が強調されることになっている。

　他方、履行請求権と追完請求権を、相互に異質な権利であると位置付けるのが潮見教授の見解[14]であるが、具体的には、両請求権で同じ帰結にいたるものも少なくない。例えば、債務者に対する拘束力の限界については、履行請求権の限界と同様に（ただし説明の仕方は、民法412条の2第1項を根拠にするのではなく、修補義務に関する不文のルールによるものということになる）、契約の趣旨に照らして不能といえるか否かが基準になるとしている[15]。また、債権者に対する拘束力の問題については、民法415条2項（とりわけ3号）の規定を「手がかり」として、買主は、まず修繕義務の履行の催告をしてからでなければ、修補に代わる損害賠償（修補費用の賠償）を請求できないとする[16]。

(3)　おわりに

　本著刊行当時の学説は、実質的な利益衡量から結論を導く議論が百出する状況にあり、本著の関心は、そこに理論的基礎を与えようとするところにあった。そして実際、本著で示された枠組みは、債権法改正の理論的な基礎となっている。

　もっとも、本著で示された主張は、その問題関心ゆえ、抽象的なテーゼからの演繹で具体的な結論が定まるものではない。検討してきたように、帰責事由論における「債務の範囲や強度」の確定にしろ、債務の履行請求権と契約不適合責任における追完請求権の関係にしろ、現在、その具体的な内容をめぐる議論が重要となっている。そうした問題意識は、すでに次の世代に引き継がれており、――奇しくも著者とは違い、今度はドイツ法に手がかりを求めながら――研究が進められている[17]。

連載第1回（2021年7月号掲載）

---

13)　筒井＝村松・前掲注6) 76頁、341頁。
14)　潮見佳男『新債権総論I』（信山社、2017年）329-330頁。
15)　潮見・前掲注14) 336頁
16)　潮見・前掲注5) 100頁。
17)　田中洋『売買における買主の追完請求権の基礎づけと内容確定』（商事法務、2019年）313頁以下、古谷貴之『民法改正と売買における契約不適合給付』（法律文化社、2020年）326頁、336頁。

「詐害行為の対抗不能」と「被保全債権の対抗」

片山直也「一般債権者の地位と『対抗』
——詐害行為取消制度の基礎理論として」
法学研究 66 巻 5 号(1993 年)

白石　大

1　はじめに

　表題の論文は、片山直也教授のライフワークともいうべき詐害行為取消権研究のうち、その効果論に関するものである。片山教授は、1987（昭和 62）年から 1993（平成 5）年にかけて、詐害行為取消権の効果に関する 4 本の論文を集中的に執筆しており、表題の論文もその 1 つである（以下では、後述のモノグラフィーにおける配列順に、これらを「論文❶〜❹」と表記する)[1]。これら 4 つの論文は、いずれもフランスの学説を検討する点で共通しており、後に『詐害行為の基礎理論』と題するモノグラフィー（以下、『基礎理論』とする）の 1 つの編としてまとめられていることからみても[2]、これらを連作として捉えることが可能であろう。そこで本稿では、表題の論文を主たる検討対象としつつ、それ以外の 3 つの論文の内容にも触れることとする。

---

[1]　論文❶：片山直也「詐害行為取消制度の基本構造——フランス法からの示唆」私法 55 号（1993 年)、論文❷：同「フランスにおける詐害行為取消権の法的性質論の展開——20 世紀前半における『対抗不能』概念の生成を中心に」慶應義塾大学大学院法学研究科論文集 26 号（1987 年)、論文❸：同「一般債権者の地位と詐害行為取消制度——19 世紀フランスにおける議論を中心に」半田正夫教授還暦記念『民法と著作権法の諸問題』（法学書院、1993 年)、論文❹：表題論文。

[2]　片山直也『詐害行為の基礎理論』（慶應義塾大学出版会、2011 年）第 4 編（467 頁以下。以下、本稿では、論文❶〜❹の引用は同書の頁数による)。なお、同書の書評として、松岡久和「〔民法学のあゆみ〕片山直也著『詐害行為の基礎理論』」法時 85 巻 5 号（2013 年）121 頁がある。

2　紹　介

(1)　論文❶

『基礎理論』では、本稿で扱う4つの論文は、「詐害行為取消の効果——『対抗不能』と『対抗』」と題する編を構成する。そして、その最初に配列された論文❶では、フランスにおいて、詐害行為取消権（action paulienne）行使の効果が「無効（nullité）」から「対抗不能（inopposabilité）」へと移行していったことが素描される。

フランス民法典制定当初の学説は、詐害行為取消制度のローマ法以来の伝統的な趣旨を原状回復とみて、その効果を「無効」と解していた。この考え方によると、無効により債務者の財産に戻された財は「共同担保（gage commun）」となるため、すべての債権者は按分による債権満足の機会を得られることになる（平等主義）。しかし、19世紀後半になると、「共同担保の回復」を基軸とする制度観に依拠する保守的な平等主義の立場と、詐害行為取消制度を「個人的な損害回復の制度」と把握する革新的な優先主義の立場との対立がみられるようになる。わが国の立法に影響を与えたのもこの頃の議論であり、わが国では、ボアソナード草案・旧民法を経て、民法425条の制定による平等主義の採用に至ることになる。

しかし、20世紀に入るとフランスでは、わが国に継受された平等主義の立場を採る者はいなくなり、優先主義が支配的となった。そして、この優先主義を理論的に基礎づけたのが、論文❷以降で扱われる「対抗不能」法理と「対抗」法理であった。近時の通説は、これらの法理の成果を承継し、詐害行為取消権を「対抗不能」訴権と構成している。

(2)　論文❷

論文❷では、論文❶で示された2つの法理のうち、「対抗不能」法理が扱われる。ここでは、フランスの詐害行為取消制度が「無効」訴権から脱却し、「対抗不能」訴権として形成されていく過程が分析の対象とされる。

「対抗不能」法理の萌芽は19世紀のドゥモロンブの見解にも見出されるが、

この概念の確立は、20世紀前半におけるジャピオおよびバスティアンの業績によるところが大きいとされる。まず、ジャピオは、限定された能動主体に対してのみ効果帰属が否定される「無効」を「批判権（droit de critique）」の観点から構成し、詐害行為取消権を「対抗不能」訴権として位置づけたが、この「対抗不能」はなおも「無効」の一類型とされていた。

これに対し、バスティアンは、「無効」とは独立して「対抗不能」の領域を創設し、その一般理論を定立した。それによれば、「対抗不能」とは行為自体に結びつけられたサンクションではなく、その行為の効果にのみ結合されたサンクションであり、「行為が存続しながら、ある者に対して効果が生じない状態（＝効果不発生）」を指す。このとき、当事者を拘束する権利義務関係には影響がなく、ただ「対抗不能」を援用した第三者についてのみ「効果不発生」がもたらされる。バスティアンは、詐害行為取消権の効果もこの「対抗不能」であるとみることにより、優先主義的な帰結を適合的に説明することができるとしており、片山教授はこの解釈をわが国に持ち込む可能性を示唆する。

(3) 論文❸

論文❸と論文❹（表題論文）は、論文❶で示された2つの法理のうち、残る「対抗」法理を扱う。この法理が表す契約の「対抗」は、詐害行為取消権の効果である「対抗不能」の裏返しとして理解されるものである。まず論文❸では、19世紀フランスにおける議論が検討の対象とされる。

（2016年債務法改正前の）フランス民法典1165条は、「合意は、契約当事者間でなければ、効果を有しない。合意は、第三者を何ら害さず、かつ、第1121条〔第三者のためにする約定〕により定められる場合でなければ、第三者を利さない。」と規定していた[3]。同条について、19世紀フランスの学説は、「自明の原理」を規定したものであると理解していた。すなわち、同条の基礎は意思自治の原則にあり、「ある合意に対して同意を与えていない

---

3) 2016年債務法改正後の民法典で、改正前1165条に対応するのは、1199条である。同条1項は、改正前1165条と規定ぶりが異なり、「契約は当事者間にのみ債務を創設する」と定めるが、これは論文❹で示される20世紀前半以降の議論の展開を反映したものである。

第三者は、当該合意によって義務づけられることはない」という当然のことを規定したにすぎないとみていたのである。もっとも、合意（≒契約）から生じる効果は、当事者以外の者にも間接的に何らかの影響（間接的効果）を及ぼすはずであるが、当時の学説は、民法典〔旧〕1165条のいう「効果」にはこの間接的効果も含まれると解していた（より正確には、直接的効果と間接的効果の区別を認識していなかった）。つまり、同条は、意思自治の原則に基礎を置きつつも、それを超えて、「第三者」への間接的効果の遮断という重大な機能を与えられていたことになる。

　このような理解のもとでは、「第三者」の範囲をどのように画するかが法技術的に重要な意味をもつ。これについて、19世紀フランスの学説は、当事者以外に包括承継人と一部の特定承継人を「第三者」から除かれる者としていた。ただし、ここで注目すべきは、一般債権者が包括承継人に含められていたことである。それゆえ、一般債権者に対しては、債務者が結んだ契約の間接的効果が及ぶことになる。これは、一般債権者が有する「一般担保（gage général）[4]」が共同かつ不完全な担保であり、債務者の資産に対する固有の権利を付与するものではないことによる。債務者がした契約の効果は債権者にも及び、「一般担保」を構成する債務者の資産の変動という形で債権者は損害を被りうる。

　ただし、一般債権者も、例外的に民法典〔旧〕1165条の「第三者」としての資格を得る場合があるとされており、その最も典型的な例が、詐害行為取消権が行使された場合であった。ここでは、詐害行為取消権の行使は「第三者資格の表明」として位置づけられ、本来は自己に及ぶはずの効果を及ばなくするための主張として理解される。片山教授は、ここに契約の効果論と詐害行為取消権の法的性質論との結合関係の萌芽が見出されるとする。

---

[4]　2006年担保法改正前のフランス民法典2092条（現行2284条）は、「みずから債務を負った者は、現在および将来のすべての動産および不動産をもって、その約務を履行する義務を負う」とし、同2093条（現行2285条）は、「債務者の財産は、その債権者の共同の担保である」と規定する。一般債権者（無担保債権者）が有するこのような担保が「一般担保（権）」である。

⑷　**論文❹（表題論文）**

　論文❸での検討を受けて、ここでは20世紀フランスにおける契約の「対抗」法理の生成・確立が論じられる。

　論文❸でみた19世紀フランスにおける民法典〔旧〕1165条の理解に対しては、次の２つの疑問が提起されうる。①一般債権者など承継人とされる者は、みずから同意を与えていないのに、なぜ合意の効果が及ぶとされるのか。②「第三者」とされる者にまったく効果が及ばないとするのは、契約侵害などの場面で解釈論としての妥当性を欠くのではないか。

　19世紀においても、間接的効果に相当する概念を認識する見解や、契約を社会的事実とみる見解など、後の「対抗」法理につながる萌芽は見られたが、この法理が確立したのは、1930年代に相次いで公表されたワイルとカラスランの研究によるものであった。この新たな理論の骨子は、以下の３点に集約される。

⒜　「義務的効果」と「対抗（可能性）」の峻別

　契約の「義務的効果（effet obligatoire）」とは、義務および権利を生ぜしめることであり、この効果は相対的である。これに対し、契約の「対抗可能性（opposabilité）」は、「契約は社会的事実である」との考え方から導かれるものであり、社会のいかなる構成員も無視することができない状況を作り出す。

⒝　民法典〔旧〕1165条の厳格解釈

　⒜の峻別論を前提とすれば、民法典〔旧〕1165条によって契約当事者間でのみ生じるとされる「効果」とは、「義務的効果」に限られることになる。これにより、同条の基礎にある意思自治の原則との整合性が保たれる。

⒞　「対抗（可能）」の原則

　他方で、民法典〔旧〕1165条＝「契約の相対効」の原則から切り離された「間接的効果」は、社会的事実として、当事者のみならずいかなる者にも「対抗可能」とされる。すなわち、当事者であると第三者であるとを問わず、すべての者に対して、契約の存在を承認し尊重すべき義務が課されることに

なる[5]。ただし例外的に、法律の特別の規定によって契約が第三者に対して対抗不能となる場合があり、詐害行為取消権の行使はその一例に含まれる。

契約の「対抗」を観念する新理論のもとでは、一般債権者は次のように扱われる。まず、一般債権者は債務者が締結した契約に参加していない以上、「義務的効果」が一般債権者に及ぶことはない。その意味において、一般債権者は、民法典〔旧〕1165条の「第三者」に該当する。他方で、債務者が締結した契約も社会的事実であり、原則としてあらゆる者に「対抗可能」であって、一般債権者もその例外ではない。すなわち、債務者が締結した契約は一般債権者にも「対抗可能」であり、それによって「一般担保権」の変動がもたらされれば、一般債権者は間接的に害されるおそれがある。ただし、ここで債権者が詐害行為取消権を行使すれば、債務者が締結した契約は当該債権者に対して「対抗不能」となり、当該債権者は債務者がした契約の「間接的効果」を否定することができる。

最後に、片山教授は、ここまでの検討をふまえて今後の課題を示している。第一の課題は、フランスにおける詐害行為取消権の具体的解釈論と「対抗」法理の関係であるが、片山教授のその後の研究との関わりからみると、被保全権利である「債権」ないし「一般担保権」の対抗という視座が示されているのが目を引く。次に、第二の課題として挙げられているのは日本法との関係である。片山教授は、フランスにおける「無効」構成から「対抗不能」構成への移行という流れが、「我が国における詐害行為取消制度の解釈論の『方向性』を見定める際の有力な指針となり得るか否かは、19世紀の末葉に制定された我が国の現行民法典が、そもそも『対抗』法理を受容し得る素地を有しているかどうかにかかっているといえよう」と結んでいる[6]。

---

5) 2016年のフランス債務法改正では、契約の相対効を規定する民法典1199条に続けて、契約の対抗に関する1200条が新設されている。同条1項は、「第三者は、契約によって作り出された法的状況（situation juridique）を尊重しなければならない」と規定する。

6) ただし、「対抗」法理と表裏の関係にある「対抗不能」法理に関しては、論文❷において、平等主義を採るわが国にもこれを導入する可能性が積極的に検討されている。

3　検　討

⑴　比較法の方法論

　片山教授は、本稿で取り上げた４つの論文の中で、みずからの比較法の手法について繰り返し述べている。すなわち、詐害行為取消制度の解釈・運用にあたって、母法フランス法の action paulienne の制度を研究する意義は、「①母法に遡る沿革考察により、解釈論の原点を確定すること、②母法におけるその後の議論の展開を追うことにより、立法期に我が国に導入され、現行制度の基礎となった法理論を相対化し、それが、現行法の枠組みにおいて解釈論として発展し得る可能性と限界を探るとともに、進むべき方向につき示唆を得ること」の２点にあるとされているのである[7]。

　片山教授が提示するこの比較法の方法論は、片山教授のかつての指導教授でもある池田真朗教授が提唱した、「解釈（論）方程式定数変数論」を想起させる。池田教授は、債権譲渡法制に関する研究において、㋐被継受規定の継受時の母国での解釈の検討、㋑継受時のわが国における立法（起草）趣旨および被継受国とわが国との社会状況（ないし取引社会の法的環境）の差異の分析、㋒わが国におけるその後の（解釈に影響を及ぼす可能性のある）社会状況の変化の有無の検証、㋓被継受規定の母国での解釈の変遷とその理由の吟味（さらに規定によっては㋔ボアソナード旧民法草案の吟味）が必要であるとして、㋐㋑（㋔）を解釈論の「定数」、㋒㋓を解釈論の「変数」と位置づけていた[8]。この池田教授の「定数変数論」を、片山教授が述べる上記①②と照らし合わせてみると、①は「定数」部分（のうちとりわけ㋐）に、②は「変数」部分（のうちとりわけ㋓）にそれぞれ対応しているように映る。

　しかし、両者の比較法研究の内容に立ち入ってみると、片山教授の研究の力点は、池田教授のそれとは相当に異なることに気づく。池田教授は、少な

---

7)　片山・前掲注２）『基礎理論』545-546 頁など。

8)　池田真朗『債権譲渡の研究〔増補２版〕』（弘文堂、2004 年）4-5 頁。なお、池田教授の「解釈（論）方程式定数変数論」については、白石大「債権譲渡法制の『定数』と『変数』──池田真朗『債権譲渡の研究』」本書 208 頁以下も参照されたい。

くともその代表作とされる研究においては、「解釈（論）方程式」の「定数」部分の分析・検討に力を注いだことを自認しており、「変数」部分の検討は実際には少ない[9]。これに対し、本稿で取り上げた片山教授の一連の論文では、母法継受時である19世紀後半のフランスでの解釈を検討することによって「解釈論の原点」（＝「定数」部分）を確定する作業も行われているものの（とりわけ論文❸がこれに当たる）、むしろ片山教授の研究の力点は、20世紀フランスにおいて詐害行為取消制度の解釈・運用が平等主義から優先主義に移行したことをふまえ（論文❶）、その移行を理論的に支えた「対抗不能」法理（論文❷）および「対抗」法理（論文❹）の生成・確立過程を検討することにあったように思われる（＝「変数」部分）[10]。論文❷には、このような片山教授の研究関心を如実に表す次のような表現がみられる。「母法における理論の展開を、我が民法典が425条を有しているのに対し、フランスでは優先主義的解釈・運用が為されているとの一言をもって無視してよいものであろうか。その意味では、『取消』構成を採る我が国の民法典にとって、19世紀後半から20世紀前半にかけてのフランスにおいて『無効訴権』から『対抗不能訴権』が形成されて行く過程は、きわめて示唆的であると言えよう。今日の（継受後の）フランス法研究の意義は、かかる意味での母法との『比較』にあると言うことができよう[11]」（傍点は原文どおり）。

　比較法に関する片山教授のアプローチは、同じく詐害行為取消権を題材として同時期に公表された佐藤岩昭教授の研究とも鮮やかな対照を成す。佐藤教授は、ボアソナードの見解に依拠し、執行認容訴訟として詐害行為取消制

---

9)　池田・前掲注8）5頁。

10)　ただし、研究開始当時の片山教授のスタンスは異なっていたようである。片山直也「立法沿革より考察した民法425条の意義と限界」慶應義塾大学大学院法学研究科論文集18号（1984年）161頁以下は、片山教授が修士課程1年時（！）に公表した論稿であり、論文❶～❹でもたびたび引用されている（ただし『基礎理論』には収録されていない）。この最初期の論文では、「現行民法の債権者取消権制度は、原状回復乃至共同担保の回復という基本構造を持った制度として生をうけたのであるから、その方向で将来、判例、学説によって発展されるべきであろう。この制度の基本構造が今日の社会状況に適合しないという積極的な根拠付けなくして、立法者のなしたこの選択を放棄することは許されないと言わなければならない」と論じられており（180頁）、その後の片山教授のスタンスとの違いが顕著に表れている。

11)　片山・前掲注2）『基礎理論』512頁。

204

度を理解するとともに、その効果としても民法 425 条の存在を重視し、平等主義を徹底すべきことを主張する[12]。池田教授の「解釈（論）方程式定数変数論」にあえて当てはめるとすれば、佐藤教授の方法論は、「定数」部分のうち、㋑ボアソナード旧民法草案の吟味にきわめて大きな重点を置くものといえよう。同じテーマについて同じフランス法を比較法の対象としながらも、そのアプローチの違いにより、一方で片山教授は優先主義へ、他方で佐藤教授は平等主義へと、両者がまったく正反対の方向に赴いたことは、比較法の方法論の観点からみてもきわめて興味深い。

(2) **詐害行為取消権の立法論・解釈論との関係**

論文❶〜❹を含む一連の詐害行為取消権研究を経た片山教授は、わが国にも現代フランス法と同様の優先主義的解釈・運用を導入すべきだという確信に至った。その後に公表された研究では、優先主義に立脚した立法論的提言や解釈論的主張が繰り返し論じられている。

立法論としては、債権法改正作業の初期において、片山教授は次のような提言を行っている。すなわち、「行使および効果」に関して、①「取消し」を改め「否認」とし、「否認」の効果を「対抗不能」（法律行為の相対的かつ物権的な効力否認）とすること、②「執行忍容」形態を承認すること、③民法 425 条を削除することである[13]。このうち提案①は、わが国の判例法理である物権的効果（被告の固有債権者に対する取消債権者の優先）と「対人的相対化」を積極的に評価しつつも、民法全体の体系に整合的とはいえない「相対的取消」構成を批判し、これを「対抗不能」構成で置き換えるべきであるとするものである。また、提案②は、責任説が提唱する「執行忍容」形態を「対抗不能」構成と適合的であると評価することに基づく。さらに、提案③は、平等主義の根拠とされる民法 425 条を削除し、取消債権者に優先弁済権を与えることを正面から承認すべきであるとするものである。これらはいず

---

12) 佐藤岩昭「詐害行為取消権に関する一試論（4・完）」法協 105 巻 3 号（1988 年）294 頁以下〔同『詐害行為取消権の理論』（東京大学出版会、2001 年）所収〕。

13) 片山直也「詐害行為取消制度をどう見直すか」椿寿夫ほか編『民法改正を考える』（日本評論社、2008 年）219 頁。

れも、論文❶〜❹で検討された現代フランスの優先主義を積極的に評価し、わが国でも「対抗不能」法理を導入することによってこれを立法論的に実現しようとする試みであったといえるだろう。

ところが、実際の債権法改正作業は、必ずしも片山教授の理想どおりには進まなかった。民法（債権法）改正検討委員会の『債権法改正の基本方針』が絶対的取消構成への改正の方向性を示したことに対しては[14]、片山教授はとりわけ強い危惧を抱き、「詐害行為取消権の歴史的な発展、比較法的な動向に逆行するものであるし、詐害行為取消の効果を制度の目的に必要な範囲でのみ認めようとする判例の努力を無にするものであり、少なからず違和感を覚える……立法論の進むべきもう一方の極として、改正提案とはまったく逆の方向ではあるが、倒産法との明確な対比・役割分担という点からも、……効果面では、優先主義（425条の廃止、対抗不能構成）を目指す方向性も対案として提示し検討事項とすべきではなかろうか」と批判を加えた[15]。またそれだけに、法制審議会民法（債権関係）部会が取りまとめた「民法（債権関係）の改正に関する要綱仮案」が、相殺禁止規定（取消債権者が受益者・転得者から受領した金銭を被保全債権と相殺することを禁止する規定）を置かず事実上の優先弁済を容認するとしたことは、「平等主義から優先主義への転換」の途を閉ざさず開いたままにしておくものとして、片山教授からは高く評価されることになる[16]。

とはいえ、民法425条が改正され、総債権者に加えて債務者にも詐害行為取消しの効果が及ぶとされたことは、「対抗不能」構成および優先主義的解釈の妨げになる可能性がある[17]。詐害行為取消権の効果に関する判例・学説がどのように展開していくかは、まさに今後に開かれているといえよう。

---

14) 民法（債権法）改正検討委員会編『詳解 債権法改正の基本方針II 契約および債権一般(1)』（商事法務、2009年）480頁以下。

15) 片山直也「詐害行為取消権〔「債権法改正の基本方針」を読む〕」法時81巻10号（2009年）27頁。

16) 片山直也「債権者代位権・詐害行為取消権〔特集 債権法改正を論ずる・要綱仮案の決定を受けて〕」法時86巻12号（2014年）66頁・71頁。

17) たとえば、詐害行為取消請求訴訟の認容判決後に、受益者が債務者に金銭を返還することは、現行民法425条のもとでは否定されないと解釈される可能性がある（片山直也＝白石大＝荻野奈緒『有斐閣アルマ 民法4 債権総論〔第2版〕』〔有斐閣、2023年〕200頁参照）。

⑶ 「対抗」法理の受容可能性？

　片山教授は、前述の立法提言において、いわゆる「転用論」に関し、「詐害行為取消（否認）制度を、一般債権（責任財産）の保全のためだけではなく、広く『第三者の権利』を保全するための制度として活用するために、詐害行為取消（否認）の一般規定を置く」という提案を行っている[18]。これは、詐害行為取消権が、債権者代位権とともに、元来は「第三者に対する債権者の権利」として規定されたとの理解に基づき、詐害行為取消制度を特定債権の保全などにも広く活用すべきであるとするものである。つとに片山教授は、抵当権の保全につき詐害行為取消権の規律を参照する可能性を論じていたし[19]、近年では、担保価値維持義務についても同様の試みを行っている[20]。ここでは、「詐害行為」の「対抗不能」という観点よりもむしろ、「被保全債権」の「対抗」という観点のほうが前面に押し出されている。これは、とりわけ金融担保法などの分野において応用可能性が高い考え方であると思われ[21]、今後の議論の進展が望まれるところである。

　フランスにおける「対抗」法理は、すでにわが国に紹介されていたものであり[22]、片山教授による紹介・検討が最初というわけではない。とはいえ、この法理を詐害行為取消権の効果論との関係で検討し、わが国の判例法理をも整合的に説明しうるものとして位置づけた功績は、やはり片山教授に帰せ

---

18)　片山・前掲注13) 219頁。

19)　片山直也「フランスにおける詐害的賃貸借排除の法理──民法395条但書の解釈にむけて」法学研究64巻12号（1991年）275頁以下〔『基礎理論』所収〕。

20)　片山直也「新たな合意社会における債権者代位権・詐害行為取消権──担保価値維持義務論の視点から」池田真朗＝平野裕之＝西原慎治編著『民法（債権法）改正の論理』（新青出版、2010年）159頁以下〔『基礎理論』所収〕など。

21)　片山直也「詐害行為取消における価額償還請求権の新たな機能──濫用的会社分割の取消しをめぐる議論を契機として」近江幸治先生古稀記念『社会の発展と民法学〔上巻〕』（成文堂、2019年）784頁〔同『財産の集合的把握と詐害行為取消権──詐害行為の基礎理論　第2巻』（慶應義塾大学出版会、2024年）所収〕でも、濫用的会社分割へのこの考え方の応用が論じられている。

22)　佐賀徹哉「物権と債権の区別に関する一考察──フランス法を中心に(1)〜(3・完)」法学論叢98巻5号27頁以下・99巻2号36頁以下・99巻4号62頁以下（1976年）、七戸克彦「『対抗』のフランス法的理解──不動産物権を中心に」慶應義塾大学大学院法学研究科論文集26号（1987年）65頁以下、吉田邦彦「『第三者の債権侵害』に関する基礎的考察(7)」法協103巻7号（1986年）1387頁以下〔同『債権侵害論再考』（有斐閣、1991年）所収〕など。

られるであろう。ただし、片山教授の研究以降も、さまざまな文脈のもと、フランスにおける「対抗」法理を紹介・分析する研究が続いているものの[23]、それにもかかわらず、わが国においてこれが一般的な法理として受容されたとはいまだいえないように思われる。片山教授が論文❹で示した、「19世紀の末葉に制定された我が国の現行民法典が、そもそも『対抗』法理を受容し得る素地を有しているかどうか[24]」という問題は、30余年を経た現在でも、なお取り組まれるべき課題として残されているといえよう。

連載第32回（2024年5月号掲載）

---

[23] 荻野奈緒「引抜き事例にみる契約侵害論の意義と限界——フランスにおける『契約の対抗』理論の一断面」同法65巻2号（2013年）473頁以下、白石大「将来債権譲渡の対抗要件の構造に関する試論」早法89巻3号（2014年）135頁以下など。

[24] 片山・前掲注2）『基礎理論』588頁。

債権譲渡法制の「定数」と「変数」

池田真朗『債権譲渡の研究』
（弘文堂、初版 1993 年〔初出 1977-1992 年〕）

白石　大

1　はじめに

　同書は、長年にわたって債権譲渡研究をリードしてきた池田教授による初めてのモノグラフィーであり、この分野における学説史を語るうえで外すことのできない最重要の業績のひとつと目される。同書は刊行以来、増補版（1997 年）・増補 2 版（2004 年）と版を重ねたが、これは研究書としては異例に属することである。また、同書において池田教授は、債権譲渡規定の立法沿革に関する徹底的な調査・分析を行い、それに基づいて解釈論を展開したが、これをめぐって方法論上の論争が民法学界内で繰り広げられたこともよく知られるところである[1]。

　同書は、序説に続いて、債権譲渡の対抗要件に関する民法 467 条の検討を行う第 1 部と、2017 年の債権法改正により削除された民法旧 468 条 1 項（異議をとどめない承諾）に関する検討を行う第 2 部からなるが、本稿では同書の中心をなす序説と第 1 部第 1 章〜第 3 章を取り上げる[2]。

---

1)　いわゆる「池田＝道垣内論争」である。道垣内弘人「〔民法学のあゆみ〕池田真朗『指名債権譲渡における異議を留めない承諾(1)〜(3)完』」法時 62 巻 10 号（1990 年）78 頁、池田真朗「論文批評における方法論の問題——道垣内助教授の批判に応えて」法時 62 巻 12 号（1990 年）118 頁、大村敦志「『債権譲渡の研究』（池田真朗著）を読む——池田＝道垣内論争と『テクストの読み』としての法の解釈・研究」NBL536 号（1994 年）40 頁、池田真朗「指名債権譲渡法理と債権流動化への学理的対応——民法解釈学方法論の角度から」法学研究 70 巻 12 号（1997 年）147 頁（池田真朗『債権譲渡法理の展開』〔弘文堂、2001 年〕所収）参照。

2)　第 2 部では、第 1 部と同様に、民法旧 468 条 1 項の立法沿革にまで遡った検討を経たうえで、当時の通説とされた公信説を批判し、「二重法定効果説」を提示している。

なお、同書初版の第1部に所収された各論文の初出時期は1977年から1988年までであり（判例評釈からなる第5章を除くと1985年まで）、これは昭和の後期から末期に当たるため、同書を取り上げることは「平成民法学の歩み出し」を振り返るという本書の趣旨から外れるのではないかと思われるかもしれない。しかし、とはいえ同書は、平成民法学の来し方を眺めるうえで好適の素材であるとみることもできる。同書がモノグラフィーとして刊行された平成初期をちょうど境に、債権譲渡を取り巻く環境は一変した。それまでは危機時期における駆け込み的な債権回収手段としてのみ用いられていたものが、債権流動化やABLなどの新たな資金調達手法を支える制度として注目されるようになったのである。このような環境の変化に伴い、民法学に対しても、債権譲渡を促進するための解釈論・立法論が取引社会から要請されるようになった。これに対して池田教授は、同書の成果を債権譲渡の「解釈論方程式」の「定数」と位置づけたうえで、取引環境の変化を「変数」と捉えて平成年間の立法に関与・対峙してきたのだが、このような池田教授のスタンスを理解するためには、その基礎・起点となる同書を改めて読み返す意義があると思われるのである。

2 紹 介

(1) 序 説

　序説では、同書の内容と問題へのアプローチの方法が提示される。池田教授はまず、債権譲渡論には沿革的・立法史的な研究がそれまで存在しておらず、フランス法の影響を受けたことが明らかな規定が、基本構造を異にするドイツ法やスイス法との比較のみで論じられてきたことに疑問を呈する。そして、現時点までの解釈論が、立法（起草）趣旨の理解の不十分さや、その後の学説の形成過程における外的要素（構造の異なった規定を持つ外国の民法学の影響等）によって、本来の趣旨と異なった形で提示されている場合には、沿革や起草過程の研究がそのまま解釈論の決定要素となりうるとする（同書1-3頁）。

　このようにして確認された規定の本来の意味・趣旨は、いわば方程式の定

210

数を示すものであり、そこに、今日までの社会状況の変化などの変数が存在するならばそれを加えて、今日の解釈が導かれる。そして、比較法に関しては、当該規定と継受関係（ないしは強い影響関係）を持つ外国の対応規定との比較・参照が、最も直接に解釈に反映しうるものである（継受関係がなく、異なった構造を持つ外国法の参照は、現行規定の解釈論にとっては二次的なものにならざるをえない）とする（4頁）。

　この方法論のもとでは、①被継受規定の継受時の母国での解釈の検討、②継受時のわが国における立法（起草）趣旨および被継受国とわが国との社会状況（ないし取引社会の法的環境）の差異の分析、③わが国におけるその後の（解釈に影響を及ぼす可能性のある）社会状況の変化の有無の検証、④被継受規定の母国での解釈の変遷とその理由の吟味、の4点に加えて、規定によっては⑤ボアソナード旧民法草案の吟味が必要であるとされる。そして、同書ではこのうち主に①②⑤の部分（＝「定数」の部分）に力を注いだことが述べられ、「わが民法の指名債権譲渡に関する規定の本来の姿を提示し、解釈論の今後の進展の基礎を確認する作業は、本研究でほぼ一通り終了した」との所見が示される（4-5頁）。

(2) 第1章　民法467条におけるボアソナードの復権

　本章では、まず、現行民法467条[3]と旧民法財産編347条が比較され、フランス法系の対抗要件主義を採用するという点で両者が主義を同じくすることが確認される（16頁）[4]。

　次いで、旧民法財産編347条の立法上の欠陥として、①通知を行う主体が「譲受人」とされていたこと（これだと僭称譲受人による虚偽の通知を防止できない）、②第三者対抗要件としての通知・承諾に確定日付を要求していなかったこと（これだと証書の先後を決定することができない）が挙げられ、これ

---

[3]　厳密にいえば、民法467条は債権法改正によって若干の修正（1項に括弧書きを追加）が施されており、同書の刊行時の規定と完全に同一ではないが、その実質的な規律には変更がないため、本稿では「現行民法467条」と表記する。

[4]　ドイツ民法では、債権譲渡は譲渡人と譲受人との契約のみで当事者間のみならず第三者に対してまで譲渡の効力が生じるとしたうえで、譲渡を知らない善意の債務者を保護する方式を採っている。

らはいずれも、旧民法の制定過程でボアソナード草案の趣旨が正しく理解されなかったことに起因するものであることが論証される（19-25頁、31-34頁）[5]。

　現行民法の起草者は、ボアソナード草案に倣ってこの①②の過誤を改めたのであるが、そのボアソナード草案367条は、一方で詐欺を防止するため現行民法に比べて方式が厳格であるが、他方で譲受人の保護も図られており、バランスの取れた規律であったと評価される（39-41頁）。

(3)　第2章　民法467条における1項と2項との関係

　前章では、ボアソナード草案の形式的な「復活」が示されたが、本章以下では、ボアソナードの本当の意味での「復権」、すなわち、彼の理論が現代のわが国の民法解釈学に十分な示唆を与えうることの論証が試みられる（42頁）。

　本章では、わが国の通説において、民法467条1項が対抗要件の原則的な規定であり、2項はその付随的規定であるとされていることに対して疑問が提起され、この問題について正しい解釈を得ることが目指される。その際に、何が正しい解釈かを決定するための根拠として、「立法の趣旨」と「その法律制度の本来の意味」が並置されていることが目を引く（52-54頁）。

　本章はまず、現行民法467条が、ボアソナード草案367条1項を経由してフランス民法典1690条に遡りうるものの、債務者対抗要件と第三者対抗要件を分けて規定する仕方はこの被継受規定にもボアソナード草案にも見られないことを確認したうえで（56-58頁）、わが国がフランス民法典1690条を継受した当時（19世紀後半）におけるフランスでの同条の解釈を分析する。それによれば、①フランス民法典1690条が規定する送達（signification）・承諾（acceptation）は、元来は譲受人が譲り受けた権利を完全にするという意味を持つものだったが、この時期には公示の機能に着目する新しい立場（わが国における「債務者インフォメーションセンター論」と類似の見解）がこの伝

---

[5]　①についてはボアソナード草案の仏文を和訳する際に受動態を能動態に修正しようとして誤訳が生じたこと、②については確定日付を要求する趣旨が徴税目的であると誤解されたことが理由として指摘されている。

統的な立場と並存しはじめていた（60-65頁）。②フランス民法典1690条は文言上は「公正証書による承諾」を要求しているが、当時のフランスにおいては、承諾は債務者との関係では（債務者による支払約束を含むとの理由により）例外的に私署証書でもよいとする考え方が通説となっていた（69-72頁）。③送達は執達吏（huissier）によって行われるものであり、この時期のフランスにおいても「正確で真正な方式」をもった書面によらなければならないと解されていた（74-77頁）。

　次いで本章では、ボアソナード草案367条1項が、フランス民法典1690条をどのように継受したかが分析の対象とされる。それによれば、①送達・承諾の意味について、ボアソナードは、フランスの伝統的な立場を捨象し、もっぱら公示のために必要であると考えていた。②承諾について、ボアソナードは、当時のフランスでの議論をふまえ、公正証書でなくても確定日付のある証書による承諾であれば足りるとした。③送達については、ボアソナードも、確定日付を伴うことを当然に想定していた（78-81頁）。

　ここまでの考察をふまえて、本章はいよいよ、現行民法467条が1項と2項を分けて規定した経緯に迫る。法典調査会において梅謙次郎は、フランスでも債務者との関係に限っては無方式の承諾を有効としているから、債務者対抗要件としての通知・承諾は確定日付を伴わなくてもよいとした（そのうえで1項と2項を書き分けた）と説明している。しかし、池田教授は、フランスではあくまで例外として認められていたにすぎない無方式の承諾を正面から有効と認めた点、および、フランスでは簡略な方法によることが認められていなかった通知（送達）についてまで無方式によることを許容してしまった点[6]において、この修正（1項と2項の分割）に強い疑問を呈する（83-86頁）。そして、この修正は方式の簡略化を狙いとするものと考えるほかないが（88頁）、他の二重譲受人が現れないという保証がない以上、予防的に確定日付ある通知・承諾を行う必要があるため、このような修正はほとんど意味がなかったと評する（94頁）。

---

6)　池田教授は、旧民法制定時に確定日付の制度の導入が強い反対に遭って頓挫したことが起草者たちの心理に影響し、確定日付を要する部分を可能な限り少なくしたいという意識を生んだのではないかと推測する（87-88頁）。

以上の検討をふまえ、本章は次のような結論に至る。すなわち、債権譲渡の対抗要件としての通知・承諾は、日付の確定性をその不可欠の要素として内包すべきであり、本来は確定日付ある通知・承諾が対抗要件の原則として規定されるべきであった。しかし、現行民法467条は、本来は例外であるはずの債務者に対する無方式の通知・承諾のほうを1項に規定したため、本来はより原則的な規定のはずだった2項が添え物のように読まれ、1項が逆に原則のように見える規定となってしまった。この条文上の順序の逆転は「立法上の一失」であり、この不手際に解釈論が引きずられることは誤りである[7]、と（97頁）[8]。

(4) 第3章　指名債権譲渡における対抗要件の本質

本章では、まず、債権譲渡について対抗要件主義を採っているということの本質的意味が示される。それは、「譲渡契約の目的たる債権の価値を現実に獲得するために働きかける必要のある債務者という存在を、本来的に債権譲渡契約の一要素として契約の外部に捨象しきれないものであると認識し、その存在を広い意味の契約過程に巻き込むこと」であるとされる。したがって、債権譲渡に対抗要件主義を採用する以上は、債務者に譲渡を認識させることがあくまでも基軸とされなければならない（107頁）。

他方で、第三者対抗要件たりうるためには、当該債権に利害関係を持つ者が譲渡を知りうるものでなければならない。このことと、債務者に譲渡の事実を認識させるのが譲受人の権利行使要件として不可欠であることとを重ね

---

[7]　債権譲渡の通知・承諾は、債務者の認識を通じて公示の機能を営むものだから、当該債権に関係する可能性がある第三者の保護のために、通知・承諾を省略する特約は許すことができない（民法467条2項のみならず1項も強行規定である）とも主張される（99頁）。

[8]　このように述べるところからすると、池田教授は、第2章の冒頭で示された、解釈の正しさを判断するための根拠である「立法の趣旨」と「その法律制度の本来の意味」のうち、後者のほうをより重視していることが窺われる。大村・前掲注1）48頁も、「ボワソナードを基準に現行民法典は相対化され批判されている」と指摘している（これに対し、池田教授は、起草者がオリジンとして評価していた外国法等の検討は「定数」の確定作業に含まれるとする〔池田・前掲注1）法学研究70巻12号170-171頁〕。しかし、出来上がった規定の趣旨を確認するためにオリジンを参照することと、オリジンに基づいてその規定を批判することとは同じではないように思われる）。

合わせると、まず債務者に譲渡を認識させ、第三者がそこに債権の現状を問い合わせて回答を得るというのが、甚だ不十分ではあるが最善の公示方法である、とされる（112頁）。

以上からすれば、第三者対抗要件の具備時は、債務者が譲渡を正式に認識した時となることは当然である。しかも、その債務者の認識は、先後決定機能を有するべく、証拠力のある認識でなければならない。したがって、本来は、債務者の認識時（通知ならば到達時、承諾ならば承諾時）が確定日付ある証書で証明されなければならない（116-117頁）。

このようにみてくると、最判昭和49・3・7（民集28巻2号174頁）が現れる前にみられた確定日付説（確定日付の先後で二重譲渡の優劣を決する見解）は、債務者の認識という根幹を見忘れたものとして不当であることは論をまたないし、同最判が採用した到達時説も、確定日付という要件に託された役割を無に帰するものとして批判を免れない。理論上はあくまで、到達時を確定日付で証明するのが正当である、という主張で本章は結ばれる（125頁）。

3　検　討

(1)　同書の学説史的位置づけ

同書は、それまで先行研究が豊富ではなかった債権譲渡の分野におけるエポックメイキングともいうべき業績であり、「わが国における指名債権譲渡研究を格段に進展させるものであることは疑いのないところであろう[9]」と評される。ボアソナード草案からフランス民法典へと遡って立法の沿革を探求するという方法論は、星野英一博士の影響を受けたものと思われるが[10]、その検討は詳細かつ緻密をきわめている。「〔同書の〕法制史的論述の部分は、今日、学界の共有財産となったといえる[11]」のみならず、同書が沿革的研究の論文の「模範例[12]」といわれるのも頷けるところであり、これらの評価に

---

9)　大村・前掲注1) 41頁。

10)　星野英一「日本民法典に与えたフランス民法の影響」同『民法論集 第1巻』（有斐閣、1970年）69頁。

11)　加藤雅信編修代表『民法学説百年史』（三省堂、1999年）386頁〔千葉恵美子〕。

いまさら付け加えるべきことはないだろう[13]。

　これに対し、同書が展開する解釈論は、必ずしも学界で受け入れられているわけではないとも評される[14]。たしかに、同書第2章で力説される「原則＝2項、例外＝1項」という主張については、多くの支持を得ているとはいいがたい[15]。しかし、民法467条1項を強行規定とする主張（脚注7参照）に関しては、支持者も多く[16]、これを任意規定とする従来の通説を脅かすまでに至っている。また、立法論としてではあるが、本来は到達時を確定日付で証明するのが正当であるという同書の主張も、広く受容されているといえるだろう[17]。

(2)　解釈論方程式の「定数」と「変数」

(a)　取引環境の変化と「変数」

　「はじめに」で触れたとおり、同書所収の原論文は、法解釈の方法論をめぐる論争を引き起こした。そして、この論争の過程で池田教授が構築したのが、「解釈（論）方程式定数変数論」とみずからよぶ枠組みである。これについては同書の序説ですでにその概要が示されていたが（2(1)参照）、同書の後に公表された論文では、当時議論されていた債権流動化の要請への対応に即してさらに敷衍されている[18]。以下でその内容をみてみよう。

　池田教授は、資金調達のために組織化されたものでない旧来型の債権譲渡

---

12)　大村敦志＝道垣内弘人＝森田宏樹＝山本敬三『民法研究ハンドブック』（有斐閣、2000年）36頁。

13)　なお、本論から外れるが、同書の叙述の筆致もまた同書の魅力を高める要因となっているように思われる。とりわけ、ボアソナード草案367条1項が現行民法467条に継受される過程で1項と2項が分割された理由を推測するくだり（前掲注6参照）は、あたかも推理小説を読むかのような知的興奮を感じさせる。

14)　加藤編集代表・前掲注11）386頁〔千葉〕。

15)　たとえば、中田裕康『債権総論〔第4版〕』（岩波書店、2020年）647頁は、同書の主張に説得力を見出しつつも、最終的には1項を原則とする通説の立場に与する。

16)　中田・前掲注15）648頁、潮見佳男『新債権総論II』（信山社、2017年）423頁参照。

17)　法制審議会民法（債権関係）部会においても、立法論としてこの方向を模索する提案がされていた（白石大「債権譲渡の対抗要件制度に関する法改正の日仏比較」安永正昭＝鎌田薫＝能見善久監修『債権法改正と民法学II』〔商事法務、2018年〕224頁参照）。

18)　池田・前掲注1）法学研究70巻12号189-192頁（『債権譲渡法理の展開』64-66頁）。

（個別債権の代物弁済としての譲渡や個人間親族間の債権譲渡など）が相変わらず存在する以上、流動化の要請は、従前の民法467条解釈の「定数」部分を残す場面（y = k）とは別の場面で、その「定数」に付加される「変数」だとする（y = k + f（x））。そして、民法467条の対抗要件は、債務者が何も行動しなくても譲渡に関する情報が与えられる点で、債務者にとって最もリスクが少なくコストのかからないシステムだから、旧来の「定数」部分の解釈（y = k）も依然として有効であり残すべきであるとされる[19]。他方、流動化の要請という「変数」に対応するためには特別法の立法が適切であり、その規定内容は、民法467条の「定数」のみからなる解釈（y = k）にはまったくこだわらず、合目的的に定められればよいという。

(b) 立法による「変数」への対処？

このようにして池田教授は、民法467条の対抗要件制度を支持しつつ、平成年間における特別法（債権譲渡特例法、電子記録債権法）の立法作業にみずから深く関与していった。その過程で公表された数多くの論稿は、後に同書の続編（全3巻）として刊行されることになるが[20]、そこでの方法論は明らかに同書のそれとは異なる[21]。池田教授においては、「定数」部分の解釈論と「変数」部分の立法論[22]とは明確に区分けされていたようである。

それでは、「定数」部分の解釈はいつまで有効・妥当でありうるのだろうか。これに関しては、池田教授自身、「これは今後21世紀を見通した場合の仮説であるが、将来的には、債権譲渡については、民法の規定する個別の債権譲渡通知を電子化するよりも、システムを電子的な登記登録に一本化する

---

19) これとともに、単発の譲渡では、譲渡人・譲受人にとっても民法467条のシステムのほうがコストや手間の面でメリットがありうることもあわせて指摘されている。

20) 池田・前掲注1)『債権譲渡法理の展開』、同『債権譲渡の発展と特例法』（弘文堂、2010年）、同『債権譲渡と電子化・国際化』（弘文堂、2010年）。なお、池田教授はその後さらに、「債権譲渡の研究 第5巻」として、『債権譲渡と民法改正』（弘文堂、2022年）を刊行している。

21) 池田教授自身もそのことは自認している（池田・前掲注1)『債権譲渡法理の展開』まえがき1頁参照）。

22) もっとも、「変数」部分をもっぱら立法で扱うというのは、池田教授の当初の構想と異なるようにも思われる。池田教授の定数変数論は「解釈論方程式」の構成要素であり、元来は「変数」部分も解釈論の一部と位置づけられていたはずだからである。

ほうがよいという可能性もある。その時代には、親族間の譲渡等でも、個人が登記登録のシステムにアクセスすることの負担等はそれほど考慮しなくてよい状況にあると予測されるからである[23]」と論じたこともある。

　しかし、池田教授は、先の債権法改正の際には、債権譲渡の第三者対抗要件を登記に一元化するという提案に反対する論陣を張っている。その理由として挙げられたのは、①個人間の譲渡でも登記を必要とすると手間とコストがかかること、②個人が譲渡人になる場合を債権譲渡登記制度でカバーするためのシステム構築が困難であること、③単発の譲渡では内容証明郵便による通知のほうが簡略で便利であること、④特段秘密にする必要のない譲渡の場合は通知・承諾によって債務者が支払うべき相手側を知りうることにメリットがあること、などである[24]。このうち①〜③は、対抗要件をオンラインで備えることができるようなシステムを構築するなどの制度設計により、将来的には解消可能な問題点と考えられる。これに対し、④は、「債務者＝インフォメーションセンター」の構想を正面から肯定する立場（同書に示された主張からすれば、池田教授がこの立場を取ることは自然であろう）に基づく反対論であり、登記一元化案が立脚する現行民法467条の問題点の認識（債務者に回答義務がないため公示の機能が果たされないことや、債務者は複数の通知・承諾の先後を判断しなければならず負担が重いことなどが挙げられる[25]）とは根本的に相容れないものであるように思われる。そうすると結局、池田教授の立場によれば、この④の点がある限り、現行民法467条を見直して登記制度に一元化することを正当化するほどの「変数」の変動は、将来的にも起こり得ないということになるのだろうか。

---

[23]　池田真朗「債権譲渡特例法の評価と今後の展望(下)」NBL657号（1999年）28頁（池田・前掲注1）『債権譲渡法理の展開』160頁）。

[24]　池田真朗「民法（債権法）改正のプロセスと法制審議会部会への提言——債権譲渡関係規定による例証とともに」法時82巻3号（2010年）91-92頁（池田・前掲注20）『債権譲渡と電子化・国際化』427-428頁）。

[25]　商事法務編『民法（債権関係）の改正に関する中間試案の補足説明』（商事法務、2013年）242-243頁。

(c) 国際的な動向と「変数」

　池田教授は、同書の序説で、被継受規定の母国での解釈の変遷とその理由の吟味が「変数」部分に当たることを示唆している（2⑴参照）。そこで、フランスでの債権譲渡法制の変遷に目を向けると、2016年の債務法改正により、債権譲渡の対抗要件に関して「債務者＝インフォメーションセンター」の考え方が放棄されているのが何よりも目を引く。すなわち、フランス民法典新1323条2項は、「債権の移転はその時〔譲渡契約時〕より第三者に対抗可能となる。譲渡の時期につき異議があるときは、その証明責任は譲受人にあり、譲受人はあらゆる方法によってこれを証明することができる」としており、ドイツ法に類似した「早い者勝ちルール」を採用するとともに、確定日付の要請も撤廃しているのである。他方、新1324条1項は、「譲渡は、債務者がすでにこれに同意している場合を除き、債務者にこれを通知するか、または債務者がこれを確認しなければ、債務者に対抗することができない」として、債務者の保護を図っている[26]。このような改正が行われた理由については、「債権譲渡の規律を現代化し、経済主体の要望に応えて債権の譲渡を容易にするとともに、債権譲渡がもはや周縁的な現象ではなく日常的に用いられるようになったことに法文を適合させるものである。民法典1690条が債権譲渡の対抗要件として課していたきわめて重い手続は、あまりに費用がかかり無益であると批判されてきたが、これは廃止される[27]」と説明されている。

　フランス法がこのような選択をした背景としては、1981年に制定された特別法（ダイイ法[28]）の成功が大きかったと思われる。すなわち、「早い者勝ち」の規律をもつダイイ法がそれまで30年以上にわたって運用されてきたことは、民法典に「早い者勝ち」の規律を持ち込むことに対する抵抗感を和

---

26)　なお、2016年の債務法改正後も民法典1690条は削除されずそのまま残っているが、債権譲渡に同条は適用されず、その他の無体財産の譲渡に適用されるのみとなっている。

27)　Rapport au Président de la République relatif à l'ordonnance n° 2016-131 du 10 février 2016 portant réforme du droit des contrats, du régime général et de la preuve des obligations, JO 11 févr. 2016.

28)　ダイイ法の詳細については、白石大「フランスの債権譲渡担保・債権質権」比較法学48巻3号（2015年）44頁以下参照。

らげるのに寄与したであろうと想像されるのである[29]。したがって、そこにはわが国と異なる背景事情が存在しているのであり、わが民法が範とした規律が母法国で放棄されたからといって、そのことがただちにわが国に影響を及ぼすわけではないのはたしかである。しかし、とはいえ、この母法国における債権譲渡法制の変遷もやはり、わが国での解釈論・立法論を考えるうえでの「変数」として無視できないように思われる。

4　おわりに

ここまで、令和の現時点に立って回顧的に同書の分析を行ってきたが、その後の展開に基づく評価が後付けになっていないかをおそれる。しかし、池田教授の「解釈論方程式」に賛同するか否かにかかわらず、「変数」の変動に応じて債権譲渡法制の解釈論・立法論を不断に見直していくことは、後進である我々に課せられた責務であるといえよう。

連載第 15 回（2022 年 10 月号掲載）

---

[29]　白石・前掲注 17）243 頁注 138 参照。

普遍主義的討議理論としての交渉促進規範論

山本顯治「契約交渉関係の法的構造についての一考察(1)～(3・完)──私的自治の再生に向けて」
（民商法雑誌 100 巻 2 号 22 頁、3 号 51 頁、5 号 88 頁〔1989 年〕）

石川 博康

1　はじめに

　古典的契約法理論における指導原理である私的自治をめぐっては、当事者間の非対称性や情報・交渉力格差が認められるような状況下にあっては福祉国家的な介入・修正が要請されるなど、その重要性とともに現代における機能的限界も夙に説かれてきた。本論文[1]（およびそれに続く諸論稿[2]）によって展開された交渉促進規範論は、法のプロセス化という道具立てをもって私的自治の再生を企図するものであり、そこではハーバーマスのコミュニケーション的行為の理論（の契約法理論への応用）がその基軸となっているものの、社会学や哲学におけるその他様々な議論（法律学的ヘルメノイティクや法的議論の理論など）が積極的に摂取され、極めて基礎理論的色彩の濃いものとなっている。以下では、本論文の内容について概観した上で（2）、交渉促進規範論の理論的特質やその課題などにつき、検討を行うこととする（3）。

---

[1]　山本顯治「契約交渉関係の法的構造についての一考察(1)～(3・完)──私的自治の再生に向けて」民商 100 巻 2 号 22 頁・3 号 51 頁・5 号 88 頁（1989 年）。

[2]　山本顯治「契約規範の獲得とその正当化」私法 53 号 218 頁（1991 年）、同「契約規範の獲得とその正当化」林良平＝甲斐道太郎編集代表『谷口知平先生追悼論文集〔第 2 巻〕契約法』（信山社、1993 年）69 頁、同「契約と交渉」田中成明編『現代理論法学入門』48 頁以下（法律文化社、1993 年）、同「再交渉義務論について(1)──交渉理論と契約法理論の交錯」法政 63 巻 1 号（1996 年）1 頁など。

2 紹 介

(1) 私的自治の意義に関する拡張的理解と交渉促進規範論

本論文では、まず、契約における私的自治の意義につき、契約内容の形成に際しての当事者の自律性を尊重することにとどまらず、「より広く契約をめぐる種々の紛争の解決にあたっての両当事者の主体性・自律性の尊重」を要請するものとして理解されるべきである、という観点が示される。すなわち、現実の契約実践においては、契約締結前から締結後にわたって、契約条件の確定・具体化・見直しなどに関する継続的な交渉関係が形成されていることに鑑みれば、契約における私的自治に関しては、そのような広がりを有する交渉関係が当事者間のコンセンサスの形成過程として適切に機能するように法的枠組みを整備することが、その課題として理解されることになる。このような観点から、契約上の義務の役割については、契約責任規範としての役割から、両当事者の「交渉促進規範」としての役割へと視点が転換されなければならない、と説かれる。

(2) ハーバーマスの「コミュニケーション的行為」の理論の応用

本論文では、このような交渉促進規範としての契約義務の意義について論じるための前提的作業として、契約交渉関係の構造に関する分析が試みられる。そこでは、ハーバーマスのコミュニケーション的行為の理論が参照される。すなわち、ハーバーマスによれば、伝統的な法実証主義などにおいては、ある言明の真理性はその言明の対象となっている事実が存在しているか否かにかからしめられるという「真理の対応説」が採られてきたが、ある言明の真理性は他の全ての人々がその言明に対して（潜在的な）同意を与えているか否かにより決せられるべきであるとされる（真理の合意説）。この真理の合意説を支えるべき合意は、相互的な了解を志向した当事者間の関わり合いとしての「コミュニケーション的行為」と呼ばれ、自己中心的な成果を志向した「戦略的行為」に対置される。コミュニケーション的行為は、一方当事者からの妥当要求の真理性に関する討議としての理論的討議や、妥当要求およ

びその根拠となる規範の正当性に関する討議としての実践的討議を通じて行われるものであり、それを経由して得られた合意の正当性を担保するためには、それらの討議における両当事者の機会均等的な平等性という手続的条件（「理想的発話状況」と呼ばれる）が満たされることが必要とされる。さらに、ハーバーマスによれば、コミュニケーション的行為が行われる地平としての「生活世界」に関しては、福祉国家的介入主義の拡大による法の肥大化——いわゆる「法化」現象——に伴って、経済行為や行政行為に関するシステムが法を通じて生活世界を侵食するという事態が生じており（システムによる生活世界の植民地化）、そのような法化から人々の自律的生活領域たる生活世界を守るためにも、コミュニケーション的行為という行為調整メカニズムの回復と活性化が求められる。

　このような分析を踏まえ、本論文では、以上のハーバーマスの理論を応用する形で、契約交渉関係の構造について次のように説かれる。まず、（契約締結前からその後の履行過程や紛争解決局面に及ぶ）契約交渉関係が社会的行為に関する分類としての戦略的行為とコミュニケーション的行為のいずれに該当するのかという問題につき、現実の契約交渉関係においては取引の前後を通じて継続的に存在する両当事者の友好的諸関係の維持・発展が重要視されていることなどに鑑み、これをコミュニケーション的行為に属するものとして理解する。そのような構造理解の下では、契約交渉関係における当事者の妥当要求は、その要求を支える様々な規範（法規範や社会規範など）自体の正当性に関する異議と討議（実践的討議）を経てその正当性が承認されることになる。そのようなコミュニケーション的正当化のメカニズムが機能するためには、その基礎となる理想的発話状況を近似的に実現することが重要である。そこでは、契約義務は、契約交渉関係における両当事者の手続的平等性を保障し、自主的な交渉が行われるための枠組みを提供し、自律的な交渉を促進するためのものとして理解される。このように、交渉促進規範としての契約義務による手続的保障の下で当事者間の私的自治を最大限に保障することが、交渉促進規範論の目的となる。

(3) 交渉促進規範の内容としての継続的交渉義務

　次に、交渉促進規範の具体的内容に関する検討に先立ち、本論文では、シュミット・リンプラーの「契約メカニズム説[3]」（契約締結交渉を通じた当事者間の利益調整によって契約内容の正当性は保障されるとともに、その交渉関係の機能不全を補うものとしての後見的関与が要求されるとする説）の問題意識を継承するものとして、シュミット・ザルツァーとヴォルフの見解が取り上げられる。特に、当事者に任意法規の内容での締約権を承認することにより両当事者間の地位の対等化を図り、自律的な契約関係の形成を促進するというヴォルフの見解は、交渉促進規範論とも共通する問題意識を示すものとして注目されている。

　ヴォルフの見解によれば、任意法の条件での契約締結権を劣位当事者に認めることにより、相手方当事者はこの締結権を回避するために自ら適切な契約条件を提示するように促され、結果として契約交渉関係における自律的な決定が促進されることになる。この任意法の条件での契約締結権は、優位当事者にとっては締約強制を意味するため、その締結権が認められるためには、契約自由の要請を超える公共的利益による正当化——これは、劣位者の交渉力強化の要請、厚生経済学的な効用最大化の要請、経済活動の円滑化の要請などによって支えられ得る——による正当化が必要とされる。また、締約権が認められる対象となる契約としては、一方当事者が営業行為の一環として利潤を得るために取引を行う場合のように、一定の公共的利益を伴った経済過程内での取引に限られることになる。

　このようなヴォルフの主張に対し、本論文では、「契約内容の形成から契約をめぐる紛争の解決までをも含んだ広義の契約関係における両当事者の自律性を尊重しようという本稿の視角に照らして基本的に賛同しうるもの」との評価が与えられる。もっとも、そこで扱われている契約交渉関係が契約締結前のものに限られているという点については疑問の余地があるとされ、また任意法の下での締結権が契約交渉関係の促進のために認められるものであ

---

3)　シュミット・リンプラーの契約メカニズム説についての検討を行うものとして、山本顯治「契約交渉と市場秩序——シュミット・リンプラー再読」神戸58巻4号（2009年）29頁を参照のこと。

るならば、より直接的に「継続的に交渉を行う義務」を認めるべきであるとされる。

さらに、契約交渉関係を促進させるための契約締結権とは別に、契約交渉関係を成り立たせるための独立の契約義務としての継続的交渉義務による規律を構想する手がかりとして、本論文では、契約締結後の事情変更に際しての規律として再交渉義務の有用性を説くホルンの見解が取り上げられる。

ホルンによれば、契約締結後の事情変更に際しての契約調整の場面においては、現に存在する契約規範の拘束力を考慮しつつ、事情変更による影響により変化した当事者の多様な利益の調整を図らなければならないため（契約調整問題）、そこでは、当事者間で交渉を通じた諸利益の発見・調整による自律的解決の可能性がまず模索されるべきであり、そのための法的義務として当事者に再交渉義務を課すことが有用であるとされる。ホルンは、（旧）賃料額規制法２条における賃料増額手続、労働法上の変更解約告知、行為基礎の喪失などの法制度において、再交渉義務を前提とした規律が既に見受けられるとした上で、再交渉義務に関する一般的な要件・効果等について具体的に論じている。本論文においては、このような再交渉義務は、契約交渉関係の法的枠組自体を形成する契約義務の一つであり、契約義務による私的自治の制度的保障を志向するものとして位置付けられている。もっとも、本論文の視点からは、ホルンの再交渉義務論は、その射程においてなお狭いものとして捉えられている。すなわち、本論文の説く継続的交渉義務は、ホルンが着目する契約調整問題や、契約締結後という時的範囲をも超えて、より広い問題領域にわたり契約締結前から履行の終了後に至るまでの契約交渉関係を成立させまたは活性化することを目的とした契約義務として特徴付けられることになる。

(4)　交渉促進規範の内容と信義則

以上の検討を踏まえた結論として、本論文では、交渉促進規範の内容や実体法上の根拠につき、次のように語られる。すなわち、交渉促進規範は、契約交渉関係の法的枠組を形成し、当事者間での契約交渉関係を促進することを目的とするものであり、その内容としては、継続的交渉義務を中核とする

ものの、それに加えて情報提供義務や告知義務などの契約義務も含まれる。また、交渉促進規範としての契約義務群は、様々な各則的規定においてもその存在が前提とされている場合があるが、本来的には、契約交渉関係に入ることにより信義則上認められる義務である。また、このような交渉促進規範としての契約義務の根拠として信義則を措定することは、契約をめぐる紛争において望ましい結論に至るための「議論のフォーラム」を制度的に形成し、規範の援用主体・価値判断主体としての当事者の権能を尊重するという信義則の新たな機能への道を開くものともなる。このような交渉促進規範という法的枠組による支援がなされることによって初めて当事者の私的自治は実現されると言うべきである、というのが、私的自治の再生という主題に関する本論文の結論となる。

3　検　討

　本論文において展開された交渉促進規範論は、福祉国家的介入による法の氾濫という「法化」現象の問題を克服するための方策として、法の役割を、社会生活への直接的介入ではなく、自律的規制を促進するための間接的統御を図ること（法のプロセス化[4]）として理解した上で、そのプロセスとしての法の交渉促進機能に法の正当化根拠を見出し、「私的自治の再生」を唱えるものである。交渉促進規範論の大きな特色は、ハーバーマス理論の契約法への応用という方法論的特徴に加えて、契約規範の拘束力を契約締結当時の静態的な意思に求めることの否定、すなわち古典的契約理論の否定というそのポスト・モダン的色彩に存する。交渉促進規範論においては、契約規範は、契約締結後においても継続してなされる当事者の妥当要求およびそれについての討議が尽くされることによって初めて、その規範性を獲得するとされているのである。このように、交渉促進規範論は、契約締結時点での当事者の静態的な意思のみに契約規範の根拠を求めることによって生じる様々な問題

---

[4]　「法化」現象およびその一つの回避策としての「法のプロセス化」については、グンター・トイプナー（樫沢秀木訳）「法化——概念、特徴、限界、回避策」九法59号（1990年）235頁などを参照のこと。

（いわゆる presentiation〔現在化〕による問題）に対する一つの解答として、非常に示唆に富むものとなっている[5]。ここでは、本論文の方法論的特徴や解釈論上の帰結などにつき、以下、具体的に検討を試みることとする。

(1) ハーバーマス理論の契約法への応用の可能性

本論文では、交渉促進規範論を支える理論的視点として、ハーバーマスのコミュニケーション的行為の理論に大きく依拠しているが、この点に関しては、その応用方法につき、いくつかの疑念が既に示されている。まず、契約においてなされる交渉を、ハーバーマスにおけるコミュニケーション的行為に含めることの問題点が指摘されている。すなわち、①契約締結交渉については、生活世界におけるコミュニケーション的行為と言うよりも、自らの利益や成果を志向した戦略的行為のモデルによって理解されるべきであり、また、②契約締結後の交渉に関しても、伝統的に生活世界の領域にあった取引が市場原理によって浸食された場面における紛争では、共約不可能な異質の原理の衝突が生じており、そこにおいて当事者が対等の立場で再度交渉を行うことを求めているとは解されない、といった批判がなされている[6]。また、契約交渉関係をコミュニケーション的行為に含めて理解するとしても、理想的発話状況でいったん合意が成立したならば、もはや再交渉の余地はないと解さざるを得ず、もしかつて合意によって検証された契約規範の妥当性を検証するためにさらなる合意が必要となるとすれば、結局無限の争いを生むだけになるのではないか、との批判もある[7]。

以上の点と関連して、交渉促進規範論における契約規範の認定手続に関しては、本論文に続く論稿[8]においてさらなる分析が展開されており、そこでは、主としてヘルメノイティク（解釈学）に依拠する形での説明がなされている。それによれば、契約に関する実体的規範は解釈を通じて獲得されるの

---

[5] 以上につき、石川博康『再交渉義務の理論』（有斐閣、2011年）4頁以下。

[6] 内田貴『契約の時代』（岩波書店、2000年）150頁以下。

[7] 道垣内弘人「民法学のあゆみ　山本顯治『契約交渉関係の法的構造についての一考察——私的自治の再生に向けて(1)〜(3・完)』」法時65巻9号104頁（1993年）。

[8] 山本・前掲注2）『谷口追悼』69頁。

であり、その解釈は、制定法や契約というテクストとそれが適用される事態とを相互に関連付けつつ具体化するとともに、解釈者自身を規定している前理解（先入見）を反省・修正していく作業として特徴付けられる。従って、契約規範は、制定法や契約のテクストによって一義的に与えられているものではなく、具体的な事態に際してのヘルメノイティクにおける解釈学的循環を経て獲得されるものとして理解される。より端的に引用すれば、「契約規範は裁判手続の最初にではなく、その進行中に始めて明確な輪郭を与えられるのであり、この裁判の過程において解釈者は自己の先入見を対話的に反省しつつ、事態においてそのつど現れる問題と規範とを相互依存的に順次具体化してゆく[9]」、ということになる。このような理解に立つならば、契約規範は、それが当事者の真意による合意を経たものであっても、さらなる議論の余地は常に残されていることになり、先の批判はそのまま妥当することとなりそうであるが、交渉促進規範論は契約規範の理解につきそれほどまでに大きな思考の転換を迫るものであるとも言える。

　また、ヘルメノイティクに依拠した以上の議論との関係で興味深いのは、前理解の反省はいかにしてなされるのか、という点に関する分析である。すなわち、前理解の反省方法に関しては、①前理解の反省は、解釈共同体によって共有される伝統に照らしてなされるのであり、かかる伝統に照らすことによって最終的には一義的な解釈結果が達せられるとする立場（ガダマーなど）と、②伝統自体についても、不断の対話と議論によって批判的に超えることができるのであり、最終的な判断は議論の結果としての合意に依存するとする立場（ハーバーマスなど）があるが、①の立場については、解釈における対話や議論の持つ意義が過小評価され、解釈が解釈者によるモノローギッシュな作業となってしまう危険がある、とされ、後者の立場への依拠が示される[10]。このような観点から、関係的契約理論において関係的契約の合理性を基礎付けるものとして共同体の伝統が語られることに関し、そのような共同体の伝統を持ち出すのではなく、「契約当事者間の関係を成立させてい

9）　山本・前掲注2）『谷口追悼』100頁。

10）　山本・前掲注2）『谷口追悼』99頁

る対話的なルールに共同体を超えた『普遍性』の契機を見出し、かかる普遍的な対話ルールこそが関係的契約の合理性を基礎付けているのではないか[11]」、とも述べられている。このように、交渉促進規範論においては、契約規範の認定についての解釈学的構造を前提としつつも、交渉促進規範としての契約規範について、コミュニケーション的行為をめぐる法的枠組に関する普遍主義的な討議ルールとしての性格が与えられていることに留意を要する。

　当事者の交渉関係を規律・支援する規範につき普遍主義的な性格を見出し、それを一般的な法ルールとして提示しようとする視点は、契約締結後の再交渉の場面における法ルールにかかる再交渉義務論においてもしばしば共有されている。もっとも、本論文におけるホルンの再交渉義務論に対する評価としても述べられていたように、再交渉義務論の対象とする問題領域は交渉促進規範論によって扱われるべき対象のうちの一部分であるに過ぎず、その場面だけを切り出すことについては、本論文では批判的な視線が向けられている。これに対し、再交渉義務論の側からは、再交渉の場面においては（事情変更等に起因する現実のリスクとは無関係の）機会主義的な再分配要求の脅威に起因した「再交渉のディレンマ」の状況に陥る危険性が高く、それ故にそのような場面における自律的解決の法的支援のために当事者に再交渉義務が課されるべきであるとの主張がなされている[12]。そこでは、再交渉の場面においては通常の契約交渉の場面とは異なる特別の状況（再交渉のディレンマ）が関係しているということが、再交渉義務の正当化根拠やその具体的内容を基礎付けているものと考えられており、その法的義務の活用領域に関しては交渉促進規範論とはむしろ対照的な理解が示されている。このように、基本的な視点を共通にする再交渉義務論との間における理論上の差異に着目することにより、交渉促進規範論の構想の独自性がより明確なものとなろう。

---

11)　山本・前掲注2)『谷口追悼』120頁。
12)　石川・前掲注5)355頁以下。

(2) 「法化」と法のプロセス化

交渉促進規範論は、「法化」現象に対応するための法のプロセス化により個人の自律性・私的自治を再生させる試みであるが、この点に関しては、リベラルな近代法的観念に懐疑的なポスト・モダン的姿勢によって私的自治の擁護が可能であるのか、という批判も向けられている[13]。この批判の基礎にあるのは、現代の日本における「法化」に際して私的自治を擁護するためには、「非＝法」的なインフォーマリズムに過大な期待を寄せるのではなく、司法の役割の拡充を中心とした自律型法による「法化」をなお推し進めるべきである、という視点である。すなわち、現代の日本における「法化」とは、行政機関による法道具主義的政策（管理型法による「法化」）と、裁判外の各種の代替的紛争解決手段を拡充するインフォーマリズム的政策（自治型法による「法化」）とを推進するという特徴を伴うものであり、これに起因する問題に対処するためには、司法制度の整備拡充を中心とした自律型法による「法化」を基本的枠組としつつ、管理型法の肥大化の防止と自治型法の規制領域の拡大を図るという多面的な「法化」戦略を採るべきである、とされる[14]。以上の批判においても、インフォーマリズム的政策の推進による自治型法の拡大についてはなお有用であると考えられているものの、法のプロセス化という「非＝法化」戦略へと全面的に移行すること対しては否定的に解されている。交渉促進規範論における法のプロセス化による「非＝法化」と関連して、交渉促進規範論が自身と同じ潮流に属するものとして賛意を表する「手続保障の第三の波」理論に対しても、インフォーマリズム的「非＝法化」傾向が強すぎ、全般的に法システムの強制的性質や法的議論の制度化への配慮が弱く、「反＝法化」傾向すら見られる、との批判が向けられている[15]。

交渉促進規範論においては、法のアプリオリな規範性が否定され討議を通じた合意の結果に委ねられるという点で、本論文においても明示的に言及さ

---

[13]　田中成明「法システムの相互主体的動態化をめざして」法教 200 号（1997 年）10 頁。

[14]　田中成明『現代社会と裁判——民事訴訟の位置と役割』（弘文堂、1996 年）16 頁以下、田中・前掲注 13）6 頁以下。

[15]　田中・前掲注 13）10 頁。

230

れているように、「第三の波」理論との理論的親和性が確かに認められる。「第三の波」理論[16]は、その内容は論者によって差異はあるものの、一般的な実体法規範が裁判に先行して存在することを否定した上で、民事訴訟手続を水平的な当事者間の交渉過程として捉え、その交渉を通じて具体的な実体法規範が当事者によって形成され、そのようにして形成された実体法規範は手続の履践によって正当化されると説く。この「第三の波」理論に関しては、1980年代から90年代において注目を集め学説上の論争の対象となったものの、法の規範性の否定に至り得る反リーガリズム的な性格から、実定法理論としては受容し難いとの反応が支配的となっている[17]。「第三の波」理論に共鳴する交渉促進規範論についても、当事者の対話・合意に先行する契約規範の存在の否定という主張が孕む反リーガリズム性に関しては、「第三の波」理論に対するのと同様の懐疑的な視線が向けられざるを得ないであろう。

(3) 交渉促進規範の内容に関する分節的把握の必要性

交渉促進規範論は、契約締結前から契約締結後や紛争解決局面にまで及ぶその問題領域の広範性・無限定性という特徴も相俟って、交渉促進規範という契約規範の内容自体も広範なものを含み得ることとなっている。この点に関し、ヴォルフにおける任意法の条件での契約締結権について、その交渉促進機能ゆえにこれについても交渉促進規範論の立場からも積極的に評価されているものの、その要件・効果について考えるに際しては、任意法の条件での契約締結権は優位当事者に対する締約強制の契機を含むという点について、留意する必要がある。締約強制は当事者の契約自由に対する強い介入を意味しており、そのような法的規律が機能し得る場面はあり得るとしてもそれは

---

16) 「第三の波」理論の主張にかかる代表的な論稿として、井上正三「訴訟内における紛争当事者の役割分担」民事訴訟雑誌27号（1981年）187頁、井上治典「手続保障の第三の波」同『民事手続論』（有斐閣、1993年）29頁などがある。

17) 「第三の波」理論に対する批判をめぐっては、山本克己「いわゆる『第三の波』理論について——その裁判理論的側面の批判的検討」論叢142巻1号1頁（1997年）、田中・前掲注13）60頁以下、酒井博行「『手続保障の第三の波』理論の総合的検討のための準備的考察」越山和広＝髙田昌宏＝勅使川原和彦編『手続保障論と現代民事手続法——本間靖規先生古稀祝賀』（信山社、2022年）303頁などを参照のこと。

極めて例外的な場面に限られざるを得ず、そのような性質を有する任意法の条件での契約締結権に関する要件・効果について他の交渉促進規範の場合と同列に語ることは困難であろう。

　以上の点と関連して、ホルンの再交渉義務論においても、契約改訂権限などの調整結果を直接に実現する規範と交渉プロセスの枠組みを整備する規範とが、その再交渉義務の内容として区別されていないところ、本論文でも、ホルンの理論における以上の特徴についてはほとんど関心が示されていない。しかしながら、再交渉義務論の立場からは、再交渉結果を直接に規律し何らかの契約改訂結果を具体的に指示する規範（結果関連的規範）と再交渉プロセスの構造化のみを実現する規範（プロセス関連的規範）とは相互に異質の要素であって統一的に扱われるべきではなく、再交渉義務は、このプロセス関連的規範として純化されて初めて、その正確な位置付けおよび構造化が可能になると考えられている[18]。交渉促進規範論の構想が示唆するように、要件・効果やその根拠について質的に異なるものであっても、交渉促進機能を果たしていると認められる契約規範については広く交渉促進規範に含めて把握した上でその定位を図るという方向性も、確かにあり得る理論的な選択肢の一つではあろう。しかし、契約締結の場面における（任意法の条件での）締約義務や再交渉における承諾義務などの「結果」に関する規範と、当事者間における交渉のプロセスに関する規範とを区別し、その要件・効果について分節的に考えていくことが、少なくとも交渉促進規範論の解釈理論としての精緻化にとっては、より有用なものとなり得よう。

4　おわりに

　法的世界における「議論」や「合意」の意義に着目し、それを基礎として法的思考や裁判理論を提示する試みは、第2次法解釈論争における平井宜雄の主張や「手続保障の第三の波」理論の提唱などに見られるように、1980〜1990年代において特に顕著であった学問的潮流であり、交渉促進規範論も

---

[18]　以上の点につき、石川・前掲注5）34頁以下を参照のこと。

また、契約法理論の地平においてそれを体現し推し進めるものであった。すなわち、契約締結時における契約規範の不確定性を直截に承認した上で、その後の当事者の交渉・合意を通じて契約規範が獲得されることを支援するための法的枠組として契約法を捉え直すことにより、古典的契約理論に対する根源的な挑戦を試みるものであった。このような挑戦に対しては、以上の検討において見たような様々な批判は向けられたものの、契約法の基礎理論をめぐる学説史において大きな足跡を残すものであったことに疑いはない。

　議論の理論をめぐっては、近年、AI 分野における議論学の応用[19]に見られるように、様々な学問分野に跨って関連研究が進められており、それらの成果が法的議論に関する研究にも寄与し得るものと期待されている。そのような新たな社会の変化は、交渉促進規範論などの議論の理論の応用にかかる研究についても、また新たな意味をもたらすことにもなり得よう。本論文による古典的契約理論に対する根源的な問いは、今なおその余韻を響かせている。

連載第 26 回（2023 年 10 月号掲載）

---

19)　若木利子＝新田克己『数理議論学』（東京電機大学出版局、2017 年）など。

関係的契約理論における解釈理論と解釈学

内田貴『契約の再生』
（弘文堂、1990年）

石川 博康

1 はじめに

　本書は、1983年から1985年までのアメリカ留学の成果の一つとして、1990年に書き下ろしで執筆されたものである。意思理論を中核とした伝統的な契約法理論に対して様々な角度からの介入・修正が加えられつつある現況を踏まえ、「契約現象をどのような法的理論枠組で捉え、また契約法をどのように正当化するか、という問題を扱う『契約法の基礎理論』[1]」の解明に正面から取り組むことが、本書の主題である。その行論の帰結として本書において提示された「関係的契約理論」とは、契約上の権利義務の根拠を、契約締結時点における当事者の意思ではなく、当事者が形成した「関係」そのものに求める理論である。近代的契約法とは全く異なった観点から基礎付けられ構造化される関係的契約法の姿を明らかにした記念碑的作品である本書につき、以下では、本書の内容について概観した上で（2）、本書の提示した関係的契約理論がいかなる理論的特徴を備えるものであり、またその後の理論状況にいかなる影響を及ぼしたのかという点につき、検討を行うこととする（3）。

---

[1]　内田貴『契約の再生』（弘文堂、1990年）2頁。以下、本書について本文中で引用する場合には、頁数のみで表記することとする。

2 紹 介

⑴ 「契約の死」とは何か（第1章）

本書では、まず、1980年代末までのアメリカの契約法学の展開につき、契約の拘束力の根拠などをめぐる契約の基礎理論やその思想的背景にまで降り立ちつつ、詳細な検討が行われる。そこで最初に取り上げられるのは、ギルモアによる『契約の死』（1974年）によってセンセーショナルに語られた、当時のアメリカにおける契約原理の崩壊・衰退の実情である。第1章では、コモン・ローにおける契約の拘束力を支えている約因の法理たるバーゲン理論が抱えている内在的問題につき、①約束者が過去に受けた利益の返礼としてなされた約束について約因が認められたこと（過去の約因）、②申込みの効力の存続を保証する約定とともになされた契約の申込みにつき、約因を欠いていた場合でも申込みの撤回が認められないとされたことが取り上げられる。それらの事例に見られるように、契約に拘束力を与える基準として交換的取引の存在を要求するというバーゲン理論は、その適用範囲をあらゆる約束にまで推し及ぼしたことに無理があり、バーゲン理論の破綻を招いたとされる（26頁）。

⑵ 「契約の死」をもたらしたもの（第2章）

さらに、第2章では、ギルモアによって描かれた「契約の死」とは、バーゲン理論それ自体の破綻にとどまらず、バーゲン理論に象徴される古典的契約法理論の崩壊と、その結果としての古典的契約法原理の不法行為原理への融合へと至る大きな潮流であったことが語られる。まず、約束が被約束者の信頼を惹起しその行為を誘発した場合に（約因の存在にかかわらず）約束の拘束力を認める約束的禁反言の法理が認められたこと、さらに、契約交渉の不当破棄などの約束自体が存在しない場面においても約束的禁反言の法理に基づいて損害賠償責任が認められたことが指摘される（30頁）。さらに、契約内容の不公正に対する介入としての非良心性の法理、情報提供義務違反に基づく不実表示、権利の行使に加えて義務の履行に関しても妥当する信義則と

いった諸法理の展開により、バーゲン理論の崩壊にとどまらない広がりを持った現象として「契約の死」が生じていたことが示される（42頁）。このように、アメリカにおける契約の死とは、約束原理（意思理論）の説得力の喪失とこれに代わる新たな原理の出現という「原理としての契約の死」であり、これらの新たな現象の中に現れている新たな契約原理を探求するという課題が提示される。

(3) 社会現象としての契約の死（第3章）

第3章では、社会現象としての「契約の死」として、法律による締約強制・内容規制が増大したことや約款による契約の普及という現象が取り上げられ、自由な意思決定に基づく契約という古典的契約のモデルが危機に瀕している状況について語られる。この点に関し、将来において実現されるべき交換のための当事者間の企画として契約を捉え、当事者による約束ではなく社会関係の中で生成した期待によって将来の交換が担保されるというマクニールによる関係的契約のモデルが紹介され（55頁）、社会の中における契約の現実の姿は、古典的契約モデルではなく関係的契約モデルによってより適合的に描かれ得るものとされ、「『契約の死』が、社会現象としての契約については正確な把握ではなく、極言すれば、死ぬべき『契約』など始めから存在しなかった、とさえ言うことができそうである」という印象的なフレーズが語られる。以上の検討を踏まえ、結局のところ「契約の死」とは、「社会現象」としての契約の死というより、古典的契約法を支えていた「契約法原理」の死だったのではないか、という仮説が示される（68頁）。

(4) 原理としての契約の死（第4章）

(a) 効率性と「法と経済学」

第4章では、古典的契約法原理の死がどのようにもたらされたのかに関し、バーゲン理論を核心とする契約法理論の基礎となる約束原理ないし意思理論が、新たな契約法上の現象に対して原理性を保持し得るものであったのかについて、検討が行われる。まず、そのような法原理のレベルでの議論に関わるものとして、法と経済学が取り上げられる。ここでは、コモン・ロー全体

を通ずる統一原理として効率性を位置付けるポズナーによる富の最大化理論
につき、権利論や功利主義とは独立に富の最大化に倫理的価値を認めること
に対する多くの批判に直面したポズナーは、富の最大化ルールにつき「事前
の同意」に基づく正当化を主張するに至ったものの、結局のところ、効率性
を正義と同視する規範理論としての富の最大化理論は、勝利を収めることは
できなかった、と述べられる（105頁）。

(b) 約束理論

　次に、以上のような議論とは対照的に、古典的契約法理論の依拠した約束
原理を守り抜こうとする立場として、フリードによる「約束としての契約」
の理論が取り上げられる。契約法の基本原理は「約束は守るべし」という道
徳原理であって、契約法の重要部分がこの約束原理によって正当化されると
するフリードが、約束原理では説明困難に見えるいくつかの場面に関してい
かなる応答を行っているのかについては、①約因法理に関しては、それを拒
否し、契約に拘束される当事者の意思にその拘束力の根拠を求めるべきであ
るとし、②錯誤の場面においては、合意に基礎を置かない諸原則（不法行
為・不当利得の原則や、分かち合いの原則など）が働くことを認めている。し
かし、そのように解することは、約束原理は現実のコモン・ローの説明とし
て不完全であることを認めることに他ならず、規範理論としても、あまりに
射程を限定し過ぎて魅力に欠けることとなると指摘する（118頁）。

(c) 信頼理論

　このような約束原理をめぐる議論状況を踏まえ、約束原理に代わるものと
して注目される議論として、さらに信頼原理が取り上げられる。まず、フラ
ーとパーデュによる「契約損害における信頼利益」において、フラーは、そ
れまで期待利益の賠償を目的とするものと解されてきた契約法上の損害賠償
に関し、信頼利益の賠償が判例において認められていること、そしてそれは
期待利益の賠償か責任の否定かという二者択一しか認めない伝統的契約理論
に対し、中間的な救済の道を開くという機能を果たしていること、という点
を明らかにした（122頁）。さらに、フラーによれば、期待利益の賠償が認め

られるのは、賠償額の算定の便宜上信頼利益の代替として期待利益の賠償の選択が認められるため、あるいは本来保護されるべき信頼利益に対する侵害が生じるのを予め抑止するためであるとされ、期待利益の保護は信頼利益の保護の代替物またはそのための間接的手段であるに過ぎないとされる（損害軽減義務が認められることが、その論拠として指摘される）。

このように、約束に拘束力を認める根拠を信頼利益の保護に求めるフラーの見解は、アティアによって、さらなる理論的な精緻化が行われるとともに、約束原理の道徳原理としての有効性に対する疑念へと導かれることになる。すなわち、アティアによれば、約束が守られなければならないとされるのは、約束がされればそれを信頼してよいという一種の「権原（entitlement）」が一定の価値判断に基づいて被約束者に分配されているからであり、そのような権限分配がなぜなされているのかこそが問題であるとされる。結局のところ、約束原理は契約法の基本原理たり得ず、他方、契約法上の原理としては、信頼だけでなく、パターナリスティックな価値や集団的価値などの様々な原理が措定され、そのような諸原理に基づく複数のクラスターの集まりとして契約法が特徴付けられることになる（141頁）。

(d) 関係的契約理論

それに続き、マクニールの関係的契約理論が再び取り上げられ、マクニールによれば、契約規範には、実定法としての契約法である外在的規範と、契約実践の中の「生ける法」としての内在的規範とがあり、この内在的規範にはおよそすべてのタイプに共通する規範が存在する一方、現実の契約が単発的であるか関係的であるかによって共通規範は一定の変容を受けることになるとされる。この共通規範の具体的内容としては、①役割保全、②相互性の促進、③プランの実行、④同意の遂行、⑤柔軟性、⑥契約的連帯、⑦不当利得・信頼利益・期待利益、⑧権力の創造と制限、⑨手段の妥当性、⑩社会的マトリックスとの調和、といったものが挙げられている。契約に関する典型事例とされるべきは、単発的契約よりも、あるいはこれと並んで関係的契約であり、現実の契約は、単発的契約と関係的契約という典型事例をその両端に置くスペクトラムの中に位置付けられることになる（158頁）。

⑸ 批判法学によるイデオロギー批判（第5章）

第5章では、関係的契約理論が実定契約法理論となるために、そのような関係的契約規範の実定契約法への取り込みを正当化し得るだけの「思想」を探求すべく、古典的契約法に対するイデオロギー批判とそれを支えていた思想的潮流として、批判法学（Critical Legal Studies）が取り上げられる。批判法学を代表する論者であり契約法についても多くの議論を展開しているケネディーによれば、裁判官による法の適用が価値中立的であるという認識を幻想にすぎないとするリアリズム法学の立場を超えて、裁判官の法適用に関する認識は一定の法意識から導かれており、その法意識は人間や社会についてのより包括的な思想としてのリベラリズムと結び付いているとされる（191頁）。その上で、ルールやスタンダードといった法形式上の差異は、それ自体価値に関わる問題であって法意識によって規定されるものであること、その法意識は、ルール＝個人主義／スタンダード＝アルトゥルーイズムという構造を有しており、個人主義とアルトゥルーイズムとの対立は、リベラリズムと共同体主義という世界観の対立に結び付くこととなる（211頁）。このように、古典的契約法がイデオロギーとしての法意識の産物であったことを暴露した批判法学の立場は、単発的契約モデルの非現実性を指摘することを通じて古典的契約法のイデオロギー性を明らかにしたマクニールとは、思想的にも重要なつながりがあると指摘する（216頁）。

⑹ 日本法の下での関係的契約理論と契約の再生（第6章・第7章）

第6章では、これまでの検討を踏まえ、日本の実定契約法理論としての関係的契約理論の法解釈学的帰結について述べられる。そこでは、継続的保証をめぐる信義則の作用、下請人保護のための法制度、委任契約の解約の制限などをめぐる日本の法状況について概観した上で、従来は例外としての地位しか持ち得なかったそれらの法理につき、例外を原則に転化するための理論的な核を提供するものとして、関係的契約理論が導入されるべきことが主張される（247頁）。日本の契約法学も、それが古典的な意思主義と単発的契約モデルをベースとしていた限りにおいて、「契約の死」のビールスを免れることはできず、また、関係的契約理論の想定する契約規範の二元性は、継受

法と生ける法との二元構造を有する日本にまさに適合的な理論モデルであり、信義則等を通して実定契約法の中に入り込んでいる日本固有の契約法規範を解釈学的に理論化する上で有用な視点を提供するものである、とされる（253頁）。その上で、判例や特別法に現れた関係的契約法規範の断片を集めて体系化し、新たな契約モデルの下に、古典的契約法原理に対する対抗原理を中核とする「日本の契約法」を構築していくことが今後の課題となることが明らかにされ、本書は締めくくられる。

3　検　討

　本書が出版された1990年代は、日本の契約法学において契約の基礎理論をめぐって多くの注目すべき議論が展開された実り多き時代であり、それは「平成民法学」の幕開けを華々しく告げるものであった[2]。それらは、古典的な契約法理論が様々な場面において直面している限界を踏まえ、新たな契約法の基礎理論としていかなるモデルを構築するかという理論的課題に対し、それぞれ独自の視点から取り組むものであった。それらの中にあって、本書の示した理論的立場は、当事者意思を中核とした従来の古典的契約法理論とは全く異なる基礎の上に立つ新たな理論を提示するものであり、当時の学界においても極めてセンセーショナルなものとして受けとめられた[3]。本書を初めとする当時の契約法学が取り組んでいた、古典的契約法理論の限界にいかに向き合うべきかという課題は、意思主義の復権を唱える立場であれそれ以外の道を選ぶものであれ、いずれにあっても今なお契約の基礎理論をめぐる基本的課題として意識され続けていると言ってよい[4]。

---

[2]　その時期に公表された契約の基礎理論に関係する代表的な論稿として、特に、山本顯治「契約交渉関係の法的構造についての一考察(1)〜(3・完)──私的自治の再生に向けて」民商100巻2号22頁、3号51頁、5号88頁（1989年）、山本敬三「現代社会におけるリベラリズムと私的自治(1)・(2・完)」論叢133巻4号1頁、5号1頁（1993年）、大村敦志『典型契約と性質決定』（有斐閣、1997年）を挙げておく。

[3]　雑誌における特集（「特集・現代契約法理論の研究──古典的契約理論から現代的契約理論へ」法時66巻8号〔1994年〕28頁）や、私法学会シンポジウム（「〈シンポジウム〉現代契約法論──約款・消費者契約を契機として」私法54号3頁〔1992年〕）における議論などからも、当時における内田関係的契約法理論に対する注目の高さが窺い知ることができる。

240

そのような基礎理論的な課題に対して本書が示した解答は、アメリカにおける様々な思想的潮流を背景として生み出された関係的契約理論を、法理論としてより洗練されたものとしつつ日本法の下での応用可能性を模索するというものであった。もっとも、日本における法解釈論としての関係的契約理論の具体的内容の提示については、本書の段階においては今後の課題として残されていたが、その後の諸論文においてさらに展開され、2000 年公刊の『契約の時代』[5]へと結実している。そこで、以下では、本書とともに、この『契約の時代』における議論をも踏まえつつ、内田関係的契約理論についてのいくつかの特徴を明らかにすることを試みる。

(1) 法解釈理論としての内田関係的契約理論とその解釈学的正当化

まず、内田関係的契約理論の特徴として、共同体論という思想的潮流を含め、マクニールの関係的契約理論との強い連続性があることは明らかであるが、他方、本書においても詳細に紹介されたマクニールの見解と比較し、内田関係的契約理論にどのような固有の理論的特徴が認められるのかについては、必ずしも自明ではない。この点に関し、まず指摘されるべきは、本書においても述べられている通り、マクニールの理論はもっぱら社会学的な理論として展開されたものであり、内田関係的契約理論は日本の実定契約法の解釈理論を志向したものであるという点である。その方向性自体は、本書においても示されていたものの、そこから帰結される具体的な法解釈理論の内容は、『契約の時代』においてより明確な形で示されている。

そこにおいて注目されるのは、実定契約法理論としての関係的契約理論の正当化に関し、解釈学（Hermeneutik）的な論法による正当化が試みられている点である。そこで依拠されているのは、哲学的解釈学に関するガダマーの理論やドゥオーキンの法解釈理論であり、そこでは、解釈者は前理解をも

---

4) 契約法に関する古典的概念構成から新たな概念構成への転換を、当初契約意思からの解放という特徴において捉えた上で、当初契約意思とそれとは異質の様々な介入的諸原理とを相互にどのように位置付け関連付けるかという課題（契約規範の形態原理をめぐる問題）に取り組むものとして、森田修『契約規範の法学的構造』（商事法務、2016 年）を参照のこと。

5) 内田貴『契約の時代——日本社会と契約法』（有斐閣、2000 年）。

ってテクストに向き合い、解釈対象との視線の往復による解釈学的循環を経て、対象に対する理解としての地平の融合へと至るプロセスとして解釈が描かれるとともに、解釈対象と整合的でそれを正当化できるものとして解釈共同体に共有された共通理解によって評価されたものが優れた解釈となる。そして、現代の契約法における新たな展開は、当事者の「納得」のいく紛争解決を導くためのものであったとされる。ここでは、「納得」という表現の下で議論が進められているが、その「納得」の内実は、当事者の主観的な意識とは異なる、共同体の道徳的直観との一致によって導かれるものであり、またその共同体の直観が共感者である裁判官によって具体的な紛争解決へと結び付けられることに他ならない。このように、「納得」の合理性という表現に対する一般的印象はともあれ、そこで意図されているのは、共同体の規範との一致という観点に基づく解釈学的正当化であったことに、十分な留意を要する。内田関係的契約理論は、実定法の解釈理論であると同時に、その正当化の方法として解釈学的理論に依拠しているという意味で、二重の意味において「解釈」と関連しているものと言える。

　以上のような解釈学的正当化に関しては、まず、現在の日本の裁判官が、そのような共同体の道徳的直観を体現する者として立ち現れることが期待され得るのか、という問題が指摘されている[6]。確かに、裁判官が、単に判決を下すのみならず、訴訟において後見的な役割を果たすものとしてしばしば行動していることは確かであるが、共同体に内在する規範について知るための資料や手段は限られており、正確に内在的規範を理解しそれを実定法へと組み込むという作業を担わせるのは、やや荷が重いようにも観ぜられる。この点に関し、ドゥオーキンの法解釈理論における裁判官像についても、過去の判例や現在の法状況を完全に把握・理解し、ハード・ケースにおいても最良の解釈を導くことができるような裁判官を想定することの非現実性がしばしば批判の対象となるが、内田関係的契約理論における裁判官像は、能力面での限界とともに判断資料の上での制約という問題も関係する点で、より一

---

6)　吉岡祥充「現代契約法規範の構成とその正当化——関係的契約理論の展開と現代契約理論の課題」法時 66 巻 8 号（1994 年）62 頁以下。

層の困難を孕み得る。

　また、そのような解釈学的正当化に際して、紛争の解決が内在的規範（共同体規範）と一致することがなぜ価値を有するのか、より根源的には、共同体主義がなぜ価値を有するのかという点について、十分には明らかにされていないとの批判もある[7]。さらに、そのような共同体規範や共同体主義の理念には、戦前日本における全体主義的な国家思想に連なり得る危険性があるとも指摘される[8]。この点に関しては、内田関係的契約理論が依拠している共同体の観念は、個人が主体的に参加する取引社会における取引共同体を意味しており、戦前の全体主義のように個人に対して他律的に押し付けられた政治的共同体と同視されるべきものではない、との反論がなされている[9]。また、内田関係的契約理論において共同体規範に従った解決に価値が見出されている点は、解釈対象と整合的な解釈はその対象の正当化を含んでいるという正当化論理によって支えられている。すなわち、ここでの解釈対象である契約それ自体が、社会的現実としては内在的規範に裏付けられた関係的な存在であるということから、それに対する理解・解釈においては、解釈対象との整合化のプロセスとして内在的規範との一致が導かれることとなる。

　「法と社会」学派とも呼ばれるマコーリーやマクニールらの関係的契約論者の基礎には、社会における取引の現実により適合的な理論を探求するリアリズムの視点が色濃く存在しており、内田関係的契約理論においてもその特徴は顕著である。このリアリズムが社会学的視点を経由しつつ（哲学的）解釈学と結び付くことはしばしば見受けられる事象であり[10]、内田関係的契約理論もまたその系譜に属するものと位置付けられる。法解釈理論としての内田関係的契約理論における解釈学的視点は、ウィリアムソンの理論などを典

---

7)　吉岡・前掲注6）60頁以下。

8)　川角由和「現代民法学における《関係的契約理論》の存在意義(1)——内田貴教授の所説に対するひとつの批判的評注」島法37巻4号（1994年）140頁以下。

9)　内田・前掲注5）154頁以下。

10)　この点につき、船越資晶「市場関係の多様性に関する法社会学的一考察(1)——関係的契約論を超えて」法学論叢145巻4号（1999年）79頁は、「態度としてのリアリズムは、方法論として解釈学を要求する」と述べている。また、関係的契約理論を素材として、「法解釈学の法社会学」（後掲・13頁）にかかる議論を展開するものとして、棚瀬孝雄「関係的契約論と法秩序観」同編『契約法理と契約慣行』（弘文堂、1999年）1頁を参照のこと。

型例とする経済学の視点からの関係的契約論との異質性をもたらすものであるとともに、法と経済学のアプローチによる関係的契約論がいかにして法学に応用され得るのか（いかにして規範理論たり得るのか）に関する方法論的課題を突き付けるものとなっているとも言える。

(2)　内在的規範の吸い上げをめぐって

内田関係的契約理論に関しては、内在的規範を吸い上げることは社会規範に関する現状追認的な帰結をもたらすものであり、関係的契約における圧迫的・搾取的な慣行をも法規範として承認してしまう恐れがあるのではないか、との懸念もあり得る。もっとも、この点に関しては、その規範が実定法秩序に抵触するようなものであれば、裁判官にとってはそれを法規範としては認識しないことが実定法との関係における整合的な解釈となるのであり、実定法との適合性に関するスクリーニングを経たもののみが実定法規範として吸い上げられることになるため、そのような批判は当たらないとの反論が既になされている[11]。そこで、次なる問題は、そのような実定法秩序に反する慣行については吸い上げの対象から除外されるとしても、そもそもそのように内在的規範を吸い上げること自体が、関係的契約に関する法的規律として問題を含んではいないのか、という点である。

この点に関し、バーンスタインによる実証研究などによっても示されているように、契約関係を終了させるような場面においては、当事者は形式的なルール（エンド・ゲーム規範）の適用による解決を求めており、そのような場面において内在的規範の吸い上げによる解決を行うことは、ゲームのバランスを事後的介入によって覆す結果となり得る、という問題が指摘されている[12]。従って、内在的規範としていかなる規範を吸い上げるべきかについては、少なくとも以上のような結果に陥らないような慎重な判断が求められるのであり、合意による現在化が明示的に施された契約においては、内在的規範の吸い上げは基本的になされるべきではない。そのような市場型契約を通

---

11)　内田・前掲注5) 66頁以下、159頁。

12)　Lisa Bernstein, *The Questionable Empirical Basis of Article 2's Incorporation Strategy: A Preliminary Study*, 66 U. Chi. L. Rev. 710-780 (1999).

244

じて、閉ざされた関係に自身を埋没させることなく取引関係を形成することの価値とそれに関する当事者の自由を保障することは、契約法の重要な内在的価値に関する事柄であり、また、関係的契約や非契約的な関係は、市場型契約とともに、それぞれが異なる内在的価値を体現するコンベンションであって、相互に補強し合いながらそれらの価値を支えるものとして位置付けられ得る[13]。従って、内在的規範の吸い上げは、そのような市場型契約と関係的契約（または非契約的関係）との相互的な補強関係を踏まえ、それぞれの内在的価値を損なわないように最大限の注意を払いつつ行われるべきものと解される。このような見方に対しては、関係的契約理論の視点からは、そのような理念型としての市場型契約の非実在性や、市場型契約と関係的契約とを区分することの無意味さや困難さが説かれることになろうが、内在的規範の吸い上げをめぐっては、基礎理論から具体的な諸法理の構成・適用方法に至るまで、様々な問題が絡み合いながら存在している点に、十分留意する必要があろう。

(3) 関係的契約理論と信義則

　内田関係的契約理論においては、信義則が内在的規範を吸い上げるための道具として位置付けられており、その信義則による内在的規範の吸い上げは、既存の法体系や法原理との整合性の観点からの法的なスクリーニングを経由しつつ、裁判官による解釈学的作用を通じて行われるものとされている。社会の急激な発展によって法と現実との乖離が進行し、現実の社会の中に自生的に存在している「生ける法」が量的にも質的にも拡充しつつある状況下では、法の現実適合性を確保するために、権利義務の微調整にとどまらないより積極的な信義則の適用が求められ、関係的契約理論はまさにそのための基礎理論としての役割を担うものとして主張されている。しかし、信義則は、法と現実を調和させるための調整弁としての柔軟性を備えることのみが期待される存在ではなく、また現実のレベルの諸規範を法のレベルに吸い上げる

---

13) このような契約と非契約的関係における相互的な補強関係を基礎とした契約法理論を提示するものとして、Dori Kimel, *From Promise to Contract: Towards a Liberal Theory of Contract* (2003) を参照のこと。

ための単なる道具概念でもない。信義則は、bona fides をめぐるローマの契約法史の展開によって示されるように、それ自体が、歴史的重層性を有するとともに、諸機能の具体的な作用形態および作用上の諸前提を含意する法原理として理解されるべきものである[14]。契約規範の拡張とその限界付けをめぐって信義則がどのような理論枠組においていかなる機能を果たしてきたのか、またそこではいかなる社会や法の構造が前提となっていたのか、といった点に関するより厳密な理解に基づいて、現代の日本の法と社会に相応しい信義則の機能や理論構造が探求されるべきであり、そのような営為の成果と関係的契約理論とを改めて対峙させる作業がさらなる課題として求められよう。

　また、信義則との関係では、2017 年の民法改正に際して、信義則を基礎として判例を通じて確立された諸々の法制度（付随義務および保護義務、事情変更法理など）の明文化に関して検討がなされたものの、その多くについて明文化が見送られている。ここでの明文化回避の背景事情としては、法制審議会での審議の経緯などに照らせば、「具体的な要件・効果について明文化され裁判所による判断のあり方が制約されない限りは、従来通り、裁判所には信義則等の適用を通じて適切な解決を導くことが期待され得る」という、裁判所の裁量権の行使に対する信頼の存在を指摘することができる[15]。確定された個別のルールよりも信義則の柔軟な適用をより望ましいものとし、かつそれに関する裁判官の裁量的判断についても積極的に捉えるという信義則像や、取引慣行等の考慮の要請を表現するために「取引上の社会通念に照らして」という文言が多くの条文で用いられることとなった点などを踏まえるならば、内田関係的契約理論は、債権法改正後の契約法との関係では以前にも増して高い適合性を示し得るものとなった、とも評価できる。もちろん、取引慣行等の考慮や柔軟な信義則の適用を要請する契約法が、関係的契約理論によってしか基礎付けられ得ないわけではなく、債権法改正における指導

---

14)　以上に関し、石川博康「信義誠実の原則」内田貴＝大村敦志編『民法の争点』（有斐閣、2007年）54 頁以下、同『「契約の本性」の法理論』（有斐閣、2010 年）を参照のこと。
15)　以上につき、石川博康「日本における信義則論の現況」民法研究 2 集 8 号〔東アジア編 8〕（2020 年）23 頁以下を参照のこと。

的な理念となったと解される合意主義の考え方に照らせば、むしろ関係的契
約理論はそのような理解に対する批判理論としての役割を引き続き担うべき
ものと考えられる。いずれにせよ、そのような債権法改正の経緯や成果を踏
まえた今後の契約の基礎理論をめぐる議論は、今まさに緒に就いたばかりで
あると言えよう。

4　おわりに

　本書が刊行されてから 30 年余りが経過し、時は平成を経て令和の時代と
なった。しかし、企業間取引におけるいわゆる日本的取引慣行の実態に関す
る近時の実証的研究によれば、この 30 年間において、契約書の詳細さや契
約慣行に関する変化はほとんど観察されなかった、とも指摘される[16]。その
ような日本の契約実践を最も整合的に理解することができる契約法理論とは
どのようなものであるのかについて考えるとき、本書において提示された関
係的契約理論は、その解釈対象を最良の光の下に描き出す可能性を、今なお
示し続けている。

連載第 9 回（2022 年 4 月号掲載）

---

16)　「日本私法学会シンポジウム資料：『日本的取引慣行』の実態と変容」商事 2142 号（2017 年）
　　4 頁。

「保護」から「支援」へ、そして

大村敦志「消費者・消費者契約の特性」
（同『消費者・家族と法』〔有斐閣、1999年、初出1991年〕）

原田　昌和

1　はじめに

　本論文の初出は、「消費者・消費者契約の特性——中間報告」NBL475号、478号（1991年）である（ただし、本論文の引用は、書籍の頁で行う）。近時、消費者法に関する多数の立法が行われているが、本稿は、本論文を座標軸として、平成年間の消費者法の進展を概観することを目的とする。

2　紹　介

　(1)　本論文は、消費者あるいは消費者契約について、「特性」、すなわち「典型例」「プロトタイプ」を描き出すことを目的とする（6頁）。そして、消費者・消費者契約をどう解するかに関連する理論的な問題として、①消費者契約に対してなされる各種の規制を、契約自由の復権として説明するか（実質的契約自由論）、契約正義の実現として説明するか（契約正義論）、第三の見方をとるかという問題、②消費者法の位置づけとして、既存の法体系（とくに民法）と消費者法との関係をどのように考えるかという問題、③契約の不当条項規制の際の規制対象確定のメルクマールとして、約款に不公正な契約を生み出す諸要素が集約されていることを重視する「約款アプローチ」、約款の背後にある実体であるところの交渉力の不均衡を重視する「交渉力アプローチ」、消費者であることをメルクマールとして規制を行った方がよいとする「消費者アプローチ」のいずれの見方が妥当かという問題、④契約に

対する国家介入の目的・根拠の問題が挙げられている（4頁から6頁）。

(2)　12頁以下では、論点の整理が、3つのレベルに分けて行われる。

(a)　第1のレベルは、議論の前提となる現象、つまりどのような問題が実際に社会に生じているかという認識の問題である。この問題は契約自体の問題と契約前後の問題に分けて整理される。

---

①契約自体の問題

　①-1　契約目的物たる商品自体の問題（安全性・品質）

　①-2　広義の契約条件の問題（価格・付随条件）

②契約前後の問題

　②-1　契約締結前の交渉過程の問題（販売方法・表示）

　②-2　契約締結後の権利義務調整過程の問題（権利実現）

(b)　第2のレベルは、消費者問題発生の背景の問題である。この問題は、企業側と消費者側双方に分けて整理される。

---

①企業側の事情

　①-1　商品の大量化：単一商品の大量生産、価格その他取引条件の画一化

　　→規模の利益の取得、契約交渉費用の節約

　①-2　商品の高度化・複雑化→消費者は十分な商品知識を持ちえない

　①-3　販売技術の進歩：市場調査、宣伝広告、セールス技術などの進歩

　　→企業は需要を発見し創出することが可能に。消費者は販売攻勢にさらされる

　①-4　企業自体の大規模化：資金・人材を集めて大規模化。技術・情報も集中し、活動の効率化のために組織化も進展

　　→市場に対する影響力を行使（独占化、寡占化）

　①-5　消費者信用の発達

> →消費者が容易に資金提供を受け、安易に契約を締結する傾向
> ①-6　モラルの不在・低下→マージナルな業者による「悪徳商法」の横行
> ②消費者側の事情：日々の生活を営む「生身の人間」
> 　＊購買力の増大、消費意識の変化、都市型生活様式の普及、中流意識の蔓延といった変化も

　(c)　第3のレベルは、第2のレベルで見た状況から生じる消費者の被害の特色に関する問題である。これは8つの問題からなるが、さらに3つにまとめられている（20頁）。これらが、消費者問題という場面における消費者の特性ということになる。

> ①消費者の自由の阻害
> 　①-1　決定の際の判断材料となる情報が不足する
> 　①-2　契約条件に関する交渉の余地が乏しい
> 　①-3　商品の比較選択の機会が失われる
> 　①-4　決定のために冷静に熟考することが難しい
> ②商品・契約の不完全・不公正：危険な商品・劣悪な商品、不要な商品・期待はずれな商品を購入したり、自己に不利益をもたらす不公正な契約条件に縛られる
> ③回復困難な消費者被害
> 　③-1　人身損害を被る
> 　③-2　紛争解決が困難
> 　③-3　負担転嫁が原則としてできない

　19頁注40）には、(a)から(c)で挙げた要素を相互に対応させた図が掲載されている。

　(3)　20頁以下では、消費者・消費者契約の特性から生じる問題の本質を明らかにすべく、上記第3のレベルで見た問題について考察が加えられる。

（a）　まず、①消費者の自由の阻害である。このうち、①-1 決定の際の判断材料となる情報の不足については、断片的な情報が与えられているだけでは十分な判断ができないことや、複雑に過ぎる情報では利用価値に乏しいこと（情報の「質」の問題）、情報の価値や提供の費用の問題、情報の評価を可能にする背景知識の不足、知識を前提としたうえでの効用計算の可能性に関わる問題を指摘する。

　①-2 契約条件に関する交渉の余地の乏しさ、①-3 商品の比較選択の機会の喪失については、その原因ないし背景として、大量生産された同一商品を多数の相手に販売することによる、商品の規格定型化、価格・契約条件の固定化を指摘する。そして、市場環境の整備などの競争政策による選択機会の保証が交渉力不均衡の問題を完全に解消することに疑問符がつく理由として、競争が行われているからといって、消費者はもっと良い条件を提示する売り手を容易に見つけられるとは限らないことや、契約締結後に給付の内容や条件などが問題になった場合の交渉力格差を指摘する。

　①-4 決定のために冷静に熟考することの難しさ、ないし、消費者は自己の欲求を必ずしも的確に把握できないという問題について、今日の市場では、商品のイメージが売られることも多く、そうした商品では、消費者は外部的な影響を受けやすく、企業も、消費者の需要を作り出すような活動を展開し、また、セールス技術の開発も著しいことを指摘したうえで、宣伝等による消費者の選好への影響力行使はどの程度まで社会的に許容されるかという点が問題の核心であると述べる。

　（b）　次に、③消費者被害の回復困難である。まず、③-1 消費者は生命健康に関する損害（人身損害）を被ることが少なくないという問題については、独立性の高い問題であるため、製造物責任による特別な対応が望ましいとされている（初出時には製造物責任法もなかった）。

　③-2 および③-3 の消費者は発生した被害を自己の負担において引き受ける結果になることが多いという問題については、消費者は商品を自己あるいは家族のために使用するため、損害が生じた場合でも、これを他に転嫁することができないこと、購入した商品について生じたトラブルを解決するために多くの時間を費やせないことが指摘されている。この問題への対処として、

少額紛争処理機関を整備することにより、紛争処理コストを低くする、消費者に代表訴訟を認めたり、消費者団体に訴権を認めることにより消費者の紛争処理能力を向上させる、オンブズマンの設置など行政が消費者に代わって消費者の権利実現を図るといった方策が提案されており、その中には、今日までに実現したものもある。

(4) 35頁以下では、②の商品の不完全さ、契約の不公正さに関して、取引・契約に対して社会的制約が課されること、国家が介入することの是非についての考察が、隣接諸学、とりわけ経済学の知見を交えて行われている。

(a) まず、取引に対して社会的制約が課されることの是非については、新古典派の市場観に対して、ある程度の価格硬直性こそが社会システムを安定化すると主張する見解や、経済的合理性や市場均衡は適正さを保証するものではなく、均衡よりも社会的公正観念の方が重要であると主張する見解、市場は本来不安定であるということを前提に、それでも資本主義経済が機能しているのはなぜか、それを支えるメカニズムはどのようなものかを探求するレギュラシオン学派、人間は必ずしも「合理性」だけを追求するのではなく、社会の常識、公正感覚なども考慮して行動するという観点から、社会慣習や文化の果たす役割を明示的に分析する概念装置としてゲーム理論を再構成しようとする見解、個人の厚生と選択は必ずしも直結しないと説き、他人への配慮ゆえに低厚生を選択する行為がなされることがあるとする見解などが紹介されている。

(b) つぎに、取引に対する国家の介入については、一律の行政的規制ではなく、裁判（とくに民事裁判）による規範実現は、自由放任と全面介入を調和させる役割を果たす可能性を有する旨の指摘、営業の自由ないし経済的自由は相対的であって、何を放任し何に干渉すべきかは、どのような経済的自由を指向するかにかかっている旨の指摘、「政府の失敗」「規制の失敗」を語る見解の中にも、政府の用いる方法は批判するが、福祉自体は否定しない見解もある旨の指摘が行われている。

(5) 46頁以降の結語では、以上を踏まえて、まず、状況の「複雑性」と

人間の「処理能力」との間のギャップが現代契約法におけるさまざまな問題を生んでいるとの基本認識が示される。そして、これに対応する方法として、消費者が日常的に行う「多品種」「少量」「少額」の取引においては、処理を簡略化する道、すなわち、一方で、企業に対して、その提供する商品・契約に一定の水準を要求することにより、消費者の抱く信頼を保護し、他方で、消費者が一度行った選択につき一定の条件の下で再考の機会を保証するという方策が検討の対象となるとする。

そして、かかる方策と社会・国家との関係については、社会によって取引に一定の制約がかされ、商品・契約にある程度の水準が保障されているならば、契約当事者は、社会の相場を知ってそれに合わせた定型的な行動をとればよく、すべてを自分で白紙の状態から判断する必要はなくなるといえるし、国家との関係でも、一定限度での定型的規制と消費者のイニシアティブに基づく事後的調整という方策は、具体的な基準をどうするかという問題を別にすれば、消費者への適度な「支援」として正当化できるのではないかとして、介入による「支援」という見方が示される。

以上の検討を踏まえて、冒頭の4つの理論的問題については、①実質的な契約自由の回復は望ましいが、完全な回復は困難であり、一度行った決定について、場合によっては再考を可能にする手当てを用意したり、商品にせよ契約条件にせよ、消費者に対して一定の水準のものを要求することによって、「正義」の実現を図る必要がある。②伝統的民法と消費者法の関係については、もともと民法のなかに一体となって含まれていた2つの局面が今日において分化し、一方で商取引の基礎となる規範群（取引民法）となり、他方で日常生活を規律する規範群（日常民法〔生活民法[1]〕）となっているという見方が考えられる。③契約規制のアプローチについては、消費者・消費者契約に一定の特性があることは示しえたものの、現代の契約が有する構造的な複雑性に起因する諸問題を捉えるためには、約款は依然として有力な手がかりといえる。④国家介入の根拠について、環境の複雑さに比して消費者の能力

---

[1]　大村敦志『法典・教育・民法学』（有斐閣、1999 年〔初出 1996 年〕）103 頁以下で、「生活民法」へと呼称を改めている。

には限度があることを前提とすると、当事者の自治を尊重しつつ、状況に応じて適度の介入を行うことは必要であり、消費者を市場に放置するのでも、こまかに後見的な保護を与えるのでもなく、消費者の自主性を前提として必要な各種の「消費者支援」を行っていくべきである、という見解が示されている。この見解は、契約正義による支援という形で、契約正義論と実質的契約自由論の対立を止揚しようとしたものといえるだろう。

3　検　討

(1)　消費者法の来歴

「第三の法制改革期」といわれる平成年間において、立法・学説の発展の著しかった分野のひとつが消費者法である。本論文初出以降の主要な消費者関連立法を挙げるだけでも、製造物責任法（1994年制定）、消費者契約法（2000年制定、2006年改正、2016年改正、2018年改正、2022年6月および12月改正）、特定商取引法（2000年訪問販売法などからの名称変更、2004年改正、2008年改正、2016年改正）、割賦販売法（2008年改正、2016年改正）、消費者裁判手続特例法（2013年制定、2022年6月改正）などがある（この間2009年に消費者庁が設置）。とりわけ消費者契約法の制定は、消費者像や規律の根拠について転換をもたらすことになった[2]。学会の動きとしても、日本消費者法学会の設立が2008年11月、『現代消費者法』（民事法研究会）の創刊が2008年10月、『消費者法研究』（信山社）の創刊が2016年6月のことである。

外国法についても、EUにおける消費者法分野の進展は著しく、消費者法研究において常にメンションされる重要領域の1つとなっている[3]。

(2)　消費者問題発生の背景

2(3)(b)でみた消費者問題発生の背景については、その多くが今日も妥当す

---

2)　沖野眞巳「『消費者私法』とは何か」現代消費者法53号（2021年）11頁。

3)　文献は多数にのぼるが、現在までのEU消費者法の展開に関する簡潔な概観として、中田邦博＝カライスコス・アントニオス「EU消費者法の現代化―消費者の権利の実効性確保に向けて―」現代消費者法57号（2022年）14頁を参照。

るものであるが、その後、新たなものとして、大村敦志『消費者法〔第4版〕』（有斐閣、2011年。以下『消費者法』）14頁以下で、次の4つが加わっている。すなわち、①サービス化（モノに対する需要に比べてサービスに対する需要が大きな意味をもつようになったこと）、②電子化（コンピュータに代表される電子機器の発達）、③国際化（国内市場において外国商品を眼にすることがまれでなくなり、外国から直接に商品を購入することも容易になった）、④地球化（地球環境を守りつついかに豊かな消費社会を発展させるかが消費者法にとっても重要な課題になった）である。

　この中ではとりわけ、②電子化、すなわち、インターネット上のショッピングモールやマッチングサイトなどを展開するプラットフォーマーの爆発的かつ世界的な発展や、AI（人工知能）の飛躍的進歩が重要である。現代では、電子化が他の要素と結びついて、多様な消費者被害を生んでいる。例えば、スパムメールや偽サイトを用いたパスワードや個人情報の抜き取り、SNSやウェブサイトを通じた名誉毀損やプライバシー侵害、プラットフォーマーによる検索履歴や購入履歴などの個人情報の収集やその第三者への提供、AI（人工知能）を活用したターゲティング広告[4]、売買プラットフォームを通じた外国事業者、さらには消費者間での販売トラブル、SNSを通じた情報商材のトラブル、口コミサイトやインフルエンサーによるステルスマーケティング[5]など枚挙にいとまがない。立法の面でも、近時、「特定デジタルプラットフォームの透明性及び公正性の向上に関する法律」（2020年6月3日公布、2021年2月1日施行）、「取引デジタルプラットフォームを利用する消費者の利益の保護に関する法律」（2021年5月10日公布）といった立法が相次いでいる。以上のように、消費者問題は、本論文が指摘する特性を保持しつつも、消費者を取り巻く社会や経済、技術の実情に応じて、その現れ方が大きく変化している。

---

[4]　ターゲティング広告と消費者の自己決定との関係については、古谷貴之「AIと自己決定」山本龍彦編『AIと憲法』（日本経済出版社、2018年）121頁以下を参照。

[5]　実態や問題点について、消費者庁ステルスマーケティングに関する検討会「同報告書」（2022年12月）を参照。

(3) 「保護」から「支援」へ

　現在から振り返って、本論文のもっとも特筆すべき主張は、消費者契約への介入の根拠として、消費者の「保護」ではなく、消費者の「支援」という視点を打ち出したことにある。このような視点は、当時の構造改革や規制緩和論ともうまく結びついて、消費者契約法の制定へとつながる。

　すなわち、1999 年（平成 11 年）12 月の第 17 次国民生活審議会消費者政策部会報告「消費者契約法（仮称）の立法に当たって」は、「現在、わが国では……規制緩和を中心とする構造改革が推進されて（おり、）……こうした中では、政策の基本原則を事前規制から市場参加者が順守すべき市場ルールの整備へと転換することが求められているが、もとより、規制緩和・撤廃は、無責任な自由放任や弱肉強食の社会を目指すものではない。公正で自由な競争が行われる市場メカニズム重視の社会を実現するためには、規制緩和の時代にふさわしい『消費者のための新たなシステムづくり』を行うことが大きな課題になっている」と述べ[6]、消費者契約法の立案担当者による解説も、「消費者をめぐる環境が急速に多様化、複雑化するなかで、消費者と事業者双方が自己責任に基づいて行動できる環境整備が不可欠である」とする[7]。

　ただし、大村の考える「支援」が、多様性をもつ具体的な人を前提に、その自発性を尊重して包摂していく——その意味で、後の脆弱な消費者論を先取りするような——方向にあるのに対して[8]、第 17 次報告の「支援」が規制緩和のカウンター・バランスにとどまる[9]点には注意が必要である。

　現在の消費者契約法が前提とする消費者像も、情報・交渉力の格差が是正されれば（＝適切な「支援」を受ければ）合理的な判断ができる消費者である。支援がなくとも合理的に行動できる人間から、支援を受ければ合理的に行動

---

6)　消費者庁消費者制度課編『逐条解説　消費者契約法〔第 4 版〕』（商事法務、2019 年）696 頁。

7)　前掲注 6) 94 頁。

8)　「ポスト福祉国家の消費者政策」において「必要とされているのは、市場の機能を活かしつつ、したがって、消費者・事業者の双方の自発性を尊重しつつ、構造的に必要とされる方策を講ずることである。このような方策を支える理念は『消費者支援』と呼ばれるべきだろう。」（大村『消費者法』30 頁）と述べられている。

9)　大村敦志「生成過程から見た消費者法◇〈その 2〉立法から立法への波及」消費者法研究 6 号（信山社、2019 年）97 頁。

できる人間へと人間像の変化があったのは大きな一歩だとしても、なお、基本的には、個々の消費者の特性を捨象した一般的・抽象的消費者が想定されている。

しかし、2018年および2022年6月改正は、「消費者契約の目的となるものの性質に応じ、事業者が知ることができた個々の消費者の年齢、心身の状態、知識及び経験を総合的に考慮した上で」必要な情報を提供する義務を事業者に課すことによって（同3条1項2号）、消費者の中でも特に配慮を要する類型（脆弱な消費者）への対応に乗り出しつつある[10]。これをなお、自己責任に基づいて行動できる環境整備の延長上で考えられるのかどうかは——上記のような「支援」が有する意味の違いとも関係して——考え方が分かれうるところであり、消費者契約への介入根拠や、法が予定する人間像について新たな問題を提起している。

(4)　消費者の定義について

本論文は、消費者と企業を対比させて、それぞれの特性を検討しており、大村『消費者法』25頁以下でも、消費者概念の定義について、「営業」概念を用いて、「消費者とは、営業と直接には関連しない目的のために行為する者をいう」（同26頁）としている。

これに対して、消費者契約法は、「『消費者』とは、個人（事業として又は事業のために契約の当事者となる場合におけるものを除く。）をいう」（同2条1項）、「『事業者』とは、法人その他の団体及び事業として又は事業のために契約の当事者となる場合の個人をいう」（同2条2項）、「『消費者契約』とは、消費者と事業者の間で締結される契約をいう」（同2条3項）とする。「事業」について、立案担当者解説は、営利の要素は必要なく、公益・非公益を問わず反復継続して行われる同種の行為が含まれるとしており[11]、対企業に着目する本論文よりも広い。霊感商法（同4条3項6号〔2023年6月1日以降は8号〕参照）などは、本論文の想定する消費者問題の範囲を超えるだろう。

---

10)　脆弱な消費者については、菅富美枝『新　消費者法研究——脆弱な消費者を包摂する法制度と執行体制』（成文堂、2018年）などを参照。

11)　前掲注6）99頁。

近年では、個人事業者がパソコンその他自己の専門分野外の目的物を自己の事業のために購入する場面や、事業目的と消費目的の「混合目的」で購入する場面の消費者性について議論がされている。これについて、立案担当者解説は、まず、契約締結段階で、該当行為が事業目的を達成するためになされたものであることの客観的、外形的基準（名目等）があるかにより、そのような判断に困難がある場合に初めて、物理的、実質的基準（使用時間等）に従い、該当事項が主として事業目的を達成するためになされたものであるかによって判断するとしているが[12]、実際には、ほとんどの事案で、消費者契約法による保護は否定されているとの指摘もある[13]。

　また、近年では、プラットフォーム上で、個人間での売買契約が締結されることも多いが、出品者の中には、反復継続して出品を繰り返す個人もおり、そうしたいわば「事業者的消費者」を「事業者」と扱ってよいかといった問題も議論されている[14]。さらに、そうした個人間売買契約のトラブルについて、果たして事業者との間で締結された契約だけが消費者契約なのか、非事業者の個人が相手となる契約でも消費者被害の特色を備えることはないのか、そうした場合に取引に関係するプラットフォーマーはどういう責任を負うのかなどの問題も議論されている[15]。

(5) 被害の特色への対応について

　続いて、本論文公表以降の消費者法の状況について、2(3)(b)でみた消費者被害の特色ごとにみていく。

　まず、消費者の自由の阻害への対応については、2000年制定の消費者契約法において、誤認・困惑を理由とする取消権が導入されたほか、2016年改正による過量販売取消権の導入、2018年改正による霊感商法やデート商法などの困惑類型の追加、消費者への情報提供に関する努力義務規定に個々

---

12)　前掲注6）100頁。

13)　大澤彩「いわゆる『消費者的事業者』に関する一考察」国民生活研究60巻2号（2020年）85頁。

14)　大澤彩「消費者・事業者概念を問い直す」現代消費者法53号（2021年）15頁。

15)　三枝健司「プラットフォーム提供者の契約責任——支配的影響論の考察を中心に」後藤巻則先生古稀祝賀『民法・消費者法理論の展開』（弘文堂、2022年）253頁以下を参照。

の消費者の知識や経験を考慮することを明記、2022年6月改正による退去困難な場所への同行などの困惑類型の追加、2022年12月改正による霊感商法に関する規定の改正といった改正が続いている。特定商取引法についても、2004年改正による不実告知・重要事実の不告知による取消権の導入、2008年改正による指定商品性の廃止や過量販売解除権の導入（2016年改正で電話勧誘販売に拡張）、2012年改正による訪問購入へのクーリングオフや不招請勧誘規制の導入と続いており、徐々に規制が充実している。ただ依然として、「火消し立法」のきらいがあるうえ、出来上がった規律についても、構成要件が限定的すぎて、相手の弱みに付け込む不当勧誘の受け皿規定がない[16]などの問題が残されている。解釈論の面でも、今日では、投資取引などにおいて狭義の適合性原則の法理が定着しているほか[17]、情報提供義務にとどまらず、助言義務についても語られるようになっている。加えて、こうした消費者の行動の特徴を理解するにあたって、今日では、行動経済学の知見の参照が語られるようになっており[18]、隣接諸学の成果を参照しようとする本論文は、その先駆けといえるだろう。

　契約条件の不公正さについては、2000年の消費者契約法制定によって不当条項規制が導入され、その後2016年および2018年改正で不当条項類型の追加が行われ、2017年の民法（債権関係）改正では定型約款規制が導入されており、規律の充実度は増している。ただ、こちらも、EU諸国のようなブラックリストやグレーリストがない、規制対象となる条項が少なすぎるなどの問題は残されている。

　つぎに、消費者は、自力による紛争解決が困難で、発生した被害を自己の負担において引き受ける結果になることが多いという問題については、2006年の消費者契約法改正、2008年の特定商取引法・景品表示法の改正で、適格消費者団体による差止請求権が認められ、さらに2013年には「消費者の

---

16)　山本敬三他「座談会　消費者契約法の改正と課題」ジュリ1527号（2019年）39頁以下など。

17)　法理の運用も含めて、原田昌和「金融取引」能見善久・加藤新太郎編『論点体系　判例民法9　不法行為II〔第3版〕』（2019年）256頁以下を参照。

18)　西内康人『消費者契約の経済分析』（有斐閣、2016年）、丸山絵美子編『消費者法の作り方　実効性のある法政策を求めて』（日本評論社、2022年）所収の各論文を参照。

財産的被害の集団的な回復のための民事の裁判手続の特例に関する法律（消費者裁判手続特例法）」が成立し、本論文発表当時からはかなりの進展がみられる[19]。

　また、全体に関わることとして、現在では、消費者法分野における公私協働論が広く受け入れられ、自主規制、行政規制、民事ルールといった各種ルールや、事業者・事業者団体、消費者・消費者団体、行政といったルールの担い手についてのベストミックスが模索されている[20]。

(6)　民法との関係について

　民法における消費者法の位置づけについて、本論文は、もともと民法のなかに一体となって含まれていた2つの局面が分化し、一方で商取引の基礎となる規範群（取引民法）、他方で日常生活を規律する規範群（日常民法〔生活民法〕）となっているという見方を提示している。この問題は、民法改正において消費者契約法の実体法規定を民法に取り込むかどうかという問題と深く関係している。

　しかし、消費者契約法の実体法規定を民法に取り込む提案は、民法（債権関係）改正に際して激しく議論されたものの、中間試案の段階で放棄された。部会資料は、この問題は「一般法」「基本法」に関する、以下のような2つの理解の違いに関わるとする。すなわち、第1の立場は、民法の「一般法」「基本法」としての性格は、それを基礎として必要に応じて特別法を設けていくためのモデルを提供することを意味し、現実には存在しない概念的なものであるとしても、「抽象的な人」を想定した規定を設けることが「一般法」「基本法」の役割であると考える立場であり、第2の立場は、「基本法」や「一般法」としての役割は、抽象的なモデルを提供するというにとどまるものではなく、そこに含まれる規定が、一部の特殊な取引についてのみ適用

---

[19]　同法の運用状況や問題点については、現代消費者法50号（2021年）所収の「特集　消費者裁判手続特例法の見直しへ向けて」の各論稿を参照。

[20]　消費者委員会消費者法分野におけるルール形成の在り方検討ワーキンググループ「同報告書——公正な市場を実現するためのルール及び担い手のベストミックスを目指して」（2019年）を参照。

されるのではなく適用対象が包括的であり、また、特定の時点でのみ妥当するのではなく持続的に妥当することによって果たされると考える立場である[21]。

消費者契約法の実体法規定の取り込みを放棄した今回の改正は、第1の立場に親和的ではある。ただ、今後もそうしたスタンスを維持できるかは微妙である。なぜなら、すでに保証に関する規定には、個人保証のみに関する規定も多く、実質的には、消費者保証と事業者保証に分かれている状況にあり、「保証契約を通じて、いわば消費者は民法典に忍び込んでいる」[22]からである。こうした傾向がさらに進むのであれば[23]、いずれ、自分たちが第2の立場に進んでいることを自覚せざるを得ない時が来るのではないかと考えるが、どうだろうか。

連載第19回（2023年3月号掲載）

---

21) 法制審議会民法（債権関係）部会資料49（PDF版）20頁。
22) 大村・前掲注9）116頁。
23) 例えば、2017年民法（債権関係）改正に関する国会審議で提案された、個人が債務者となる、書面によらない契約により生じた少額の債権について短期消滅時効を定める規定（193回衆法9号1頁〔結論否決〕）も、そうしたものの一つと考えられる。

継続的契約論の融解と昇華

中田裕康『継続的売買の解消』
（有斐閣、1994 年〔初出 1991-1992 年〕）

中原 太郎

1　はじめに

　継続的に売買をする関係が解消された場合、解消者は被解消者に対し、いかなる責任を負うか。標題の書籍[1]（以下「本書」）は、この問題の検討を通じて継続的契約論の刷新を図るものであり、その基本構想は、①『継続的取引の研究』（以下『研究』）及び②『継続的契約の規範』（以下『規範』）という2つの続編[2]でさらなる展開を見せている。さらに、著者自身は積極的に語ることがないが、著者が描く契約法体系[3]との関わりも注目に値しよう。

　本書やその続編が提示する視点は多岐にわたる。かかる懐の深さとは対比すべくもないが、本稿は、標題の観点に限定して、一定の理論的な整理・分析を試みるものである[4]。

---

1)　中田裕康『継続的売買の解消』（有斐閣、1994 年）。初出論文（ページ省略）は、法協 108 巻 3 号、4 号、7 号、11 号、12 号、109 巻 1 号（1991〜1992 年）。

2)　①は中田裕康『継続的取引の研究』（有斐閣、2000 年）、②は同『継続的契約の規範』（有斐閣、2022 年）。

3)　①中田裕康『債権総論〔第 4 版〕』（岩波書店、2020 年）、②同『契約法〔新版〕』（有斐閣、2021 年）。

4)　本書や続編の論評として、潮見佳男「民法学のあゆみ」法時 66 巻 10 号（1994 年）109 頁以下〔本書初出論文〕、加藤新太郎「この本」NBL713 号（2001 年）29 頁〔『研究』〕。中田裕康ほか「〈座談会〉継続的契約とその解消」判例タイムズ 1058 号（2001 年）4 頁以下、加藤雅信ほか編著『現代民法学と実務㊥』（判例タイムズ社、2008 年）155 頁以下〔初出：2005 年〕も参照。

262

2　紹　介

6章から成る本書の内容を概観したうえで[5]((1))、続編での展開を略述しよう[6]((2))。

(1)　本書の内容

(a)　問題認識（第1章・第2章）

第1章「問題の所在」では、本書の骨格が明かされる。「多種多様な社会的実態である継続的売買と、それに対する法的評価の枠組み（ないしは、かかる法的評価が施されて摘出されたもの）を区別して認識する基本的判断」を前提に、①「継続的売買」を「契約」としての評価・構成を経た②「継続的売買契約」と区別し[7]、②に至らない場合の解消の問題に特に目を向けさせる（8頁。49・56-57頁も参照）。そのうえで、従来から中心視角とされてきた(i)「継続的契約の解消」、典型事例としての(ii)「中間流通業者の取引の解消」、根本問題たる「契約」概念に関わる(iii)「継続的売買の構造」という3つの検討対象と、各々についての外国法研究（フランス法〔(i)(ii)(iii)〕・アメリカ法〔(ii)(iii)〕）が予告される（10-12頁）。

これを踏まえ、第2章では、「わが国における継続的売買の解消」の法状況が検討される。①従来の学説は、一方で、ドイツ学説を参考に「継続的供給契約」の概念を立てたが、定義や具体例は論者ごとに様々であり、類似概念との区別は明確でなく、解消に伴う損害賠償等の問題に具体的指針を与えるものでもなかった（43頁）。他方で、継続的な商品取引（特約店・代理店

---

[5]　著者自身による要約として、中田裕康「継続的売買の解消」日本私法学会私法54号（1992年）205頁、加藤ほか編著・前掲注4）160-161頁（同161-162頁は『研究』の要約）。

[6]　多様な論稿が収められているが、本稿の標題の観点から重要なもののみ取り上げる。

[7]　①継続的売買とは、「契約の成否にかかわらず、また、売主の供給義務や買主の買受義務などの存否を問わず、特定の当事者の間で売買が継続的になされ、或いはなされようとしている場合」を、②継続的売買契約とは、「継続的売買のうち、『契約』として評価され構成されたもの」をいう（8頁）。なお、厳密な意味での売買に限らず、「当事者の一方が他方に何らかの物を継続的に供給することを伴う取引」（57頁）が広く念頭に置かれている。

等）について、判例・実務を素材とする研究が蓄積され新たな視点も提示されているが（51-52頁）、対象とされる取引の概念はやはり明確でない（48-49頁）。②裁判例を分析すると[8]、古典的問題（解除の有効性等）を扱うにとどまる供給者解消・供給者請求型や被供給者解消・被供給者請求型のみならず、供給者解消・被供給者請求型や被供給者解消・供給者請求型のものも多く、そこでは契約の存否、終了の態様、救済の内容等が争われている。③総じて、上記(i)～(iii)に関する議論の不十分性（外国法参照の価値）が確認される。

　著者の問題認識は多層的である。①事実としての継続的売買の存在を重視し、多様な実態・紛争に耐えうる議論であることに価値を見出す。その観点から、②既存の議論における「契約」構成（個別的売買を包摂する全体としての契約を措定）の曖昧さ・狭隘さに厳しい視線を注ぐ。他方で、③「契約」を中核に据えた規律のあり方になお価値を見出し、「契約」概念や契約観の考究へと誘う。これらの姿勢は、外国法研究の箇所でも貫かれることになる。

(b)　外国法研究（第3章～第5章）

　第3章「継続的契約の解消」では、フランスの継続的契約論が紹介・分析される[9]。民法典規定の不存在という前提のもとで展開された1830年以降の議論が、3期に分けて跡付けられる。①解除・無効の効果の原則不遡及、②不予見理論・契約停止の適用、③一方的解消可能性等の点で特質を有するとされる「継続的〔履行〕契約」という契約分類の形成過程が追試されたうえで、概念の錯綜や狭隘性が批判的に指摘される。③につき契約期間の定め

---

8) 各類型の内容は以下の通り（58頁。後ろの2つが本書の関心の中心であることが注記される）。「供給者解消・請求型」では、買主が代金を支払わないので売主が契約を将来に向かって解消（告知）し、未払代金とともに約定違約金を請求する。「被供給者解消・請求型」では、ある期の商品の引渡を売主が遅滞したので買主が契約全体を解除し、既払分の代金・手付金等の返還、差し入れていた取引担保の解放（取引保証金の返還、根抵当権の登記の抹消等）、さらには損害賠償を請求する。「供給者解消・被供給者請求型」では、売主が出荷を停止したのに対し、買主が損害賠償請求や出荷の請求をする。「被供給者解消・供給者請求型」では、買主が購入を停止したのに対し、売主が損害賠償請求や購入の請求をする。

9) 日本においてドイツの議論に比してフランスの議論の影響が小さかった理由は、その価値の低さではなく、「概念の形成された時期とそれを受け入れたわが国の状況との相互関係」という歴史的事情に求められるという見立てが示される（219-220頁）。

の有無による区別がされる点や継続的供給契約という中間概念が設定されない点にポジティヴな示唆が見出される一方、「継続的売買の解消を考える際に継続的契約の概念から演繹して論じるという方法は有効でない」というネガティヴな示唆が導かれる（220-221頁）。

第4章「中間流通業者の取引の解消」では、①フランス法につき、(i) VRP、(ii)代理商、(iii)特約店に関する規律が分析される一方[10]、②アメリカ法につき、種々の通称（ディストリビューターシップ、ディーラーシップ、セイルズ・エイジェンシー等）を持つ中間流通業者取引の解消に関する判例と特定業種に関する制定法（自動車ディーラー法）が検討される。③契約の成立（「契約」構成の地位、制定法の役割）、内容（供給者の義務）、終了（期間の定めがない場合の解約自由の程度、ある場合の解消可能性・更新拒絶）、救済（金銭補償、履行の強制）の各観点から日仏米の比較がされ、硬いモデル（契約類型を截然と区別→性質と期間の定めの有無に応じて解消時の諸問題を規律）と柔らかいモデル（明確な契約類型を用意せず→取引関係全体に照らして解消の当否を判断）の存在が指摘される（399-400頁）。

第5章「継続的売買の構造」では、継続的売買の構造理解に役立ちうる「従来のものとはやや異なる視点の契約論」（402頁）が検討される。フランス学説からは「契約の集団」論と「枠契約と実施契約」論を取り上げ、多数の個別契約から成る全体の関係を把握する試みであり従来の継続的契約論から一歩踏み出すものと評価しつつ、期待感を示すにとどめる（413-414頁）。アメリカ学説からは（マコーリーの経験的研究を経てマクニールにより理論化された）「関係」的把握を取り上げ、伝統的契約観への批判として極めて重要であると評価しつつ、紛争解決基準や関係的契約概念の明確化等の課題を指摘する（441-442頁）。

---

10) (i)は「一人又は複数の使用者に被用者として従属する中間業者」（228頁）を、(ii)は「委任者の名前で、かつ、その計算において、注文を取り集めることを委託された受任者」（241頁）を、(iii)は「供給者が限定的な人数の承認に対し、その商人が一定の義務を履行することを条件に、ある製品を特に販売するという約定」（260頁。主として排他性を伴う場合を想定〔261頁〕）をいう。

(c)　総合的理解

第6章「総合的理解の試み」では、第1章（5-6頁）で予示された継続的売買の構造に関する著者のイメージ（502頁。個別的売買群を包摂する全体としての丘陵型曲線〔横軸が時間・縦軸が当事者間の緊密さ〕。個別的売買が反復されるにつれ緊密さが増加、間遠になるにつれ緊密さが減少。高原部分の高さは継続的売買の種類により相違）に即して、前3章で見たアプローチが問題全体を解決するものではないことが確認される（445-446頁）。

著者は以下の枠組みを提示する。第1に、契約を基本的枠組みに据える。継続的売買は、相互の信頼を深めながら進展する（ある時期に画然と成立するのでない）点、取引の継続の中で規範が徐々に形成・修正されていく（成立時に内容が確定しているのでない）点、契約成立前後で効果が急に変わるのでない点、契約の存否が成立時以後の事情も考慮して認定される点で、伝統的契約観による処理は難点を抱えるが、（解釈学的に構成する〔内田説〕にせよ）関係的契約論には不明点（古典的契約法と関係的契約法の棲み分け、共同体的思考の具体像、裁判官の役割等）があり追随できない。そこで第2に、伝統的契約観による契約構成で処理できない部分は、信義則により補完する。「意思を根拠とする継続的売買契約を中心としつつ、その周辺に信義則上の責任を認めうる領域を観念する」（471頁）。全体として、①履行強制まで可能な継続的売買契約、②履行強制はできないが損害賠償請求は可能な継続的売買契約、③契約の存在は認められないが信義則上の責任（損害賠償）が認められる継続的売買、④解消者に何ら責任が認められない継続的売買という4段階を描く（476頁）。

これを前提に、考慮要素（明示の契約、取引慣行・意識、当事者〔属性、立場、義務、被解消者の事情、解消者の事情、言動〕、目的物〔総量、特定の要否、性質〕、取引状況〔取引開始に至る経緯・取引の目的、個別契約の態様、取引された期間・実績〕、被解消者の貢献）が列挙され、これらを考慮した4段階のふるい分けが示される（484-486頁）。そのうえで、各段階の責任の具体的範囲（履行の強制の可否、損害賠償等）や解消が責任を伴わない場合（期間の定めの有無に応じた継続的売買契約の一方的解消の可否）等が論じられる。

(2) 続編における展開

(a) 本書の補完と視点の拡張

『研究』には、①「継続的売買契約の解消者の意図」と題する論稿〔初出：1995 年〕が収められており、(i)契約解消の諸態様（解除、解約申入れ、解約権の留保、更新拒絶）における解消者の意図の位置付けの整理を踏まえ、(ii)解消の意図の評価軸（契約自由を貫くか公序の要請を容れるか、伝統的契約観か関係的契約観か）が論じられる。伝統的契約観を維持したうえで「やむを得ない事由」を解消の要件とする等の方向性が示唆される（150-151 頁）。②「契約と関係——継続的取引の調査から」〔初出 1997-1998 年〕では、各種事業者を対象とするアンケート・インタビュー調査について考察が示される。伝統的契約法の「基準としての機能」と「価値発見機能」を指摘し、伝統的契約法による「関係的規範の取り込み」という指針を示す（118-121 頁）。これらの論稿は本書の内容を補完するものといえる。

　もっとも、『研究』の主眼は、視点の拡張にある。「継続的取引——1990 年代・日本」と題し本書後の議論状況を概観する序章では、継続性・柔軟性よりも流動性・固定性を志向する社会傾向の出現が指摘されつつ、なお基礎的研究の重要性が説かれる。この間の諸学説に見られた種々のアプローチ（契約解釈、公序、典型、構造）や経済学の知見を用いた考察につき、各々の限界や危険性を認識したうえでの総合的検討が志向される（16-18 頁）。

(b) 各論的研究と総論的研究

『研究』及び『規範』における検討対象は、継続的売買を「継続的取引」へ、継続的売買契約を「継続的契約」へと一般化することを前提に[11]（『研究』3-4 頁）、役務提供や融資、さらには継続性を定義上内包する諸契約（使用貸借・賃貸借・雇用・委任・預金・信託等）に及んでいる。扱われる規律も、契約の諸局面や債権総論の諸問題に及んでいる。

　かかる外形的分散の一方で、著者はなお総論的事項に関心を寄せる。①枠

---

[11]　ただし、「継続的契約」は「取引が継続」するタイプのみならず「状態が継続」するタイプ（使用貸借等）も含む。また、委任や信託のように「具体的な債務内容が当初には確定されないことの多い契約」も共通する問題があるとされる（『研究』3-4 頁）。

契約、②永久契約の禁止、③契約の更新に関する研究である[12]。いずれも本書で萌芽的に示された視点の発展的考察をするものである。本書における議論との連続性が強い①に関しては[13]、フランスの議論が詳しく分析される。枠契約は様々な対象・具体的問題を扱う多義的な概念であり固有の実定法秩序を背景に持つ（他国での受容度は異なる）こと、だとしても各国の実定法秩序を照射する機能や諸問題の解決のための補助線となる機能があることが指摘される。

3　検　討

著者の一連の議論は、継続的契約論の見直し・再構成を促すとともに（(1)）、継続的契約論と契約法体系の接合を図るものである（(2)）。本書の具体的解釈論の細部や続編での各論的研究に対する論評は控え、もっぱらこれらの観点から分析しよう。

(1)　継続的契約論の融解

(a)　「継続的契約」概念の有用性

本書の分析は、2つの点でそれまでの継続的契約論を超克するものであった。第1は、「契約」として評価される以前の取引継続の状態に目を向けた点である。かかる視点は、解消に伴う責任という題材に関する限り肝要なものであり、責任の有無・内容の段階化という構想と相まって特に説得力を発揮したと評しうる[14]。第2は、統一的な「継続的契約」の概念の措定とそこ

---

12)　①は中田裕康「枠契約」『研究』32頁以下〔初出：2000年〕、②は同「永久契約の禁止」『規範』76頁以下〔初出：2018年〕、③は同「契約における更新」『規範』112頁以下〔初出：2007年〕。

13)　②では、永久契約の禁止の内容・根拠等において日仏で相違があることが示され、一般的原則の定立にまで至ったフランスにおける「高次の理念」（個人の自由の保護）の存在が指摘される。③では、日本の素材（賃貸借契約、労働契約、特約店契約等）をもとに、更新の法的性質論を超えた実質的観点（契約自由とその制約、当初契約締結時の合意と期間満了時の合意の関係）が抽出され、継続的契約の解釈のあり方が論じられる。

14)　加藤ほか編著・前掲注4) 159頁〔加藤新太郎発言〕。本書に負うところが大きいとする加藤新太郎編『判例Check 継続的契約の解除・解約〔改訂版〕』（新日本法規、2014年）も参照。

268

からの演繹というアプローチに限界があることを、日本のみならず外国の議論とも批判的に対峙して具体的に指摘した点である。そこには、概念の①不明確性・狭隘性のみならず、②法技術性の欠如（当該概念自体から具体的規律が演繹されるわけではないこと）の指摘が含まれていることが重要である。早くに「継続的〔履行〕契約」の概念を立て規律の配置を目指したフランス学説の展開は、明快な反面教師として分析されている[15]。継続的契約関連規定の導入をめぐる日仏の債権法改正論議の結果（日本では規定導入が見送られ、フランスでは定義規定のみ置かれ具体的問題とは切り離された）[16]も、著者の分析の正当性を一種補強する[17]。

「継続的契約」概念が有用性を欠く中で、「継続的契約」論はなお成立しうるのか。①期間の要素が必然的に関わる規律群（契約の終了）で継続性に着目する意味があるのは、当然である[18]。②より一般的に、契約において継続性が持つ意義を多角的・横断的に検討する場として「継続的契約」概念を保持することにも、確かに意味がある。著者自身、「継続的契約」概念を、「様々な問題を解明するための契機」（本書213頁）・「契約期間に関して生じうる問題をより広い観点から検討する視点を与える」もの（『規範』74頁）と評している。③もっとも、「継続的契約」論としての自律性を獲得するためには、より積極的な位置付けが要請される。「契約」に至らない状態の処遇も重要な問題であるにせよ、継続的取引における「契約」の重要性への社

---

[15]　フランスの「継続的契約」概念に関する著者の検討は、「これほどまでに概念が錯綜するのは、種々の性質の問題を一つの概念で統一して論じようとしていることが原因ではないか」（211頁）、「種々の効果の統一的な淵源となりうる『継続的契約』の画一的な概念を設定しようとすることには無理がありそうである」（213頁）との分析で締め括られている。

[16]　著者自身による詳しい分析がある。中田裕康「継続的契約——日仏民法改正の対照」同『規範』10頁以下〔初出：2018年〕、同「フランス民法改正案における継続的契約」同『規範』49頁以下〔初出：2012年〕。同「2016年フランス民法（債権法）改正」同『私法の現代化』（有斐閣、2022年）118頁以下〔初出：2017年〕も参照。

[17]　なお異論もありうる。近時の基礎的研究として、佐藤史帆「ドイツにおける継続的契約の解消法理の展開(1)～(6・完)」論叢189巻6号、190巻2号、4号、191巻1号、3号、5号（2021-2022年）。

[18]　中田・前掲注3）②185-188頁は、契約が目的を達成して本来の終了をする場合の規律を一時的契約と継続的契約とに分けて整理したうえで、継続的契約の終了にかかわる諸理念と合意による継続的契約の終了のコントロールを特に論じる。

会的認識が強まる中で（『研究』9頁、『規範』ⅰ頁）、従来「継続的契約」の語で把握されようとしていた諸契約を契約法理論に即して再分析することが最重要課題となる。この意味での議論の再構成を促した（新たなステージへの移行の必要性を決定的なものにした）点に、本書の無視しがたい学説史的意義が見出される。

(b) 「継続的契約」論の再構成

『研究』の序論で整理される本書以後の主要学説は、いずれも既成の「継続的契約」概念を前提とせずに、諸契約の内実を理論的観点から明らかにしようとするものであった。中でも①平井宜雄[19]は、「市場」と「組織」の中間にある社会関係（中間組織）で行われる契約（「組織型」契約）である点に一定のタイプの「継続的契約」（フランチャイズ、代理店・特約店、下請等）の本質を見出し、規律の特質を契約解釈原理の形で描こうとする。②契約の解消における「やむを得ない事由」という判例上の素材を出発点とし独禁法上の規制の契約法への投影を見出す見解や、③各種契約に特化した研究が念頭に置くのも[20]、同じタイプの契約である。これらに遅れるものだが、本稿筆者自身は、「組織型」契約の特質を利益構造面に見出す議論（典型アプローチ〔③〕の一種だが、③′各種契約を横断する契約カテゴリーの定立を目指す点に特色がある）[21]に関心を寄せている（各種典型契約との相違を明確にし、「継続性と団体性という視角からの分析」〔『規範』74頁〕にも資する）。

①～③の各見解を「アプローチ」（①契約解釈、②公序、③典型）として一

---

19) 平井宜雄「いわゆる継続的契約に関する一考察──『「市場と組織」の法理論』の観点から」同『民法学雑纂〈平井宜雄著作集Ⅲ〉』（有斐閣、2011年）387頁以下〔初出：1996年〕。

20) ②として、白石忠志「契約法の競争政策的な一段面」ジュリ1126号（1997年）125頁以下。さらに展開するものとして、田村善之「市場と組織と法をめぐる一考察㈠㈡・完──民法と競争法の出会い」民商121巻4・5号、6号（2000年）等、③として、小塚荘一郎『フランチャイズ契約論』（有斐閣、2006年）〔初出：1995-2005年〕等。

21) 中原太郎「フランスにおける『組織型契約』論の動向」廣瀬久和先生古稀記念『人間の尊厳と法の役割──民法・消費者法を超えて』（信山社、2018年）73頁以下。売買等の交換型契約（当事者が異なる利益を各々独自に追求）、組合等の結束型契約（当事者が共通の利益を追求）の間に、協働型契約（当事者が異なる利益を協働して追求。平井のいう組織型契約に対応）を位置付け、各当事者の給付が手段・目的の関係を形成して共通計画の実施に向かうという構造に即して、範型となる具体的規律を配置する。

般化する点に[22]、多様性に意を払う著者のスタンスが表れている。実際、著者自身が取り組んだ④構造アプローチは、「基本となる法律関係と個別の取引という二重構造」の解明を企図するものであり、その対象は中間組織ないし組織型契約よりも広い（『研究』14・36-37頁）。詳論対象とされた(i)「枠契約」について言えば、フランスにおけるような価格決定の要否（民法典新1164条参照）は日本では問題とならないにせよ（『規範』43頁）、枠契約（基本契約）と実施契約の別個性と関連性を適切に把握するための道具概念たりえないかは検討に値する[23]。また、(ii)1つの契約の分割的履行たる「分割給付契約」を他の継続的契約と混同すべきでないという従来からの指摘（本書36・202-206・473頁を参照）も、同じく構造論に属する。前記③′も含め、構造的な観点（契約自体の構造〔④(ii)・③′〕も契約相互の構造〔④(i)〕[24]も含む）からの契約分類の定立（契約の構造分析）に注力してきたフランス法の成果は、前提とされる契約観の（当否・）射程を見極める必要があるにせよ[25]、「継続的契約」概念の解体により新たな分析枠組みを必要としている日本法にとって、なお有力な着想源たりうる。

---

22) ただし、これらの「複眼的な検討」（『研究』17頁）が具体的規律のレベルで成り立つかは、検討を要する。ある具体的規律を公序の要請と見るか（②）契約に内在するものと見るか（①③）、後者においても当該の具体的契約の解釈により導かれると見るのか（①）当該の契約類型における定型的な規律と見るのか（③）は争われうる。③′の観点から①を論評したものとして、中原・前掲注21）98-100頁を参照。

23) 著者自身、継続的貸付の分析（中田裕康「貸付をすべき義務」『研究』253頁以下〔初出：2000年〕）にあたり、枠契約概念から示唆を得る（同276-278頁）。枠契約概念を分析するものとして、潮見佳男『新契約各論Ⅰ』（信山社、2021年）29-30頁も参照。

24) 著者が本書で簡潔に取り上げる「契約の集団」論は、相互に関連する契約の集まりを捉えるものであり継続性・反復性とは視点を異にする（継続的契約の把握は主眼としていない）が、契約による「組織」形成の観点からはなお重要な示唆を提供する。仏日における研究の動向も含め、素描ではあるが、中原太郎「民法理論における『組織』の受容——契約・民事責任を題材として」大村敦志編『「人の法」研究序説』（有斐閣、近刊）掲載予定を参照。

25) 枠契約概念の発達を支えた「意思を重視する厳格な契約観」（『研究』51頁）は、「伝統的契約観」と重なるものであるが、増加しつつある「精錬された契約（書）にもとづく取引き」（加藤ほか編著・前掲注4）164頁〔中田裕康発言〕）には適合的だろう。

(2) 継続的契約論の昇華

(a) 契約法体系との接合

継続的契約に関する諸問題の解決は、契約法の一般的体系とどのような関係にあるのか。解消に伴う責任を扱う本書は、既存の体系との接合に意を用いる。①関係的契約論によらず伝統的契約観に立つ点[26]、②伝統的契約観の不都合（「契約」構成が適わない事例）を信義則でカバーする点がそうであり、救済方法の段階化というバランスの良い解決をこれらにより支える。③契約準備段階における責任との類比（460頁）はチャレンジングなものに映りうるが、「契約の熟度」の考え方（さらには「練り上げ型」という成立態様の可能性〔484頁〕）が受容されつつあることを前提とする限り、十分な類似性（熟度論の勘所は当事者間の緊密性を捉える点にあり、契約交渉という状況は必須の前提でない）が認められるケースに応用する手法は、むしろ手堅いといえる。詳論は控えるが、本書で補足的に検討された解消の可否（特に債務不履行解除。本書492頁）につき、「やむを得ない事由」の要求を重大な契約不履行や信頼関係破壊法理の範疇で理解する点も[27]、解除の一般論との接合の姿勢が表れている。

もっとも、ここには、接合先の「体系」として何を据えるかという前提問題があり、本書の素材を超えた、あるべき契約法体系についての著者の立場選択が投影される点に注意を要する。説得的な問題提起を含みつつ実用に耐えうる具体像を完全には示していないとして関係契約論の不採用を選択する上記①は、実務的考慮を体現する一方、なお上記②を通じた「関係的規範の取り込み」を志向することにより、理論的・価値的な次元での一種の混合をもたらす[28]。他方で、意思ないし合意を重視する（その意味で伝統的契約観・近代的契約法へと回帰する）見解との関係でも、著者の契約法体系は一定の特

---

26) 著者は本書後も一貫して関係的契約論から距離を取る。中田・前掲注3）②58-59・138頁。

27) 加藤ほか・前掲注4）193-194・195-196頁〔中田裕康発言〕。継続的契約の解除について論じるものとして、潮見佳男『新債権総論Ⅰ』（信山社、2017年）582-585頁も参照。

28) 潮見・前掲注4）113頁は、契約による責任を「意思に基づく責任」としつつも、「社会的・心理的関係の緊張度の高低と継続性とが『契約』を観念するための基準となっているように見える」点に、本書の論理的矛盾があるのではないかと指摘する。「関係的契約理論を志向する」等の方向性が「素直ではなかったか」との指摘（同頁）も、同根だろう。

272

徴を帯びることになる。継続的契約論が、「近代的契約法を基礎とし、合意の尊重とそれに対立する諸価値との対向関係を認識したうえ、それらを調和させ」る[29]という著者の構想の１つの源流をなすことを等しく認識すべきであるとともに、各問題に即して当該構想の当否を評価する必要がある。

(b) 契約法体系への投影

継続的契約論の源流性は、契約の完結性（近代的契約法〔≒伝統的契約観[30]〕の特徴として著者が抽出するもの）に対する疑問に表れている。完結性は①個別性と②固定性から成り[31]、①への対応例として（本書で類比対象とされた）契約準備段階の責任の問題が挙げられる[32]。信義則上の責任の性質につき契約責任説の擁護可能性を論じる（合意の存否により截然と不法行為責任との領域区分をする立場とは一線を画す）箇所[33]も合わせて見るとき、本書でも看取された契約の守備範囲の時的拡張への好意的姿勢が表れている[34]。②への対応例として著者が明示するのは事情変更の原則等であるが[35]、同根の問題は様々な箇所で現れうる。債務不履行による損害賠償の免責事由はその一例であり、「契約その他の債務の発生原因及び取引上の社会通念に照ら

---

29) 中田・前掲注 3) ②60頁。

30) 著者のいう「近代的契約法」は、①契約自由の原則、②意思自治の原理、③契約の完結性を基礎に持つ（中田・前掲注 3) ②23頁)。本書の「伝統的契約観」では具体的な帰結が前面に押し出されていたが、③を含む点ではほぼ同義と見てよいだろう。

31) 中田・前掲注 3) ②47-48頁。①は「契約が、当事者間の社会的関係からも、他の契約からも切り離された限定的な法律関係を、当事者間でのみ発生させること」を、②は「契約による法律関係は、その成立時に固定されること」を意味する。

32) 中田・前掲注 3) ②48-49頁（当事者間の社会的関係からの切断への対応の例)。

33) (i)契約交渉破棄による責任につき、契約と認められない中間的な合意でも債務不履行責任に類似する信義則上の責任が生じうるとし、しかも合意の認定は緩やかでよいとする（中田・前掲注 3) ①146頁・②113頁)。また、(ii)契約締結前の情報提供義務につき、契約との実質的関係（情報提供義務でいえば義務の存否・内容と契約の内容の強い関連性）を問題にする（同・前掲注 (3) ①151頁・②133頁注 (55))。これらからすれば、継続的取引の解消についても、少なくとも取引継続の緩やかな合意を認めうる場合は、契約責任の規律がなじむ。

34) 本書では信義則上の責任の性質は留保されている（本書461頁)。しかし、継続的契約の成否の判断も信義則上の責任の肯否の判断も大部分共通する諸要素の総合考慮によりされることからすれば、両判断は類似・連続するであろうし、それゆえにこそ救済方法の段階化の主張も説得力を持つ。少なくとも契約責任説を排斥する根拠は、本書では乏しいだろう。

35) 中田・前掲注 3) ②52-53頁。

して」（改正民法415条1項ただし書）の文言理解につき著者が提示する見解（「当初の合意時の状況とともに不履行時の客観的状況を適切に考慮に入れる」ために「取引上の社会通念」も定められた）は、契約締結時において将来の事態の「現在化（presentation）」を求めることの不都合とその解消要請を意識したものである[36]。一般的射程を持つ主張であるが、継続的取引の実態（本書449頁）には特に適合的だろう[37]。

　「契約締結時の合意を重視する近代的契約を想定するのか、締結前から履行過程に至るプロセスを取り込んだ契約をも想定するのか」[38]。継続的契約は、著者が志向すると考えられる後者の契約観の基礎をなす。上記②に関して付言すれば、著者は継続的契約関係の特徴を「将来起きるであろうことをすべて契約時点で予測し取り決めること（「現在化」）に限界がある」という「将来の不確実性」を内包する点に求め[39]、契約ないし条項の効力に関する一般法理（「不確実性の均衡」法理）の導出を試みてもいる[40]。しかし、意思ないし合意を絶対視するのでない（≠伝統的契約観・近代的契約法）、かといって関係を直接の構成原理とするのでもない（≠関係的契約論）、折衷的な契約観はどうすれば理論化を達成したことになるのか、何をもって正当視・正統視されうるのか[41]。中庸ないし穏当であるからこそ見やすい提示がなお課題となるものであることを、追随者や続く世代の法律家は厳に認識する必要

---

36)　中田・前掲注3）①159頁。同「損害賠償における『債務者の責めに帰することができない事由』」同・前掲注15）『私法の現代化』149頁以下〔初出：2019年〕も参照。

37)　ただし、不履行の有無の判断との関係については、厳密な検討を要する（継続的契約からは結果債務〔供給・購入義務等〕も手段債務〔誠実交渉義務等〕も生じうる）。なお、著者は、解消による責任（継続的売買契約上の債務不履行による損害賠償責任）の問題につき、義務に応じて「細かく分析する必要はあまりない」とするが（本書488頁）、改正論議周辺の契約責任論の展開を経て分析の必要性は高まっているのではないか（もっとも、結果債務・手段債務の区別は具体的な判断過程において必須の前提ではないという認識（中田・前掲注3）①161頁）が、すでに基礎とされているのかもしれない）。

38)　「《シンポジウム》契約責任論の再構築」私法69号（2007年）7頁〔中田裕康発言〕。

39)　中田裕康「継続的契約関係の解消」『規範』9頁〔初出：2007年〕。

40)　中田裕康「継続的役務提供契約の問題点」『研究』205-209頁〔初出：1996年〕。同・前掲注3）②60頁では、契約正義の実現の手法として、一般的位置付けが与えられている。具体的な素材に即して類似の視点を示すものとして、丸山絵美子「継続的役務提供契約の解消に関する一考察(1)～(3・完)」法学60巻4号、5号、61巻5号（1996-1997年）。

274

がある。

連載第 23 回（2023 年 7 月号掲載）

＊原論文脱稿後、中田裕康『研究者への道』（有斐閣、2023 年）に接した。
本稿に関わる箇所として、特に 24-33 頁を参照。

---

41)　著者は、関係的契約論者の定式化に係る「新古典的契約法」（本書 420-422 頁）ないし「新古
典的契約法学」（同 434 頁）に対し、直接には評価を示していない。また、近代的契約法自体が
合意の拘束力と信義則を内包しているとの見方を示唆したこともあるが（中田ほか・前掲注 4）
14 頁〔中田裕康発言〕）、その後、具体的に展開されているわけではない。

契約解除要件論の再構築

山田到史子「契約解除における『重大な契約違反』と帰責事由(一)(二・完)」
(民商法雑誌 110 巻 2 号 77 頁、3 号 64 頁〔1994 年〕)

田中　洋

1　はじめに

　2017 年改正前の民法(以下「改正前民法」という)のもとでの通説は、債務不履行による契約解除の要件として債務者の帰責事由が必要であると解していた。本論文は、そうした中で、契約解除の要件について、債務者の帰責事由を不要としつつ、重大な契約違反を必要とするという新しい契約解除要件論の枠組みを提示し、その後の契約解除制度の改正に向けた議論を促進することに寄与した業績の 1 つと位置づけることができるものである。

　以下では、本論文の内容を紹介したうえで(2)、従来の議論との関係での本論文の意義を確認し(3(1))、その後の議論の展開と 2017 年の民法改正との関係(3(2))を簡単に整理することにしたい。

2　紹　介

(1)　本論文の構成と問題の所在

　本論文は、主として、「Ⅰ　問題の所在」、「Ⅱ　1980 年国際動産売買法における解除の要件」、「Ⅲ　分析の総括と日本法への示唆」という 3 つの部分で構成されている。

　「Ⅰ」では、法定解除権の発生要件をめぐる(本論文公表当時の)わが国の議論状況が簡潔に紹介され、本論文の目的と検討対象が示される。それによると、本論文は、解除の主観的要件として債務者の責めに帰すべき事由を要

求する伝統的見解に対して、学説上、解除と損害賠償の発生要件を区別し、解除について債務者の帰責事由を要求することに疑問を呈する見解が主張されていることを踏まえて、「解除権発生の主観的要件としての過失に関する議論」について検討を加えることを目的とするものとされる。そして、その検討対象として、本論文は、「英米法の解除システムの流れをくみ、過失責任原則をとるドイツ民法理論にも影響を与えた1980年国際動産売買契約に関する国連条約〔以下「CISG」という〕……の解除システムを分析する」ものであるとされる。

(2)　1980年国際動産売買法における解除の要件

「Ⅱ」では、まず、CISGにおける契約解除の要件の概要として、①CISG49条(1)が、(a)「契約又はこの条約に基づく売主の義務の不履行が重大な契約違反となる場合」又は(b)「引渡しがない場合において、買主が第47条(1)の規定に基づいて定めた付加期間内に売主が物品を引き渡さず、又は売主が当該付加期間内に引き渡さない旨の意思表示をしたとき」に契約の解除を認めていること、②「重大な契約違反」の定義が同25条に定められていること[1]が確認され、CISGの契約解除権は「重大な契約違反の概念および付加期間の制度が一体となって要件を構成している」ことが指摘される。その上で、(i)こうした「重大な契約違反」の概念と、(ii)契約解除の要件のそれぞれに関して、(a)起草過程での議論と(b)その議論をめぐる学説の状況についての紹介と検討が行われる。

(a)　起草過程

まず、起草過程での議論の検討から、(i)「重大な契約違反」の概念については、①CISGの前身である1964年ハーグ国際動産売買統一法（以下

---

1)　CISG25条は、「当事者の一方が行った契約違反は、相手方がその契約に基づいて期待することができたものを実質的に奪うような不利益を当該相手方に生じさせる場合には、重大なものとする。ただし、契約違反を行った当事者がそのような結果を予見せず、かつ、同様の状況の下において当該当事者と同種の合理的な者がそのような結果を予見しなかったであろう場合は、この限りでない。」と定める。

「ULIS」という）やその起草過程では、当初、仮定的当事者意思に依拠した定義をもとに規準の客観化が図られたところ、その後、CISG の起草過程では、より客観的な定式を目指して、契約違反が相手方に及ぼす「実質的損失」に依拠した定義が採用され、さらに、考慮されるべき債権者の利益を契約によって認められたものに限る旨の提案を経て、契約違反が「相手方がその契約に基づいて期待することができたものを実質的に奪うような不利益を当該相手方に生じさせる場合」という定義に至ったこと、②債務者の予見及び予見可能性のファクターは、比較的初期の段階から導入されていたが、その証明責任を債務者に負担させるために「ただし書」に規定されたこと、また、起草過程の議論によると、予見の時期については契約締結時に限られない趣旨に解せられること等が指摘される。

　また、(ii)契約解除の要件については、①付加期間設定による解除ができるのは物品の引渡しのない場合に限られることとなったこと、②起草過程での議論によると、不適合物品の引渡しの場合に、付加期間の徒過のみを以て重大な契約違反が認められるのではない（不適合が重大でない場合には付加期間の徒過によっても解除が認められるのではない）こと、③これに対し、引渡しのない場合には、「付加期間設定によって期日につき契約違反が重大となるとともに、それに加えて引渡がされていないという重大な結果が生じていることを以て解消可能となる」と解することができること等が指摘される。

(b)　学説の状況
　次に、起草過程の議論をめぐる学説の状況の検討から、(i)「重大な契約違反」の概念については、①「契約によって認められた利益が脱落したか否かを規準にするのが、客観性も備わりかつ本来の契約違反の重大性を的確に捉える意味からしても最も適当である」とされ、②また、債務者の予見及び予見可能性の意味に関しては、シュレヒトリームの見解を支持し、「免責事由として考慮すべき債務者側の事情ではなく」、「契約が相当と認めた利益を定めるときの解釈事由として解するのが適当」であり、その判断は契約時を規準とすべきであるが、「例外的に、契約の補完とみられる場合にだけ、その後の事情も考慮することができよう」と指摘される。

また、(ii)契約解除の要件の枠組みについては、①事後的に契約違反を除去し得る場合には、客観的な契約違反の重大性と時の経過の重大性の双方が、重大な契約違反の判断に必要であるとするフーバーの見解が注目されること、②付加期間の制度は、売主に対して猶予を与え保護を図る一方で、買主にもその期間の設定・徒過によって解除権を与える制度であると把握されること等が指摘される。

(3) 分析の総括と日本法への示唆

これに続いて、「Ⅲ」では、上の「Ⅱ」でみた内容を踏まえて、① CISG の解除制度から「新しい解除観」を導き出すとともに、②そうした解除観を日本法へと導入する可能性と、③その問題点と限界について検討が行われる。

(a) 「新しい解除観」の導出

それによると、CISG の解除制度は、「客観的要件によって解除を認める考え方を採用する」ものであり、「それは、解除は損害賠償とは異なる機能を有するものとして損害賠償とは別の要件枠組みを設定するものであるが、帰責事由を要求しない代わりに、契約上認められた利益の実質的脱落と、利益の脱落の解釈に関する債務者の予見及び予見可能性を内容とする、『重大な契約違反』の存在を要件とするものである」とされる。そして、CISG の解除制度から導き出される「新しい解除観」として、次の点が指摘される。

（i） まず、CISG に採用された重大な契約違反の規準は、「契約を維持する利益」を基礎におき、その脱落をもって契約の拘束力からの解放の正当化を図ろうとするものである。これは、ULIS や CISG における議論の当初において念頭に置かれていた「仮定的当事者意思」（契約締結時にいかなる事情があれば解除ができると考えていたのか）の規準を「契約を維持する利益」という客観的規準に転化したものである。

（ii） そして、このような考え方においては、「契約からの離脱を認めるにあたっては『契約を維持する利益』が脱落したか否かという実質的＝客観的規準が決定的であり」、「解除には帰責事由が必要であるとの発想自体が解除の本質的な性質と相容れない」。

（iii）　もっとも、解除の要件として「契約を維持する利益」の実質的脱落が規準となるとしても、債権者側の一方的な期待が考えられているわけではない。契約の維持に対する利益の脱落は、契約の中で当事者が下した評価において考えられねばならず、債権者だけではなく、債務者の利益、債務者側の事情も考慮に入れる必要がある。これが、CISGが解除の要件として実質的利益が喪失したことに加えて、債務者側のそれに関する予見及び予見可能性を必要としている理由である。そして、この要件が契約締結時における当事者（債務者）のリスク計算（利益脱落の予測）を問題とするものであると考えると、予見可能性の規準時は原則的に契約締結時であると考えられ、例外的に、事後的に契約内容となったと認められる事情も斟酌されると理解すべきである。

（b）　日本法への導入の意義

　そのうえで、以上のようなCISGの解除制度から得られた「新しい解除観」は、日本法においても少なからず示唆を与えるものであるとして、次の点が指摘される。

（i）　まず、解除の要件としての「重大な契約違反」の中核部分である「契約を維持する利益」の実質的脱落という規準は、「わが国の解除の要件においても解除要件の本質部分を構成し得るものと思われる」とし、そのことを示すものとして、①契約目的達成不能を要件とする瑕疵担保解除（改正前民法570条）、②一部遅滞・一部不能等の場合の解除の規準を契約目的達成の可否に求める学説、③解除の要件として「要素たる債務」の不履行を要求する判例法理、④定期行為の解除（改正前民法542条）、⑤履行不能による解除（改正前民法543条）、⑥履行期前の債務者の履行拒絶による解除を認める学説が挙げられる。これらは、「契約を維持する利益」の実質的脱落を理由として契約の解除を認めるものであり、「解除の要件としての『契約を維持する利益』の実質的脱落という規準は、日本法においても、たとえ正面からそうと述べられなくとも、考慮されてきたものであると言える」とする。

（ii）　次に、解除の要件として帰責事由が不要であるという点については、①解除に帰責事由を必要とする伝統的学説の問題性（解除の要件を損害賠償

の要件と同様に解すべき必然性がないこと）、②最近の一部の学説による帰責事由不要論の展開、③解除の要件として有責性を必要としない重大な契約違反を支持する比較法的傾向をも指摘しながら、「そもそも契約の拘束力からの解放にあたっては、契約を維持することについての当事者の利益が実質的に脱落してしまうことこそが規準となるのであるとすると、日本法においても損害賠償責任を債務者に課するための要件としての帰責事由という概念を解除の要件枠組みに取り込むことそのものが適切でないと言い得る」とする。

　(iii)　また、CISG では、債務者の予見及び予見可能性は、利益の脱落の解釈の一要素とされるところ、日本法でも、実質的利益の脱落を規準として解除を認める場合には、その一要素として「債権者の契約に対する期待利益の状況の、債務者による予見」を加味すべきであるとされる。その理由は、「実質的利益脱落の有無として解除の可否を決する際の重要な要素である『利益』は、契約の両当事者がその達成を企図し、かつ予測したものであり、そのような利益獲得の予測の下に契約（そして、それへの拘束）という手段を選択したものである以上、『契約を維持する利益』が脱落したかどうかについても、契約両当事者の予測ないし企図を考慮に入れて判断するのが適切であると考えられるからである」とする。そしてこのときには、解除の要件として帰責事由が不要であるという立場に立ったとしても、従来の帰責事由判断の一部分は、「重大な契約違反」を判断する際に考慮されるのであり、「双方の要件の交錯とも言うべき状況」が生じるとする。

　(iv)　このほか、CISG における付加期間の制度については、「CISG では、付加期間はその設定及び経過によって時に関する実質的利益の脱落が認められるという効果を有するものと理解される。また、債務者に猶予を与えると同時に、債権者が解除するための不確実性を除去するという双方の事情を顧慮した制度と理解される」とする。そして、改正前民法 541 条は、通説によれば履行遅滞の解除の要件を定めたものとされ、催告後相当期間の経過によって解除権が発生することを定めるところ、そこでは、「引渡がない場合に付加期間が経過することによって重大な契約違反の存在が認められるという CISG の考え方と同様の考慮」がされていると言い得るとする。

(c) 日本法への導入の問題点と限界

　もっとも、上記のような新しい解除観を日本法に導入する際には、次のような問題点ないし限界があることが指摘される。

　(i)　まず、動産売買契約に関する CISG のルールを日本法の契約一般の解除のルールに持ち込むことが適切なのかという問題点が指摘される。ただ、これについては、「CISG から示唆を得て導かれた客観的要件によって解除を認める解除観は、契約において企図された利益とその実質的脱落に基礎をおく考え方であり、かかる解除観は、解除一般に通じる法的思考方法と言える」とされる。そして、「日本法の解釈においても、売買契約以外のところで、こうした見方がなされていることがある」として、①賃貸借契約における信頼関係理論（賃借人に当事者間の信頼関係を破壊するに至る程度の不誠意がない限り、解除権の行使は信義則上許されない）、②継続的供給契約における信頼関係破壊論（当事者間の信頼関係を壊すような不信行為があれば、無催告で契約の解除が認められる）を挙げる。これらは、「各契約類型の性質に応じた特別の配慮の結果」であるということも可能ではあるが、「契約に対する当事者の利益の中にそれぞれの特殊性を読み込み、その利益の脱落が解除の要件として規準となっていると理解することもできる」とする。このように、売買契約だけではなく、賃貸借契約、継続的供給契約の解除においても、「契約違反の重大性と発想を共通するものがあることが認められ」、これらの場合の解除理論を体系的に構築するにあたって、CISG の考え方が意味を持つのではないかと指摘される。

　(ii)　また、解除の要件として帰責事由を必要としないとする考え方は、（当時の）わが国の法体系との整合性の関係で問題——具体的には、①危険負担との関係（履行不能の場合には、解除と危険負担の規律が衝突するため、両者の関係をどのように考えるか[2]）と、②条文との齟齬（改正前民法543条が、履行不能による解除の要件として帰責事由を明記していることと齟齬が生じる）をめぐる問題——が生じることも指摘される。ただし、その検討については

---

[2]　とくに危険負担において債権者主義をとる場合には、「解除をすることによって危険は債務者が負担することになり、危険負担の制度を根底から覆しかねない結果となる」という問題点が指摘されている（本論文(2・完)495頁）。

282

将来の課題とされている[3]。

3 検 討

(1) 従来の議論との関係での本論文の意義

本論文公表当時における（改正前民法のもとでの）通説[4]は、債務不履行による損害賠償だけでなく、債務不履行による契約の解除についても、その要件として債務者の帰責事由が必要であると解していた。そのような中で、本論文は、契約解除の要件として、①重大な契約違反を必要とする一方で、②債務者の帰責事由を不要とするという新しい契約解除要件論の枠組みを提示し、その日本法への導入可能性を検討したものである。もちろん、それまでの議論においても、①契約解除の要件である債務の不履行を一定のもの（「要素たる債務」の不履行）に限定するという考え方[5]や、②契約解除の要件として債務者の帰責事由を不要とするという考え方[6]はすでに存在していた。これに対して、本論文は、CISG に関する詳細な比較法研究の裏付けのもとに、①と②を統合した契約解除要件論の全体的な枠組みを提示し、それによって、その後の契約解除制度の改正に向けた議論の促進に寄与したものであり、その点に本論文の学説史上の意義を見出すことができる。

(2) その後の議論の展開と 2017 年の民法（債権法）改正

本論文が示していた契約解除の要件に関する基本的枠組み──①重大な契

---

[3] その後、解除と危険負担の関係については、山田到史子「契約の解除と危険負担──解除理論の新たな展開を受けて」私法 61 号（1999 年）180 頁、184 頁以下で詳しい検討が行われている。

[4] 我妻栄『債権各論上巻』（岩波書店、1954 年）151 頁以下など。

[5] 浜田稔「付随的債務の不履行と解除」契約法大系刊行委員会編『契約法大系Ⅰ（契約総論）』（有斐閣、1962 年）307 頁、阿部浩二「いわゆる付随的義務の不履行と契約の解除」中川善之助＝兼子一監修『不動産法大系(1)売買〔改訂版〕』（青林書院新社、1975 年）408 頁など。主要な判例として、最判昭和 36 年 11 月 21 日民集 15 巻 10 号 2507 頁、最判昭和 43 年 2 月 23 日民集 22 巻 2 号 281 頁など。

[6] 好美清光「契約の解除の効力」遠藤浩ほか監修『現代契約法大系第 2 巻』（有斐閣、1984 年）175 頁、180 頁、藤岡康宏ほか『民法Ⅳ 債権各論』（有斐閣、1991 年）39 頁〔磯村保〕、辰巳直彦「契約解除と帰責事由」林良平ほか編『谷口知平先生追悼論文集 2 契約法』（信山社、1993 年）331 頁、339 頁など。

約違反の必要性＋②債務者の帰責事由の不要性——は、その後のさらなる議論を経て、2017年の民法改正により、わが国の民法にも概ね採り入れられたとみることができる。以下では、これら①・②の点について、その後の展開を簡単に整理しておこう[7]。

(a) 契約解除の要件としての重大な契約違反の必要性

まず、①の点についてみると、従来の判例・学説においても、契約の解除が認められるには、契約目的の達成不能をもたらすような債務の不履行（「要素たる債務」の不履行など）が必要とされると理解されており、重大な契約違反を契約解除の要件とすることは、そうした従来の理解とも整合性を有するものとして一定の支持を集めた。そして、立法論としても、「重大な義務違反」や「契約の重大な不履行」を契約解除の要件とする旨の提案がされることとなった[8]。

2017年の民法改正では、「重大な契約違反」の概念そのものが採用されることはなかったものの、契約の解除が認められるには、「軽微」でない債務の不履行（民法541条ただし書参照）又は契約目的の達成不能をもたらすような債務の不履行（民法542条1項5号参照）が必要とされており、その基礎には「重大な契約違反」の概念とも共通する考え方を見出すことができる[9]。

その一方で、重大な契約違反を契約解除の中心的要件と考えるときには、それに伴って、そうした重大な契約違反による解除と催告解除（改正前民法541条）との関係をどのように理解すべきかが問題となることも指摘された。

---

7) 契約解除の要件について、2017年の改正に至るまでの一連の議論を総合的に分析するものとして、森田修『「債権法改正」の文脈——新旧両規定の架橋のために』（有斐閣、2020年、初出2018年）449頁以下も参照。

8) 能見善久「履行障害」山本敬三ほか『債権法改正の課題と方向——民法100周年を契機として〔別冊NBL51号〕』（商事法務研究会、1998年）103頁、130頁以下、松岡久和「履行障害を理由とする解除と危険負担」ジュリ1318号（2006年）138頁、143頁、民法（債権法）改正検討委員会編『詳解 債権法改正の基本方針Ⅱ——契約および債権一般(1)』（商事法務、2009年）293頁以下。

9) 松岡・前掲注8) 140頁も、「重大な契約違反」という要件は、「履行障害の結果、被害当事者が契約の効力を維持する利益を失ったときを中核とするものであり、日本民法が用いている概念では、契約目的不達成の場合に相当すると理解しうる」と指摘していた。

そして、これについては、大別すると、(i)催告後相当期間が経過したにもかかわらず履行がされない場合にはそれによって重大な契約違反の存在が認められると考え、催告解除も重大な契約違反による解除に含まれるものとして解除制度を一元的に把握する考え方と、(ii)催告解除には、契約からの迅速・確実な離脱を実現するなどの独自の機能があるとして、催告解除と重大な契約違反による解除とを区別して二元的に把握する考え方が示された[10]。もっとも、(i)の考え方については、あらゆる債務の不履行について催告さえすれば重大な契約違反の存在（＝契約の解除）が認められるわけではないのだとすると[11]、催告手続を経ることによって重大な契約違反の存在が認められるのは、債務不履行のうちの一定の場合に限定されるべきであるという点を指摘できる[12]。また、(ii)の考え方については、催告解除に契約からの迅速・確実な離脱を実現する機能を付与しようとするのであれば、裁判外での迅速・確実な解除を保障する（事後的に裁判所によって解除の効力が否定されることを避ける）ために、催告解除の要件に個別の評価・判断を要する規範的要件（重大な契約違反など）を持ち込むことは避けることが望ましい一方で、上述したように、催告解除が認められる範囲を債務不履行のうちの一定の場合に限定すべきなのだすると、いずれにしても、そうした催告解除の範囲を限定するための要件（場合によっては規範的要件）を催告解除の要件に組み込むこ

---

10) 議論状況の整理・分析として、山本敬三「契約の拘束力と契約責任論の展開」同『契約法の現代化Ⅱ——民法の現代化』（商事法務、2018年、初出2006年）329頁、345頁以下、潮見佳男「債務不履行の救済手段」同『債務不履行の救済法理』（信山社、2010年、初出2009年）89頁、99頁以下、加毛明「新しい契約解除法制と倒産手続」事業再生研究機構編『新しい契約解除法制と倒産・再生手続』（商事法務、2019年）182頁、206頁以下など。比較法的検討として、山田到史子「解除における『重大な契約違反』と『付加期間設定』要件の関係——ドイツ、英米、CISG, PICC, DCFRの議論に示唆を得て」法と政治62巻1号（2011年）177頁、松井和彦「法定解除権の正当化根拠と催告解除(1)(2・完)」阪法61巻1号55頁、2号113頁（2011年）など。

11) 例えば、引き渡された目的物に軽微な契約不適合があるにとどまる場合には、履行の追完の催告を経たからといって直ちに重大な契約違反の存在（＝契約の解除）が認められるわけではないと考えられる。

12) 本論文(2・完)493頁も、(i)の考え方に立つものの、CISGにおける付加期間の設定・経過の効果は、「時に関する実質的利益の脱落が認められる」というものであって、「引渡がない場合に付加期間が経過することによって重大な契約違反の存在が認められる」（傍点筆者）とするにとどまる。

とを避けることができないという点を指摘できよう（なお、このような観点
からすると、CISG は、契約解除の可否に関する個別の評価・判断を要すること
なく定型的に契約解除を認めてよいと考えられる「引渡しがない場合」に限定して、
付加期間設定による解除〔催告解除〕を認めたものと理解することができる[13]）。

　2017 年の民法改正では、契約解除の要件を全体としてどのように構成す
るかが議論された結果、契約解除の要件は催告解除と無催告解除とに分けて
規定されるとともに、催告解除については、催告後相当期間経過時における
債務の不履行が「軽微」であるときには解除は認められないとされ（民法
541 条ただし書）[14]、無催告解除については、全部履行不能の場合など、債務
者がその債務を履行せず、債権者が「催告をしても契約をした目的を達する
のに足りる履行がされる見込みがないことが明らかである」ことが要件とさ
れた（民法 542 条 1 項 5 号参照）。こうした改正後の規定をめぐっては、立案
担当者が、催告解除と無催告解除とで契約解除が認められるために必要とさ
れる債務不履行の内容・程度が異なる——契約目的の達成不能とはいえない
ために無催告解除が認められない場合でもなお、不履行が「軽微」ではない
として催告解除が認められる余地がある——旨を想定しているとみられるこ
と[15]に端を発して、学説では、従来の判例法理との整合性や契約解除制度全
体の体系的整合性をいかに確保するかという観点から、「催告解除と無催告
解除との関係」をどのように理解すべきかが議論されている[16]。

　かくして、上述した「重大な契約違反による解除と催告解除との関係」を
めぐる問題は、民法改正を経てもなお、「催告解除と無催告解除との関係」

---

13)　こうした「引渡しがない場合」に限定して認められる催告解除は、(i)重大な契約違反による
　解除の一部を構成するものであると同時に、(ii)契約からの迅速・確実な離脱を実現するという独
　自の機能を付与されたものでもあるということができる。

14)　こうして催告解除の要件に規範的要件（不履行の「軽微」性）が組み込まれたことにより、
　契約からの迅速・確実な離脱を実現するという（催告解除が有しうる）機能は減殺されることと
　なったといえよう。

15)　筒井健夫＝村松秀樹編著『一問一答　民法（債権関係）改正』（商事法務、2018 年）236 頁
　（注 2）。もっとも、同 239 頁（注 3）も参照。こうした規律の問題点を指摘するものとして、磯
　村保「解除と危険負担」瀬川信久編著『債権法改正の論点とこれからの検討課題（別冊 NBL147
　号）』（商事法務、2014 年）73 頁、82 頁以下、横山美夏「契約の解除」法時 86 巻 12 号（2014
　年）30 頁、33 頁以下。

をめぐる問題へとやや形を変えて残されることとなったものということができるだろう。

(b) 契約解除の要件としての債務者の帰責事由の不要性

次に、②の点については、改正前民法543条ただし書の規定（債務の不履行が「債務者の責めに帰することができない事由によるものであるとき」には、履行不能による解除が認められないと定める）の存在が解釈論上の障害となっていたものの、本論文と時期をほぼ同じくして公表された他の論者による業績[17]とも相まって、債務不履行による契約解除については、債務不履行による損害賠償とは異なり、債務者の帰責事由を要件とすべきではないとする学説が次第に勢力を増していった。そして、立法論としても、履行不能による解除も含めて、契約解除の要件として債務者の帰責事由を要求しないとする提案が行われることとなった[18]。これらの基礎にあったのは、損害賠償が債務者に対して積極的にサンクションを課す制度であるのとは異なり、契約の解除は、債務不履行により契約を維持する利益を失った債権者を契約の拘束力から解放することを目的とする制度であるという理解であった。2017年の民法改正でも、「解除制度の意義は、債務の履行を怠った債務者にサンクションを課すのではなく、債務の履行を得られない債権者を契約の拘束力か

---

16) 渡辺達徳「民法改正案における契約解除規定の要件に関する覚書」法学新報123巻5=6号（2016年）903頁、916頁以下、潮見佳男『新債権総論Ⅰ』（信山社、2017年）558頁以下、杉本好央「民法改正案における法定解除制度の諸相——客観的要件論を中心に」龍谷法学49巻4号（2017年）363頁、379頁以下、森田・前掲注7）467頁以下・495頁以下、松井和彦「付随的な義務の不履行と契約の解除」秋山靖浩ほか編著『債権法改正と判例の行方』（日本評論社、2021年、初出2018年）235頁、240頁以下、田中洋「要素たる債務と付随的義務」法教454号（2018年）36頁、38頁以下、加毛・前掲注10）222頁以下、森田宏樹「催告解除と無催告解除の交錯」法教464号（2019年）1頁、伊藤栄寿「売買の解除」森田宏樹監修・丸山絵美子ほか『ケースで考える債権法改正』（有斐閣、2022年、初出2019年）255頁、258頁以下、山城一真「契約の解除」法セ811号（2022年）73頁、渡辺達徳編『新注釈民法(11)Ⅱ債権(4)』（有斐閣、2023年）192頁以下〔渡辺〕など。

17) 渡辺達徳「民法541条による契約解除と『帰責事由』(1)(2・完)」商学討究44巻1=2号239頁、44巻3号81頁（1993〜1994年）、潮見佳男『債権総論』（信山社、1994年）263頁以下、後藤巻則「契約解除の存在意義に関する覚書」比較法学28巻1号（1994年）1頁。

18) 能見・前掲注8）130頁以下、松岡・前掲注8）143頁、民法（債権法）改正検討委員会編・前掲注8）312頁以下など。

ら解放するところにある」という理解に従い、契約解除の要件として債務者の帰責事由は不要とされている[19]。

また、契約解除の要件として債務者の帰責事由が不要であると考えるときには、それに伴って、契約解除と同様の効果（反対給付債務からの解放という効果）を有する危険負担制度との関係をどのように整序すべきかも問題となることが指摘され、その解決方法のモデルとして、危険負担制度を廃止して解除制度に一元化するというモデルや危険負担制度と解除制度を併存させるモデルなど複数のモデルの可能性が検討された[20]。立法論としては、これらのうち解除制度への一元化（危険負担制度の廃止）モデルの採用が有力に主張されたものの[21]、2017年の民法改正では、危険負担制度と解除制度を併存させるモデルが採用された上で、同様の効果を有する制度の重複を回避するという観点から、危険負担の効果を反対給付債務の当然消滅から反対給付債務の履行拒絶権の付与へと変更するという対応がとられることとなった[22]。

連載第22回（2023年6月号掲載）

---

19) 筒井＝村松・前掲注15) 234頁。

20) 複数のモデルを整理・分析するものとして、松岡・前掲注8) 144頁以下。

21) 松岡・前掲注8) 145頁以下、民法（債権法）改正検討委員会編・前掲注8) 348頁以下など。

22) その趣旨については、筒井＝村松・前掲注15) 227頁以下を参照。なお、このとき、危険負担について例外的に債権者主義を定めていた改正前民法534条、535条1項・2項の規定も削除された。

実質的契約自由と約款規制・不当条項規制

山本豊『不当条項規制と自己責任・契約正義』
(有斐閣、1997年〔初出 1980-1995年〕)

吉永 一行

1 はじめに

　本書は、不当条項規制に関する著者の論文のうち、総論的課題に関わるものを集成したものであり、総論的色彩の濃い第1部(第1章〜第3章)と各論的研究たる第2部(第4章〜第9章)に分かれる(もっとも、第1部と第2部の区別は著者自身が言うとおり、流動的なものである)。

　本書評では、2つの判例評釈からなる第9章を除いて、章の順に、①不当条項規制の理論的根拠(第1部第1章〔1980年〕)、②不当条項規制の効果および基準(第1部第2章〔1995年〕、第3章〔1987年〕、第2部第4章〔1987年〕)、③三当事者間における約款の効力(第2部第5章〔1983年〕、第6章〔1986年〕)、④義務の排除と責任の排除(第2部第7章〔1991年〕、第8章〔1993年〕)と4つのテーマに区切って整理して、第1章をやや厚めに紹介する(付記した年号は初出論文刊行年)。

2 紹 介

(1) テーマ①不当条項規制の理論的根拠

　(a)　第1章「附随的契約条項の規制における自己責任と契約正義」の問題意識は、不当な契約条項の規制という課題に対して、契約守るべし(pacta sunt servanda)という基本原理を問い直すところから「契約」の拘束力を限界付けるというところにある。そこでは、①内容のいかんを問わず契約が拘

束力をもつことが正当化される前提は何か、②①の前提を欠くときの契約内容への評価はどのような基準に従うかという2つの基本視角から、契約における自己責任と実質的正義の調和が目指される。

本章（そして本書全体を通じて）では、西ドイツ約款規制法（当時[1]。以下も同様）とその制定前後の学説が比較法的素材として扱われる。西ドイツのオーソドックスな考え方によれば、約款をめぐる問題は、①約款が契約の構成部分となるために必要となる約款の開示、②約款の解釈とそれに関係する約款の明確性、③約款条項の内容の不当性を理由とした効力の否定の3つのレベルで論じられるが、本章が扱うのは③の問題である。

(b)　この問題をめぐっては、論点が多岐にわたり、かつ、論点間に一が定まれば他も定まるという論理的連関がなく、議論は錯綜している。そこで著者は、基本的視角から個々の論点に至るまで比較的旗幟鮮明で、かつ、分析のために有益な論点を提起していると考えられる論者3人を代表として取り上げ、紹介するという方針をとる。

1人目は、マンフレート・ヴォルフである。ヴォルフは、一方で、自己決定による契約形成の可能性があった場合には、当該契約当事者は特約条項に拘束されるとする。他方で、「自己決定の可能性」ありとされるメルクマールに、決定自由（自由な判断に基づいて下した決定を貫徹する可能性があること）を盛り込むことで、契約条項内容の実質的評価の問題を、「決定自由」論の枠内に位置付けようとする。

ヴォルフは、契約締結と契約条項承認とが抱合せにされている場合において、契約給付獲得の利益が当該契約条項の承認による不利益に比べて客観的に見て大であるために、契約締結自体を断念することが期待できないときに、「決定自由侵害」を認めようとする。ただし問題の契約条項が取引慣行や契約正義の客観的観点に照らして「正当な」ものと認められる場合、または、買主に他の内容の契約条項を選択することの期待可能性があった場合には、決定自由侵害は排除されるとする。

---

[1]　東西ドイツの再統一は1990年10月、約款規制法を民法305条以下に組み込むドイツ民法改正（いわゆる債務法現代化）は2002年1月施行である。

2人目は、ヨアヒム・シュミット＝ザルツァーである。シュミット＝ザルツァーは、シュミット＝リンプラーの「契約メカニズムの正当性保障」に強い示唆を受け、契約当事者双方が契約交渉に際して自己の利益を有効に守る可能性を実際に有していない場合には、国家が契約内容への規制を放棄していることの前提も崩れるとする。

こうした前提は、ヴォルフと共通するが、シュミット＝ザルツァーは、取引安全・法的予測可能性の観点から、国家が契約内容への規制を行うか否かのメルクマールは、約款条項か否かの一点で割り切るべきだとする。さらに、「約款」の定義も、「すべてのあらかじめ印刷された契約条項」と極めて形式的に行う（交渉を偽装して手書きの形式を利用したに過ぎない場合は脱法行為として対処される）。

約款に対する内容規制は、採用合意の解釈を通じて実現される。すなわち、当該経済領域および当該契約類型にとって異常な約款条項や内容が不当な約款条項は当事者を拘束しないことが、採用合意の規範的解釈として導かれるという。

さらに、不当か否かの評価基準は、「任意法の秩序づけ機能ないし導きの像としての機能」[2]をめぐる議論に依拠して、成文・不文の任意法規範に内包された法政策的評価に求められる。

3人目は、ヴォルフガング・グルンスキーである。その特徴は、競争の機能に対する強烈な信頼から、約款の内容規制に対する消極的評価を引き出す点にある。

その主張によれば、売主による不衡平な約款条項の使用がなくならないのは、価格と異なり、約款の内容については消費者の側の競争意識が働かないからである。そして、その打開策は、内容規制よりも、競争機能の回復・強化の方が優れている。なぜなら、内容規制は判断基準が不明確であり法的安全を害するのに対して、競争強化が成れば、はるかに広汎に顧客の利益を確保することができるからである。グルンスキーはさらに、裁判所が広範な内

---

2) 後者（原語は Leitbildfunktion）には「指導形象機能」との訳語があてられることもある（例えば後掲『法理』2頁、367頁、383頁）。

容規制を行っているために、消費者は約款の危険性を学習する機会を奪われてしまっていると批判する。

(c)　著者は、続いて、1976 年成立の西ドイツ約款規制法を代表的注釈書に依拠して概観したうえで、紹介した 3 つの学説と約款規制法とを突き合わせて、西ドイツにおける論議を横断的に観察・評価する。その際の観点は、本章冒頭に述べられた 2 つの基本視角に即して、①「自由な」特約の前提条件（「いかなるプロセスを経て成立したものであれば、契約条項内容への詮索抜きで法的拘束力が承認されるべきものであるかという問題次元」）と、②契約条項内容の実質的評価の 2 点に置かれる。

①「自由な」（あるいは「リベラルな」）特約の前提条件を問うという思考は、形式的なものにとどまらない実質的な私的自治・契約自由観に結びつく。そのうえで、シュミット＝ザルツァーの与する約款アプローチと、ヴォルフの与する交渉力アプローチが対立する（もっとも、約款アプローチの中でもシュミット＝ザルツァーのような形式的な極に立たず、両当事者の交渉の可能性といった要素を織り込んで定義する立場に立てば、実質はヴォルフ説に接近することになり、諸説は単純に二分されるわけではない）。

こうした複雑な議論状況の中、約款規制法は、規制対象を「約款」による契約条件と定めつつ、約款の定義については、極めて広汎なものとし、かつ、個々的に交渉された契約条項は約款に含まないとすることで、交渉力アプローチからの議論も投影されうるものとなっている。

②契約条項内容の実質的評価について、グルンスキーは、公正か否かは客観的に決まらないとして、条件競争の意義を強調するとともに、不公正契約条項規制の必要性を原則として否定したのであるが、多数説はそうした条件競争への信頼を共有しなかった。実質的評価については、契約条項の内容の妥当性に疑義があるときは契約条項の拘束力を否定するというヴォルフの見解（「積極主義」）もあるが、約款規制法はこれを採用せず、「（相手方当事者を）不相当に不利にする」条項を無効とする旨の一般条項（約款規制法 9 条＝現行ドイツ民法 307 条 1 項・2 項）と、それを具体化したリスト（約款規制法 10 条・11 条＝現行ドイツ民法 308・309 条）をおいている。

評価基準については、任意規定に求めるものが多数を占めている。著者は、

内容規制の基準となりうるという——解釈・補充機能とは異なった——任意規定観の由来を求め、「立法者の正義観念を表現している」「立法者の正義観念の具体化であって拘束的なもの」というシュミット＝ザルツァーの言葉を引用する。

　(d)　著者は、以上のように整理した西ドイツにおける約款規制論からの示唆を得て、問題考察の枠組みについて、契約内容への取込み（その前提となる開示）の問題と、条項内容の実質的評価の問題を分けることは適当であるが、実質的評価に立ち入るか否かのメルクマールについて、「約款」概念という土俵で議論を戦わせるやり方は疑問だとし、交渉力アプローチをとったうえで、約款使用をファクターの１つと位置付ければ良いとする。

(2)　テーマ②不当条項規制の効果（全部無効／一部無効）および基準

　(a)　第２章「不当条項と公序良俗・信義則」は、契約条項の内容規制に対処するため、公序良俗規定や信義則規定がどのように活用されているか、また活用されるべきかというテーマを扱う。裁判例の整理が行われたうえで、法律構成の使い分けについて、一方で、定型性の高い基準で判断できる場面、反社会性が強いと感じられる場合や当事者利益を超える公益に関わると感じられる場面、暴利行為論による処理になじむと感じられる場面のほか、当該条項を使用している業界への非難の響きを含ませるような場面で公序良俗が適用されるが、他方で、個別性の高い事情により条項の働きを制限するときや、業界への非難の響きを回避するべきと感じられる場合には信義則が用いられるという整理が、「多かれ少なかれ当たっている面がある」とする。

　著者は、日本の学説の概観に続けて、日本における裁判例を取り上げ、信義則を主とし、良俗を脇役とするドイツ法、逆に公序が前面に出てくるフランス法と比較すると、公序良俗と信義則の双方を通じて内容規制を行っている点に特徴があると指摘する一方、公序良俗にしても信義則にしてもいずれも本来の土俵を飛び出し、両者の関係が曖昧になってきているとする。これについて、理論的な棲み分けを明確に示すことは困難であり、むしろ、どこに位置付けようとも具体的法律効果が異なることにならないようにすることが肝要と締め括られる。

（b）　第3章「附随的契約条項の全部無効、一部無効または合法解釈について」は、契約条項が強行法規、公序良俗ないし信義則に部分的に抵触する場合に、当該条項は全部無効となるのか、それとも牴触する部分のみが無効で残部は有効なものとして生きるのかという問題が扱われる。

著者は、日本の裁判例およびドイツ法の状況を紹介・分析したうえで、原則となるのは一部無効であるとしたうえで、問題は例外（全部無効とすべき場合）が認められるか、いかなる観点・要件のもとで認められるかであると問題提起をする。そして、①旧借地法2条2項をめぐる議論や、ドイツ約款規制法における議論を参考にして、将来の同種の契約条項の使用を予防するべき場合には例外としての全部無効が認められるとし（ただし著者は、結論としては、旧借地法2条2項の場合にこれを否定する）、あるいは、②賠償額予定条項については、当該債務不履行があった場合に通常生ずるはずの額を探求して減額することは裁判官にとっても不可能ではないとして、やはり例外を認めるべきだとする。

さらに③問題の特約が約款に基づく場合について、ドイツにおけるように、全部無効的処理を原則とすべきかという問題については、（当時の）日本には団体訴訟の制度がないというドイツ法との違いなども根拠としながら、否定的な態度をとる。

（c）　第4章「免責条項の内容的規制のための基準について」は、免責条項を具体的素材として、内容規制の基準が論じられる。

日本においては、やや古い時代には附合契約における顧客保護という要請があまり意識されず、免責条項に対して比較的寛大な態度がとられていたが、初出論文執筆当時には、①軽過失免責の正当性についても疑いの目が向けられるようになってきているほか、②契約給付の対価および付保可能性の観点がこの問題を考察する際の1つの重要なポイントになるとの問題意識が述べられ、西ドイツの状況の整理に移る。

約款規制法以前の判例については、①債務者自身またはその指導的職員の故意・重過失による責任の免責や、②契約の基本的義務の違反による責任の排除・制限は許されず、③この結論は、債権者の付保可能性や対価が低廉であることによっても覆されないと整理される。これに対して、約款規制法は、

免責条項の許容限度を①よりも狭め、顧客が消費者の場合（非商人取引の場合）には、履行補助者一般の故意・重過失による責任の免責が許されなくなっていることが紹介される。

　さらに、議論の関心が上記②の基本的義務の概念の具体化ないしこの概念に代わる具体的基準の創出に向けられており、履行に対する特別の信頼がある場合、責任保険でカバーすることが期待される場合、生命・健康に対する典型的な危険が伴う場合に免責が許されないとするヴォルフの見解や、最安価損害回避者ないし付保可能性といった観点から修正を試みるハイン・ケッツの見解が紹介される。

　以上のような議論に示唆を得た筆者の提案は次のようなものである。まず、故意・重過失による責任の免責は、ごく例外的な場合を除いて許されない（ただし、保険保護による責任の肩代わりに対しては肯定的）。次に、軽過失免責については、大量の取引を処理する過程における不可避的な誤謬であり、一概に不合理と断ずることはできないが、少なくとも、債務者たる企業の組織上の過失にあたる場合、債権者よりも債務者に責任保険をかけさせる方が損害分散として適切である場合、そして人身損害の場合には、軽過失免責を否定するべきだと提案する。

(3)　テーマ③三当事者間における約款の効力

　(a)　第5章「インシュアランス・クローズの解釈・効力と保険代位」は、荷送人との保険契約に基づいて運送途上の事故による損害について荷送人に保険金を支払った保険者が、運送人に対して保険代位に基づく損害賠償請求をしたところ、運送人が、荷送人との運送契約で用いた約款中に「運送人は保険に付された危険によって生じた貨物の滅失等について責任を負わない」旨の条項（インシュアランス・クローズ）をおいていることに基づいて、その支払を拒否したというケース（最判昭和43・7・11民集22巻7号1489頁、最判昭和49・3・15民集28巻2号222頁、最判昭和51・11・25民集30巻10号960頁）を素材として、このような条項の解釈・効力を論じるものである[3]。

　最判昭和51年および最判昭和49年はいずれも保険会社を勝訴させたが、その法律構成は大きく異なる。前者は、経験則を根拠に、問題の条項を、荷

送人による損害賠償請求権の事前の放棄（そこには保険金も給付されないという帰結が伴う）という趣旨に解釈することはできないとしたのに対して、後者は、問題の条項を損害賠償請求権の放棄と解釈したうえで、商法739条（当時。平成30年法律29号による改正後の商法739条2項も参照）に反する限りで無効になるとした。ここに、①約款を利用した附随的契約条件の解釈において、条項文言と相手方の主観的意図ないし期待とに、それぞれどれだけのウェイトが置かれるべきか、②約款紛争の処理にあたって、契約内容の確定という作業と契約の効力の制限という作業とを、どう区別するかという約款法の基本問題が見出されるとする。

　著者は両判決および最判昭和43年を詳細に分析したうえで、保険者にリスクを負担させる方向が望ましいとして、保険契約の解釈ないし黙示の代位権放棄特約の認定という手法によってそれを実現することを提案する。そして、学説が免責条項の有効性を制限することに消極的な態度をとってきたことは、顧客保護のために当該特約について解釈レベルでの厳格な態度（損害賠償請求権の全部放棄ではなく保険金額を超える損害部分のみの放棄とみる解釈）を判例にとらせることになり、論者の予期しない形で、かえって免責条項使用者（運送人）の不利に作用してしまったのではないかと指摘し、契約解釈が強い規制となりうることを指摘する。

　(b)　第6章「免責条項の第三者効──履行補助者保護効を中心に──」は、甲（運送委託者）と乙（運送人）の間で物品運送契約が結ばれ、運送が行われていたところ、乙が用いた丙（荷役業者）や丙の被用者丁（仲仕）の過失によって運送品が滅失・毀損したという場合に、丙・丁は、甲乙間の契約中に存する免責条項を援用できるかという「免責条項の第三者（履行補助者）保護効」の問題を扱う[4]。

　著者によれば、学説は、必ずしも免責条項の第三者保護効として論じているわけではなく、むしろ運送人の被用者に固有の責任制限が認められるかという議論として展開されてきた。そして、著者自身の検討として、免責条項

---

3)　なお、これらの判決後、保険契約者が割増保険料を支払って保険代位権放棄特約を取り付けるという取扱いが定着しており、紛争は生じにくくなっていることが紹介されている。

の援用を認めることが実質的に妥当だとしたうえで、問題は、履行補助者からの責任追及（逆求償）を介した免責条項の空洞化阻止が目的とみて、被用者的履行補助者に限って免責条項の援用を認めることとするか、債務者が履行補助者を用いたか否かで債権者の地位が変わることを避けることが目的とみて、独立的履行補助者にも免責条項の援用を認めるかという点にあると整理しつつ、最終的な結論については留保する。

(4)　テーマ④義務の排除と責任の排除

(a)　第7章「イギリス法における免責条項二分論について」では、ブライアン・クートによる免責条項二分論の提起と、その後のイギリス貴族院（最高法院）における判例の展開が紹介される。

著者は、イギリスにおける主張の最大公約数的なまとめとして、次のように述べる。免責条項は、契約義務を排除・制限する条項と、義務違反による損害賠償責任を制限する条項[5]との2種に分けられる。そして、義務排除・制限条項については、——責任排除の究極形態としてより厳しい法的規制にさらすという立場もありうるが有力ではなく——どのような義務を引き受けるかが当事者の自由であることから、そこに法的非難を加えることは難しいという立場に傾斜していると指摘される。

著者は、免責条項に2種類のものがあり、それぞれの法的処遇が異なって良いとする点は、日本においても参考になるとしつつも、力関係の裏付けを伴った十分な実質的交渉を経ないままに周辺的義務の排除・制限が行われた

---

4)　これに対して、乙丙間で免責条項が存在するときに、丙がその免責条項を甲からの請求に対して主張できるかという問題は、免責条項の対外効の問題として区別される。この場合、第三者保護効の問題と異なり、免責条項を援用される甲の同意がおよそないのであるから、相対効の原則を緩和することについて、より慎重な態度が要請されるとする。なお、本書刊行後の判例として最判平成10・4・30判時1646号162頁があるが、荷送人と荷受人の間で当該運送業者を従来から用いていたという限られた場面に関するものである。同判決を素材とした著者の論文（みんけん555号〔2003年〕3頁以下）では、判示内容を評価し、いま少し一般化する方向を支持しつつも（9頁）、その法的構成についてはなお検討が必要とし（13頁）、さらに「免責条項を第三者の不利益に援用できるか」という問題設定自体を反省し、賠償請求者は（免責条項を含む）契約の締結と無関係な「第三者」といえるのかという問題のとらえ方を示唆する（14頁）。

5)　責任を排除する条項は義務の排除に位置付けられるが、これは救済が原則として損害賠償に限られるというイギリス契約法の構造に根差したものだと著者は推測する。

ときに、その実質的妥当性を吟味せず、当然に効力を認めるのは妥当ではないとして、この点でイギリス法には従い得ないとする。

中心的義務の排除・制限については、その内容を現実に認識して契約を締結した以上、その条項の適用を否定するのは筋が通らなさそうだとはするものの、とりわけ役務提供型の契約において、役務内容を含む契約内容が附合契約によって一方的に決められる形もあり、なお慎重な検討が必要とも指摘する。

(b)　第8章「契約条項における義務の排除と責任の排除」は、フランス（およびそれに示唆を得た田中誠二の見解）およびドイツの状況を紹介する。

フランスにおいては、①免責条項には義務排除・制限条項と責任排除・制限条項があるとされ、②前者については、義務がないとされれば責任が生じないのは当然とされつつも、③当該契約の本質とはっきり矛盾する義務排除・制限条項は無効であるとされ、さらに、最近では、消費者保護の見地からの法的規制が増加していると整理される。

ドイツにおいては、約款規制法8条（現行ドイツ民法307条3項）が、主たる給付や価格を定める約款条項には内容規制が適用されないと定めているものの、これに該当するのは、「それがなければ本質的契約内容が不確定なため契約が不成立とされるような中心的契約部分を定める条項」のみとされており、義務排除・制限条項が本条によって内容規制の適用を免れるのは非常に例外的となると指摘されている。

著者は、（かつてフランスや日本で見られたように）義務排除・制限条項には形式的契約自由がそのまま妥当するとして、手放しでこれを有効視することは適切ではないとする一方、義務排除・制限条項と責任排除・制限条項で、法的規制のレベルや規制基準の内容が異なってこざるを得ないとも述べる。

まず、主たる給付義務の排除・制限は、契約の性質・目的と矛盾する限りで契約内容とはならないとされ、いわば一刀両断的に解決が図られるのに対して、責任排除・制限条項においては部分削減的な解決が可能とされる。また、主たる給付義務を排除・制限する条項は、採用・解釈のレベルで解決されることが多く、責任排除・制限条項においては、内容規制が主役となるとも指摘される。

以上に対して、違反の場合の損害賠償責任だけを法効果としてもついわゆる附随的注意義務や保護義務については、義務の排除・制限と責任の排除とは密接不離の関係に立ち、両者を区別する意義に乏しいようにみえるとし、規制も内容規制が原則となると主張する一方、具体的行為を特定して当該行為をする義務を排除している以上、問題の処理は、やはり当該義務の排除・制限が許容されるか否かの二者択一となるべきであり、責任排除・制限条項に準じた扱いはできないと主張する。

3 検 討

(1) 河上正二『約款規制の法理』との研究スタンスの違い

約款規制については、本書第1章初出論文（1980年）と同時期に、河上正二『約款規制の法理』（有斐閣、1988年。以下単に『法理』と呼ぶ。1983年9月に提出された学位論文を基礎にしている）が書かれている。『法理』は、「わが国やドイツの判例・学説において貯えられた約款規制の為の武器の総点検」（2頁。原文の傍点を省略）とある通り、それまでの日本における学説およびドイツにおける判例の網羅性において他を圧倒している[6]。

そうした『法理』と比較したとき、本書第1章が、ドイツの学説について、3人の学者に代表させて紹介している点が特徴的である。こうした方法は、複雑な議論状況を安易な対立構造にみせてしまう危険を伴うものの、本質的な対立のポイントを鮮烈なコントラストで描き出して、複雑な議論状況を観察するための座標軸を設定する意義がある。

(2) 約款規制・不当条項規制法史上の意義

本書刊行後、平成12（2000）年に消費者契約法が制定され、その後改正が重ねられている。さらに、平成29（2017）年の民法（債権関係）改正により、民法に約款に関する規定が設けられた（548条の2から548条の4）。もっと

---

6) さらに、本書が扱う内容規制の問題だけでなく、約款の採用および解釈に関する司法的規制も取り上げており、約款規制の全体像を描き出している。

も「定型取引」に伴うものに限られ、内容規制の定めはおかれていない（548条の2第2項が類似の機能を営みはするが）。

こうした立法作業は——1990年代後半からの「事前規制から事後規制への転換」をキーワードとする新自由主義的な構造改革・行政改革を背景にして——、1990年代における契約自由・契約正義をめぐる基礎理論やそれとも関連した消費者保護をめぐる研究の展開が影響を与えていると目される。

約款法学は、当初は、契約法が予定しているような合意はないが拘束力を否定することは現実的でないというジレンマの中で約款の拘束力をどう認めるかという形で議論がされていたところ、1960年代頃から、契約法との接合が図られ、それに合わせて内容の規制・適正化が論じられるようになる。1980年刊行の本書第1章は、契約の拘束力の前提をより実質的にとらえることで、内容規制の問題を民法・契約法基礎理論に接合させた意義があり、上述のようなその後の議論の展開の1つの源流となったと評しうる[7]。

(3) 交渉力アプローチ

実質的な契約自由の侵害の判断をめぐっては、規制の対象を画するメルクマールについて約款アプローチと交渉力アプローチの対立があり、後者からは事業者・消費者間契約という要素に注目する消費者アプローチが派生する。

もっとも、本書が明らかにするように、約款アプローチを採用したドイツ約款規制法（現ドイツ民法）でも、契約当事者間で個別に交渉された契約条項は約款に当たらないとする規定が議論の「土俵」となって、より実質的な議論（交渉力アプローチからの議論）が流れ込んできている。

これと対比して日本法を見ると、（定型）約款についての規制は上述のように内容規制の定めがなく、ドイツに比べるべくもない。消費者契約法8条〜10条では、「消費者契約」というその適用の形式的メルクマールを相対化し、実質的な交渉力の格差を直接問題とできる「土俵」が存在していない[8]。交渉力に格差のある「事業者間の契約」をめぐる問題は、今日なお大きい。

---

7) 約款法学説史については、『法理』46-112頁、谷口知平＝五十嵐清編集『新版注釈民法(13)債権(4)〔補訂版〕』（有斐閣、2006年）173-222頁（本書との関係では特に197-214頁）〔潮見佳男執筆〕、渡辺達徳編集『新注釈民法(11)Ⅱ債権(4)』（有斐閣、2023年）330-341頁〔後藤巻則執筆〕。

⑷　三当事者の関係もしくはシステムの構築と契約法学

　約款規制・不当条項規制を契約基礎理論と接合するときには、第5章・第6章で扱われるような三当事者の関係を論じるに際して、契約の相対性との衝突が深刻になる。このことは、第6章で、筆者が結論を留保しているところにもにじみ出ている。

　第5章末尾で指摘されている通り、多数当事者が取引システムを構築するようなタイプの契約では、各契約の当事者相対の関係の積み上げという構造で物事をとらえるやり方では全体最適にたどり着けない。取引が複雑化するなか、その克服はいまなお大きな課題である[9]。

⑸　義務の排除と責任の排除

　第7章・第8章で扱われる免責条項二分論は、その後、必ずしも議論が展開していないように思われるが、役務提供型契約では中心的義務の排除であっても当事者の契約自由の枠内とは言い難いのではないかという著者の指摘は、サービス契約の重要性と複雑性が格段に増大している今日（スマートホンの料金プランの複雑さを想起されたい）、もっと注目されて良い。また、やや文脈が異なるかもしれないが、インターネット通販において1回きりの売買と思っていたら定期購入（サブスク）であったという消費者トラブルについて、これまでは景表法による行政的な規制（さらに適格消費者団体による差止請求）の問題として対応されていると目されるが、本書の問題提起は、中心的義務に関する部分に対して直接に内容規制を実現できるような「武器」の手がかりとなるようにも思われる。

連載第 35 回（2024 年 8 月号掲載）

---

8)　例えばフランチャイズ契約について、当事者間の情報格差の問題がありつつも、フランチャイジーを「消費者的事業者」として消費者法上の保護を与える方向性には難があるとする大澤彩「フランチャイズ契約と消費者契約法──消費者契約法の事業者間契約への適用」ジュリ1540号（2020年）30頁参照。

9)　やや文脈を異にするが、「双務契約（bilaterale Verträge）の形式で契約が締結されるが、同時に、そこから多角的（multirateral）な（法）効果が発生する」ような「ネットワーク（Netswerk）」について検討するグンター・トイブナー（藤原正則訳）『契約結合としてのネットワーク──ヴァーチャル空間の企業、フランチャイズ、ジャスト・イン・タイムの社会科学的、および、法的研究』（信山社、2016年）も参照。

典型契約論の再生

大村敦志『典型契約と性質決定』
(有斐閣、1997 年〔初出 1993-1995 年〕)

田中　洋

1　はじめに

　本書は、1993 年から 1995 年にかけて法学協会雑誌において公表された論文[1]をまとめたものである。著者である大村は、自らの契約法研究を、「契約における『自由と正義』『個人と社会』『革新と伝統』といった緊張関係について、実定法を中心に据えて検討を加える」ものと特徴づけている[2]。実際、大村が典型契約論を取り上げた背景には、本書の原論文の副題——「契約における個人と社会」——からも窺われるように、「個人と社会」の関係に対する高い問題関心があったものとみられる[3]。

　わが国の民法学史との関係では、本書は、典型契約制度に対する消極的評価が支配的であった当時において、多角的な観点から典型契約制度の存在意義を再評価し、その後の典型契約論の展開を方向づけたものということができる。以下では、本書の内容を紹介したうえで（2）、従来の議論との関係での本書の意義（3(1)）、本書の登場以降の議論の展開（3(2)）についてみて

---

1)　大村敦志「典型契約論——契約における個人と社会(1)～(5・完)」法協 110 巻 9 号 1271 頁、111 巻 7 号 931 頁、12 号 1743 頁、112 巻 7 号 839 頁、10 号 1311 頁（1993～1995 年）。

2)　本書「はしがき」i 頁。

3)　このほか、本書の背景となった大村の問題関心については、大村敦志＝加藤雅信＝加藤新太郎「法的思考の意義と機能——『典型契約と性質決定』をめぐって」加藤雅信＝加藤新太郎編著『現代民法学と実務(上)』（判例タイムズ社、2008 年、初出 2005 年）1 頁、5 頁以下〔大村発言〕も参照。また、典型契約論への問題関心は、すでに大村敦志「『脱法行為』と強行規定の適用」同『契約法から消費者法へ』（有斐閣、1999 年、初出 1991 年）129 頁、161 頁以下において見出される。

いくことにしたい。

2 紹 介

⑴ 序 論

本書の序論では、典型契約についての従来の支配的見解として、主に我妻榮と来栖三郎の見解が紹介され、従来の支配的見解は、全体としてみれば、典型契約というものに対して「消極的ないし否定的な考え方」であったとされる。もっとも、最近では、典型契約の持つ意味をより積極的に評価しようとする諸研究が現れているとし、それらの諸研究を踏まえて、次のような用語法の整理をしたうえで、検討課題の設定が行われる。

まず、本書では、典型契約に関わる用語について、①典型契約として一定の抽象的な契約類型を指す場合を「典型契約類型」と呼ぶこととし、これには、「法律による典型契約類型（法定類型）」と「判例・慣行による典型契約類型（非法定類型）」が含まれるとする。そして、②これらの契約類型に適用が予定されている規定（規範）を「典型契約規定（規範）」と呼ぶとされる。さらに、③典型契約類型を持つ法制度を「典型契約制度」、典型契約制度を指向する考え方を「典型契約思想」、典型契約制度を説明する理論を「典型契約理論」と呼ぶとされる（本書10頁以下）。

そのうえで、本書の検討課題は、典型契約制度とそれを支える典型契約思想の検討を基礎として、「新たな典型契約理論の可能性を探求すること」であるとされる。具体的には、【課題①】新種の典型契約類型の生成の問題（判例・慣習による典型契約類型の定立はいかにして行われ、いかなる意味を持つか）、【課題②】典型契約類型の存在意義の問題（典型契約類型には個別契約の合理化の役割が認められるか）、【課題③】典型契約規範の個別契約への適用の問題（個別契約の解釈の際に典型契約規定〔規範〕はどのように用いられるか）が検討課題とされている（本書13-15頁）。

次に、検討の方法について、本書では、フランス法における議論を参照し、日仏契約法の比較研究を通じて、日本法における典型契約理論の構築を行うこととされている。また、検討の順序については、問題ごとではなく、素材

ごとに検討を行うこととされ、それに対応して、本書の構成は、①実定法レベルの議論を素材とする「第一部　典型契約と法制度」、②法理論レベルの議論を素材とする「第二部　典型契約と法理論」、③法の領域外の議論をも素材とした補充的な検討とまとめを行う「結論」の部分に分けられている。

　序論では、さらに「予備的考察」として、①日本における民法典成立過程の議論及び大正期に展開された学説、②英米法における議論、③要件事実論における典型契約規定の取扱いについての議論の紹介・検討が行われる。そこでは、①上でみた学説上の支配的見解が確立される以前にも、典型契約をめぐる議論が存在していたこと、②英米法には典型契約制度は存在しないものの、契約類型が存在しないわけではないこと、③要件事実論に窺われる裁判実務においては、学説上の支配的見解とは異なり、典型契約論が生き続けていることなどが確認される。

⑵　第一部　典型契約と法制度

　第一部では、実定法レベルの議論として、①個々の典型契約類型に関わる議論、②典型契約制度一般に関わる議論（契約各論の一般理論）、③典型契約論と密接に関連するより一般的な議論（契約の一般理論）を素材とした検討が行われる。

　第一章では、典型契約規定には当事者の意思を解釈・補充するための補助的基準としての地位が認められるだけなのかという観点から、個々の典型契約類型に関わる議論として、売買・贈与・新種の契約（信託など）・夫婦財産契約に関する日仏の議論が取り上げられる。そこでは、日本法でも当事者の意思を超えた観点から契約内容の規律が行われており、契約内容の自由が手放しで認められているのではなく、「日本法の用意する典型契約類型が不十分ながらも契約内容を規律する役割を果たしている」とされる。また、夫婦財産契約の議論については、日本の夫婦財産契約法が契約内容に関する規定を全く持っていないとされ、「契約内容について全く指針を与えない立法によっては内容決定の自由も内容の公正さもともに確保されないだろう」との指摘がされている（本書126頁）。

　第二章では、典型契約制度を採用する場合にどのような類型を設けるか、

また、類型にあてはまらない個別契約の取扱いをどうするかという問題関心から、典型契約制度一般に関わる議論として、契約の分類方法や非典型契約の処遇に関する日仏の議論が取り上げられる。そこでは、①フランスの契約分類論では、現在の典型契約制度を出発点とする傾向があるのに対して、日本の契約分類論では、社会経済史的要素や契約実務に重点が置かれ、民法典が設けた典型契約制度を必ずしも重視しない傾向があること、②フランスにおいては、「契約の一般理論」と「個別契約類型に関する特殊理論」の中間にあって両者をつなぐ「各種契約の一般理論」の構築を目指す動きがあること、③とくに非典型契約に関する議論からは、日本法においても、表層はともかく、深層においては、（新類型の定立を含めて）「契約類型に依拠して問題を処理するという考え方」がとられているのではないかということなどが指摘される。

　第三章では、契約類型に依拠して問題を処理するという思考方法の構造を考察するために、典型契約論と密接に関連する契約の一般理論として、フランスにおけるコーズ論と性質決定論が取り上げられ、それに対応する日本の議論の探求が行われる。そこでは、コーズ論のうち、個別契約を類別する機能をもつ「類別コーズ（cause catégorique）」に関する議論が取り上げられ、類別コーズと性質決定とが表裏一体の関係にあることが指摘される。すなわち、「性質決定」とは、対象を既存の法的カテゴリーにあてはめる操作であり、それによって適用されるべき規範が導かれるものであるところ、そうした性質決定のためには、カテゴリーの本質的要素の明確化が必要とされる。そうすると、典型契約類型への性質決定を行うにあたっても、それぞれの典型契約類型を特徴づける要素を明らかにすることが必要であり、その要素が類別コーズにほかならないのだとされる。以上より、「典型契約制度は、類別コーズによって特徴づけられる複数の典型契約類型のそれぞれにつき一定の法的効果を用意するという法制度である。そして、この制度の下では、個別契約は、いかなる類別コーズを持つものであるかによって、典型契約のどれであるか性質決定される」とされ（本書194頁）、典型契約制度が機能するには、類別コーズと性質決定という道具立てが必要であるとされる。そして、こうした「典型契約・コーズ・性質決定の三位一体構造」は、日本の典型契

約制度でも必要とされるところ、日本では、性質決定に対応する操作は広く
行われているのに対し、類別コーズ論に対応する議論は必ずしもまとまった
形では存在しておらず、類別コーズ論に対応する議論を構成する作業が必要
であると指摘される。

(3) 第二部　典型契約と法理論

　第二部では、法理論レベルの議論として、①典型契約と裁判官の活動の関
係についての議論、②典型契約と法律・慣習の関係についての議論を素材と
した検討が行われる。

　第一章では、裁判官は、個別契約に適用すべき規範をいかにして決定する
のかという観点から、裁判官の法適用過程と裁判官の法創造に関する日仏の
議論が取り上げられる。ここでは、①裁判官は法的三段論法を用いて法適用
を行うが、その過程は規範と事実の双方に着目した模索過程であって、自動
的に完成するものではなく、法規範の選択や事実の評価・あてはめにおいて
裁判官の様々な判断（利益衡量）が介在する創造的なものであること、②こ
うした裁判官の活動において、法規範（既存の典型契約規範）は、裁判官の
思考を導くものであるが、既存の規範によっては必ずしも適切な解決を得ら
れない事案も存在し、そのときには、裁判官が様々なレベルで法創造的な活
動を行うこと、③そうした裁判官の法創造的な活動は、当該事案限りの解決
を導くにとどまることもあるが、それが新しい法規範（新しい典型契約規範）
を確立する契機となることもあること、④裁判官の法創造的な活動は、既存
の法規範が万能ではないことから必要とされ、法理論的にも正統視されるも
のであるが、その活動は、実定法から自由に行われるというわけではなく、
既存の法秩序との整合性を考慮しつつ行われることなどが指摘される。

　第二章では、契約類型には法定類型と非法定類型があるところ、これらの
共通点と相違点は何か、また、法定類型・非法定類型の双方を含めて類型は
どのように生成するのかという問題関心から、「法律」と「慣習」の法源と
しての性格に関する日仏の議論が取り上げられる。そこでは、①フランスで
も、法律の法源としての絶対性は再検討の対象となっているが、わが国では、
利益衡量論の登場により、法律にとどまらずルール自体に対する懐疑主義が

支配的になったこと、②しかし、法律（制定法）の法源としての絶対性が否定されても、それが法源として最重要のものであることが否定されるわけではなく、法律の法源としての価値についても自覚的な議論が必要であること、③法律が唯一の法源でなく、ルール自体にも限界があることからすると、法律の定めるルール（法定典型契約類型）は絶対性を誇ることはできず、広い意味での慣習（慣行）に支えられて初めてその正統性を維持することが可能であること、④フランスでも日本でも、裁判官や立法者によって慣行がルールに採り入れられていることが強調されており、それは、典型契約論に即していえば、「取引慣行が生み出す非法定類型は、非法定類型として確立し、さらには、法定類型となることもある」ことを意味していること、⑤もっとも、取引慣行から契約類型が自動的に出てくるわけではなく、非法定類型の生成の担い手（取引実務家・裁判官など）が適正な輪郭を与えて初めて類型は姿を現すのであり、そのためには、慣習の内容的な正当性に関する議論が必要であること（そして、フランスでは、そうした類型生成の担い手となる職業人が帯びている公益的性格が、慣習の内容的な正当性を担保するという理解がみられたこと）などが指摘される。

⑷ 結　論

　結論の部分では、まず、それまでの検討の結果として、序論で設定した３つの課題について、「各種契約類型にセットされた規定は一定の限度で個別契約の内容を規律する働きをしている」（【課題②】）、「それは、契約類型を用いて個別契約を処理しようという裁判官の法思考によって支えられている」（【課題③】）、「そこでいう契約類型は法定類型に限られるものではなく、カオスたる契約慣行の中から汲み上げられるものである」（【課題①】）という解答が示される（本書306頁）。そのうえで、なお解決されていない根本問題は、「契約法における類型思考の合理性の基礎づけ」であるとされ、「典型契約制度を積極的に評価する新たな典型契約理論を定立するには、それを支える典型契約思想を更新・再構成する必要がある」とされる（本書308頁）。

　そして、典型契約理論を支える基本思想として、「契約における個人と社会」に関する見方を提示することを課題とする「補充的考察」が行われる。

そこでは、①認知科学のカテゴリー論、②「個と共同性」の社会哲学、③「構造化」の社会理論が検討対象とされ、それらの検討から、「カテゴリー」・「共同体」・「構造」は、いずれも個人を規定・拘束する側面をもつ一方で、個人の活動・自由を支援するものでもあり、また、それらは可変性・開放性を備えたものであることから、個人によって更新されるものであることが指摘される。そして、そのような「個人と社会を対立させずその二重性・相互依存性を重視する見方」が、典型契約思想として採用されるべき考え方であるとされる（本書 351 頁）。

　そのうえで、上記の基本思想をもとに、次のような典型契約理論が提示される（本書 351-352 頁）。①「典型契約類型は、契約という行為のために社会によって提供されているカテゴリーである」。契約にかかわる者（当事者・裁判官）はこのカテゴリーに依ってその活動を行うことで、「情報処理の負担を軽減することができる」。また、②典型契約類型は、「経験と歴史の中で培われたものであり、そこには、人々が妥当なものだと考えてきた契約内容が詰め込まれている」。③典型契約類型は、「個々の契約活動を抑圧するものではなく支援するための道具である」が、「既存の類型は暫定的な存在でしかなく、これに依るだけではとらえることができない状況は常にありうる」。しかし、そのような典型契約類型の暫定性・不完全性は、可変性・開放性として理解されるべきであり、「人々が日々繰り返す契約という営みの中から、新たな類型が生成しそれが契約秩序に変化をもたらす。そして、人々はまた新たな秩序に従って契約を結んで生きていく」ととらえられるべきである。

　このように、「典型契約類型は、契約において個人と社会（個と共同性）をつなぐ絆として存在する」。それは、「個人の活動を支援するとともに正義を実現」し、「社会秩序を再生産するとともに個人の自由に由来する創発を可能にする」。「それは、分析基準機能、内容調整機能、そして、創造補助機能を有すると言ってもよい」とされる。

　最後に、以上の典型契約理論を踏まえて、本書の検討から導かれる帰結として、次のような点が指摘される。

　まず、(i)典型契約類型を用いた法適用の指針として、①既存の契約類型への性質決定の作業により、「契約類型が確定されれば、後は、原則として、

当該契約類型にセットされた規定を適用すれば」よく、「このような単純な適用で処理できる事件は少なくない」こと、②他方で、「既存類型ではどうしても処理が困難である個別契約」については、「関連のありそうな契約類型、そこから導かれる構成要素を基礎としつつ、当該契約の処理に適切な類型がアド・ホックに構成される」こと、③したがって、「初めは、トップ・ダウン型の情報処理が効率的であるが、それがうまくいかないと判明したところで、ボトム・アップ型の情報処理に切り替える必要がある」こと、また、④裁判官による性質決定の際には、「契約の実質」に着目することが必要であり、表現にとらわれてはならないこと、⑤任意規定の取扱いについては、「任意規定・強行規定の双方を含めて、典型契約規定は当該契約類型について合理的な内容を定型的に定めたものである」から、「任意規定からの離脱は原則として可能ではあるものの、その内容の合理性に配慮した取り扱いが必要」であることなどが指摘される（本書 353-355 頁）。

また、(ii)典型契約制度の立法の際の指針として、①契約類型を想定した規定は維持されるべきであること、②設けるべき契約類型の抽象度については、ローマ法以来、人々になじみのある売買、賃貸借といった現在の典型契約類型が基本となるべきこと、③設けられるべき類型は開かれた類型である必要があることが指摘される（本書 356 頁）。

さらに、(iii)法学教育との関係では、「典型契約類型についての認知地図を学生に提供するような努力がなされる必要がある」こと、具体的には、「基本型—ヴァリエーションという区別をはっきりとさせること、新種の契約のうちあるものを非法定類型として位置づけること、類型の適用について基本的な考え方を示し訓練を行うこと」などが必要であると指摘される（本書 357-358 頁）。

3 検 討

(1) 従来の議論との関係
(a) 本書の中心的意義
本書は、典型契約をめぐる様々な議論を素材とした検討を通じて、典型契

約制度の存在意義を多角的に基礎づけようとするものであり、典型契約に関する総合的研究とでもいうべきものである。その内容は多岐にわたるが、本書が民法学上の従来の議論との関係で有する中心的意義は、典型契約制度に対する消極的評価が支配的であったなかで、(i)典型契約類型が有する意義・機能——①情報処理の負担軽減（分析基準機能）、②正義の実現（内容調整機能）、③個人の契約活動の支援とその創発に由来する社会秩序の再生産（創造補助機能）——を析出して、典型契約制度の存在意義を再評価するとともに、(ii)そうした典型契約制度を支える基本思想（典型契約思想）として、「個人と社会を対立させずその二重性・相互依存性を重視する見方」（個人と社会の協働を指向する考え方）を提示した点にあるということができる。とりわけ、(ii)の点は、契約法をどのような思想・哲学によって基礎づけるかという問題関心に基づくものであり、そこには、同様の問題関心のもとでアメリカ契約法学を素材とした検討を行った内田貴『契約の再生』（弘文堂、1990年）の影響を見てとることができる[4]。本書は、上述した「個人と社会」の関係についての思想を基礎に据えて、まさに「典型契約論の再生」を図ったものということができるだろう。

(b) 本書と従来の支配的見解との関係——来栖三郎の見解との比較

本書は、典型契約制度に対する消極的評価を示していた従来の支配的見解に対するアンチテーゼとしての側面を有している。それでは、従来の支配的見解に対して、本書は具体的にどのような反駁をしていることになるのだろうか。この点を、従来の支配的見解に属する来栖三郎の見解との関係をみることで検討してみよう[5]。

まず、来栖も、本書と同様に、典型契約規定が、「一定の基本的な契約につき、当事者の意思表示が欠けていたり、また曖昧だったりして、当事者間に争いが生じたとき、裁判官が裁判するに当たって依るべき規準を定めた」ものである[6]ことを前提としている。

---

4) 本書「はしがき」ii頁でも、同書の影響の存在が指摘されている。

5) 来栖の見解から本書に至るまでの学説史を詳細に分析するものとして、森田修『契約の法性決定』（商事法務、2020年）12頁以下も参照。

しかし、来栖は、「民法典の典型契約に関する規定は、典型契約の概念に包摂される契約のうちの、普通の場合のみを考えている」として、「或る契約が特定の典型契約に属すると判断されても」、「直ちにその典型契約に関する規定がすべて適用されるわけではない」し、また、「他の典型契約に関する規定が適用されること」もあるとする。それゆえ、「或る契約が民法典所定のどの典型契約の概念に包摂されるかということはその契約より生ずる法律関係を処理する上にたいして意味がない。大切なのは或る契約が民法典所定の典型契約のどれに該当するかをせんさくすることではなく、先ず具体的に如何なる事実かということを確定することである。それから民法典所定の典型契約の規定が如何なる事実に着眼して設けられたかを見極めねばならぬ。そして或る契約が特定の典型契約に属するとしてもその典型契約の規定の前提とする事実が存しないならその規定を適用すべきでなく、逆に他の典型契約の規定の前提とする事実に合するときはその規定を適用すべきである」とする[7]。これは、①特定の典型契約類型（法定類型）への性質決定により当該典型契約に関する規定を一律に適用することには問題があり、②それぞれの典型契約規定の適用の有無は、究極的には、当該契約の事実が当該規定の前提とする事実に合致するか否かにより決すべきであることから、③契約に関する問題の処理にあたって、わざわざ性質決定という作業を介在させる必要はないとするものとみられる。

こうした来栖の見解に対し、本書は、性質決定による単純な法適用で処理できる事件も少なくないとして、性質決定という作業の有用性を指摘することで、上記③の点に反駁するものといえる。ただ、本書も、性質決定による一律の処理が適切でない場合があること（上記①の点）は否定していない。そうした場合には、当該契約の処理に適切な類型をアド・ホックに構成して対応するとしている（本書354頁）。

その一方、来栖も、――性質決定による一律の処理は問題視するものの――契約の類型的把握に対して否定的であるわけではない。すなわち、来栖

---

6)　来栖三郎『契約法』（有斐閣、1974年）737頁。

7)　来栖・前掲注6) 738-739頁。

は、「法適用における類型的方法とは、法の適用に当たって事実に立ち帰り、事実を基礎にしなければならないが、それをするについて、類型別の差異に注意する必要があるということである」とし[8]、これは、契約法においては、「まず民法典の典型契約の規定の基礎とされた類型的事実を明確にして民法典の典型契約の規定の適用範囲を限定する、もし民法典の典型契約の規定の基礎となった類型的事実と異なる事実がある場合には、民法典の典型契約の種別にとらわれて、それを一体として民法典の典型契約のどれかに強いて入れようとしたり、またそれを民法典の典型契約の部分部分に分けてしまうことをしないで、独自の契約類型に構成する、しかも契約類型どうし互に切り離されたものとしてでなく連続的段階的なものとして考察する、そしてこのようにして具体的事実に妥当な規範を発見せんとする」ものであるとしている[9]。来栖の見解の基礎にこのような類型論的思考があるのだとすると、上記②の内容も、各典型契約規定の前提とする類型的事実を基礎とした具体的な契約類型を想定し、そうした具体的な契約類型に合致する契約について当該規定を類型的に適用すべきこと（そして、そうした具体的な契約類型に合致しないものについては、当該規定を適用すべきでなく、独自の契約類型として構成し、それに妥当すべき規範を発見すべきこと）を意味するものと理解することができる。

　以上によると、本書と来栖の見解との間には、典型契約類型（とくに法定類型）への性質決定によって多くの事例の解決が可能であることに着目して典型契約制度の意義を評価するか——とくに法定類型の意義を重視するか——という点に違いがあるものの、（法定類型にとどまらない）契約の類型的把握を指向するという点では、両者は、その方向性を同じくするとみることもできそうである。ただ、契約の類型的把握を指向するといっても、両者の間には、①本書が、既存の類型（とくに法定類型）への性質決定によるトップ・ダウン型の問題処理（イージーケースの処理）に焦点を合わせ、「類型」を主として類別的形式のもの（類別概念）と捉えているのに対して、②来栖

---

8)　来栖・前掲注6) 756頁。
9)　来栖・前掲注6) 753-754頁。

の見解は、類型形成（＋その類型に妥当すべき規範の発見・創造）を通じたボトム・アップ型の問題処理（ハードケースの処理）に焦点を合わせ、「類型」を主として段階的形式のもの（序列概念）と捉えているといった「類型」理解の相違がなお存在することに注意しなければならない[10]。

(2) その後の議論の展開

本書で示された内容については、その後、様々な方面での議論の進展がみられる。

(a) 典型契約論・契約類型論に関する理論的研究の展開

まず、本書の登場以降、学説では、典型契約制度の存在意義を積極的に評価する見解が有力となっていった[11]。また、本書が述べる典型契約規定の内容調整機能は、2000 年に制定された消費者契約法の第 10 条により、実定法上の基礎を得るに至った。

さらに、本書が示していた契約類型を基礎とした個別契約の類型的処理の方向性は、その後、契約類型を基礎とした契約の類型的規律の構造分析に向けた研究[12]へと進展した。そこでは、法定類型と現実類型という 2 種類の類型によって契約を重層的に把握するという構想が示され、そこでの契約の類型的規律の構造が、契約規範の内容に関する三分法の理論——契約の本質的要素・本性的要素・偶有的要素——を手がかりとして分析されている。こうした契約規範の内容・構造に関する議論は、契約規範における自律的要素（当事者の合意〔意思〕）と他律的要素（典型契約規定に代表される任意規定や信義則など）の関係をめぐる議論[13]とも密接に結びついている。

---

10) 本書 311 頁、358 頁を参照。また、「類型」概念における類別的形式と段階的形式の区別については、来栖・前掲注 6) 746 頁以下を参照。

11) 山本敬三「契約法の改正と典型契約の役割」同『契約解釈の構造と方法 I』（商事法務、2024 年、初出 1998 年）328 頁、潮見佳男『契約各論 I』（信山社、2002 年）10 頁以下など。

12) 石川博康「典型契約と契約内容の確定」内田貴＝大村敦志編『民法の争点』（有斐閣、2007 年）236 頁、同『契約の本性の法理論』（有斐閣、2010 年）など。

13) この議論については、潮見佳男『新債権総論 I』（信山社、2017 年）72 頁以下及びそこで引用の諸文献を参照。

(b) フランス法研究の展開

以上のほか、本書で取り上げられたフランス法のテーマに関する比較法研究も、その後にさらなる進展をみせている。

まず、本書第一部第三章で取り上げられた「コーズ論」については、フランスのコーズ論それ自体をテーマとする本格的研究[14]が現れている（もっとも、2016年のフランス契約法改正により、「コーズ」の概念はフランス民法典から姿を消した）。また、これと密接に関連する「契約の性質決定（法性決定）論」についても、フランスにおける学説や判例の展開を詳細に検討する本格的研究[15]が現れている。

さらに、本書第一部第二章でその端緒が示されていた「各種契約の一般理論」についても、その後のフランスでの議論の展開を紹介・検討する研究[16]が現れた。そしてまた、その研究成果は、わが国の債権法改正に関する立法提案（役務提供契約に関する一般的規定の創設）[17]へと結実した。この提案は、法律となるには至らなかったものの、上記テーマへの関心はなお失われていない[18]。

連載第5回（2021年11月号掲載）

---

14) 小粥太郎「フランス契約法におけるコーズの理論」早法70巻3号（1995年）1頁、竹中悟人『契約の成立とコーズ——要素とコーズの史的接点に関する考察』（商事法務、2021年、初出2009～2010年）など。

15) 森田・前掲注5) 39頁以下、山代忠邦「契約の性質決定と内容調整——フランス法における典型契約とコーズの関係を手がかりとして(1)～(5・完)」論叢177巻3号49頁、177巻5号48頁、178巻3号48頁、178巻4号59頁、179巻5号43頁（2015～2016年）など。

16) 森田宏樹「契約」北村一郎編『フランス民法典の200年』（有斐閣、2006年）303頁。

17) 民法（債権法）改正検討委員会編『詳解 債権法改正の基本方針V——各種の契約(2)』（商事法務、2010年）3頁。

18) 都筑満雄「フランス契約法における各種契約の一般理論の形成と展開——非典型契約論の考察に向けた予備作業(1)～(3・完)」南山36巻1号77頁、2号135頁、3=4号293頁（2012～2013年）など。

契約法の多元性・再考

小粥太郎「フランス契約法におけるコーズの理論」
（早稲田法学 70 巻 3 号〔1995 年〕）

竹中 悟人

1　はじめに

　21 世紀初めのある時期まで、フランス民法における「契約の成立」に関わる民法上の規律は若干特殊な構造を採用していた。日本では一般に、契約は申込みの意思表示と承諾の意思表示の合致さえあれば成立すると理解される。しかし、フランス法では、契約の成立要件が民法典によって明示されており、同意・能力・目的（objet）の三つが規定されている。同意とは申込みと承諾の合致を[1]、能力は行為能力・意思能力・権利能力を、目的（objet[2]）は契約の目的（物）をそれぞれ指す。この三つの概念については日本法にも（概ね）対応する考え方を見出すことができる。そして（少なくとも）21 世紀初めのある時期まで、これに加え、コーズ cause という要件が要求されていた。この要件は日本法には対応物が見当たらない。

　フランス民法は一般に、「近代民法」（さらには近代市民社会）の基盤となる法典であると説明される。それにもかかわらず、「契約」という重要な法的道具立てに関し、以上のような、ごく基本的な相違が存在するのである[3]。

---

1)　後述のように、このような理解は必ずしも正確ではないことは小粥も指摘するが、ここでは一般的理解に基づく。本稿ではコンサントマンと表記することがある。

2)　「目的」という訳は暫定訳として与えている（語義に忠実であるならば、オブジェとカタカナ表記することが適切であろう）。

3)　フランスにおける 2016 年の債務法改正ではコーズという要件は削除されたものの、同要件はフランス契約法の基盤に関わる重要な要件として長らく位置づけられており、その難解さ故、フランス法の謎としても捉えられてきた。

契約法の多元性・再考　315

この相違に違和感を感じるかどうか。これは論者の依って立つ思考基盤に依存するであろう。

20世紀半ばに、日本の学説の一部において母法としてのフランス法が再発見されたところ[4]、この再発見の文脈に基づくならば、上の相違は契約法の根幹にかかわるもののようにもみえる。このような見方をする論者の一人として、本稿が対象とする論文の著者（小粥教授）も位置づけられ、以上のような関心のもと、コーズという概念の内実やその日本法上の位置づけを詳らかにしようとして著されたのが、小粥太郎「フランス法におけるコーズの理論」である。

2　紹　介

同論文は大別して二つの部分から構成される。第1が序章～第4章であり、第2が補章以下である。第1の部分においては、フランス法の検討がされるのに対し、第2の部分においては、日本法に関わる検討がされる。

以下、各部分の概要を紹介した後、本論文の意義につき論じる。

(1)　序章～第4章
本論文は、序章においてまず、次のような疑問が提起されることから始まる。すなわち、フランス民法は契約成立要件としてコーズを要求するが、「意思自律の原理の母国において、なぜ合意だけでは契約が有効とされないのだろうか。契約法における考え方、思考様式がわれわれと異なっているところがあるのではないだろうか」（p.2-3）。

この疑問に答えるため、フランスの学説史が辿られる。第1章では、ローマ法からフランス民法典制定前までの学説史が、第2章では、1804年民法典が、第3章では、19世紀前半～20世紀半ばの学説史が扱われる。

---

[4]　星野英一「日本民法典に与えたフランス民法の影響」星野英一『民法論集第1巻』（有斐閣、1970年）69頁以下（初出は日仏法学3号〔1965年〕）を嚆矢とする。

(a) 第1章

第1章では、ローマ法〜フランス民法典制定時までの学説史が概説される。第1節においてはローマ法が、第2節においては中世までの展開が記述され、問答契約にみられるような厳格な要式契約の議論の中からコーズが生まれたことが示唆される。続く第3節では、フランス民法典の基礎をなし、またコーズの近代的基礎を築いたとされることもあるドマ・ポチエの学説に言及される。小粥は、（彼らは）「近代自然法論の影響を受け、法定の類型にあてはまらない無方式、諾成の契約の拘束力を一般的に承認」（p.16）することでコーズの元となる理解を提唱したとする。小粥はまた次のようにも指摘する。（彼らは）「社会的実体としての契約を、法的には常に、一方的債務負担を内容とする問答契約にまで還元して、……そこから生じる債務を『法的思考の軸』」として契約法を考慮しようとした（p.19）。

小粥においてこの見方は、その後のフランス契約法を理解する際の「有益な視点」（p.21）を提供するものとして肯定的に評価される。

(b) 第2章

続く第2章には、「民法典の構造」とのタイトルが付される。

この表題には若干の留意を要する。先に見た第1章は「民法典制定まで」と題したタイトルが付され、ローマ法〜18世紀までの学説史が概観される。また、続く第3章は「民法典制定後の学説史」と題したタイトルが付され、19世紀〜20世紀の学説史が概観される。第1章・第3章がそれぞれ一定の期間の学説史紹介に当てられているのに対し、第2章はある時点の法典の規定の説明に当てられる。第2章のこのタイトルは、前後の章と若干異なった性格を有する。

第2章では、1804年のフランス民法典1108条についての解説がなされる。第1章では、ドマ・ポチエが「一方的債務負担を内容とする問答契約にまで還元して」契約法を構成したことまでが示されたが、それが1804年フランス民法典の中でどのように表現されたか（あるいは断絶があるのか）。この点が第2章において扱われる[5]。

1804年フランス民法1108条（2016年改正前）は、契約の成立要件として、

契約法の多元性・再考　317

「義務を負う当事者の同意 consentement、その者の契約を締結する能力、約務の内容を形成する確定した目的 objet、債務における適法なコーズ」（p.34-35）を要求する。小粥は、1108 条の各要件の内容につき通説的な説明をした上で、「同意 consentement」要件が単数形で記述されていることを指摘する。この指摘は、次のような疑問につなげられる。すなわち、その後のフランスにおいて「同意という要件は、ほとんどすべての学説によって、複数の意思の合致を意味するものと解され」ているにも関わらず[6]、なぜ「同条が一方当事者の同意しか要求しない」のか[7]（p.35）、と。この点につき小粥は、「1108 条の合意が問答契約のような抽象的な合意であると考えれば、解答が得られる」（p.35）とし、「同意、そして債務の抽象性を補い、これを支えるものがコーズであ」り（p.38）、かような発想が前提とされているために上記のような表現形が採用されている、との見方が提示される（第 2 節）。

　以上を踏まえ小粥は、1804 年フランス民法典におけるコーズを、「契約類型毎に一定」で「債務負担の実質的理由……が定型化し、合意の有効要件として制度化されたもの」（p.40〜41）と結論づける。その後、違法なコーズの概念と目的の違法の関係についても触れた上で、フランス「民法典は、具体的な契約を、問答契約にコーズの理論を加えたものによって説明しようとしている」（p.43）とする。

(c)　第 3 章
　第 3 章以下では、1804 年民法典以後のフランス民法の学説史が辿られる。
　小粥における検討は二つの点に重心が置かれる。第 1 は、19 世紀末のアンチコーザリズムであり、第 2 は、20 世紀の議論である。
　小粥は第 1 節において、19 世紀の註釈学派に属する様々な論者によって明確化され・種々に固められたコーズの定義を確認した上で（第 1 節第 1 款）、19 世紀末に発生したアンチコーザリストによるコーズ不要論について触れ

---

5)　第 1 章においてもドマ・ポチエのコーズ理解の内容との関係で契約法全体に関わる言及はあるものの実質的な解説は第 2 章に委ねられている。
6)　その場合、条文上は consentement "s" と複数形において記述されるべきであることになる。
7)　すなわち、条文上はなぜ consentement と単数形で表現されているのか、との意。

る（第1節第2款）。このコーズ不要論につき、一方で、小粥は、アンチコー
ザリストによる批判は「概念の遊戯のような批判」であるとしつつ、他方で、
「アンチコーザリストは、問答契約の体系を否定し、コーズ概念が契約関係
の構成原理としての地位を失っていることを主張した」（p.55）とも指摘し肯
定的なニュアンスをも含ませる。この評価はさらに、次のような主張にパラ
フレイズされる。すなわち、アンチコーザリストは「問答契約の体系を正面
から否定することによって、思考の軸を抽象的債務から具体的契約自体へと
移行させ」（p.58）、「双務契約の成立上の牽連性の根拠を……法体系、双務
契約に内在するものとして理解」した、というのである。アンチコーザリス
トのこの方向性は、（フランス）「民法典が前提とする構造を完全に否定する
点で過激であり、時代を先取りしすぎていた」が、単なる「先取り」に終わ
ったわけではなく、以後の学説は、これを前提として、「コーズ概念に新し
い内容を盛り込む」（p.59）ことになったとする[8]。

　第2節以下では、20世紀前半以降の学説が概観される。まず、「二〇世紀
前半の学説」と題された第2節ではカピタンらが取り上げられる。カピタン
は、フランスの学説史において必ず触れられる重要な論者であり、20世紀
以降のコーズ理解の基盤を形成した論者としても位置づけうる。小粥は、彼
らの学説を、「コーズ概念を主観化してこれを動機に近づけ、広い範囲で契
約の合目的性をコントロール」（p.60）したものとして位置づける。当時、定
型的意思しかコーズによって考慮してこなかった多くの学説に対し、カピタ
ンが「当事者の主観的・個別的意思を考慮する解釈理論を提示したことは重
要」（p.62）であり、その主張は、「実質的にはかなり今日の契約法理論に受
け継がれて」（p.67）いるとする。小粥によれば、カピタン以後、フランスに
おいてコーズは「契約の効力を否定するための……機能概念」となり、「学
説が、コーズという言葉の意味に引っかかる範囲で、時代の要請を反映した
政策的要請をコーズに盛り込み、様々な機能を担わせることが可能になっ
た」（p.72）。

8）　なお、以上のようなアンチコーザリストの理解に関し「一般には、彼らの学説はこのように評
　価されていないと思われる」（p.59-60）との留保が小粥自身によって付される点には注意を要す
　る。

「現代の学説」と題される続く第3節では、契約当事者の意思を保護する機能と公序良俗を保護する機能の二つの機能をコーズに託す「二元説」が現れたとし、小粥はこの理解を「現在の通説」（p.73）であるとする[9]。小粥は「二元説が通説化した最大の要因は、これが判例を説明するのに適した枠組みだからであろう」（p.75）とも評する。

その後、コーズカテゴリーク論（第二款）及び客観的契約法理論におけるコーズ論（第三款）についても触れられる。前者については「コーズ論の中ではやや異質だとも感じられ、その位置づけが難しい」とされ、後者については「コーズは意思ではなく契約における交換的正義を担保する法技術」（p.81）、とされるが、二元説を乗り越えたものとしてまでは位置づけられていない。

(d) 第4章

続く第4章（「法の発展におけるコーズの役割」）では、第3章までの検討がまとめられる。「コーズ論を媒介とする法の発展」と題される第1節では、前章までのコーズの学説史が再論され、「コーズ論が、従来の思考枠組みにおいては考慮されなかった事情を法的考慮に入れるための法技術」であり、「コーズ論は、法体系の外側の事情を取り込んでゆくことによって、契約法の体系を現実に適合させるための調整弁のような働き」をしている（p.133-134）との結論が提示される。その上で、以上のような働きをコーズが実際に果たす同時代的な実例として消費信用・リースに関するフランスの判例・学説の議論が概観される（第2節）。第3節では、「法体系からの論理的帰結を、体系の外側の個別具体的事情を考慮することによって修正する」（p.140）というコーズの考え方が、フランスでは、とりわけ当該作用を「債務者の立場から」みる（p.141）という特殊性に支えられていることが確認される。そして、「コーズとは、契約法理論の中に組み込まれた、法体系と現実との適合性を保つための調整弁である」（p.144）との抽象的なまとめが提示される。

---

9) 小粥はモリー（Jacques MAURY 本稿ではモーリーと表記する。代表作は *"Essai sur le role de la notion d'équivalence en droit civil français"*, Paris, 1920.）を挙げる。

⑵ 補 章

「コーズ論を通してみたわが国の諸問題」といったタイトルが付される補章では、前章までにおいて提示されたコーズについての考え方が、わが国の解釈論とどのように結びつくのかが検討される。第1節では、日本の起草過程における議論、第2節では、日本において「フランス法におけるコーズ論を解釈論の手がかりとする学説」が解説される。ここでは、「動機や、その背後の諸々の関係を取り込もうとする主張」との関係（p.160）、錯誤論との関係（p.161）、原始的不能論との関係（p.163）、附合契約との関係（p.164）が挙げられ、「体系の外側の個別具体的事情を考慮する」（p.140）というコーズの役割が日本においても観察しうることが指摘される。第3節では、より抽象的なレベルにおいても、同様の問題が看取しうることが指摘され、不当利得に関する日本の学説を例に、コーズに対応する考え方の日本法上の帰趨について触れた上で、現在の学説において、「コーズの基礎にある考え方が忘れられていることに起因する問題」（p.165）の存在も指摘される。第4節「結びに代えて」では、それまでの議論が総括される。

3　検 討

小粥論文は、19世紀から20世紀までのフランスのコーズ学説を網羅的に紹介した上で日本法との対応関係についても示すものであり、20世紀末以降の日本のフランス法に関する議論のレヴェルを飛躍的に高めた論文であるといえる。

⑴　一般的貢献

小粥論文が公表されたのは1995年である。それ以前もコーズについて触れる論文は散発的に存在したが、小粥論文のように当時のフランスにおける通説的立場からの網羅的検討を行った論文は多くない[10]。もっとも1990年

---

10)　個別の論文におけるものもあれば、山口俊夫『フランス債権法』（東京大学出版会、1986年）45頁以下のようにフランス法全体に関わる分析の中で検討されることもある。

頃を境に、より広い視点からコーズをも含めた詳細な検討を行う論文が立て続けに現れ[11]、小粥論文は、その文脈に属する論文としても位置づけうる。小粥論文は、コーズに強くフォーカスを当て、かつ、その検討は緻密を極めている点にその特色があり[12]、日本におけるフランス法紹介のある種の到達点を示す。

　小粥論文は、その後のフランス契約法に関する日本の民法学説との関係で、引用される回数がかなり多い論文であるともいえる。少なくとも 2016 年フランス債務法改正までは、フランス契約法を扱う際に、コーズについて触れずに済む、という事態はあまり考えられなかった。フランス法を検討対象の一部に含む論者が何らかの形でコーズへの言及を要した場合（それが本論に関わるほどのものではない場合には尚更）、小粥論文は参照先として好適であった[13]。その緻密さ故小粥論文を参照先に措定すれば、フランスのコーズ学説の通説的見解に依拠していることを含意できたためである。

　また、小粥論文は、補章において、日本法におけるコーズ概念に対応しうる法領域についても広範かつ詳細に分析しているが、この網羅性も、日本の学説に少なからぬ影響を与えた。小粥論文が、コーズが日本にも関係しうる問題として指摘する領域は幅広く、錯誤論・公序良俗論・同時履行の抗弁論・危険負担論・解除論等はコーズの本質からして当然であるが、現代的問題として消費者信用論・リース契約論についても言及され、これらを総合する形で、一般条項論にも指摘が及ぶ。さらに、より広い視点から、附合契約論・不当利得論、さらには物権変動論についても範囲は拡張される。小粥論文の指摘を踏まえ、その後の日本におけるさらなる議論が展開している領域も少なくなく、（日本の）フランス契約法研究との関係で一定の道筋を拓い

---

11)　森田宏樹「瑕疵担保責任に関する基礎的考察(1)～(3)」法協 107 巻 2 号、107 巻 6 号、108 巻 5 号（1990-1991 年）、大村敦志「典型契約論(1)～(5・完)」法協 110 巻 9 号、111 巻 7 号、111 巻 12 号、112 巻 7 号、112 巻 10 号（1993-1995 年）（後の『典型契約と性質決定』〔有斐閣、1997 年〕）など。

12)　当時のフランスにおける主要な体系書等の網羅的な紹介がなされている点も目を引く。

13)　日本の民法学において比較法研究がなされる場合、日本法における解釈論との関係のみならず、ある種の比較法資料としての充実度も重視されてきた。小粥論文の詳細な検討は、そのような資料としての極めて高い価値も併せ持つ。

322

たとの評価も可能である。

(2) 提示された「視点」の意味

以上は学説における一般的評価に関わる。

本稿ではこれに加え、小粥がコーズと日本法との関係を指摘する際に経由していると思われる主張の意義にも着目する。すなわち、コーズは「既存の法体系の外側の事情を法的考慮にいれる法技術」（補章第3節第2款表題部分 p.169[14]）である、という「視点」である。

(a) 日本法への接合のための役割

この「視点」は、直接的には、小粥が補章において明確に打ち出す表現であり、本章と補章との間の接合関係を補強するために用いられているものとして理解できる。

では、この「視点」は学説史のいかなる部分に由来するのか。

補章において扱われる題材全体から考えると、第3章の、近現代的コーズ論の学説史に直接的には由来していると理解するのが素直であろう。そもそも、カピタン以降のコーズ論は、この「視点」を、フランス法解釈論のレベルで、正面から（ある意味強烈に）主張するものであった。コーズとは「既存の法体系の外側の事情を法的考慮にいれる法技術」であるというこのようなテーゼは明晰であり、補章で扱われる日本法の観点からも魅力的である。

(b) 別の役割

しかしながら、小粥はこの「視点」を、第3章以下の記述にのみ、依拠させているわけではないことには注意が必要である。この視点は、第1章・第2章において提示された、「厳格法に対する衡平法的修正」・「問答契約の体系の否定」という理解とも関連付けられているものであるためである[15]。

一方で、コーズを単に、「既存の法体系の外側の事情を法的考慮にいれる

---

14) 同様の指摘は、若干の表現の差違を伴いながらも各所において現れる（類似の表現として以下のようなものもある。「本稿でみたように、コーズ概念は、既存の契約法体系の考慮の外側にあった事情を法の世界へ取り込む役割を果たしてきた」p.160）。

法技術」として位置付け日本法との対応関係を描くだけであれば、第1章・第2章の記述は不可欠ではない。実際、カピタン以降のコーズ論は、このような視点を実定法解釈論のレベルで明確に前面に押し出すものであり、ここのみから「既存の法体系の外側の事情を法的考慮にいれる法技術」としてのコーズを描き出すことも可能である。そのため、カピタン以後の学説史を紹介し、第4章に含まれるような消費信用・リースを支える判例実務の展開も付け加えれば、それだけで既に、一定の「視点」に貫かれた比較法的考察を含む日本の民法論文として完成するようにもみえる[16]。

　しかしながら他方で、小粥はそれをしなかった。小粥は、コーズがローマ法以来の厳格法の構造を引き継いでいるという点、及び、フランス民法典旧1108条がその引き継ぎを媒介している、という理解を、敢えて第1章・第2章で扱い別立てとした。そして、この第1章・第2章の叙述には、次の二つの特色がある。第1に、目次の中で眺めた場合、第2章のみが独特な位置づけとなっていた（この点については既に触れた）。第2に、内容に関しても、第1章・第2章における小粥の主張は、①ドマ・ポチエも問答契約の思考を存置しているとの理解を示した上で、②それがフランス1804年民法典1108条の同意の項において表現されている（問答契約の体系の不具合を補完するのがコーズであるという理解が採用されている）というものであった。まず①に関し、ドマ・ポチエの解釈については様々な解釈がありうるところ、小粥においては、ある一定の立場が強く採用されているようにみえるという特色が指摘できる[17]。また②に関しても、1108条の解釈につきフランスの一般的な理解とはいえない（ようにも思われる）19世紀末のある解釈が敢えて採用され[18]、第2章の分析はその解釈に強く依拠しているようにみえるという特

15）　実際、第3章以下でも、「厳格法に対する衡平法的修正」（p.130）、「問答契約の体系の否定」（p.131）という表現はたびたび現れる。

16）　ただし小粥は、「序」において本論文は「特定の紛争の解決策を模索するための機能的比較法の一環としてコーズを研究するものでもな」く「母法としてコーズを系譜的に研究するものでもない」（p.3-4）とする。

17）　その後ドマ・ポチエのコーズ論に関する解釈の多義性につき詳細に論じる代表的論文として、齋藤哲志『フランス法における返還請求の諸法理』（有斐閣、2016年）49頁以下。齋藤論文（初出の法学協会雑誌掲載が2009〜2013年）は小粥論文よりもかなり後の論文である。

色がある。

　これらは、小粥が、第3章以下の記述において、通説的な見解をバランス良く踏まえた上でその周囲に学説のバリエーションを配置するという方式を採用し、いずれか一つの学説に強く与するという姿勢を全く見せようとしない点と、強い対照をなす。第1章・第2章には、通説的見解に依拠するよりも、むしろ一定の学説の主張をはっきりと前面に押し出す姿勢が看取できるのであり、第1章・第2章と第3章・第4章との間には、大きな落差が存在するように思われるのである。

　この落差が持つ意味をどのように理解すべきか。

　一方で、この落差に意味を見出すべきではないという捉え方がある。本論文が書かれた1990年代は、日本の民法学において、外国法の詳細な検討を日本法の解釈論へ直接・間接に帰結させることに意義を見いだすスタイルの研究が増えた時期である[19]。小粥もその動向やスタイルを多少なりとも意識していたとも考えられよう[20]。その場合、第1章・第2章は、日本法への示唆には必ずしも直結しない内容であるため、第3章以下が（日本法も視野に入れた場合においては）本論として読み取られるような構成を意識したと捉えることも可能である。実際、第2章において小粥は、旧1108条についての厳格法由来の性格を強調するだけではなく、コーズを含む契約法に、抽象的債務負担と対になるバージョンと、具体的合意をもとに意思を補完する機能を果たすバージョンの、二つのバージョンが存在することを示唆し（p.43）、日本法も、また、一定の時期以降のフランス法学説（p.68）も、いずれも後者を採用することを示している。この記述からは、第1章・第2章の記述は、単に日本法とは異なる別のバージョンの存在を示唆するものに過ぎず、論述の中心はなお、日本法とコーズの接合可能性を強く視野に入れた、第3章以下にある、と読み解くことも可能であろう。

---

[18]　P.Colin, *Théorie de la cause des obligations conventionnelles*, thèse Paris, 1919 の影響が強いように思われるが、本稿では立ち入った評価はできない。

[19]　同時期の研究者の手により、その後民法研究方法論に関する概説書（大村敦志＝道垣内弘人＝森田宏樹＝山本敬三『民法研究ハンドブック』〔有斐閣、2000年〕）が出たことからも明らかであろう。

[20]　ただし小粥において日本法上の解釈論の提示は否定されている（前掲注16）参照）。

しかし、他方で、これとは逆に捉えることも可能である。小粥の関心はむしろ、（抽象的債務を起点とする）厳格法由来の思考形式そのものに据えられていた、と考えるのである。その場合、上記の「落差」には、一定の意味が与えられる。小粥は、日本法上の問題にも関連があることをいわばアリバイ的に示すために、第3章以下で「既存の法体系の外側の事情を法的考慮にいれる法技術」としてのコーズという一般的視点を示しつつも、第1章・第2章の主張にも重大な関心を寄せ続けていたため、これらを別立てで構想し、その結果、論述の方式にも落差が生じた、と理解するのである。

このように理解する場合、小粥論文の隠れた主張は、厳格法由来の構造が近代民法典になお残存している、という（ある種基礎法学的な）点を明らかにすることにある、ということになろうか。

(c)　もう一つの役割のその後

小粥が同論文を90年代に著してから既に30年近くが経過した。

小粥論文以後の多くの民法学説は、第3章以下の記述を小粥論文の中心的内容として受け止め、その記述を素直に受容してきたように思われる[21]。実際、小粥が「既存の法体系の外側の事情を法的考慮にいれる法技術」という形で見いだす「衡平法的修正」の必要性は、90年代以降、（コーズの有無に関わりなく）日本の学説・判例において様々な形で意識され続けている。

では、小粥自身が一定の強度をもって主張しようとしたとも解釈しうる、厳格法由来の発想という視点は、その後の30年で、学説史の中に埋もれてしまったのだろうか。

小粥が提示した厳格法由来の発想は、（民法解釈論という視点を抜きにした）基礎法学的な観点から見た場合、とても魅力的である。この発想は、現在、実定法のレベルでもある種の含意を持ちうるようにも思われる。例えば、2000年代以降のフランス民法学説において、コーズ・オブジェ・コンサントマンといった概念の境界を操作することで（あるいは、さらにはそれらの各

---

21)　前掲注13) を付した本文後において示した理解（「小粥論文を参照先に措定すれば、フランスのコーズ学説の通説的見解に依拠していることを含意できた」、という理解）はこのような受容の仕方を示す。

概念の一部または全部、さらには周辺概念を更新・廃棄することで）、契約のコントロールを試みる議論が多く現れた。これらの一部は複合契約論・非典型契約論等を介して近年の日本にも部分的に紹介されるが、この議論は、先述のように、コーズを「既存の法体系の外側の事情を法的考慮にいれる法技術」として平板に理解してしまっては、捉えがたい側面を含む。この議論には（小粥が指摘する）厳格法由来の発想との緊張関係が伏在しているようにも思われ、これらの議論の日本における今後の動向如何では、小粥の関心が、フランス法のみならず、それに影響を受けた日本法の動向を読み解くための補助線として再度機能しうるようにも思われる[22]。

4 結びに代えて

コーズを「既存の法体系の外側の事情を法的考慮にいれる法技術」として捉え、そこに衡平法的修正の一態様を見いだすという形で小粥の比較法研究を受け取ってきたのが「平成民法学」における小粥論文の受容のされ方だとすると、「平成民法学」は小粥論文の全ての果実を十分に受容していたわけではないのかもしれない。小粥が第1章・第2章において強調したかにも取れる内容が、現代のフランス法やそれに派生する現代の日本法をより深く理解するための補助線として機能しうるものと理解可能ならば、小粥論文の、「令和民法学」における意義というものは、今後、若干異なったものとなる可能性がある。

連載第 10 回（2022 年 5 月号掲載）

---

22) 小粥は第3章以下において、焦点を、厳格法由来の発想そのものから、具体的合意の発想と日本法との相同性に移すようにもみえる。しかし、厳格法由来の発想をもう少し広い意味で捉えた場合、この思考方法はカピタン以降の学説にも継続的に影響を及ぼし続けているとの見方もできる。カピタンはコンサントマンとコーズをかなり入念に分解する過程から「目的」（概念＝カピタンの「コーズ」）を導出しており（竹中悟人『契約の成立とコーズ——要素とコーズの史的接点に関する考察』〔商事法務、2021 年〕49 頁以下）、モーリーも「均衡」概念の析出の際に同様の視点を極めて重視する（同 86 頁以下）。そもそもコーズカテゴリーク論はこの導出過程自体の再構成を試みるものと捉えることもでき（同 174 頁以下）、それゆえ、2000 年代後半以降の議論では、（コーズ廃止論と接続される形で）この発想そのものの是非が問題とされるようにもみえる。

種類物売買法としての瑕疵担保責任制度の探求

北居功「売主瑕疵担保責任と危険負担との関係
——種類債務の合意による特定を契機として(一)〜(四)」
法学研究 69 巻 5 号、69 巻 6 号、69 巻 8 号、69 巻 9 号(1996 年)

根本 尚徳

1 はじめに

　売主の瑕疵担保責任(旧 570 条)は、いかなる役割を担うべきであるか。これは、法律行為法や広義の債務不履行制度を形成する各種の規律や原理(錯誤、原始的不能と後発的不能との区別、種類債務の特定、債務不履行責任に関する過失責任主義、危険負担など)の機能や当否如何という問題に直結する重要な問いである[1]。「平成民法学の歩み出し」の時期に、そのような問いに真正面から取り組んだ論考の 1 つとして、北居功「売主瑕疵担保責任と危険負担との関係」法学研究 69 巻 5 号、69 巻 6 号、69 巻 8 号、69 巻 9 号(いずれも 1996 年。以下、本論文という)[2]を挙げることができる。

　本稿では、瑕疵担保責任(制度)に関する北居功教授の見解(以下、北居説と呼ぶ)および北居説を明らかにすべく執筆された本論文の意義[3]について、

---

1) 円谷峻「瑕疵担保責任」星野英一編集代表『民法講座　第 5 巻　契約』(有斐閣、1985 年)185 頁以下、255-256 頁参照。

2) 本論文は、北居功『契約履行の動態理論 II』(慶應義塾大学出版会、2013 年)(以下、本書という)3-249 頁に、公表当時の基本的な内容や構成を維持したまま収録されている。そのため(参照の便宜を考えて)、本論文の引用に際しては、引用箇所の本書における頁数を——当該引用箇所の後に括弧に括った上で直接に——示す。

　　また、本書に収められた本論文以外の論文を引用する際にも、そのことを明記した上で、同様の方法によることとする。

　　なお、引用文中、亀甲括弧に括られた部分は、引用者が挿入したものである。

3) 本論文全体の意義、特に、瑕疵担保責任制度などに関するドイツの立法史および学説史の歴史的・比較法的研究としての意義については、松岡久和「民法学のあゆみ　北居功『売主瑕疵担保責任と危険負担との関係(1)〜(4)』」法時 70 巻 6 号(1998 年)121 頁以下、121 頁を参照されたい。

ささやかな分析を試みる。

2 紹 介

北居説は、①給付危険、対価危険および種類債務の特定という3つの事柄の相互関係をどのように捉えるべきであるか、ならびに②旧483条の趣旨はいかなるものであるか、との2つの問題について検討し、それらの検討の結果を自らの主張の土台に据える。

以下、順に、各検討の結果の要点を整理しよう。

⑴ 給付危険、対価危険、種類債務の特定の相互関係

⒜ 種類債務の特定の趣旨

はじめに、我が国では、種類債務の特定は、主として対価危険[4]との関係を見すえつつ、その要件の内容が論じられてきた。例えば、種類物売買に関して、上記特定は、売主から買主へと物が引き渡される時点において初めて生ずるものと解すべきであると説く学説は、そのような解釈によって、危険負担に関する債権者主義（旧534条1項）の適用されるべき範囲を——同条2項および401条2項の文言から想定される範囲に比べて——より狭く限定することを意図して唱えられたものであった（5頁、8頁注5、106頁）。

しかし、種類債務の特定は、——ドイツにおいて一般にそうであるように（71-99頁）——債務者（種類物売買の売主）を給付危険[5]という「重い責任ないし義務」（98頁）から早期に解放する点[6]にこそ、その本質的機能を有するものと考えるべきである（107頁、117頁）。

---

[4] 対価危険とは、双務契約に基づく一方の債務が当該契約の当事者双方の責めに帰すことのできない事情によって履行不能となった場合における他方の債務に関する不利益（危険）をいう。北居功「給付危険と対価危険」法教454号（2018年）32頁以下（以下、北居・前掲「危険」とする）、32-33頁参照。

[5] 給付危険とは、給付の対象である物が債権者に給付される前に債権者・債務者のいずれの責めにも帰すことのできない事情によって滅失・損傷した場合における当該滅失・損傷に関する不利益（危険）を指す。北居・前掲注4)「危険」32頁参照。

[6] そのような給付危険からの債務者の早期の解放の必要性は、日本でも等しく肯定される（106-107頁）。

(b) 要件

また、このように種類債務の特定と対価危険との間における結び付きを断ち切るとすれば、先述のとおり、従来、主に対価危険との関連において吟味されてきた上記特定の要件の内容についても再考しなければならない。

この点に関しては、結論として、日本民法典の起草者の見解（103-104頁）を基に、債権者と債務者との「合意による特定」（117頁）の意義を正当に（再）評価すべきである。

すなわち、債権者（買主）と債務者（売主）とが、ある物を給付（引渡し）の対象とすることについて合意した場合、そのような合意に基づき、種類債務（目的物引渡義務）が特定する。401条2項後段にいわゆる、債務者が「債権者の同意を得てその給付すべき物を指定したとき」とは、本来、このような合意が成立した場合のことを指していた（103-104頁）。また、そのような合意による特定は、売主・買主双方の利益を保護するために承認される。それゆえ、既に発生した特定の効果を売主と買主とのいずれか一方が単独で撤回することは許されない（117頁）。この点において、合意による特定は、もっぱら売主の利益を保護するために認められる（またしたがって、売主による一方的な撤回も許容される）「債務者が物の給付をするのに必要な行為を完了」（401条2項前段）したことによる特定とは異なるものである（同頁）。

(2) 旧483条の趣旨

(a) 特定物債務の給付危険に関する債権者主義

次に、旧483条の制定過程に照らすならば、同条は、特定物債務の給付危険、つまりは当該債務の後発的不能に基づく不利益が債権者の負担とされるべき旨（上記給付危険に関する債権者主義）を定めた規定である、と解される[7]。

すなわち、例えば、ある特定物に関する売買契約が締結された後にこの物が（売主と買主との双方の責めに帰すことのできない事由によって）毀損した場合、売主（債務者）は──たとえその毀損を修補しうるときであっても、そ

---

7) そのため、旧483条を──原始的不能に関する事案を想定しつつ──いわゆる特定物ドグマに基づく規律を示したものと捉えることは、妥当ではない（159頁）。

のような修補をすることなく――この物を「その引渡しをすべき時の現状で」(旧483条) 買主に引き渡すことができる (154-155頁)。買主 (債権者) は、その物を受領した上で、さらに合意した金額の代金を全額、売主に対して支払わなければならない (旧534条1項)。このように、旧483条は、特定物債務の対価危険に関する規律 (旧534条1項・旧536条1項) の「前提」(157頁) として、債権者が当該債務の給付危険をまずは負うべきことを定めた規定である、と考えられる。

また、旧483条は、特定物が毀損 (＝一部滅失) した場合のみならず、全部滅失した場合にも類推適用されるべきである (159頁)。それゆえ、この場合には、債務者は、その物を債権者に引き渡すべき債務を完全に免れる。

さらに、種類債務の特定が生じたときには、それ以後、同条が適用される (158頁)。

(b) 瑕疵担保責任制度との抵触？

そして、このように旧483条が特定物債務の給付危険に関して債権者主義の立場に立つべきことを定めた規定であるとすると、瑕疵担保責任の性質を債務不履行責任と捉え、売主 (債務者) に対する履行請求権 (例えば、瑕疵修補請求権) を買主 (債権者) に広く肯定することは、同条の趣旨と「矛盾する」(160頁) ものと言わなければならない。

では、瑕疵担保責任の性質について、どのように解すべきであるか。

本論文は、この点に関する分析を、上記責任が種類物売買について果たすべき役割を解きほぐすことから始める。そして、そのような作業の成果を特定物売買に関する瑕疵担保責任にも推し及ぼす。

以下、それぞれの検討の概略を見ることとしよう。

(3) 瑕疵担保責任

(a) 種類物売買

まず、種類物売買の売主が買主に瑕疵ある物を引き渡した場合、それは目的物引渡義務の債務不履行に該当する。

また、種類物売買に関する給付危険は、原則として、売主がこれを負担す

る。すなわち、売主によって他の物から分離された物が、買主に引き渡される前に、売主・買主のいずれの責めにも帰すことのできない事由によって滅失した場合には、売主は、依然として、買主に対し、目的物引渡義務を負うべきこととなる。

そして、このような給付危険から売主を保護するために設けられた制度（当該危険を売主から買主へと移転することを目的とする制度）こそ、種類債務の特定に他ならない。

さらに、401条2項後段は、売主と買主とがある物を引渡しの対象とすることについて合意することを、上記特定が生ずるための要件の1つとする（206頁）。

加えて、当事者の合意によって引渡しの対象とされた（＝特定された）物がその時点において隠れた瑕疵を有していた場合であっても、——まさしく買主自らが、その物を引渡しの対象とすべきことを売主と合意している以上、たとえそれが当該瑕疵の存在に気付かないまま行われたものであったとしても——そのような特定は、なお有効であり、かつ、その効果を買主が単独で覆すことはできない（206頁）。

それゆえ、この（特定された、瑕疵ある）物が買主に現に引き渡されたときには、売主は、買主との合意によって自身が行うべきものとされた事柄を全て果たしたこととなる（206頁）。換言すれば、この場合に、瑕疵ある物の引渡しは、瑕疵なき給付として、債務不履行には当たらない（当事者の合意に基づく「特定物ドグマ」の肯定。249頁注189）。

また、前記特定が生じた時点において、それまで売主が負担していた給付危険は買主に移転する（旧483条）。その後、隠れた瑕疵が顕在化しても、売主は、買主に対して、代物を引き渡したり、当該瑕疵を修補したりする義務を負わない[8][9]。他方で、対価危険もまた、特定の結果として、買主の負担となる（旧534条1項、2項）。そのため、買主は、売主に対して代金を全

---

8)　そのため、先述のような旧483条と瑕疵担保責任制度との間における規律内容の「矛盾」は生じない。

9)　なお、瑕疵に基づく損害が買主に発生しても、——前述のとおり、そもそも債務不履行が存在しないため——売主の損害賠償責任も否定される。

額支払わなければならない。すなわち、この場合には、隠れた瑕疵を原因として、売主と買主との間に対価的不均衡が生じている。さらに、買主は、引渡しを受けた物の性状に関して動機の錯誤に陥っており、その点において、この者を保護すべき必要性が認められる。

そこで、上記対価的不均衡を是正し、買主の利益を保護するために、——債務不履行制度とは独立の制度としての——瑕疵担保責任制度が発動される。すなわち、「有償契約としての売買契約における〔当事者〕双方の給付の対価的均衡を図る」(207頁) ことこそ、瑕疵担保責任制度の目的であり、債務不履行制度のそれとは異なる、この制度に固有の機能である、と考えられる[10]。

他方において、買主は、売主から引き渡された物の性状について動機の錯誤が存在することを理由として、前記合意の無効を主張することも可能である (旧95条)。その場合には、当該合意による特定もまた無効であったこととなり、売主の種類債務が復活する (208頁)。

したがって、具体的な結論としては、まず、買主は、瑕疵担保責任制度に基づきⓐ売主に損害賠償を請求すること、またはⓑ売買契約を解除することができる (旧570条、旧566条3項)。さらに、買主は——前記合意の錯誤による無効を主張した上で——ⓒ売主に対して種類債務の履行、つまりは代物の引渡しを請求することもできる (買主は、上記ⓐ ⓑ と上記ⓒ との間で自らのための保護手段を選択しうる)[11]。

なお、売主が1人で分離し、そして買主に引き渡した物が、引渡しの時点において隠れた瑕疵を有していた場合には、当該引渡し自体によっては、売

---

[10]　以上の主張の説得力を高めるべく、本論文では、①ドイツ民法典 (以下、BGBとする) の立法者は、種類物売買への瑕疵担保責任制度の適用を肯定するBGB旧480条を制定する際に、その根拠を、当事者の合意による特定に基づく種類物売買の特定物売買への転化 (＝債務不履行制度から瑕疵担保責任制度への移行) という論理に求めたものと解されること (170-181頁)、および②BGB施行後に現われたドイツの学説も一般に上記論理を支持すること (183-185頁) が示される。

　　　また、合わせて、日本の判例法理の立場、すなわち善意の買主が、売主から受領した瑕疵ある物 (種類物) を「履行として認容」したときには、それ以降、瑕疵担保責任制度のみが適用される、との立場は、北居説の説く論理によってこれを良く説明しうることが指摘される (192-194頁、202-204頁)。

主の種類債務は特定しない。しかし、その後、買主がこの「受領」した物を「履行として認容」したときには、別途、当事者の合意による特定が認められる。それゆえ、これ以降、——売主の債務不履行責任が否定されるとともに——その者の瑕疵担保責任が肯定される。

(b) 特定物売買

次に、特定物売買において、売主と買主との間に、目的物が一定の性状を備えている旨の合意が成立した場合には、その性状が実際には当該目的物＝「この物」に欠けており、かつ、そのことについて買主が善意であったとしても（＝「この物」に隠れた瑕疵が存在するときであっても）、上記合意に基づき、売主は、買主に対して、「『この物』から一旦切り離された抽象的な『あるべき物』」（238頁）を引き渡すべき義務を負う（239-240頁）。

他方で、この場合には、①当該合意（いわば第1の合意）と併存する形で、売主と買主との間に、上記目的物、すなわち隠れた瑕疵を有する「この物」を引渡しの対象とする旨の合意（いわば第2の合意）が別個に成立し、そして、②この第2の合意に基づき、上記「あるべき物」を引き渡すべき義務が特定する（＝引渡しの対象が「この物」に特定される）と解することが可能である（239-240頁）。そのため、特定物売買についても、種類物売買に関するものと同様の過程（ⓐ当事者の合意[12]による特定に基づく給付危険の売主から買主への移転、ⓑ売主による債務不履行の不発生、ⓒ引渡しの対象である物の性状＝隠れた瑕疵の存在に関する買主の動機の錯誤およびⓓこれに基づく売主・買主間の対価的不均衡の発生）を観念することができる（240-241頁）。したがって、特定物売買にも、当該特定（上記②＝ⓐ）が生じた時点、つまりは売買契約が締結された時点から——債務不履行制度とは区別されるべき——瑕疵担保責任制度を適用すべきである。

---

11) 加えて、買主が自らの受領した物に明白な瑕疵があることを知りつつ、その物を給付の一応の対象として認容した場合には、当該買主は、例外的に、代金の減額を請求することも可能である（210頁）。ただし、これは、瑕疵担保責任制度に基づくものではなく（同頁）、売主と買主とによる売買契約の改訂に基づくものと捉えるべきである（この点につき、松岡・前掲注3）124頁参照）。

12) 特定物売買においては、第2の合意がこれに当たる。

(c) 総括

以上要するに、瑕疵担保責任制度は、種類物売買および特定物売買の双方に、同一の法律構成（①瑕疵なき物を給付すべき売主の契約に基づく〔種類・抽象的〕債務の発生、②当事者の合意による〔種類・抽象的〕債務の特定および買主の動機の錯誤）に基づき、そして同一の目的（当事者間における対価的不均衡の解消）を追求するものとして等しく適用されるべきものであり（241頁）、債務不履行制度のそれには還元しえない固有の機能を有する独自の制度である、と考えられる。

3 検 討

(1) 歴史的意義

以上のような北居説および本論文の歴史的意義として、主に以下の4点を指摘しうる。

(a) 二大学説の止揚の試み

周知のとおり、日本においては、瑕疵担保責任の性質をめぐって、法定責任説と債務不履行責任説とが長らく、激しい対立を見せてきた。他方で、——当該対立の下で交わされた議論の結果——これら2つの学説がそれぞれ導く具体的な結論自体は大差のないものとなっていた（199頁）。さらに、両説とも、各自の結論を基礎付けるために、各々の唱える論理の修正を余儀なくされた（同頁）。しかも、そのような修正として、「特定」という概念の意義、したがってまた、「特定物（債務）」と「種類物（債務）」という区分の意義を「抽象化・相対化」（242頁）しようとする点も、これらの見解に共通していた[13]（同頁）。

このような認識に基づき[14]、本論文は、既に見たように、種類債務の「特

---

13) 法定責任説は、特定物を代替的特定物と不代替的特定物とに区別した上で、瑕疵担保責任制度の適用対象を後者に限定することによって（241-242頁）、債務不履行責任説は、（不代替的）特定物についても、現実に存在する目的物の性状から切り離された「あるべき性状」における引渡しの義務を観念することによって（255-256頁。本論文以外からの引用）。

定」の効果や要件を再検討することによって、上記2つの学説の対立を止揚しようとしたものと思われる[15]。この点に、本論文（によって示された北居説）の第1の歴史的意義を見出すことができる。

すなわち、一方で、北居説は、瑕疵ある物の引渡しも（当事者の合意による特定が生じた後には）瑕疵なき給付に当たると解する点[16]および瑕疵担保責任制度の目的を有償契約の当事者間における対価的均衡を維持することと把握する点において法定責任説の系譜に連なる。他方で、瑕疵ある特定物についても瑕疵なき状態における「あるべき物」の引渡義務を観念する点においては、北居説は、債務不履行責任説としての側面をも有するのである[17]。

(b) 社会的動向への対処

第2に、本論文および北居説は、以上のような2つの学説の間における（もともとの）対立（とその後における各々の変化と）の背景を成す社会的動向に向き合うものであった点においても重要である。

元来、瑕疵担保責任制度は、特定物売買を念頭に置きつつ形成されたものであった。そうであるからこそ、種類物売買に対するその適用の可否が——法定責任説と債務不履行責任説との優劣如何という形で——盛んに論じられた。特に、債務不履行責任説は、近代社会においては、大量に生産された消費財の売買を典型とする種類物売買がその経済的重要性を増している、との認識に基づき、瑕疵担保責任制度を種類物売買にも通用しうる制度へと修正しようと試みた[18]。具体的には、既に述べたように、瑕疵ある「特定物」に

---

14) さらに、以上のような議論状況に鑑みると、瑕疵担保責任に関する（当時の）日本法の問題は、すぐれて法解釈論的な（dogmatisch）問題であったと解される。

15) 北居説が法定責任説、債務不履行責任説双方の特徴を併せ持つことを指摘するのは、山本豊「売主の瑕疵担保責任」法教354号（2010年）81頁以下、87頁。

16) ただし、このような帰結を①特定物の性質に関する合意は法律行為の内容にはなりえないと説く意思表示の個別化理論や②原始的一部不能論に依拠することなく正当化する点において、北居説は、旧来の法定責任説とは決定的に異なる（上記①および②の各立論を拒絶する点では、むしろ債務不履行責任説に近い）ものと言うことができる。

17) 山本敬三『民法講義IV-1 契約』（有斐閣、2005年）274頁注20。

18) この点につき、例えば、（ドイツ法に関する記述ではあるものの）北川善太郎『契約責任の研究』（有斐閣、1962年）181-182頁参照。

ついても、それが本来備えるべき「あるべき性状」を想定し、かつ、そのような「あるべき性状」において当該「特定物」を買主に引き渡すべき義務を売主に認めること（＝この説における「『特定（物）』概念の『抽象化・相対化』という操作」〔242頁〕）を通じて——元来、種類物売買に関してのみ問われるべきはずであった——債務不履行責任の成否を瑕疵担保責任制度（旧570条）の下で吟味する可能性を生み出そうとした（そして、このような形で債務不履行責任に関する規定として再構成された旧570条を種類物売買にも適用しようとした）のである[19]。これは、「種類売買法理が、特定物売買法へ浸透したことの現われ」[20]の1つである、と言うことができる。

　本論文は、以上のような債務不履行責任説のいわば実践的な意図（前述のような社会の動きを踏まえた、瑕疵担保責任制度〔旧570条〕の種類物売買への適用可能性の追求）については、これを正当なものと評価する（256頁。本論文以外からの引用）。しかし、他方において、当該意図を実現するためにこの説が用いた手法、すなわち、特定物に関しても「あるべき性状」においてこれを引き渡すべき義務を売主に肯定するという方法（＝「『特定（物）』概念の『抽象化・相対化』という操作」）が特定物（債務）と種類物（債務）との区別を実質的に否定し[21][22]、ひいては「特定物売買を中心とする民法体系[23]自体を危うくしさえもする解釈方向」であることを危惧する（以上、242頁）。

---

19)　これに対して、法定責任説は、瑕疵担保責任制度（旧570条）が適用されるべき特定物売買を不代替的特定物に関するそれに限定し、代替的特定物の瑕疵をめぐる紛争は、債務不履行制度（415条）によってこれを処理すべきである、と説くこと（＝この説における「『特定（物）』概念の『抽象化・相対化』という操作」〔242頁〕）によって、同じく自らの旧来の立場に修正を加えた。これもまた、「特定物売買法への種類売買法理の浸透現象」〔同頁〕の1つである、と考えられる（以上、241頁）。

20)　このような表現は、もともと、北川・前掲書（注18）368頁に現れるものである。

21)　本書曰く、「瑕疵担保責任を債務不履行責任と把握する学説は、……特定物売買においても『特定（物）』概念自体を『抽象化・相対化』し、特定物売買と種類売買との差異を極限まで消滅させようと試みており、この理論的な基礎のうえに瑕疵ある給付の問題を瑕疵担保責任で一律に解決しようとする」（251頁。本論文以外からの引用）。

22)　さらに、本書によれば、そのような「抽象化・相対化」＝特定物債務と種類債務との間における区別の実質的否定（≒瑕疵担保責任〔旧570条〕の種類物売買への一律の適用の肯定）の結果として、当該区別を前提とする種類債務の「特定」の意義、つまりは、種類債務の給付危険から債務者を早期に解放することの意義（401条2項の趣旨）までもが「軽視」（252頁、256頁。いずれも本論文以外からの引用）されてしまうことが懸念される。

そこで、本論文は、上記区別をあくまで維持しうる新たな法解釈論（Dogmatik）を独自に展開することで（同頁）、上述のような債務不履行責任説の意図を——この説によるものとは別の形で——実現しようと試みたのである。それは、突き詰めるならば、債務不履行責任説における（さらには法定責任説における）「特定物売買法への種類売買法理の浸透現象」（同頁）をもたらした社会的動向に——各学説のそれとは異なる手法によって——対処しようとするものであった。また、自らの新しい法解釈論を構築するに当たり、本論文は、——まさしく「種類売買法理」が「特定物売買法」へと「浸透」していること[24]を直視して——種類物売買に関する制度、つまりは種類債務の特定を特定物売買にも「応用」（同頁）するという方法を採用した。

(c) 当事者の合意への着目

第3に、本論文は、種類債務の特定に関する鍵概念として、売主と買主との間における「特定の合意」（240頁）の役割を強調した。このような観点は、その後の学説による議論の1つの基盤になったものと解される[25]。

また、そのような「特定の合意」を基礎とする立論は、日本のそれまでの学説、なかんずく森田宏樹教授によって提唱された時的区分説[26]の主張を補完するために唱えられたものであった。

すなわち、本論文によれば、一方で、時的区分説は、——北居説と同じく——「隠れた瑕疵」の要件と「特定」（≒売主から引き渡された物の買主による履行としての認容）の要件[27]とを接合する点において「極めて魅力的な主

---

23) この点に関する本論文公表後における法史学的な分析として、本書429-460頁および北居功「債務不履行における債権者の救済要件」慶應法学19号（2011年）3頁以下（以下、北居・前掲「救済」とする）、3-5頁を参照されたい。

24) この現象は、当時の「国際売買における……統一立法」（241頁。いわゆるウィーン売買条約のことを指すものと思われる）によっても促された。さらに、当該現象は、近年のヨーロッパ法に広く見られるものである（北居・前掲注23）「救済」6頁）。

25) 例えば、池田清治「不特定物と瑕疵担保」みんけん566号（2004年）3頁以下、6頁は、本論文の主張を踏まえて、当事者の合意の成否およびその内容の「解釈標準」を検討する。

26) 森田宏樹「瑕疵担保責任に関する基礎的考察」私法51号（1989年）129頁以下、135頁および同『契約責任の帰責構造』（有斐閣、2002年）306-309頁（当該箇所の初出は1996年）。

27) 債務不履行責任説において、種類債務の特定をも含めた「債務の集中」の「重要性が高まる」ことを指摘するのは、小粥太郎「担保責任論の争点」東北ロー1号（2014年）67頁以下、87頁。

張」である（205頁）[28]。だが、他方で、①種類物売買の売主が物の引渡しを行う前に売主と買主との合意によって目的物が特定された場合において、この説が当事者の法律関係をいかに規律するのか、が不明瞭である点（同頁参照）および②この説が売主による弁済（伝統的通説によれば、準法律行為とされるもの）を売主と買主との間における合意（法律行為）であるかのように捉える点（234頁注152）の2点について、時的区分説にもなお「疑問」（204頁）が残る。

それゆえ、本論文は、ⓐ売主による物の引渡しと（善意の）買主によるその受領とをそれぞれ前記「特定の合意」の申込みとこれに対する承諾の各意思表示として把握し（234頁注152参照）、さらにⓑ当事者の合意による特定の意義を明確にすることによって上記「疑問」の解消を図った。

したがって、本論文によるこれらの主張は、前述のとおり、北居説に先行する学説の（本論文から見た）不足点を補う（そして、この学説によって示された立論の基本的方向性を支持する）ために展開されたものであった、と言うことができる[29]。

(d)　危険負担制度との区別

そして、第4の意義として、本論文が瑕疵担保責任制度と危険負担制度との関係を自覚的に検討し、両者をそれぞれ固有の機能を有する独自の制度として位置付けた点を指摘しうる。

日本でも、（ドイツ法における）給付危険と対価危険、さらには物危険[30]と

---

28)　また、本書曰く、時的区分説は、「受領による債務消滅後の法定責任としての瑕疵担保責任の把握」という側面と「「受領」時を「隠れた瑕疵」要件の基準時とした債務不履行責任の特則としての瑕疵担保責任の把握」という側面との2つを備える（311頁注96。本論文以外からの引用）。

29)　北居功「履行としての受領」法セ692号（2012年）78頁以下（以下、北居・前掲「受領」とする）、81頁も、森田宏樹教授の見解（時的区分説）と融合させる形で北居説を説く。

　　なお、森田教授も、北居功教授の研究（北居説）を「ドイツ法の研究から〔時的区分説と〕同様の方向を説く研究」（森田宏樹＝加藤雅信＝加藤新太郎「瑕疵担保責任とは何か」加藤雅信＝加藤新太郎編著『現代民法学と実務(下)』〔判例タイムズ社、2008年〕1頁以下、11頁〔森田宏樹教授発言〕）と評される。

30)　物危険とは、ある物が有する価値自体の喪失に基づく不利益（危険）をいう。物危険と給付危険・対価危険との異同につき詳しくは、北居・前掲注4)「危険」33頁を参照。

の区別については、かねて知られていた。しかし、それらの区別と関連させながら瑕疵担保責任制度の目的を探求すること、とりわけ、この制度と危険負担制度との関係を分析することは、十分に行われてこなかった[31]。また、——そうであるにもかかわらず——我が国においては、瑕疵担保責任制度は、（対価危険あるいは物危険の分配に関する）危険負担制度のそれと類似する働きを持つ、との理解が１つの有力な潮流[32]を成してきた[33]。

このような議論状況を踏まえて、本論文は、瑕疵担保責任制度を売主の給付危険に関する制度として明確に位置付け、これを対価危険（あるいは物危険）に関する制度であるところの危険負担制度から区別すべきことを主張したのである。

そして、そのような主張もまた、その支持者[34]を得るとともに、その後における学説上の議論の枠組みを規定した[35]。

(e) 小括

そこで、これまでの整理を基に（そのまとめとして）、本論文の全体的性格を特徴付けるとすれば、本論文は、その公表当時の社会的動向（≒実践的課題）を法解釈論上の（dogmatisch）問題として捉え直した上で、——日本の判例・学説による従前の議論の蓄積およびドイツ法に関する比較法的考察を踏まえつつ——法解釈論（Dogmatik）の徹底的な展開によってこれに応えようとするものであった（そのような意味で、本論文は、少なくとも上記法解釈論の役割を軽視しない立場からすると、書かれるべくして書かれた論考であった）と言えよう。本稿の見るところ、この点にこそ、本論文は、その最大の魅力を持つ。

---

31) この点を指摘するものとして、野澤正充『契約法の新たな展開』（日本評論社、2022年）277頁、349頁。
32) この点につき、円谷・前掲注1) 204-207頁、259-261頁参照。
33) さらに、本論文によれば、時的区分説の下で瑕疵担保責任制度と危険負担制度とがどのような関係に立つのか、ということも「なお判然としない」（204頁）。
34) 例えば、潮見佳男『契約各論I』（信山社、2002年）213-214頁（ただし、同書214頁は、一定の例外を留保する）。
35) 例えば、野澤・前掲書（注31）における検討の全体を貫くものの１つは、まさしく瑕疵担保責任制度と危険負担制度との関係如何という問題意識である。

340

　また、同様に、北居説の本質的内容（の１つ）についても、次のように考えることが許されるものと思われる。すなわち、この説は、（少なくとも、その論理を突き詰めるならば）瑕疵担保責任制度を——特定物売買に特有のものとしてではなく、むしろ——「特定」という作業を不可欠の要素とする種類物売買に固有の制度として再構築しようとするものであった[36]、と[37]。

(2)　今日的意義

　2017年の民法改正によって、瑕疵担保責任制度は（形式上）廃止された。そして、これに代わって、契約不適合責任制度が新たに導入された。

　しかし、本論文の意義は、これによって失われることはないであろう。すなわち、本論文によって示された各種の分析の視角や成果および北居説は、契約不適合責任制度の下でも、そのあるべき姿を見極める上で示唆に富むものである。例えば、北居説は、契約不適合責任の趣旨、特に当該責任が、物が売主から買主へと「引き渡された」後に（＝買主がこれを受領した後に）初めて生ずべきものとして一般の債務不履行責任とは区別して定められたこと[38]の意味を説明し、これに基づき上記責任の発生要件や効果の内容を具体化する際の手がかりとなりうる[39]。さらに、本論文が提示した給付危険と対価危険との区別の徹底という視点もまた、例えば、新しい危険負担制度（と契約不適合責任制度との関係如何）の理解に直接的な影響を及ぼす[40][41]。

---

36)　この点につき、いずれも本論文の後に公にされたものながら、本書526頁注11、北居・前掲注23)「救済」6頁および同・前掲注29)「受領」82頁をそれぞれ参照されたい。

37)　なお、北居説の問題点に関する分析として、下森定『履行障害法再構築の研究』（信山社、2015年）426-427頁（当該箇所の初出は1998年）参照。

38)　この点を強調するのは、森田宏樹「売買における契約責任」瀬川信久ほか編『民事責任法のフロンティア』（有斐閣、2019年）273頁以下、274-275頁、276頁。

39)　そのような具体化の試みの１つとして、北居教授は、善意の買主が瑕疵ある物について特定の合意を結んだとき（この物を「履行として認容」した上で「受領」したとき）には、その引渡しの時点においてこの物に瑕疵が存在したことの証明責任は、買主が負わなければならない（本来、履行が適切に行われたことは売主が証明すべきものであるところ、その負担が実質的に買主に転換される）と述べられる（524頁。本論文以外からの引用）。

4　おわりに

　もしそれが書かれた時代の問題と格闘した作品のことを古典と呼ぶとすれば、本論文は、まさしく古典の名にふさわしいものである、と言えよう。そのような作品と向き合うことによって、我々は、自らが格闘すべき問題を知り、またその解決の糸口を得ることができる。

連載第 31 回（2024 年 4 月号掲載）

---

40)　実際に、例えば、山本敬三『契約法の現代化Ⅲ』（商事法務、2022 年）313-314 頁は、①給付危険と対価危険との区別を前提としつつ、また、②新 567 条 1 項は売買契約における危険負担（＝対価危険の負担）に関する規定であることを踏まえて、③同項の規律内容に、いずれも給付危険の負担に関わる「特定」や「履行の追完の請求」が含まれていることを批判する。

41)　なお、売買契約の当事者間における「特定の合意」という──いわゆる当初合意との対比で言えば──中間合意に着目し、これに即して当事者間の法律関係を規律しようとする本論文および北居説の姿勢は、いわゆる「現在化論」と「プロセス化論」との対抗図式（この図式に従って「担保責任論の争点」を整理するものとして、小粥・前掲注 27) 85-90 頁）においては、後者に位置付けられるべきものである（また、そもそも、種類物売買に関する制度や法理〔種類債務の特定〕を特定物売買に応用する、という発想自体が、売買契約の「プロセス化」を志向するものであった、とも考えられる。この点につき、本書「はしがき」ⅱ頁参照）。

戦後民事判例における救済法理の原風景へ

道垣内弘人『信託法理と私法体系』
（有斐閣、1996 年〔初出 1993-1995 年〕）

髙　秀成

1　はじめに

　本書[1]は、1993 年から 1995 年にかけて発表された論文などを基礎に、書き下ろしに近いかたちで纏められた作品である[2]。本書は、信託法理を大陸法伝統に基づく契約や法人などの法理と異質なものと捉えるのでなく、民法・商法と信託法とが一体となって形成する矛盾のない私法体系を構想することを企図して著された。

　平成 11 年からの十年紀は、民法学が信託法理への飛躍的な関心の高まりを見せた時期であった。その主要な背景として、預金債権の帰属をめぐる一連の判決群（最一小判平成 14・1・17 民集 56 巻 1 号 20 頁〔以下「平成 14 年最判」〕、最二小判平成 15・2・21 民集 57 巻 2 号 95 頁〔以下「平成 15 年最判①」〕および最一小判平成 15・6・12 民集 57 巻 6 号 563 頁〔以下「平成 15 年最判②」〕）[3]、そして改正信託法（平成 18 年法律第 108 号）の成立とそれに連なる

---

1)　本書の詳細な書評として、能見善久「〔文献紹介〕道垣内弘人著『信託法理と私法体系』」信託法研究 22 号（1998 年）105 頁以下がある。

2)　本書の基礎となった論文は、①「紹介：K.W.Ryan『大陸法における信託の受容』——《大陸法系にあるべき信託法》研究序説」信託 176 号、177 号（1993-1994 年）、②「海外金融法の動向：銀行と顧客の間の法律関係——イングランド法の展開」金融法研究・資料編 9 号（1993 年）、金融法研究 10 号（1994 年）、③「イングランド法における信託受託者の義務——信認関係を生ぜしめる諸制度の中における『信託』の位置付け」林良平ほか『財産管理における受託者及びそれに類する者の行動基準（トラスト 60 研究叢書）』（1995 年）、④「救済面から見た信託」信託法研究 19 号（1995 年）、⑤「Functions of Trust-concept in English Law」社会科学研究第 44 輯（1995 年）である。

改正論議を挙げることができる[4]。これらの動向と呼応するかのように、いくつかの重要な信託法の体系書や、数多くの論文が公表された[5]。平成最初の十年紀に上梓された本書は、あたかも次の十年紀にはじまる信託の活況を予告するかのように、時宜を得たものであった。そして、現在もなお続けられる民法学による信託法理の深化の取り組みにとって欠くべからざる礎石となっている。

もうひとつ、本書の意義について重要な点がある。信託法の文脈で取り上げられることが多い本書であるが、本書は、信託の固有の意義を明らかにするとともに、財産管理人の諸義務と救済面を射程に入れた、いわば「他人の財産の管理制度」に関する、稀有な横断的かつ総論的研究であった[6]。この意味で、本書は、信託分野にとどまらず、縦横無尽な制度間比較の手法を用いた、一般私法の基礎研究としての意義を有する。

2 紹 介

(1) 本書が取り組む課題

本書は、当時、信託は信託銀行の行う特別の取引と考えられる傾向にあり、信託法は多くの研究対象とはなっておらず、その背景に「信託は英米法で育成された制度であり、大陸法系に属するわが私法のなかでは、水の上に浮ぶ油のように異質的な存在である」[7]という認識があったとする。そこで、本書は、「信託法を私法の一つとして位置づけ、民法を私法の一般法としてと

---

3) マンション管理業者による預金に関する東京高判平成 11・8・31 金法 1558 号 24 頁など一連の裁判例も重要である。

4) 当時の立法動向として、「資産の流動化に関する法律」・「投資信託および投資法人に関する法律」（2000 年）、改正信託業法（2004 年）を挙げることができる。

5) 例えば、新井誠『信託法〔初版〕』（有斐閣、2002 年）、道垣内弘人＝滝沢昌彦＝大村敦志『信託取引と民法法理』（有斐閣、2003 年）、能見善久『現代信託法』（有斐閣、2004 年）、星野豊『信託法理の形成と応用』（信山社、2004 年）など。

6) 本書は、契約・委任・代理・会社と信託との体系的関連を探る研究であり、異なる法規範・法概念を横断的に関連づける議論に位置づけられる（瀬川信久「民法解釈論の今日的位相」同編著『私法学の再構築』〔北海道大学図書刊行会、1999 年〕14 頁）。

7) 四宮和夫『信託法〔初版〕』（有斐閣、1968 年）はしがき。

らえる限りは、信託法理を、契約や法人といった他の法理——それは大陸法理に基づく——とまったく異質なものと考えることはできないはずである。民法・商法と信託法とが一体となって形成する矛盾のない私法体系を構想することが必要ではないか。信託法は厳として存在する。そのような私法体系を有するわが国では、いわば『信託のある風景』を描くことが必要」（2頁）と主張する。

(2)　イングランド法の分析

　第2章「信託法理の義務均質化機能」では、信認関係の概念は、信託を超えて、一方の他方に対する信頼を基礎とする法律関係において、義務者に対して信託の受託者に類似する義務を課するための概念として機能していることが指摘される（54頁）。つまり、信託法理は類似した立場にある者の義務を均質化する機能を有しているというのである。ここで、それぞれが負う義務内容は、契約等により変更が可能であり、信認関係はデフォルト・ルールを定めるものとされる。この義務均質機能を通じて、統一的視座設定が可能であり、思考の経済化を図ることができる（56頁）。

　次に、第3章「信託法理の救済均質機能」では、前章を受けて、受託者と類似した地位を有する者の義務違反に対して、救済手段が均質化されうるのかという問いから、信託法理の波及が観察される4つの問題局面を設定し、考察が進められる。すなわち、①信託財産と他の財産との混和、②信託財産の不当処分、③信託財産の自己取引、④許されない利得、である（59-69頁）。これら問題局面のなかで、①・②・③については、「財産はずっと受益者のものであった」という考えに根差したエクイティ上の追求権による物権的救済が認められている。ただし、物権的救済が機能するためには、特定が必要であり、受益者に有利に働く推定のための、受託者の固有財産との混和に関する「同一性の認識に関する準則」が形成されてきた。そして、対第三者関係における対抗の論理として、善意有償の第三取得者への追及の遮断が認められてきたという。これら物権的救済のための補助論理としての「同一性の認識に関する準則」と「権利の対抗」が、エクイティ上の追求権の法理の内実である（69-77頁）。そして、このエクイティ上の追求権は、「信認関係の

存在」を媒介として、代理人に対する本人、取締役に対する会社にも認められるに至る。他方、④の局面では、擬制信託の法理によって、不当な利益の吐き出しがもたらされている。ここでも信認義務を媒介として、信託受託者だけでなく、他の信認義務者についても対象が拡大されていき、さらには「他人の利益のために行動すべし」という規範的判断を通じて詐欺や窃盗の被害者にも拡大されていく（85-102頁）。このように、エクイティ上の追求権と擬制信託を通じて、信託法理は類似した立場にある者の救済手段を均質化する機能があることが確認される。

第4章「信託法理の典型契約形成機能」では、守秘義務をはじめとした銀行と顧客との間の法律関係の分析を通じて、信託法理が営む典型契約形成機能が叙述される。当初は、当座勘定契約などの個別の契約解釈の問題において、黙示的条項の読み込み作業が行われてきた（110-120頁）。しかし、そこには当事者の意思からの懸隔が生じ、説明に困難が伴う。とりわけ、単なる債権者と債務者の関係についてそうであった。そこで、別個の信認関係の存在認定をする、つまり擬制信託の成立による顧客側への救済手段が付与されるに至ったのである。このプロセスのなかで、イングランド法においても、標準的な内容の定まった銀行預金契約などの典型契約類型が確かに存在し、そこでは黙示的条項とともに、信託法理が作用していることが確認される（131頁-144頁）。

(3) わが国の財産管理者の義務（第5章）

本章では、信託法理が信認義務者の義務内容を統一的に定める役割を担うイングランド法のあり方に示唆を得て、信託と契約・代理・会社を包摂できる統一的視座がありうるかが検討される。まず、信託法の考察の前提として、私法体系上の財産管理者の義務を描き出すべく、7つの義務の考察がなされる。それは、①分別管理義務、②忠実義務、③自己執行義務、④合手的行動義務、⑤善管注意義務、⑥公平義務、⑦計算報告義務、である。本書は、民法や会社法だけでなく、弁護士法、宅建業法、商品取引所法（現商品先物取引法）、投資顧問業法（現金融商品取引法）、保険募集取締法（現保険業法）にも素材を求め、これら個別法規において、それぞれの義務者ごとに主要な、

または特徴的な義務のみが法規のうえで顕在化しているだけであり、統一的視座が欠如していると分析する（147-148頁）。そこで、信託法と対照させた後、これら7つの義務が財産管理人に共通して課されうる原則的義務であるとして、統一的解釈を提示している。委任・会社・信託などの制度は、信認関係に基づいて他人のために財産を管理・運用する複数の類似制度として私法体系上に位置づけられ、それぞれは相互互換的な連続的制度であり、各制度における各義務者は、本質的に同様の義務を負うとする（170-173頁）。

(4) わが国における財産管理者の義務違反に対する救済方法（第6章）

イングランド法で設定された問題局面と同様、①財産の添付、②財産の不当処分、③自己取引、④許されない利得を取り上げる（175-186頁）。また、個別の問題領域ごとに、財産の種別、とりわけ金銭と金銭以外の区別に着眼した綿密な実定法上の解決の比較検討が行われている。そのうえで、バランス調整が要請されうる場面が検出される。考察場面は多岐にわたる。以下、調整を可能とする本書の民法上の理論構成のいくつかを簡単に紹介する。

ⓐ「金銭の占有者＝所有者」ドグマ（最二小判昭和39・1・24判時365号26頁）を背景に、受任者が金銭を預かったまま破産した局面と、金銭を用いて何かを購入していた場合の局面のアンバランスがある（202頁）。㋐本書は、分別管理義務が尽くされ、特定性が維持されている場合、端的に受任者が占有する金銭について委任者の所有権を肯認できるとする（203頁）。㋑次に、金銭の混和については、共有持分権による物権的救済が肯認される（204頁）。㋒預金された金銭については、預金債権は、単純に金銭以外の財産ととらえれば足り、委任者の所有権を認め（すなわち委任者が債権者であることを認め）、または、債権が信託財産であることを認めればよい。ここでは、いわゆる「預金者の認定問題」における出捐者説を合理性あるものとして積極的に評価している（205頁）。

ⓑ財産の不当処分の態様によって生じうるアンバランスの調整として、所有者が代位物に対して物権的な権利を行使する方策が検討される（207頁）。㋐処分の対価が存在する場合には、最一小判昭和43・7・11民集22巻7号1462頁（以下「昭和43年最判」）の問屋法理を評価し、対価たる物・金銭の

所有権は委任者に帰属し、それが未だ請求権の段階であるときには委任者がその請求権者になると考えるべきとされる（208-210頁）。㋑これに対し、処分の対価が存在しない場合、委任者の財産が受任者の既存の債務の弁済に用いられたり、委任者の財産が第三者に贈与されたときには、騙取金弁済に関する判例法理（最一小判昭和49・9・26民集28巻6号1243頁（以下「昭和49年最判」））の活用が提唱される（211頁）。

　これら考察を経て、本書は、委任その他の制度において権利者の有する救済手段は、信託についても、そのまま当てはまることを確認する。そこで、改めて信託法の存在意義が問題とされるのである。

(5)　本書の帰結

　まず、義務の面に関し、信託、委任、会社等の制度は連続性を有する一連の制度と見ることができ、これらの制度における各義務者は、本質的に同様の義務を負っている（216頁）。次に、救済面に関し、実質的妥当性と理論的正当性の双方から、委任その他の法律制度における権利者の救済手段は、信託法で認められている救済手段と同等のものとなる。そのうえで、信託法の存在意義は、とりわけ救済面にあるとみる。委任者は各場面で物権的な救済を得られるが、これは委任者が当該財産・金銭の所有権を有することから基礎づけられる。これに対し、信託では、所有権に基礎を置いた救済を得ることは不可能である。なぜなら、信託財産の所有権は受託者に移転している（旧信託法1条）からである。しかし、信託は、一定の場合には（財産管理・運用など）委任や会社と同じ経済的目的をもって行われるものであり、ある行為がなされるとき、当該財産の所有権が形式的に管理者に移転されたか、移転されないかによって、権利者の救済方法が大きく異なってくるのはアンバランスである。そこで、信託法は、ある者が他人のために財産の管理・運用を請け負った場合には、当該財産の所有権がその管理者に移転している場合でも、権利者に所有者と同様の物権的救済を認めることにした（旧信託法14-18条）。つまり、「信託とは、所有者でない者に所有者と同様の物権的救済を認めるという法理であり、信託法はそれを可能にするための法律である」というのである（217-218頁）。かかる分析のコロラリーとして、本書は、

受益権は債権であり、所有者たる受託者は債権的な拘束を負うに過ぎないとする債権的構成を支持している（222頁）。

3　検　討

(1)　本書の方法論的特質

(a)　共時的分析

著者が自ら述べるように、共時的分析の手法が本書を特徴づけている。この点は、信託法が制定されたことを所与とした場合、時系列的に先行する民法といかに調和的に私法体系のなかに位置づけることができるかという問題設定に顕著に表れている。この視点は、各論的検討にも反映されている。例えば、本書は、民法644条の「善管注意」は本来、単純に「注意の程度」を示すもの（「狭義の善管注意義務」）であったが、会社の取締役の忠実義務をめぐる異質論と同質論の議論を経て、善管注意義務の内容が精緻化され、いまや忠実義務が民法上の委任法理においても受任者一般の義務内容の解釈指針になったと描写する（169-170頁）。本書は、法発展の時系列的展開を確認しつつも、ある法領域における法解釈の定着や立法が他の法領域とネットワークを形成し、それらを包摂する法体系を更新していくという法認識に立っている。このような法認識が本書の共時的分析の手法を組成しており、信託の意義をめぐる解釈論上の提言と密接につながっている点が注目される。

(b)　比較法上の特質

本書は、我が国の私法上の問題について、イングランド法上の解決それ自体に示唆を求めるものではなく、実定法上の制度との連結を図るものでもない。財産管理者の義務についていえば、本書は、イングランド法における個別制度を横断して形成される法理の機能に示唆を得て、同法理がカバーする個別制度に相当する我が国の制度を相互比較することにより、統一的解釈を模索する作業を行う[8]。義務違反に対する救済方法については、イングランド法に現れた問題局面を抽出して、我が国における民法および信託法それぞれの同様の問題局面について解釈論を整序・比較することにより、信託法固

有の意義を明らかにしている。このように、本書は、イングランド法における法形成の分析と、日本法における検討対象の抽出を架橋するプロセスのなかで、経時的観察と共時的分析を交錯させつつ、抽象から具体へ、具体から抽象へと視線往復を行っている。イングランド法の分析が、メタレベルでの示唆を通じて、日本法の分析に有機的につながっている点に本書の方法論上の特徴を見出すことができる。

(2)　本書と繋がる民法学上の議論

(a)　信託と契約、そして法性決定

本書が刊行されて間もなく登場した公共工事前払金事件判決（平成14年最判）を機に、信託意思の認定ないし信託の法性決定をめぐる議論が活性化した。本書が示す信託の存在意義は、かかる問題について理論的な分析視角を提供したことはいうまでもない[9]。また、信託の本質を物権的救済に求める本書の立場に対し、受託者の義務に信託の本質を求める立場を対峙させることができる。後者の見解は、信認関係にあっては、受任者は忠実義務（duty of loyalty）を負っており、自らの利益を図ってはならなず、受益者の利益のためだけに行動しなければならないという。そして、この信認関係は、それぞれ自らの利益を図る契約関係とまったく異なるとする[10]。これに対し、道垣内教授は、大陸法上の「契約」は自己の利益を最大化する契約だけでなく、「契約」相手方の利益を図る類型の契約も含むと指摘している[11]。本書の議論は、信託、あるいは信認関係を通じて「契約」の意義を問い直す素地を有している。本書が潜在的に提起する問題はこれにとどまらない。

能見書評は、相互互換的な類似制度においては、たまたま選択した制度によって効果が異なるのは適当でないという「整合性ロジック」と、統合ないし整合性を追求するときに信託法理が中心的役割を果たすという「信託中心

---

8)　道垣内弘人「【新所員研究紹介】本当にやりたかったのは……」専所62号（2021年）24頁に、着想の端緒を垣間見ることができる。

9)　道垣内弘人「信託の設定または信託の存在意義」道垣内＝滝沢＝大村・前掲注5）19頁。

10)　樋口範雄『フィデューシャリー［信認］の時代──信託と契約』（有斐閣、1999年）39頁。

11)　加藤雅信＝加藤新太郎編著『現代民法学と実務 気鋭の学者たちの研究のフロンティアを歩く 下』（判例タイムズ社、2008年）269頁〔道垣内弘人発言〕。

ロジック」を措定したうえで、次のように指摘する。すなわち、本書は「整合性ロジック」を中心に信託の私法体系への組み込みを図るが、どのような内容で類似制度間の整合性を図るかについては、どうしてもそのための基準が必要になるのであり、その基準として「信託中心ロジック」をやはり維持しているのではないか、そうすると、信託法理の合理性を論証することが必要になってくる[12]、と述べるのである。しかし、本書では、「信託法28条の存在が指針」（分別管理義務）や、「条文適用の技術上は、信託法24条の類推適用」（合手的行動義務）という具合に、表現が慎重に選ばれており、いずれも善管注意義務の具体化の限りにおいて信託法が参照されることを示すものであり、「整合性ロジック」を維持しているとの分析が可能と思われる[13]。それでもなお、能見書評による、類似制度間の整合性を図るの基準に関する問題提起は、本書の意義についての有用な分析視角たりうる。この点について、もう少し検討を加えてみることとしよう。

　まず、整合性を図るべき対象、つまり本書が体系化を試みる対象は、「信認関係に基づいて他人のために財産を管理・運用する複数の類似制度」（本書168頁）と表現されている。しかし、各制度の類似性はいかなる視点から導かれるのか、その本質的要素は何か。いかなる差異が捨象され、あるいは看過されないのか（例えば、「法律行為」委託と「事実行為」委託の差異など）。このような法性決定を通じた体系化の視点を、英米法上の「信認関係」の概念を参酌すべきか、既存の大陸法上の制度に求めるか。

　例えば「委任中心のロジック」を措定してみよう。最一小判平成21・1・22民集63巻1号228頁は、預金契約に基づく事務に（準）委任事務が含まれているとし、民法645条に基づき金融機関に預金取引履歴開示義務を認めた[14]。しかし、近時、（準）委任の本質については注目すべき動向がある。とりわけ、古典的な（準）委任観によって担われていた事務処理契約の受け皿としての役割を、「中2階」規範として創設された役務提供契約のカテゴ

---

12)　能見・前掲注1）110頁。

13)　本書167頁は、イングランド法と違って、わが国の信託法理に信認義務者の義務内容を統一させる役割を期待できないとする。

14)　最二小判平成20・7・4判時2028号32頁も参照。

リーに移行し、（準）委任の対象を法律行為および対外的事務の委託に純化する改正提案が記憶に新しい[15]。この動向からすると、信託を単純に（準）委任と類比させるべきではなく、まずいかなる（準）委任像を想定するかが問われよう。一つの方向性としては、「財産管理者の義務」（第5章）として合理的とされた規範群が妥当するものとして、各種契約の法性決定とは異なる平面で、合意による管理と法定管理を包摂する、財産の管理・運用にかかる事務に着目したカテゴリーを構想することもありうる。

本書は、信託の存在理由にとどまらず、契約概念や法性決定論、共通参照枠としての財産管理制度といった問題に及ぶ射程の広い議論を展開していたことが改めて注目される[16]。

(b) 物権的救済をめぐる論争

本書は、問屋法理をめぐる昭和43年最判、騙取金弁済をめぐる昭和49年最判、預金者の認定をめぐる最三小判昭和48・3・27民集27巻2号376頁（以下「昭和48年最判」）[17]などを軸に、既に委任その他の制度においても信託と同等の救済手段が用意されていることを指摘する。しかし、その実、これら判例法理は少なからず論争の的となっている。例えば、問屋法理に関する昭和43年最判については、法律構成が欠如しているとの批判がなされることがあり[18]、騙取金弁済に関する昭和49年最判については、特定性を失っている場合には債権者代位権や詐害行為取消権を通じて解決されるべきとするものがある[19]。とりわけ、預金者の認定をめぐる判例法理ないし出捐者

---

[15] 民法（債権法）改正検討委員会編『債権法改正の基本方針』（商事法務、2009年）370頁。また、委任観の変遷および準委任の性質について、山本豊編『新注釈民法(14) 債権(7)』（有斐閣、2018年）239頁〔一木孝之〕、359頁〔山本豊〕。

[16] 大村敦志『新しい日本の民法学へ』（東京大学出版会、2009年）76頁以下。また、道垣内弘人「論点講座 民法☆かゆいところ(6) 契約の性質決定(1)」法教288号（2004年）40頁、同「さみしがりやの信託法 第2回 遺言でもしてみんとてするなり」法教332号（2008年）115頁に本書の関心との連続性を確認できる。

[17] 無記名定期預金の事例。先行する最一小判昭和32・12・19民集11巻13号2278頁があるが、理由付けも判示も含めて出捐者説（客観説）としての判例の立場は、昭和48年最判にこそ明確に示されていると見うる。

[18] 藤原弘道「判批」民商60巻3号（1969年）425頁。

[19] 加藤雅信『財産法の体系と不当利得法の構造』（有斐閣、1986年）654頁。

説をめぐる議論状況については、本書刊行の後、重要な動きがあった。かねてから、出捐者説には一般的な契約法理による当事者確定ルールに反するとの批判があった。本書が参照する保険料専用口座に関する地裁判決[20]の帰結は、平成 15 年最判①によって否定されており、委任事務処理の前払費用専用口座に関する平成 15 年最判②と相俟って、出捐者説は実質的判例変更がなされたとの評価もある。加えて、流動性預金口座には出捐者説が馴染まないことや、本人確認法の施行などの預金を取り巻く環境の変化も指摘される[21]。平成 14 年最判を経て、平成 15 年最判②の補足意見においては信託成立の可能性が言及された。その後、共同旅行費用の積立金を原資とする預金について東京地判平成 24・6・15 判時 2166 号 73 頁が信託の成立を認めた例がある。道垣内教授は、出捐者説を評価しつつも、機能的観点から、預金債権者とすることによって物権的救済を認めることと、信託の成立を認めることはオルターナティブであると述べている[22]。預金をめぐる法環境の変化に加え、信託法理の浸透に伴って、出捐者説もその意義を失いつつあるのであろうか。今日の出捐者説をめぐる議論状況を前提としてもなお、出捐者説を私法体系のなかに配置することは本書にとって重要な意義があると考える。この点については、最後に改めて検討を加えることとしたい。

4　おわりに

本書の試みを経た現在、民法学における信託法理の深化はなお継続しており、より多くの研究者が信託法に取り組むに至っている。また、他の大陸法国における信託をめぐる立法動向においては、各国ごとの問題への取り組みが見られる。本書が提起した、大陸法体系のなかでいかに信託法理を位置づけるかという課題がますます重要性を帯びていることが確認される。各国において、直面する課題と用いられた解決は様々である[23]。これらの比較法研

---

20)　東京地判昭和 63・3・29 金法 1220 号 30 頁、東京地判昭和 63・7・27 金法 1220 号 34 頁。

21)　議論の概略につき、加毛明「判批：平成 15 年最判①」窪田充見＝森田宏樹編『民法判例百選 II 債権〔第 9 版〕』（有斐閣、2023 年）131 頁。

22)　道垣内弘人「最近信託法判例批評（9・完）」金法 1600 号（2001 年）84 頁。

究を通じて、近年では、所有概念や法人格概念から、根源的に信託が問い直される傾向にある[24]。

　大陸法国の注目すべき動向として、中国信託法が、受託者に権利を移転する構成を採用しなかったことが挙げられる。この点に関し、道垣内教授は、中国固有の内在的信託理解の必要性を説く[25]。この問題意識は、まさに本書が、日本信託法に向けていた眼差しと一貫するものである。本書のカバーには、諷刺画家として知られるジョルジュ・ビゴーによる明治16年に出版された銅板画集『あさ』の巻末に付された石板画の影絵漫画「日本の宴会」所収の第一画があしらわれている。この影絵漫画が示す物語はやや謎めいているが[26]、イギリス風の服を身にまとった官吏の滑稽な様子が描かれているようである。本書のカバーは、既に日本に信託を受け入れる道具立てが揃っているにもかかわらず、信託を特別なものと捉える様が、イギリス由来の装いで飾り立てようとすることと重なっていることを暗喩しているのだろうか。

　信託法理を私法体系のなかに調和的に描くことができるか否かは、その私法体系をどのような風景として構想するかにかかわる。一口に大陸法の私法体系といえど、日本のそれと、ドイツやフランス、ケベックのそれとは異なる。既に述べたとおり、本書が私法体系に描き込んだ物権的救済法理のいくつかは論争を伴うものであった。とりわけ、出捐者説には課題が山積している。本書は、同じ経済的目的をもって行われるにも関わらず、当該財産の所有権が形式的に管理者に移転されたか否かによって異なりうる、権利者の救済方法のアンバランスの是正のために、物権的救済を認める点に信託法の意

---

23)　横山美夏「信託から、所有について考える」信託法研究 36 号（2007 年）67 頁、能見善久「ケベック新民法典と信託——コモンローとの交錯」北村一郎編『フランス民法典の 200 年』（有斐閣、2006 年）90 頁など。

24)　加毛明「民法と他領域(6)信託」内田貴＝大村敦志編『民法の争点』（有斐閣、2007 年）19 頁)

25)　道垣内弘人『日中比較信託法講義(1)』信託 273 号（2018 年）141 頁、同『日中比較信託法講義(4)』信託 276 号（2018 年）59 頁。

26)　わずかに、「夜の官吏たちの生態を描いたもので、彼の諷刺画家としての才覚がすでに発揮されている」と評する清水勲「諷刺画家としてのビゴー」清水勲＝エレーヌ・コルヌヴァン『明治日本を生きたフランス人画家　ジョルジュ・ビゴー展』（読売新聞社、1987 年）157 頁が確認できたにとどまる。道垣内弘人＝新井誠「対談　私法体系の中の信託法と今後の信託法学」信託フォーラム 4 号（2015 年）5 頁の新井誠発言についての編注は、「日本人がイギリス人の真似をした格好をしている」とする。

義を見いだす。出捐者説も、(「金銭の占有者＝所有者」ドグマを持ち出すまでもなく)預金契約(ないし消費寄託)によって所有権が切断されるという法形式の問題を、出捐者および預入行為者の内部関係[27]によって超克するものであった。そこに、(いびつながらも)信託法理に比肩しうる救済法理の原型を見て取ることができる。

　本書が提示する大陸法の風景は、個々の救済法理の理論的正当化と、判例の内在的理解との絶妙な配色のもと描かれている。奇しくも、本書が取り上げる出捐者説、騙取金弁済、問屋法理に関する判例法理はいずれも昭和40年代に形成されたものである。昭和40年代の高度経済成長が判例にもたらした影響が指摘されることがある[28]。この間の民法判例が取り組んできた問題には、当時、興隆した利益衡量論の記憶が色濃く刻印されている[29]。また、同時並行して進展した一群の商事判例[30]を切り離して理解することはできない。

　預金債権の帰属をめぐる判決群を例に、道垣内教授は、ある判例のルールが学説と社会の影響のもと後続判例とともに育っていき、全体としてルールを形成するダイナミズムを説く[31]。平成年間の判例の展開を経たいま、本書を通じて、信託法理に比肩しうる物権的救済法理の形成過程における、昭和40年代民事判例が果たした役割が再確認される。それとともに、これら判例を駆動させた内在的論理があったのか、影響を持ちえた時代思潮は何であったのかという問いが喚起される。本書が描き出した風景は、漸次的な更新を受容する風景である。

連載第3回(2021年9月号掲載)

---

27) 道垣内教授は内部事情を基軸に昭和48年最判と平成15年両判決を整合的に把握する見方を提示している(道垣内弘人＝佐久間毅「〔対談〕民法の学び方」法教374号〔2011年〕69頁〔道垣内弘人発言〕)。

28) 篠塚昭次＝前田達明＝島津一郎＝久貴忠彦『新・判例コンメンタール民法別巻』(三省堂、1994年)はしがき。また、昭和40年代以降の取引社会の発展の中での債権判例の進展を指摘する、池田真朗「民法(債権)判例の動向」奥田昌道＝安永正昭＝池田真朗編『判例講義民法Ⅱ〔第2版〕』(悠々社、2014年)xxii頁。

29) 昭和40年代からの解釈思潮および判例傾向について、瀬川・前掲注6)10頁以下。

30) 奥島孝康「昭和40年代商事判例の軌跡とその意義」奥島孝康＝宮島司編『商法の判例と論理(倉澤康一郎教授還暦記念論文集)』(日本評論社、1994年)1頁。とりわけ、大隅健一郎裁判官や松田二郎裁判官の影響が注目される。

31) 佐久間＝道垣内・前掲注27)69頁〔道垣内発言〕。

民法学における法解釈方法論の歩み

吉田邦彦『債権侵害論再考』
（有斐閣、1991 年）

木村　敦子

1　はじめに

　本稿では、吉田邦彦著『債権侵害論再考』（有斐閣、1991 年）を取り上げる（以下、「同書」という。）。同書は、［Ⅰ］著書の助手論文「『第三者の債権侵害』に関する基礎的考察——不法行為法による契約の対第三者保護（一）〜（九・完）」法学協会雑誌 102 巻 9 号、11 号、12 号、103 巻 1-3 号、104 巻 1 号、7 号、及び［Ⅱ］「契約侵害（債権侵害）に関するアメリカ法の近時の動向」北大法学論集 38 巻 5=6 号（1988 年）に、若干の修正を加えて収録したものである。

　同書は「債権侵害」あるいは「債権侵害と不法行為」について新たな考え方を提示しただけでなく法学方法論・法解釈方法論の観点からも興味深い労作である。

2　紹　介[1]

(1)　【第一章】「日本法の問題状況——学説の系譜的考察」

(a)　日本法における学説の紹介

【第一章】「日本法の問題状況——学説の系譜的考察」では、民法制定前に

---

1)　同書の検討内容については、吉田邦彦「債権侵害と不法行為」ジュリスト増刊 加藤一郎＝米倉明編『民法の争点Ⅱ』（1985 年）10 頁も参照。

遡って、当時の学説上の議論の展開を、第一期：民法制定前〜明治末年、第二期（明治三〇年代末〜大正初年）、第三期（大正三年〜昭和初年）、第四期（昭和五年〜戦前）、第五期（戦後〜今日）に分けて、議論状況を整理し、分析が行われている。第三期には、債権侵害の成否自体については、肯定説が一般化したとされる。その後、第四期には、我妻栄による債権侵害類型の分類が完成したとされる。第五期には、第四期に形成された類型をほぼ継承される形で通説的地位に立った。

　通説は、①債権の帰属侵害、②給付侵害：②−1債権が消滅する場合、②−2債権が消滅しない場合（二重契約、二重重譲渡等）とに類型化し、とくに②−2の場合は原則適法であるため、故意・通謀による良俗違反が要件とされた。通説では、上記②−2にみられるように、債権侵害の成立を限定的に理解する点において、ドイツ法から影響を受けた債権の非排他性の考え方が基礎に置かれていたとされる。第五期では、川島武宜の影響もあり、排他性概念の代わりに、「自由競争」「債務者の自由意思」及び「債権者平等の原則」という言葉で語られるようになるが、通説の基本的枠組みは維持された。

(b) 日本法の議論における問題点

　以上の日本法の議論内容を踏まえ、吉田は、これまでの日本の学説においては、ドイツ法の圧倒的影響の下、債権の相対性にかかる一般論から演繹的に解釈論的帰結が導かれた結果、従来の議論において、抽象的・架空的議論に終始し、実例に即した議論がなされていない点を問題視する。

(c) 検討の素材・方向性

　以上のような問題意識から、吉田は、法制度の実際の機能に着目し、現実の具体的場合に即した類型的考察を行う必要性を説き、同書のねらいとして、新たな類型立てと、それに即した具体的要件の定立を掲げる。

(2)　【第二章】イギリス判例法の類型的考察

　吉田はイギリス法が母法であると位置づけ、第二章ではイギリス判例法の豊富な諸事象（類型）に立ち返り、帰納的に各々に特有な規範を発見する試

みがされている。

　分析にあたり、契約違反誘致法理が、先例となった Lumley v. Gye 事件
(1853 年) 以後、労務契約から徐々に拡張する形で、どのような発展を遂げ
ていったかについて、第Ⅰ期 (1853 年から 1901 年まで：契約違反誘致法理の形
成期)、第Ⅱ期 (その後 1950 年まで：法理の定着期)、第Ⅲ期 (1952 年以降) に
区分する。そして、多数の裁判例分析から、①被侵害契約の種類、②侵害行
為の態様、③侵害者の主観的態様、④訴訟形態ないし被請求主体、⑤原告の
請求内容及びその認否という類型化の基準を用いて、α「労働争議型」、β
「引抜型」、γ「条件付取引違反誘致型」、δ「不動産・動産二重取引型」と
いう紛争類型を析出し、さらに ε「間接損害型」、ζ「特殊取引義務違反
型」を加え、これら紛争類型に即した分析がなされている。

　以上の分析に基づき、吉田は、イギリス法では、意図的不法行為である
「契約違反誘致の法理」と、それ以外のネグリジェンス法理 (過失不法行為)
が区別され、両法理は責任成否の判断過程における契約の持つ意味が異なり、
侵害態様・訴訟形態・救済方法にも差異があるとする。

　そのうえで、意図的不法行為である「契約違反誘致法理」(「十分な正当な
理由なく、契約関係を認識しつつ侵害することにより責任を負う」[2]) が、イギリ
ス的自由競争理念に基づくことを指摘する。それによると、個人の取引の自
由・自由競争のコロラリーとして (自由主義原理に内在するものとして)、「他
人の自由を確保する義務」が、個人主義・自由主義 (自由競争) それ自体の
前提として要求されている道義性・倫理性によって根拠づけられる。吉田は、
このようなイギリス的自由競争理念は、日本で通常説かれる他人の契約を侵
害しても構わないという意味あいの「自由競争」と顕著な対照を示している
点を強調する。また、これまで債権の一般的性格から演繹的に解釈論的帰結
を導いてきた日本の学説とは異なり、具体的な裁判例 (実例) 本位で発展し
てきたイギリス法では、不法行為法の自律的発展の中で契約相手方及び第三
者の取引活動の自由を配慮し、契約内容の合理性確保、第三者に対する過度

---

2)　裁判例 (Quinn v. Leathem (1901.8.5), [1901] A. C. 495 (H. L.) における Machnagthen 卿の言
　葉による (同書 182 頁)。

の負担の回避という立場がとられている点を指摘する。

さらに、吉田は、以上の分析内容を整理し、契約違反誘致の責任の成否の判断において、考慮因子として、①第三者からの侵害に対する契約上の権利・利益の保護の要請、②契約相手方・第三者の自由な取引活動の確保、③紛争類型の特殊性に即した考慮を挙げる。続けて、不法行為の成立要件として、(i)第三者に尊重義務を課してしかるべき内容の契約の存在、(ii)加害第三者における先行する契約の存在の認識及び契約侵害の意図、(iii)正当事由（消極的要件）を挙げる。

最後に、吉田は、具体的紛争類型に即した整理をしたうえで、紛争類型にかかる分類基準を明確にするために、各紛争類型と分析視点との相互関係について説明を加えている。それによると、適用法理を決定しているのは、第三者の侵害態様（＝意図的行為か否か）であり、これは一次的重要性を持つとする。また、この区分が、客観的な侵害態様（取引行為か事実行為か）とも対応関係があり、意図的不法行為に属する諸類型はすべて取引行為によるものであり、伝統的な過失不法行為類型は事実行為によると整理する。

(3) 【第三章】比較法的考察

第三章では、大陸法として、フランス法（不法行為法の母法として）、ドイツ法（日本の学説に多大な影響を与えた）が、検討素材に挙げられている[3]。

(4) 【第四章】日本法の検討

(a) 第一節　わが裁判例・学説の個別類型的考察

第四章では、日本法の検討として、とくに二重契約のような契約侵害の場面において、契約の対第三者保護という観点が欠落ないし軽視されていた点を克服し、その契約侵害成立の要件を緩和すべきであるとの問題意識を確認したうえで、比較法的考察から得られた具体的紛争類型（①不動産・動産二重取引型〔二重譲渡型〕、②条件付取引違反誘致型〔不正競争型〕、③引抜き型〔競業避止業務・守秘義務違反誘致型〕、④労働争議型、⑤間接損害型、⑥特殊取引義

---

3) 紙幅の関係もあり、本稿の問題関心との関係で、ここでの紹介は大幅に省略する。

務違反型等）ごとに、債権侵害に関する考え方が示されている。

(b) 第二節　結語

(ア)　体系的整理の視点

「第二節　結語」では、具体的分類を体系化する基本的視角として[4]、次の点を指摘する。

(i)　意図的不法行為と過失不法行為の区別

両不法行為では、契約（債権）の対第三者保護のファクターが帰責に際して自立的意味を持つか否かという点で、帰責構造・判断構造を異にすることが指摘されている。意図的不法行為については、契約の存在を認識しつつ侵害を意図する第三者の行為が非難され、他方で被侵害法益から見ると、契約の第三者に対する保護という観点が、第三者の責任を論ずる際の主要な因子になっている。その意味で、この意図的不法行為が第三者の契約侵害の本来的場面であるとする。吉田自身は、とくに従来あまり注目されてこなかった意図的不法行為の場面が契約（債権）侵害の場合には重要な領域を形成していることを指摘する。

(ii)　取引的不法行為と事実的不法行為

契約（債権）侵害の場面では、取引的不法行為と事実的不法行為においては、損害発生の態様（経済的〔取引的損害〕と物理的〔事実的〕損害〔人損・物損〕）が異なっている。不法行為法による契約の対第三者保護という問題は、不法行為法上における経済的損害のみを被った被害者の扱いにかかる問いである。他方で、事実的不法行為の場合には、物理的損害を契機に、間接的・後続的に生じた間接損害の問題であるとする。さらに、吉田は、この区分との関係で、実例に即してみる限り、「意図的不法行為は、すべて取引的不法行為に対応しているという事実であり、契約侵害においては、取引的不法行為が中心的位置を占めている」ことを指摘する。この点について、従来は、取引は契約法であるとのドグマから、取引的不法行為には注目されておらず、

---

4)　この表現は、磯村保「民法学のあゆみ　吉田邦彦著『債権侵害論再考』」法時 64 巻 9 号 (1992 年) 76 頁による。

契約責任との関係で言及されていたにとどまることから、この点は強調されるべきだとする。

(iii) 意図的＝取引的不法行為の分類

意図的＝取引的不法行為においては、「契約の対外的保護のファクターがクローズアップされる」ことから、被侵害契約に即した検討が重要であるとする。これは、民法709条の「権利侵害」要件の意義が大きくなることを意味するとする。

(イ) 意図的契約侵害の帰責構造・判断枠組の措定

吉田は、意図的契約侵害の実質的な考慮因子として、①契約上の利益の保護、②第三者の取引の自由の確保、③各類型特殊の要請を挙げる。①は、契約保護の要請が中核に据えられることに由来する因子であり、日本法の議論では債権の相対化等において十分に配慮されてこなかった視点である。②第三者の取引の自由の確保は、第三者の自由な取引活動の確保にも配慮されるとの観点に由来するものである。③各類型の特殊の要請の勘案として、(I)二重譲渡型事例における公示制度・取引安全への配慮、(II)引抜き型事例における被用者の転職の自由の保護、及び(III)労働争議型事例における争議権保障に対する留意等が指摘されている。

(ウ) 解釈論的提案のまとめ

最後に、解釈論的提案として、契約（債権）侵害の場合には、「被侵害契約の対外的保護の要請が加害行為の評価にあたり自立的意味をもつ」ことから、契約の種類・内容の相違に留意しつつ、利益状況の検討を行うことが重要であるとする（民法709条の権利侵害要件の再評価）。要件論として、通説において第三者の「故意・通謀による良俗違反」が一律に要求されてきたことに対して、上記考慮因子①に鑑みて、契約（債権）の認識（及びそれを前提とした意図的侵害）で足りるとする。

(5) 【第五章】アメリカ法の近時の動向――契約（債権）侵害と効率的契約違反

第5章では、アメリカ法における law & economics の効率的契約違反（efficient breach of contract）の論者による契約侵害の不法行為に対する限定

的な解釈論の批判的検討がされている。

判例の概観（第二節）に続き、学説の概観（第三節）では、効率的違反分析による限定説とそれに対する判例支持説からの反駁が紹介されている。

その後につづく若干の考察（第四節）では、アメリカの学説上主張された限定説、その前提をなす効率的契約違反分析に関する内在的批判、方法論的批判が説かれている。そこでは、契約保護に視点を据える吉田の立場から、法哲学的に、「正義」の実現の仕方として効率性を偏重することに対する疑問が示されている。

3　検　討

(1)　総　論

同書における吉田の功績は、債権侵害に関する当時の日本法の議論状況における問題状況を明らかにするとともに、契約の保護を重視する考え方をグランドセオリーとして提示し、契約保護の必要性とこれに対する第三者の契約自由の観点の利益衡量の問題として、債権侵害の問題を再構成した点にある。加えて、同書で採られている法学方法論・法解釈論的手法は、本書からうかがえる問題関心とその後の論稿における関心の推移[5]を踏まえると、吉田自身にとって、あるいは民法学・法学全体にとっても、重要な意味を有する。そこで、本書の具体的な主張内容については、磯村保による書評（前掲注4)）に譲ることとし、本稿では、研究手法及び法解釈論の観点から、同書の内容を整理するとともに、同書の意義の検討を試みたい。

---

[5]　吉田邦彦「債権侵害と法解釈論再考(上)(下)」法時64巻12号40頁以下、13号（いずれも1992年）234頁以下、同「法的思考・実践的推論と不法行為訴訟──アメリカ法解釈論の新たな動きを求めて(上)(中)(下)」ジュリ997号58頁、998号87頁、999号（いずれも1992年）87頁のほか、これら論稿を所収したものとして、同『民法解釈と揺れ動く所有論』（有斐閣、2000年）。これについて本研究会の書評として、阿部裕介「平成民法学の歩み出し（30）批判法学的所有論が示したもの──吉田邦彦『民法解釈と揺れ動く所有論』（有斐閣、2000年）」法時96巻3号（2024年）102頁。

(2) 筆者の問題意識と本稿の分析視角

同書では、①解釈論としてのドイツ特殊議論の影響とその理論構成の不明確性、②それに基づく債権侵害の保護の限定性、及び③抽象的・一般的理論と実体の不整合性に対する問題意識が出発点にあり、それを打破する法解釈論の提示が目的とされていた（同書「序説」）。とくに①及び②の問題意識は、星野英一による、抽象論価値判断命題に依拠した解釈論に傾倒していたとされる当時の学説状況に対する問題提起の影響を少なからず受けているものと推察される[6]。以下では、こうした問題意識を踏まえつつ、法解釈方法論のあり方と価値命題の内容の二つの観点から、本書の内容を検討する。

(3) 本書における解釈方法論の特徴
(a) 比較法研究の意義

同書において、吉田は、英・仏・独法との比較研究に取り組んでいるが、その主眼はイギリス法にあったと言える。この点について、磯村からは、イギリス法を母法としている点に対する疑問[7]が示されているが、吉田自身は、別稿にて、母法・起草者意思云々の「解釈学」にとって持つ意味は二次的なものと割り切っている[8]。吉田がイギリス法を重点においた比較法研究に取り組んだのは、その内容の結論的妥当性に着目しただけでなく、日本の学説状況の一般論・抽象論的議論を克服するためであった。そこには、前述した吉田の法学方法論に対する問題意識が大きく影響している。

(b) 研究手法としての類型的考察
(ⅰ) 類型論的考察の意義

同書では、主としてイギリス法の判例分析を通じて、具体的紛争類型が整理されるとともに、それを前提に、意図的不法行為／過失不法行為、取引的不法行為／事実的不法行為といった分析機軸を用いた体系的整理がされてい

---

6) 星野英一「民法解釈論序説」同『民法論集第一巻』（有斐閣、1970年、初出1967年）9頁以下等参照。

7) 磯村保・前掲注4）76頁。

8) 吉田・前掲注5）法時64巻12号44頁。

る。このような類型論・類型的考察について、吉田は、「利益衡量（考量）論者の立場の特色である」（同書160頁・注12）と指摘している。たしかに、利益考量論者の一人である星野英一は、日本の学説における抽象論価値判断命題に依拠した解釈論を打破するための方法論として、利益考量を提唱するとともに、社会問題を類型に分けて、類型相互の利益状態の相違を明らかにすることの必要性を説いていた[9)10)]。

　もっとも、本書で示されている吉田の類型的考察の内容とその展開――イギリスの判例分析を出発点とした「具体的紛争類型」の析出、その体系的整理に必要な区分基準の提示と整理、考慮ファクターの抽出、具体的紛争類型と分析視点の整理――は、少なくとも本稿の筆者の目には、複雑な様相を呈しているものに映る。というのは、これら各検討の内容や作業が重複しており、必ずしもその思考過程や相互関係が明瞭ではないように思われるためである。以下では、その複雑さの内容及び要因を整理し、類型論的考察の手法の意義とその難しさについて検討する。

　(ⅱ)　類型的考察の手法とその目的

　類型的考察とは、「ごく常識的な社会関係の区別（中略）に始まり、社会的な利益状態の差異の分類に進み、価値判断・利益考量を行ったうえで再び類型を作り直すといういわばフィード・バックの過程を辿る」[11)]ものであり、社会関係における事実の抽出と概念・体系的観点との間で、常に視線の往復が求められる。同書で示された分析内容は、まさにその思考過程の複雑性を如実に表しているように思われる。

　加えて、その分析手法は、類型的考察において吉田自身が何を目的として

---

9)　星野・前掲注6）9頁以下等。同じく利益考量論者とされる加藤一郎「日本不法行為法の今日的課題――アメリカ法との比較において」同『民法における論理と利益衡量』（有斐閣、1974年、初出1968年）173頁以下、「不法行為の類型化の意義」私法41号（1979）176頁以下も類型論の必要性を唱えていたが、加藤の関心は、主として、個別の紛争解決における具体的妥当性を確保することにあったと思われる。

10)　吉田自身は、利益衡量論について、別稿で、生の（利益）の考量ではなく、「法的衡量」であるとの理解を示しており、平井宜雄が提唱するハンドの公式もそれに該当すると整理する（同・前掲注5）法時64巻13号237頁注60）。その意味では、吉田自身は利益考量論を批判的に捉えているわけではない。

11)　星野・前掲注6）16頁。

いたのか、ということとも大きく関わっている。吉田自身は、同書では、来栖三郎『契約法』（有斐閣、1974年）の類型論に触れ、「事例分析から類型の析出を経て、最終的には『閉ざされた類型』（geschlossene Typen）を目指したい」として、「類型論・類型的考察の先には明確な概念の定立が据えられうる」とする（同書160頁注11）。このように、吉田の体系的整理においては、具体的紛争類型を整序する意味とは異なる「類型」の構築も志向とされていたと言える[12]。たしかに星野の言う「類型化が、社会的利益状態に応じてでなく法律概念に応じてなされること[13]」によって、法が紛争解決のための実践的ツールとして機能することは意識されていただろう。しかし、吉田の類型論的考察の意義は、それにとどまらず、あるいはそれよりもむしろ、「概念的規定の意味探求[14]」（個別的対象において考慮されているメルクマールと諸メルクマールの有意味的相互関係を明らかにする形で、目的論的解釈とも言える作業[15]）にあったように思われる。その試みは、まさに次にみる「類型の多層化」にも表れている。

(c) 類型の多層化

　吉田の類型論的考察の複雑さは、その提示された類型の多層化という形にも見てとることができる。同書では、具体的紛争類型の整序に加えて、意図的不法行為／過失的不法行為、取引的不法行為／事実的不法行為といった分析機軸が示されている。後者の区別の観点も、具体的紛争類型とは異なる、より抽象的な一種の類型としてみることができる。具体的紛争類型は、素人にもわかるような紛争解決のツールとして、ごく常識的な社会的類型を整序することが意識されている[16]。これに対して、抽象的類型は、体系的整理と

---

12)　磯村保は、吉田の類型論に対して、たとえば、「条件付取引違反誘致型と引抜き型の区別は流動的であろうし、労働争議型の一部は間接損害型とオーバーラップする」と指摘する（磯村保・前掲注4）77頁）。しかし、この指摘は、具体的紛争類型の提示に対する批判としては必ずしも的を射るものではないように思われる。

13)　星野・前掲注6）16頁。

14)　磯村哲「法解釈方法論の諸問題」同編『現代法学講義』（有斐閣、1987年）110頁参照。

15)　磯村哲・前掲注14）106頁以下。

16)　同書156頁以下。星野・前掲注6）16頁も参照。

しての基準であるとともに、法律要件や概念に相応する類型・概念の定立が意識されている。たとえば、同書において、吉田が、実例分析から意図的・過失的不法行為の区別を抽出し、意図的不法行為の意義を強調したのは、不法行為の要件である故意・過失要件・概念の意味を明らかにする類型化が図られていたと言えよう。

(d) 判例研究・実例研究にみる「問題思考」

さらに、吉田の類型論的考察の特徴は、とくにその抽象的類型や分析機軸の提示にあたり、判例法による紛争事例分析が用いられた点にある。この点において、来栖あるいはそれに影響を与えたドイツ法解釈論で志向された類型論は、抽象的概念だけでは豊富な社会的事実に適合するには不十分であるとの問題意識のもと、法適用における「具体化傾向」と言えるものであり[17]、強いて整理するならば、抽象的概念からの演繹的思考という方法論において類型論的考察に意義が見出されたと言える。これに対して、吉田においては、実例分析（判例分析）から問題解明に役立つ視点が問題に即して取り出されねばならないとの「問題思考」を強く読み取ることができる。このことは、たとえば、吉田が意図的不法行為・過失的不法行為の区別を体系的整理の「第一次的な視点」に据えたこと、また意図的不法行為＝取引的不法故意の図式を分析機軸に据えた点に見てとれる。そこでの判例分析により得られた具体的検討内容の評価は別にして[18]、同書では、ドグマの暫定性・仮説性を前提とした展開の必要性、つまり法概念・ドグマの探求的思考の必要性が意識されていたように思われる[19]。

このように、吉田自身の類型的考察には、法概念の重要性を意識するドグマーティクによる法的思考の側面と、判例分析において法概念の探求的思考を必要とする問題思考の二つの側面があったと言えよう。とくに、後者の問

---

17)　磯村哲・前掲注 14) 106 頁以下。
18)　磯村保・前掲注 4) 77 頁。
19)　吉田・前掲注 5) ジュリ 997 号 60 頁のほか、田中成明『法的思考とはどのようなものか』（有斐閣、1989 年）103 頁以下、151 頁以下、同『法の考え方と用い方』（大蔵省印刷局、1990 年）97 頁以下も参照。

題思考は、法的思考の合理性をいかに基礎づけるかという点で、次の(4)における法原理の正当化にかかる問題意識とも深くかかわっている。

(4) 法体系を支える法原理・原則に対する問題関心とその変遷

　吉田の法理論にかかる問題関心は、「債権の相対性の変容現象をどう考えるか、あるいは通説の自由競争（私的自治）の観念に対して別のアンチ・テーゼを示すべきか」（同書「はしがき」）という、いわゆる「近代法のモデル」にどう対処するかという点にあった。とくに、本書では、「債権の相対性」「自由競争（私的自治）」を提示した古典的私法体系論としては、川島武宜の近代法理論が念頭に置かれていた。これに対して、吉田は、本書第一章から第四章では、主としてイギリス法の分析を踏まえ、自由競争の下での契約保護を重視する立場を明確に打ち出している。

　これに続き、第五章では、アメリカの学説で提唱された効率的契約違反分析の議論に対する応答を行っている。それまでの研究において契約重視を主張する吉田の立場からしてみると、効率的契約違反分析の議論は、まさに正面から検証しなければならない課題であったと言える（同書 679 頁注 159 参照）。この点、吉田は、効率的契約違反分析の内在的批判に加え、効率性を至上目的とした「目的＝手段」的思考様式（パラダイム）は契約遵守の倫理・道義の軽視につながるとの批判的立場を明らかにする。そのうえで、吉田はあらためて、イギリスの伝統的な「自由競争」の観念（競争と倫理の融合的理解）を引き合いに出しつつ、リベラリズムの哲学として、権利主義・個人主義の立場から、「個人（自律性ある道徳的人格）の自由・権利及び財産（property）の保護それ自体を目的」とした、契約保護に積極的な立場を提唱することに好意的な姿勢を示していたところである。

　もっとも、吉田は、同じく第五章において、社会学研究における関係理論（マクニールの関係的契約論）に興味を示しており、「契約関係の重要性を説く本書の立場」にも有益な基礎を与えるものとして、こうした観点を今後の研究対象の一つに据えていた（同書 706 頁）。そして、その後の論稿[20]では、む

---

20) 前掲注5）に挙げた論稿。

しろ、この法社会学的基礎付けにその関心が移行している。まさに、その後の吉田自身の立場は、アメリカ留学を経て、「『法を内的視点から捉える』（中略）法的思考への関心は、法的思考と目的＝手段思考との峻別の放棄を転機として、徐々に低下し、これに代わって、『外的視点に立つ』（中略）批判法学への傾倒及び法政策論への傾斜の度合いが、徐々に強まっている」と評される[21]。こうした意味においても、本書の第五章は、吉田自身の法理論・法解釈論の転機[22]となった研究として、重要な意味を占めていると言えよう。

　こうした吉田の関心の変遷、すなわち契約保護のテーゼの「理論的基礎付け」にその関心に推移していった背景には、価値観が多様になる中で、法学の意義、よりどころに対する意識が明確に示されている。こうした吉田の姿勢は、平成初期の民法学あるいは法学全体が今日に至るまで経験してきた変化のダイナミズムを、研究者一人の歩みの中で体現しているものであり、それはまさに吉田自身の法理論への深い造詣と弛み無い知的関心のなせる業であったと言えよう。

第 34 回（2024 年 7 月号掲載）

---

21)　阿部・前掲注5）105 頁。
22)　吉田・前掲注5）法時 64 巻 12 号 43 頁。また、今野正規「民法学と脱構築——吉田『民法理論研究』の意義」公共政策学 18 号（2024 年）151 頁以下も参照。

不法行為責任と行為・危険・権利

潮見佳男『民事過失の帰責構造』
（信山社、1995 年〔初出 1991-1995 年〕）

中原 太郎

1　はじめに

　不法行為責任の要件としての「過失」の内実（構成要素、判断構造、判断基準等）は何か。標題の書籍[1]（以下「本書」）は、理論的（日本法の比較法的位置付け等）・実践的（公害事案への適切な対処等）な関心のもと豊富な蓄積を見てきた過失論に改めてアプローチし、議論の刷新を企図するものである。当初「難解」とも評された本書の主張内容は、その後に刊行された体系書[2]においてより見やすい形で整理されるとともに、本書で示唆された構想が著者の壮大な不法行為法理論を貫く 1 つの視点を構成することを読者は知ることとなった。

　本書への同時代的な反応は法律時報「民法学のあゆみ」や本書収録論文の一部をもとにした私法学会シンポジウム報告をめぐる議論等からうかがいうるが[3]、刊行から四半世紀が経過した現在の視点から改めて本書の意義を考

---

[1]　潮見佳男『民事過失の帰責構造』（信山社、1995 年）。初出論文（ページ省略）は、① NBL498 号・499 号（1992 年。第 1 章）、②阪法 41 巻 2=3 号（1991 年。第 2 章）、③阪法 43 巻 1 号・同 4 号・44 巻 1=2=3 号・同 4 号・45 巻 2 号（1993〜1995 年。第 3 章）。

[2]　(a)潮見佳男『不法行為法』（信山社、1999 年）、(b)同『不法行為法 I 〔第 2 版〕』（信山社、2013 年）、(c)同『不法行為法 II 〔第 2 版〕』（信山社、2011 年）。

[3]　吉村良一「民法学のあゆみ」法時 69 巻 8 号（1997 年）102 頁以下、西原道雄ほか「〈シンポジウム〉損害賠償法の理論と現実」私法 55 号（1993 年）3 頁以下（前掲注 1）①をもとにした著者の報告を含む私法学会シンポジウム記録）。「難解」ないしそれに類する感想は、前者の 104 頁、後者の 54 頁〔平井宜雄発言〕・68 頁〔森島昭夫発言〕に見られる（ただし、後者の 82 頁〔沢井裕発言〕も参照）。

察したい（本書のページ番号はカッコ書きで示す）。

2　紹　介

　書名と同一の主題を冠しメインの主張を示す第3章（(1)）との関係で、第1章・第2章（(2)）は予備的考察と位置付けうる。本書の主張内容の補充は、体系書にも見られる（(3)）。

(1)　本書の内容──第3章

　「過失の規範化と行為者の意思」との副題が集約するように、「外的注意を起点とした今日の民事過失論の意義を、行為者の主観面（とりわけ、心理的過程ないし意思的要素の位置づけ）との関連において再検討し、過失論のドグマーティクに対して一定の方向性を示す」（149頁）ことに本書第3章の目的がある。①ドイツ（152頁以下）及び②日本（239頁以下）の学説史の分析を経て、③あるべき民事過失の帰責構造（265頁以下）が提示される。

　①では、ドイツ民事過失論が「過失の規範化と心理的・意思的側面の帰趨という角度から追試」（152頁）される。それによれば、(i)自然法・理性法を背景に持つ心理主義的過失論（過失＝意思緊張の欠如）は、刑事過失論の支えも得てBCB成立前後も主流を占めた。しかし、(ii)1910年代には、刑法理論の展開（規範的有責性の提唱）を背景に民事過失論でも規範的判断の必要性が強調され始め（「社会生活において必要とされる注意」を問うBGB276条との整合性への問題意識）、(iii)1930年代以降は、英米法におけるネグリジェンス理論（「注意義務」の観念とその相対性）や国内の刑事過失・不法論の展開（内的注意と区別される外的注意の抽出と目的的行為論への接合）を背景に、民事過失の客観化が顕著となった（行為不法論への吸収、過失＝内的注意と外的注意の統一体たる「注意」の違反）。(iv)判例主導の「社会生活上の義務」（抽象的危殆化段階での注意義務の賦課）をも飲み込むこうした傾向の傍で、(v)刑事過失論ではさらに行為者個人の能力を反映した注意要請の個別化の主張も生じている。②では、(i)過失の規範化・行為義務違反化、(ii)それに対する抑制理論、(iii)多元的・段階的な過失論という日本での議論過程が、規範化を進

めつつ行為者の意思的要素をも取り込むドイツ民事過失論との対比を意識して再整理される。伝統的通説においてすでに不徹底だった心理主義的過失理解は客観的過失理解に取って代わられ予見可能性不要論まで現れていること（(ⅰ)）、しかし意思の緊張という面を保持した過失理解も少数ながら見られること（(ⅱ)）、他方で予見可能性・回避可能性・予見義務・結果回避義務といった諸要素の重点を事案に応じて異ならせる見解が登場していること（(ⅲ)）が指摘される。

　以上を前提に、③で著者の私見が示される（❶〜❻の記号は次項以下でも用いる）。❶過失を客観的行為義務違反として捉える場合でも、行為者の意思の意義は「行為主体による意思形成・意思決定として外部に現れた行為と一体的に捉えられ、法秩序により無価値評価あるいは正当化される点に見出される」（272頁）。❷かかる無価値評価を担う過失判断は、具体的結果からの事後的・遡及的推論ではなく、事前的評価に基づく行為規範の確定である。❸事前的評価は、「共同体社会全体の共通価値の実現という視点から」ではなく「個人対個人のレベルに還元して、侵害が予想される潜在的被害者層の諸利益と当該具体的行為者の決定自由・行動自由との対照の中で」（287頁）行うべきである。以上の理解のもとでは、❹ⅰ結果無価値的な一般的不可侵義務として行為義務を把握すべきでなく、また、ⅱ過失判断の標準については（当該行為者が通常以上の技能を有する場合も含め）抽象的過失基準（ただし「通常人」の類型化にあたっては相対的特別結合関係も考慮すべき）が妥当する。また、❺行為義務を課す前提として具体的危険の存在は必須でなく（危険の程度に応じて行為義務を把握する段階的過失論）、具体的結果発生の予見可能性も必須でない（危惧感段階での行為義務賦課）。以上を経て、「結び」では、具体的規範命題を導く思想・原理の分析や過失責任の限界認識の必要性と並んで、❻「法秩序が市民社会における個人の地位や利益をどの程度において『権利』として保障し、その保持する『権利』内容の積極的実現を図るべく、一定の法的効果（損害賠償、差止め、仮の権利保護等）を伴って行為者の決定自由・行動自由へと介入することが正当化されるか」に重点を置いた議論の深化、すなわち、「『権利論』を再興する作業」（318頁）の必要性が、不法行為法学の将来の課題として指摘される。

不法行為責任と行為・危険・権利　371

(2) 本書の内容——第1章・第2章

本書には①「人身侵害裁判例に見る『加害者の過失』」（第1章。1頁以下）と②「ドイツにおける過失責任原則の変遷」（第2章。107頁以下）と題する先行論文も収められている。

①は、(ⅰ)交通事故、(ⅱ)公害・薬害等、(ⅲ)医療過誤に関する裁判例を過失の一般理論（具体的危険の予見可能性＋結果回避義務違反）と対照させるものである。(ⅰ)については、抽象的危険を前提とする道路交通法規の違反から定型的に過失が帰結される一方で、加害者がそれを遵守していた場合には予見可能性の欠如が責任阻却事由として機能している傾向が、(ⅱ)については、一般理論が維持されつつ、予見可能性が規範化し（抽象的危殆化段階での情報収集義務の要求）、結果回避義務が高度化している（これに伴い標準的行為者像も変化している）傾向が、(ⅲ)については、医療水準論により過失の行為義務化が明確になるとともに、行為義務が発生した結果と切り離されて事前的に評価され（結果回避可能性は因果関係判断に移行）、また、予見可能性が独立の行為義務に変化している傾向が指摘される。事案類型の間の相違等について慎重な留保が付されつつも、過失の行為義務違反化を前提に、行為者の意思に関わる予見の要素の残存・統合（❶）、抽象的危険の考慮（❺）、事前的評価の重要性（❷）、「通常人」基準の相対化（❹ⅱ）等の傾向が観察されることが述べられ、第3章での主張の正当性を日本の裁判例をもって裏付けることが意図されていると見うる。

②は、無過失責任論や過失を有責性から切り離し別個の責任原理に依拠させる主張が台頭する中で、過失責任原則や責任要件としての過失の価値はどこにあるのかという問題意識に基づき、同原則をめぐるドイツ法史をたどるものである。ローマ法から現代法にかけての理論史（主として学説史）の概観の結果、過失責任の原則を支える背景として、(ⅰ)意思と行為の連関、(ⅱ)キリスト教的道徳観＝倫理観、(ⅲ)ギリシャ＝ヘレニズム哲学に端を発する正義観、(ⅳ)啓蒙期自然法＝理性法思想における人間像、(ⅴ)経済自由主義の発想に基づく行動自由（特に企業活動の自由）の保障が導かれるものの、このうち(ⅱ)〜(ⅴ)は今日そのままの形では妥当しないと結論付けられる。他方で(a)「意思による行為統制への規範的非難」（(ⅰ)）に現代的根拠を求めるのは可能で

あること、(b)そのうえで非難の基準（具体的過失か抽象的過失か）や対象（予見可能性か結果回避可能性・結果回避義務違反か）が問われることが指摘され、これらが詳論される第3章（(a)は❶、(b)は❹ⅱ・❺）へと橋渡しされる。

(3) 体系書での補充

本書の4年後に刊行され（初版）、その12年後ないし14年後に改訂された（第2版）著者の体系書では、過失を扱う箇所で本書の内容が簡略化のうえ再現されている。のみならず、本書の主張内容との関係では、以下の2点での補充が重要である。

第1に、「行為」に関する記述である[4]。❶に結びつく目的的行為論（意思形成・意思決定から外部的行動に至る過程という行為構造理解）への支持を前提に、①ある者の挙動を「行為」と評価するには意思活動の一般的な能力（責任能力以前の「行為支配能力」）が必要であること[5]、②法人について法技術的意味での「行為」を認めるのも可能である（ただし「組織過失（組織編成義務違反）」による責任も構想しうる）こと[6]が指摘されている。

第2に、総論的記述であり、❸❻で打ち出され初版[7]でも示唆されていた権利論への展開が第2版でさらに推進されている。不法行為制度の意義を「権利保障の体系から」捉え「被害者の権利の価値の回復と、行為者の行動自由の保障」を出発点として同制度の目的を「個人の権利」の保護に求める考え方が、「権利論の再生」の標語とともに示されている[8]。

---

[4] 初版で独立の章でまとめられていた記述が第2版では各所に分散しているが、内容に大きな変化はない。

[5] 潮見・前掲注2)(a)30頁、同・前掲注2)(b)296・396-397頁。

[6] 潮見・前掲注2)(a)32・372-383頁、同・前掲注2)(b)311-315頁。前掲注3)の私法学会シンポジウム報告でも補足として論じていた（同25-27頁）。組織過失については、同「ドイツにおける組織過失の理論」林良平先生献呈論文集『現代における物権法と債権法の交錯』（有斐閣、1998年）191頁以下の分析がもとにされている。

[7] 「個別的権利の体系、各個別的権利の基礎をなす価値相互の序列・優劣関係を明らかにする」点に不法行為訴訟の実践的意義を求めるとともに（潮見・前掲注2)(a)14頁）、「不法行為制度には、経済的効率性、富の最大化（費用の最小化）という点には尽きない個人の権利の保障という大きな意味――最近の権利論からすれば、不法行為制度の最大の意義と言ってもよいように思われる――がある」と述べる（同15頁）。

[8] 潮見・前掲注2)(b)13-36頁。

3　検　討

　誤解をおそれずにいえば、本書は不法行為責任の体系的混迷状況を正面から解決するものではない[9]。従来まま見られた抽象的な体系論からはひとまず距離を取り、中心的要件たる「過失」に限定した考察・再構成を行う。その先に体系化の試練が待ち受けるのは当然であるが[10]、本書の第一次的な、そして現在に通じる価値はむしろ、過失論に伏在していた重要問題に光を与え、不法行為責任全体に関わる諸観点を再提示した点にある。それらは、つまるところ、行為（⑴）・危険（⑵）・権利（⑶）という基本概念に集約される。洗練された理論提示の一方で、不法行為法の現実を捉え得るのかの追試にさらされることになる。

⑴　行　為
⒜　「行為」の評価としての過失
　過失の本質を行為義務（結果回避義務）に見出す今日の支配的見解に与する本書がなお異彩を放つのは、そこに行為者の意思の要素を組み入れる点である（❶）。「『心理主義的過失理解から結果回避義務としての過失理解へ』という過失の重点移動の中で抜け落ちていった問題」（はしがきⅲ頁）として取り上げ支配的見解に包摂することにより、予見可能性の要否・扱いをめぐる学説対立を止揚し、裁判例の傾向に理論的根拠を与えるものといえる[11]。
　注意すべきは、かかる組み入れの実現手段として、「行為」概念が再定位されていることである。人の外部的行動のみならず意思形成・意思決定の過

---

9)　「不法行為法学の混迷」は、いわゆる「違法性と過失」の問題に用いられた表現である（沢井裕「不法行為法学の混迷と展望——違法性と過失」法セ296号〔1979年〕72頁以下）。当該問題を含む体系（要件構成）の百花繚乱状況は、当該問題に積極的にコミットしない本書（265-267頁参照）の刊行後も続いているし、むしろ度合いを増している。

10)　特に❹ⅰは違法性の本質につき特定の立場に与するものであり、「違法性と過失」の関係に直結する（吉村・前掲注3）106頁は、本書の主張を前提とした場合の「違法性と過失」の関係を問う）。過失論がそのほか賠償範囲論・因果関係論等にも関わることも当然である。

11)　吉村・前掲注3）104-105頁も参照。

程をも「行為」に含めることにより、人の意思の要素も行為義務の中身を構成しうることが正当化されているのである。

(b) 過失評価の前提としての「行為」

かかる構成は、「行為」を独立要件としないまでも[12]過失評価の前提として「行為」性を要求するものであり、①「行為」支配能力や②法人の「行為」適格に関する著者の立場（2(3)）はこのことを前提としている。しかし、一方で、②に関し、目的的行為論に立つにしても、自然人に比して法人による意思支配は弱い（直接性・具体性を欠き支配が及ぶ範囲も明確でない）ことが指摘される[13]。これをもって一般不法行為責任とは別の枠組みに仮託するかなお一般不法行為責任の範疇に収めるかは意見が分かれるが[14]、責任の肯否という観点では「行為」適格を絞る実益は乏しい。他方で、①に関し、責任能力制度がある以上は行為支配能力概念の実益は乏しいこと（さらには条文上の後ろ盾の欠如）は措くとしても、判断能力に乏しい者の責任否定自体に対して拭いがたい疑問があることは、JR 東海事件（認知症高齢者事案）を契機に責任能力制度に関して提起された議論（諸外国における責任肯定の解決の紹介も含む）[15]が物語るところである。「衡平責任」との位置付けは理論的一貫性を欠くにせよ[16]、そのことで「行為」ないしその能力による絞りが正当化されるわけではない。

---

12) 潮見・前掲注 2)(a) 29 頁・同(b) 346 頁注 18 のほか、橋本佳幸ほか『民法V 事務管理・不当利得・不法行為〔第 2 版〕』（有斐閣、2020 年）100 頁〔橋本佳幸執筆〕（窪田充見編『新注釈民法(15)』〔有斐閣、2017 年〕280-281 頁〔橋本佳幸執筆〕も参照）。

13) 橋本佳幸「『法人自体の不法行為』の再検討──総体としての事業組織に関する責任規律をめぐって」論ジュリ 16 号（2016 年）56-57 頁。

14) 前者（会社法 350 条・民法 715 条による責任とする）として橋本・前掲注 13) 60 頁（橋本ほか・前掲注 12) 265-266 頁〔小池泰執筆〕も参照）、後者として中原太郎「使用者責任と国家賠償責任──比較考察と横断的整理の試み」瀬川信久ほか編『民事責任法のフロンティア』（有斐閣、2019 年）441-442・462-464 頁。

15) 窪田充見「成年後見人等の責任──要保護者の不法行為に伴う成年後見人等の責任の検討を中心に」水野紀子ほか編集代表『財産管理の理論と実務』（日本加除出版株式会社、2015 年）87 頁以下、同「責任能力と監督義務者の責任──現行法制度の抱える問題と制度設計のあり方」現代不法行為法研究会編『不法行為法の立法的課題（別冊 NBL155 号）』（商事法務、2015 年）71 頁以下等。

さらに遡れば、「行為」性（ないし目的的行為論にいう「行為」性）の要否自体が、根本的問題として存在する[17]。「不法行為」といっても「行為」に責任限定機能を与える必然性はそもそもなく、現行民法の起草に際しても旧民法（「〔準〕犯罪（〔quasi-〕délit）」／「所為（fait）」）からの文言変更（「不法行為」／「行為」）に法技術的な意味は込められていない[18]。ここには、（時として日本法との乖離が指摘される）ドイツ法を参照する意義を価値的側面に求めようとした著者の意図（265-267頁）に反して、体系的側面での否定しがたい影響が残存しているようにうかがわれる。このことは、行為論に基づく不法行為責任の理論的正当化という営為の価値を損なうものではないが、さらに進んで行為論を不法行為責任の限界付けの根拠として用いることの当否が慎重に検討されるべきことを示しているように思われる。

(2)　危　険
(a)　危険の抽象化と過失の段階化

行為義務を課す前提として具体的危険の存在も予見可能性も必須でないとする本書の立場（**❺**）は、著者も取り上げる現代的不法行為の事案類型（2(2)）における裁判例の傾向を正当化する（「過失の衣を着た無過失責任」との疑問を少なくとも部分的に払拭する）意義を有する。その基礎付けにあたり特に

---

16)　潮見佳男「責任主体への帰責の正当化——帰責原理と立法のベースライン」現代不法行為法研究会編『不法行為法の立法的課題（別冊 NBL155 号）』（商事法務、2015 年）16 頁。田中洋「ドイツにおける衡平責任（Billigkeitshaftung）——責任無能力者による加害行為への法的対応」中原太郎編著『現代独仏民事責任法の諸相』（商事法務、2020 年）125 頁以下も参照。

17)　窪田充見『不法行為法〔第 2 版〕』（有斐閣、2018 年）36-37・74-77 頁（注 12）に挙げた文献と異なり、過失評価の前提として「行為」性を要求することも否定する）。

18)　梅謙次郎『民法要義巻之三〔第 33 版〕』（有斐閣書房、1912 年）882-883 頁は、「不法行為」（民法第 3 編第 5 章）の前注として、「不法行為（unerlaubte Handlung）ハ一ニ犯罪又ハ準犯罪（Délit ou quasi-délit）ト謂フ債権発生ノ原因」であるとし、「犯罪」（故意による加害）・「準犯罪」（不注意による加害）の語を用いて説明する。それに対し、前田達明『不法行為帰責論』（創文社、1978 年）195-197 頁は法典調査会における穂積陳重の説明（不法行為も契約や不当利得と同様に「行為」を原因とする債権発生原因である）やパンデクテン・システムの採用に、橋本・前掲注 12）新注釈民法 274 頁は「不法『行為』」との表題に、それぞれ「行為」要件の沿革的根拠を求めるが、いずれも行為論（なかんずくドイツ刑法学説）と直結させるには不十分なように思われる。

注目されるのは、過失判断が事前的評価によって行われること（❷）を明らかにした点であり[19]、ハンドの公式に代表される事後的推論とは異なる立論が現実にはまま見られる裁判実務に沿うとともに、比較法的な支持も得やすい[20]。

危険の抽象化は、具体的危険・抽象的危険の二分論を越え、危険の程度に応じた過失の段階化（危険の程度に応じた行為義務の措定）への新たな道を切り開くこととなる。抽象的危険（未知の危険）の中にも、科学的知見等に基づき危険性は知られているが損害発生の機序が明確でないものもあれば、そもそも危険性が明らかでない（単に危惧される）ものもある。後者が問題となる状況においても行為義務を課し過失責任を問いうるかは現代の不法行為法における重要なテーマの一つだが、著者の分析は、日本の裁判例（特に公害・薬害等に関するもの）に解決基準の萌芽を見出しうることをも指摘する意義を有している[21]。

(b) 過失責任と無過失責任

過失責任が（危険への対処要請を正当化することで）幅広い危険をカバーしうるとすると、無過失責任との境界が問われざるをえない。過失責任を扱う本書は無過失責任論に踏み込むものではなく、体系書も無過失責任に関するまとまった記述を欠くが[22]、著者の描く標準的な無過失責任像は不法行為法の立法的課題を扱う論稿からうかがい知ることができる。そこでは、過失責任の補充と見るにせよそれと並び立つものと見るにせよ、物・物質・施設等

---

19) 事前的評価としての過失判断は、❹ ii にあるように、特別結合関係における不法行為法上の義務の正当化をも導くところ、これは、契約関係が存在する場合における契約責任と不法行為責任の競合現象（安全配慮義務と同じ内容の義務を不法行為法上の義務として認めることの可能性等）を説明する点で意義深い。他方で、当該行為者が通常以上の技能を有する場合も抽象的過失基準によるとする点は、当該行為者の行為自由の制約の観点に立つとしても異論がありえよう（吉村良一『不法行為法〔第5版〕』〔有斐閣、2017年〕75-76頁）。

20) フランス法につき、中原太郎「不法行為責任における利益の階層性——フランス法主義の行方」日仏29号（2017年）76-79頁。

21) 潮見佳男「『化学物質過敏症』と民事過失論」棚瀬孝雄編『市民社会と責任』（有斐閣、2007年）169頁以下で敷衍されている。

22) 潮見・前掲注2）(a)・同(b)とも、無過失責任そのものを扱う項目は見られない。

の危険性に着目した危険責任（のみ）が提示されており、過失責任とは区別される、しかし「危険」を基軸とする点で共通する２つの責任が併存する責任法体系が描かれている[23]。

　危険責任の規律対象は「特別の危険」であるのに対し、過失責任はあらゆる危険を取り上げうる（危険の程度に応じた行為義務を措定するものである）ことからすれば、両責任の併立自体は不自然ではない。たとえば、著者自身が（法人自体の「行為」に基づく責任の一方で構築し）支持する組織過失責任は、抽象的危殆化段階での行為要請を実現するものではあるが、「特別の危険」に着目するものではないゆえあらゆる事業活動を対象としうる。他方で、立法論をも視野に入れて監督義務者責任（714 条）が論じられる際、①極めて抽象的な危険（責任無能力者の加害行為危険）が存在するにすぎないにも関わらず監督義務者の過失を問う裁判例の技巧性が指摘される一方で、②立法により監督義務者の過失の有無を問わない責任を構想するにしても責任無能力者全般に「特別の危険」を見出すのはやはり技巧的な感を免れない。著者自身も、土地工作物責任・製造物責任について、危険責任ではなく「正当な信頼」に対する違反に基づく責任という構想を示したことがある[24]。「危険」概念による統一的な責任法体系の把握に限界がないかは、なお残された問題であるといえよう[25]。

(3)　権　利

(a)　権利論への展開

　以上にとどまらず、本書の主張は「権利」を基軸とした体系構築にも及ぶ。

---

23)　潮見・前掲注16）8・10 頁。同じく過失責任と危険責任の二元的体系に親和的な立場を示すものとして、橋本ほか・前掲注12）87-89・251-253 頁〔橋本佳幸執筆〕。

24)　潮見・前掲注2）(c) 253-255・(286-289・) 370-372（注 18）・389 頁。

25)　本稿筆者自身の見解として、中原太郎「過失責任と無過失責任——無過失責任論に関する現状分析と理論的整序の試み」現代不法行為法研究会編『不法行為法の立法的課題（別冊 NBL155 号）』（商事法務、2015 年）33 頁以下。また、「危険」への対処にも様々な態様がありうることにつき、瀬川信久「中間責任から間接的侵害へ——特殊不法行為からみる不法行為法学の過去・現在・未来」浦川道太郎先生・内田勝一先生・鎌田薫先生古稀記念論文集『早稲田民法学の現在』（成文堂、2017 年）603 頁以下、同「不法行為法の将来——保護法益と義務の拡大」同ほか編『民事責任法のフロンティア』（有斐閣、2019 年）87 頁以下。

事前的評価としての過失判断は被害者・加害者間の権利間衡量にほかならないとの主張（❸）は、「過失あるいは無過失という評価を下すことにより、人の決定自由・行動自由がいかに法秩序によって保障され、あるいは統制されているのか」（はしがきⅲ頁）との基本視点と直結する。過失論を超えて不法行為法体系全体に及ぶことが予告された権利論（❻）は、体系書（2(3)）のみならず諸々の論文で展開され[26]、その後、若い世代の支持者を見出すに至っている[27]。

　かかる構想は、本書で扱われた具体的素材（ドイツ法や日本法の展開過程）から紡ぎ出されたというよりは、その外、すなわち「共同体社会全体の共通利益」に重きを置くこれまでの不法行為法理論に対する著者自身の批判的認識に端を発している点に注意を要する[28]。引用された文献を見る限り、基礎法学上の議論もさることながら、同じく民法学者である山本敬三教授の見解が著者の構想に大きな影響を与えている[29]。本書以後、著者自身が権利論本体について詳論することは多くなく、個別的検討も効果論が中心である一方、権利論の観点からの不法行為法の総論的分析や要件論が同教授によって展開されており[30]、同教授らとの協働により権利論を基軸とした不法行為責任体系の構築が急速に進められていると見うる。

---

[26]　潮見佳男「不法行為における財産的損害の『理論』——実損主義・差額説・具体的損害計算」曹時63巻1号（2011年）1頁以下、同「資産運用に関する投資者の自己決定権侵害と損害賠償の法理——西武鉄道事件最高裁判決における損害論の検証」松本恒雄先生還暦記念『民事法の現代的課題』（商事法務、2012年）513頁以下、同「損害算定の考え方」淡路剛久監修『原発事故被害回復の法と政策』（日本評論社、2018年）43頁以下等。

[27]　長野史寛『不法行為責任内容論序説』（有斐閣、2017年）等。

[28]　284-290頁（❸）や318-319頁（❻）では、本論で扱われた特定のドイツ学説・日本学説が指摘されているわけではない。

[29]　山本敬三「現代社会におけるリベラリズムと私的自治(1)(2・完)——私法関係における憲法原理の衝突」論叢133巻4号1頁以下、5号1頁以下（以上、1993年）。

[30]　(a)山本敬三『公序良俗論の再構成』（有斐閣、2000年）270-274頁、(b)同「不法行為法学の再検討と新たな展望——権利論の視点から」論叢154巻4・5・6号（2004年）292頁以下、(c)同「基本権の保護と不法行為法の役割」民法研究5号（2008年）77頁以下、(d)同「不法行為法における『権利又は法律上保護される利益』の侵害要件の現況と立法的課題」現代不法行為法研究会編『不法行為法の立法的課題』（商事法務、2015年）97頁以下等。

（b） 権利論の2側面

　権利論の枠組みは民法一般に射程を有するゆえ包括的な論評は困難であるが、不法行為法[31]に関する限りでは以下の2側面が肝要であり、本書及びその後の展開はそれぞれ一定の課題を示唆する。1つは技術的な側面である。権利論にいう「権利」は、かつての具体的権利理解ではなく「法律上保護される利益」（法益）をも含む広い範囲をカバーする[32]。たしかに、①日本民法の709条は不法行為法上保護される利益を枠付けており、ある利益が保護に値しないとされる事例は限定的であるにせよ、被侵害利益に応じた要件・効果の整序に必然性と有用性が見出される[33]。しかし、かかる作業の効用は、「権利」の語によらずとも被侵害利益への着目自体により達せられるのではないか。また、②「権利」の語を広く解することで、（本書も❻で示唆するように）損害賠償のみならず差止め等も含めて「権利」侵害に対する救済という観点から諸制度・諸法理を横断的に把握することが可能となる。しかし、「権利」とそれに至らない利益（判例もかかる区別を示唆[34]）の間で救済の種類や要件を異ならせる建付けがむしろ正統ではないか。①にせよ②にせよ、「権利」のタームの使用を必須のものとして現在・将来の不法行為法の法状況を説明する必然性はあるのだろうか。

31）　不法行為法における権利論に対する論評として、藤岡康宏「不法行為と権利論」早法80巻3号（2005年）159頁以下、水野謙「不法行為法の課題——山本理論の、その先にあるもの」季刊企業と法創造7巻3号（2011年）106頁以下、松原孝明「違法性論と権利論の対立について　序論——違法性論に対する権利論からの批判についての検証」上法59巻4号（2016年）167頁以下、大塚直「不法行為における権利論の展開と限界（序説）」中田裕康先生古稀記念『民法学の継承と展開』（有斐閣、2021年）679頁以下等。

32）　著者は、民法709条にいう「権利」か否かを考えるうえでの分岐点として、憲法を頂点とする実体法にその基礎を有すること、権利者の範囲が明確であること、権利の客体・内容が明確であることを挙げる（潮見・前掲注2）（b）33頁注35）。もっとも、被侵害利益の要保護性を肯定・否定する諸々の最高裁判決に対して異が唱えられるわけではない。

33）　本稿筆者自身、中原太郎「純粋経済損失と不法行為法」法教478号（2020年）35頁以下、同「間接被害者事例における直接被害者の過失の考慮」法学84巻3・4号（2020年）453頁以下等においてかかる観点からの検討を行っている。

34）　最判平成18年3月30日民集60巻3号948頁（「『景観権』という権利性を有するもの」までは至らない「景観利益」）。最判昭和63年2月16日民集42巻2号27頁（「氏名を他人に冒用されない権利・利益と異なり、その性質上不法行為法上の利益として必ずしも十分に強固なものとはいえない」「氏名を正確に呼称される利益」）も参照。

もう1つは、価値的な側面である。「行為の有用性とか公共性については、個人の利益に還元することができる限りで事前的評価に組み入れられるにとどま」(287頁) ると本書 (❸) が述べるように、権利論は不法行為の要件・効果における考慮要素を個人の利益に組み替える[35]。他方で、権利論には、①民法上の権利は (憲) 法秩序により規定されるとする立場と②リベラリズムを徹底し「個人の権利を国家が保護する点に他の社会的な目標の実現に優先する価値を見出す」立場があるとされ、山本教授が②に立ち著者を不徹底と批判するのに対し[36]、著者は①を堅持し[37]、「『個人の権利』の保護の限界」を指摘する諸見解や損害塡補とは異なる「不法行為の制度目的」として加害行為の抑止・制裁を主張する諸見解にも意を払う[38]。「権利と秩序の関係」として論じられるこの問題[39]は、「権利」の概念規定如何と絡みつつ、個人の法益に直ちに還元しがたいように見える社会的・公共的な要請をいかに不法行為法に取り込むかに関わる[40]。権利論内部での対立状況を見るとき、「権利」ないし「権利論」による統一的説明よりはむしろ、個人間の利益衡量に帰着する古典的な類型の周囲に、異なる枠組みに基づく種々の (現代的な) 類型が存在するとの見方が事態適合的であるとの印象を抱く。いずれにせよ、他所の分析・主張と必然的な連結を欠き、扱われてきた事項に比して大きく議論方向を制約するように映る❸❻は、本来別途の慎重な基礎付けを要しよう。

連載第6回 (2022年1月号掲載)

---

35)　潮見・前掲注2) (b) 35-36頁も参照 (同32-35頁は、山本教授が示す過小保護の禁止と過剰介入の禁止という枠組みに賛意を示す)。

36)　山本・前掲注30) (b) 346-348頁、同(c) 86-87頁。

37)　潮見・前掲注2) (a) 26頁、同(b) 26-30頁 (特に28頁注28)。

38)　潮見・前掲注2) (b) 37-55頁。

39)　山本・前掲注30) (c) 94-135頁。長野・前掲注27) 245-274頁も参照。

40)　こうした問題は、責任要件論 (損害賠償・差止めの可否・内容における社会的有用性・公共性の考慮等) のほか、被侵害利益論における集団的・公共的な利益の考慮 (生活利益・競争利益の侵害、環境それ自体の侵害等) や責任効果論 (非金銭的救済方法の位置付け、利益の吐き出し・懲罰的損害賠償の可否等) にもまたがる。

過失相殺における「原理」と「価値判断」

窪田充見『過失相殺の法理』
（有斐閣、1994 年）

和田 勝行

1 はじめに

　過失相殺（民法 418 条・722 条 2 項）は、最終的な損害賠償額を調整（減額）するための制度であるが、その調整機能（公平かつ柔軟な事案の解決）が強調されると、ともすれば制度の理論的分析が疎かにされる嫌いがある。本書[1]は、過失相殺の基礎理論に取り組んだ研究であり、被害者への帰責原理に関して今日においても通用する 1 つのモデルを提示する[2]。また、こうしたモデルをめぐる対立は、被害者の素因の斟酌をめぐる判例法理の評価の違いにも繋がっている。

　本稿では、これらの観点と関連する箇所を紹介・検討の対象とする[3]。

---

1) 本書のテーマに関連する窪田の先行業績として、①「被害者の素因と寄与度概念の検討」判タ 558 号（1985 年）37 頁、②「自然力と営造物の設置管理の瑕疵との競合」西村宏一＝幾代通＝園部逸夫編『国家補償法大系 2 国家賠償法の課題』（日本評論社、1987 年）211 頁、③「損害賠償法における原因競合の問題」判タ 668 号（1988 年）22 頁、④「過失相殺の法理(上)(中)(下)」判タ 738 号（1990 年）41 頁・739 号（1990 年）49 頁・741 号（1991 年）39 頁、⑤「取引関係における過失相殺」岡法 40 巻 3・4 号（1991 年）811 頁、⑥「過失相殺の理論と現実(1)(2)」NBL496 号（1992 年）28 頁・497 号（1992 年）37 頁がある。本書の内容は、基本的に、①②論文（第 1 部）と④⑥論文（第 2 部）を基礎としている（はしがき 3-4 頁）。

2) 2 で紹介する窪田の見解は、近時の教科書（窪田充見『不法行為法〔第 2 版〕』〔有斐閣、2018 年〕）でも維持されている。

3) 第 1 部第 1 章および第 2 部第 1 章（第 4 節二を除く）を取り上げる。

382

2 紹 介

本書は、「損害賠償法における因果関係の競合と減責」「過失相殺の法理」の2部から成り、第1部は第2部における検討の前提問題を扱う。第2部では、過失相殺における減責を正当化するものは何かが探求される。

(1) 被害者の素因と寄与度概念の検討（第1部第1章）

(a) 問題の所在（第1節）

被害者の事情等を理由とする賠償額の割合的決定過程については、理論的検討が十分でなく、被害者の素因[4]の取扱いをめぐる問題が浮上している。そして、素因競合の場面で裁判例が用いる「寄与度」概念が他の問題に波及する可能性や、出発点にある素因斟酌の是非をめぐる問題について満足いく検討はなされず、裁判例が先行している。そこで、窪田は、検討の手がかりを比較法に求める（3-4頁）。

(b) 比較法にみる被害者の素因の取扱い（第2節）

ドイツ法では、「虚弱な者に対して不法行為をなした者は、健康な者に加害をなした場合と同様に扱われるべきことを主張する権利を有しない」という命題がほぼ確立している（9頁）。英米法でも、「不法行為者は、被害者をあるがままの状態で引き受ける」という命題が確立している。この命題（価値判断）は、抽象的理論からの演繹ではなく、「素因を有する者の行動の自由の確保」という観点に支えられている（45-46頁）。

(c) 我が国の「素因斟酌説」の検討（第3節）

次に、我が国の「素因斟酌説」[5]が、「斟酌の評価対象」・「斟酌の正当化根拠」の観点から検討される。

---

4) 素因の意義について3-4頁参照。

5) 被害者の素因が損害の発生・拡大の原因となったことを「直接に」給付されるべき損害額の決定に反映させ、割合的解決をなす立場（47頁）。

「斟酌の評価対象」については、割合的解決を示す裁判例の多くで、「素因が『因果的に』損害の発生・拡大に作用したということとその作用」が、寄与度等の名の下に評価対象とされている。また、寄与度概念は量的性格を有する。この発想は部分的因果関係論を想起させ、寄与度概念は、「①因果関係の競合から出発し、②それぞれの『因果関係上の影響力』に固有の大きさを考え」るという実体を持つ。この概念は、次の意味で高度な価値判断を根幹とする。①につき、因果関係の競合それ自体は賠償額制限の原理を当然には内包せず、また、「因果関係が競合している」という記述自体も価値判断を含む[6]。②につき、量的概念としての寄与度は、何らかの基準（健康状態）からの《ずれ》を素因として問題とし、損害の発生・拡大の側からみての基準との《ずれ》の大きさを寄与度の大きさとして捉えるものと考えられ、当該基準の設定や内容に係る規範的問題は避けられない（52-62頁）。

「斟酌の正当化根拠」についてみると、部分的因果関係論（ないし割合的因果関係論）は、寄与度概念の内容を説明するだけで価値判断の根拠を示しておらず、「因果関係という客観的な色合いを持った衣の下で……裁判官の恣意的な判断を許すことになりかねない」。寄与度減責を損害の金銭的評価のレベルに位置付ける見解も、実際の操作を説明するだけで根拠を示していない。他方、過失相殺の類推適用説は、実定法に根拠を求める点では、明確に斟酌の理由付けを示している。もっとも、類推適用がどのように素因減責を正当化するのかについては、過失相殺の理念である「公平な損害分配」を持ち出しても、何が公平かという問題が残る。また、過失相殺についての客観説[7]を前提としても、そこでは通常人の義務履行可能性とそれに基づく「客観的」注意義務の設定まで放棄されているわけではなく、可能性という発想が欠落している素因斟酌説とは距離がある。したがって、過失相殺の類推適用は、形式上の類推（過失相殺規定の借用）にすぎず、類推の実質的根拠に

---

6)　条件公式適用の前提となる可能的原因事実をどのように記述するかという点で既に評価的な判断が介入し、被害者の素因の競合という場面でも、たとえば「健康な人（素因を有しない人）」という基準が設定されていて、それを前提として可能的原因の記述が（価値的に）選択される（58-59頁）。

7)　被害者の客観的な態様（客観的に基準とされる行為態様からの逸脱）だけを捉えて過失相殺を認める見解（67頁）。

384

ついては「公平」概念自体を取り上げなくてはならない（62-68頁）。

　以上のとおり、素因斟酌説の実体をなす価値判断については十分な説明がなく、窪田は、素因減責をめぐる問題における法的な衡量を俎上にのせる（70-71頁）。

　「公平」概念については、①具体的加害者と可能的加害者の公平、②具体的被害者と可能的被害者の公平、③具体的加害者と具体的被害者の公平というカテゴリーが考えられる。①によると、同程度の行為については同程度の責任という判断に至る。②によると、仮に「同じ結果」という基準によれば、（素因によるものか否かを問わず）生じた損害が填補される。他方、③では、無数の公平観が衝突する。こうみると、素因斟酌説のいう公平は、①にすぎない。複数の公平観の優先関係については、次の点を指摘しうる。第1に、①の公平は、現在の損害賠償法において必ずしも一次的なものではない（端的な例として、逸失利益は被害者の具体的収入を基準に算定される）。損害賠償法において制裁的機能が一次的なものではないことも、間接的にこのことを示す。第2に、②の公平は、素因減責否定説の1つの基礎となりうる。「『完全に健康な人間』というものを観念し、それを基準として考えるということを排除する」という公平（平等）は、個人主義的な市民社会を前提とする現行の損害賠償法において、むしろ原則である（71-74頁）。

　また、被害者の素因のリスクを被害者自身に負担させると、素因保有者の行動の自由が不当に制限される可能性がある。すなわち、素因保有者についてのみ、注意深く行動していても賠償が認められないというルールが形成されれば、そうした者の行動の自由の制限は、社会生活への参加自体の抑制にもつながり得る（76-77頁）。

　比較法的に支持される素因命題は、以上のように、「平等原則（当該被害者個人を出発点として考える）の実現としての意味と素因減責ルールが形成されることにより生ずる素因保有者への行動の限定の回避」を根拠とする。こうした衡量・価値判断は、我が国でも考慮されるべきである（77頁）。

(d)　被害者の素因の取扱いについての個別的問題（第4節）

　以上より窪田は、被害者の素因のリスクの加害者負担を支持する。ただし、

過失相殺における「原理」と「価値判断」　385

この場合も本来の過失相殺は問題となり得る。そこでは、①自己の素因についての認識（認識可能性）、②素因の実現に関わるような外からの危険（不法行為）の予見可能性、③前2者を前提としての損害の発生・拡大の回避のための具体的措置の実行可能性が、過失相殺の衡量因子となる。これに加え、損害惹起行為の非難可能性および素因を有する者の行動自由の確保という事情も、衡量因子に加えるべきである（82-84頁）[8]。

(2) 過失相殺の制度分析──過失相殺の法理（第2部第1章）

(a) 問題の所在と本章の構成（第1節）

　過失を責任能力と切り離して客観的に観念する見解や原因競合に基づく割合的減責を承認する見解の有力化に伴い、改めて過失相殺制度の理解が問われている。従来の議論では、「過失相殺制度をいかなる制度として理解するのか」という問題が等閑視されており、窪田は、「過失相殺の法理あるいは被害者の過失の意義そのもの」に関心を向け、解釈論の指針を立てることを試みる（130-140頁）。

(b) 過失相殺制度の歴史的概観（第2節）

　民法418条と722条2項の起草過程の検討は、現行法の解釈指針を探る議論の出発点となる。その結果、違法性縮減といった709条の枠内で処理されるべきものとして減額を考える発想は少なくとも起草委員等の念頭になかった（あるいは積極的に退けられていた）とみることが可能であり、したがって、722条2項は、709条に解消されない積極的意義を有するものとして形成された条文であったと理解することができる（155-156頁）。

(c) 過失相殺の法理についての議論状況と分析（第3節）

　当初は被害者の過失を真正の過失と捉え、その前提として責任能力を要求する見解が支配的であった。しかし、「不注意─事理弁識能力」説が登場し、

---

[8]　本来の過失相殺が問題であるため、ここでも過失相殺に関する窪田の理解が下敷きとなる（84頁）。すなわち、損害の発生・拡大に係る当該個人（被害者）の回避可能性が問題となり、当該被害者に損害の回避・縮減を期待するのは具体的加害者である。

判例[9]・通説となった。現在では、交通事故の増大による定型的処理の要求
や、通説が事理弁識能力を要求する積極的根拠を示していないことを背景に、
事理弁識能力不要説も現れている。ただし、この説には、①被害者への帰責
という観点からのアプローチと、②加害者の責任の縮減という観点からのア
プローチが含まれる（156-163頁）。

　従来の議論は能力の議論に引きずられているため、窪田は、能力の問題を
いったん度外視し、過失相殺制度を支える原理（被害者の損害負担を基礎づけ
る論理）を分析する。第1に、所有者危険負担の原理は、「何人も当該損害
について（広義の）責任を負うべき者が存在しない場合には被害者が自らその
損害を負担するほかはないという補充的帰責原理」であり、「加害者の責
任要件が充足したうえで、また責任が及ぶと一応評価される損害についての
減責の理論としての過失相殺の説明としては、単独では十分」でない。第2
に、「損害の公平な分担」の理念そのものは、公平の具体化の作業である過
失相殺の議論において役割を有し得ない。第3に、過失相殺制度を損害の金
銭的評価の問題と位置付けるアプローチには、過失相殺において重要な法的
価値判断の正当化作業が欠けている。第4に、被害者の何らかの法的義務の
違反を帰責根拠とする立場としては、自己の法益侵害を独立に法的義務違反
と評価する見解や自己の法益侵害が第三者に不当な不利益を課する点に法的
義務違反を認める見解等があるが、それぞれに批判がある。第5に、加害者
の責任の縮減を問題とする立場（被害者の損害負担はその反射的効果）のうち、
割合的因果関係論等は支持できず（前記(1)(c)参照）、違法性縮減説（責任要件
としての違法性を効果の面で賠償額にもリンクする考え方）にも、この考え方と
結びつく公平観（前記(1)(c)の①の公平）は民法において少なくとも一次的な
ものではなく、損害額の算定が現実の損害から出発している現状と調和しな
いという問題がある（168-192頁）。

　以上によると、「被害者の過失」に法的意味を認め、過失相殺を被害者へ
の「帰責の論理」として把握する必要がある。この理解は、民法709条と
722条2項が別個に規定されている現行法の形式にも合致する（192-193頁）。

---

[9]　最大判昭和39・6・24民集18巻854頁。

問題は、被害者の過失評価の前提となる基準の意義である。このような基準が加害者についての責任要件として働くときは、行為規範・評価規範の性格が一体となってその機能を営む。というのも、法制度（損害賠償制度）に基づく他人に生じた損害の転嫁という帰責の関係を説明するには、行為規範としての義務を観念しなくてはならないからである。これに対し、被害者の過失判断のための基準においては、評価規範としての性格が前面に出る。というのも、被害者と損害との関連は、第一次的には所有者危険負担という法以前の原理によって規定され（損害賠償制度は無関係）、当該被害者の行為が不注意なものであったか否かという判定にも、損害賠償法上の行為規範としての義務の措定は不要だからである。したがって、「被害者の過失」判断のための基準は、加害者との間の損害分配の紛争の解決（過失相殺）という限定された目的に向けてのみ、事後的に評価規範としての意味を有する（195-197頁）[10]。

被害者の過失評価の前提となる行為の基準が、第一次的には（過失相殺限りでの）事後的な評価規範としての性格を持つとすれば、「何人も自己の法益を不利益に処分してはならない」といった行為規範を一般的・抽象的に措定することにはならず、被害者の法益処分の自由とも衝突しない（198頁）。

以上によると、過失相殺のプロセスは、加害者の損害負担を求める被害者の主張に対して、被害者自身の損害負担が加害者の立場から求められ、当該加害者の要求の正当性が評価規範たる被害者の行為の基準に照らして判断されるものと理解される（199-200頁）。

(d) 過失相殺における被害者の過失の要件と効果（第4節）

このプロセスを前提とすれば、「加害者から被害者に対する損害負担の主張を基礎づける」意味を持つ「被害者の過失」は、次の要件の下で判断される。

---

10) 被害者の行為についても、一定の場合に過失相殺の適用が繰り返され、その基準が行為規範的な性格をも有してくることは考えられるが、その性格は評価規範としての行為基準の反射的効果として位置づけられる（197頁）。なお、窪田によると、こうした基準を「義務」と称するかどうかは二次的な問題である（196頁）。

① 被害者の能力

　他人の損害を転嫁される加害者にとっては、損害賠償制度が、第一次的な責任（損害）負担の原理である。この場合、当該制度を通じて損害負担を課される当事者について、そのような責任制度の弁識可能性（責任能力）を要求することには、意味がある。他方、被害者の損害負担は、第一次的には所有者危険負担という法以前の原理によって規定され（前記(2)(c)参照）、責任能力を被害者について問題とする余地はない。むしろ、自己の法益については、責任制度の弁識がなくても、自己の法益に対する危険性を弁識する能力があれば、自己の法益の危殆化を抑制するチャンスは与えられる。判例のいう事理弁識能力は、このような「自己に危険であるという事実の弁識」能力と理解することができる（201-204頁）。

　過失相殺の局面は、賠償範囲に含まれるとされた損害が浮動的状態にあり、両当事者が相互に相手方の損害負担を正当化せしめようとする作業の場面である。ここでの加害者から被害者への損害負担の主張には、何らかの法的な帰責原理が必要とされるところ、被害者が「自己の法益を侵害しないために必要な行為の枠組みを逸脱したこと」が、加害者との問での回顧的な損害分配作業において帰責の論理としての意味を持つ。というのも、責任要件を充足した加害者も被害者による損害回避・縮減の期待を持ち、この期待は、法秩序の命令からは導けないが、所有者危険負担という法以前の原理を基礎として導くことが可能だからである。このように被害者が損害回避・縮減の期待を裏切ったことをもって帰責の論理とするならば、当該被害者が、その前提として損害の回避・縮減が期待され得る者であったこと（事理弁識能力を有していたこと）を要求することは、合理的である（204-206頁）。

② 損害の回避・縮減の可能性

　被害者の過失が被害者の帰責事由（自己の危険においてなされた行為）として評価されるためには、当該被害者にとって損害発生・拡大の危険が予見可能であったこと、及び、予見される当該危険について当該被害者が回避あるいは縮減のための手段を有していたことが必要となる。ただし、予見可能・回避可能な損害は回避されるべきであったと当然にいえるかは問題であり、被害者の過失判断に際して規範的評価の余地も残すべきである（209-211

頁）[11]。

　なお、被害者の損害負担を基礎づける根拠（帰責原理）は、被害者の過失だけではない。法秩序が一定の要件を基礎とする損害負担の合理性を（加害者の場合について）承認しているならば[12]、それは被害者の損害負担の合理性をも支える。したがって、法秩序により示された一定の価値判断に依拠した加害者による減責の主張は、合理性を有する（過失とは異なる被害者への帰責原理）。この場合、722条2項の「過失」を「加害者との関係で被害者の損害負担を基礎づける事実」と理解し、過失以外の帰責原因を取り込むことが考えられる（212-214頁）。

3　検　討

(1)　本書の意義の確認

　本書は、従来手薄であった過失相殺制度の理論的検討に取り組む研究であり、①寄与度等の概念に依拠した安易な割合的処理に対して警鐘を鳴らし、素因競合を含む原因競合事例における法的価値判断の重要性を明確にしたこと、②過失相殺の法的構造を理論化して被害者への帰責原理を提示し、判例・通説のとる事理弁識能力説を積極的に正当化する観点を提示したこと、等の重要な意義が認められる[13]。

　注目すべきは、本書と同時期に、異なる帰責原理を提示する見解も現れたことであり[14]、原理をめぐる対立は今もなお存在する（→(2)）。他方で、仮に理論的には複数の帰責原理のいずれもが成り立つとすれば、どの原理を採

---

11)　例えば、危険であることがよく知られた夜間の公園を被害者がジョギングしていて殺害されたという場面を想定し、間接的であっても「違法行為を避けなければならない（公園を利用しない）」という指針が立てられることを問題視する（210-211頁）。

12)　例えば、動物の危険や工作物の危険が実現した場合の損害負担（民法717・718条）。

13)　吉村良一「窪田充見著『過失相殺の法理』民法学のあゆみ」法時68巻11号（1996年）100頁も参照。

14)　能見善久「過失相殺の現代的機能」淡路剛久＝伊藤高義＝宇佐見大司『不法行為法の現代的課題と展開』（日本評論社、1995年）115頁、橋本佳幸「過失相殺法理の構造と射程(1)～(5)」論叢137巻2号（1995年）16頁・137巻4号（1995年）1頁・137巻5号（1995年）15頁・137巻6号（1995年）1頁・139巻3号（1996年）1頁。

用するかは価値判断によらざるを得ない。とりわけ被害者の素因の取扱いをめぐって、価値判断の対立が今もなお存在する（→(3)）[15]。

(2) 過失相殺を支える帰責「原理」——被害者の損害負担の根拠

過失相殺を「被害者への帰責の論理」と把握するとしても[16]、被害者への帰責原理については複数の選択可能性がある。第1に、過失相殺の要件を責任成立の要件と対称的に構築し、加害者の地位にあったと仮定すれば不法行為責任を負う事由が被害者に存することを求める可能性がある（「（真正の）過失原理」）[17]。この立場では、過失相殺の要件として被害者の責任能力が要求される。第2に、過失相殺の要件と責任成立の要件との対称性の破れを認め[18]、加害者の期待に反する被害者の不合理な行動をもって帰責根拠と捉える可能性がある（「修正された過失原理」）[19]。そこでの「過失」判断の枠組み自体は加害者のそれと対比し得るが[20]、「過失」判断の基準は具体的加害者の視点からみた具体的被害者であり[21]、過失相殺に求められる被害者の能力は事理弁識能力である。第3に、同じく対称性の破れを認めた上で、責任無能力者の「過失」や被害者の素因が競合する場面を念頭におき、被害者の帰責原理としての領域原理を（真正の過失原理に付加する形で）導入する可能性がある（「領域原理」）[22]。領域原理は「自己の領域内の特別の損害危険に対す

---

15) 判例法理において、被害者の素因の斟酌は過失相殺の類推適用により基礎づけられるところ、この類推に実質的な根拠（過失相殺における帰責原理と素因斟酌における帰責原理の共通性）を求めるとすれば、素因競合事例における価値判断は、翻って過失相殺における帰責原理の選択にも影響を及ぼし得る。

16) 過失相殺において加害者の責任縮減に着目するアプローチはかつて有力に主張されたが、窪田の批判（前記2（2）（c）参照）のほか、被害者への損害分配原理に対する配慮不足を指摘する見解があり（橋本(4)・前掲注14) 15頁）、今日ではあまり支持者がいないように見受けられる。

17) 能見・前掲注14) 123頁以下参照。能見はこの考え方を「パラレル原理」と呼び、橋本佳幸「損害賠償額の割合的調整——原因競合事例を中心に」現代不法行為法研究会編『別冊NBL No.155 不法行為法の立法的課題』（商事法務、2015年）199頁は「限定モデル」と称する。

18) 能見・前掲注14) 123頁のいう「パラレル関係の崩壊」。

19) 窪田・前掲注2) 430頁は「修正された過失責任主義」という。

20) 本書206頁。

21) 他方、真正の過失原理においては、具体的被害者ではなく標準人を基準に被害者の過失を判断するのが一貫すると思われる。

22) 橋本(4)・前掲注14) 36頁以下、橋本(5)・前掲注14) 24頁以下、橋本・前掲注17) 202頁。

る保証責任」と定義され、責任無能力のゆえに自己危殆化行為を行うリスクが領域主体たる被害者に負担させられる結果、客観的行為の側面から「過失」が認められれば、被害者の弁識能力はおよそ不要である。

この対立を読み解く視点として、責任要件の充足にいかなる意味を認めるか、また、損害負担について加害者・被害者がいかなる地位に立つとみるかが重要である。「過失原理」の立場では、責任要件充足によって損害は加害者に完全に転嫁され、過失相殺の持つ意味は被害者への当該損害の再転嫁である[23]。ここでは、責任要件充足によって所有者危険負担の原理は完全に排除されており、損害負担に関する加害者・被害者の地位は対等である[24]。これに対し、「領域原理」の立場では、責任要件充足の判断は損害転嫁の可否を判断するのみで、それだけで所有者危険負担の原理が完全に排除されるものではなく、それゆえ損害負担における加害者・被害者の地位には相違がある[25]。過失相殺の持つ意味は、加害者・被害者それぞれの帰責原理に応じた損害の割合的分配である[26]（いったん転嫁された損害の再転嫁ではなく、被害者への損害の一部留保）。

問題は、「修正された過失原理」の立場がどう位置付けられるかである。一般に、窪田の見解は、前者の転嫁・再転嫁モデルに位置づけられている[27]。しかし、窪田説は、むしろ後者に属するとみる余地もあるのではないか。窪田の見解においては、責任要件充足にもかかわらず所有者危険負担の原理の意義は完全には失われておらず（前記2(2)(d)参照）、橋本説と同じく損害負担における加害者・被害者の法的地位の相違を前提としているようにみえる[28]。そして、この前提に立つ場合でも、被害者の帰責原理としての「修正された過失原理」の採用が必然的に排除されるものではない[29]。こうみると、窪田説と橋本説の争点は、責任要件充足の持つ法的意味の理解を同じくしつつも、ただ被害者への帰責原理の内容如何という1点にあることになる。ここで、

---

[23]　橋本・前掲注17) 200頁。

[24]　橋本(2)・前掲注14) 31頁以下。

[25]　橋本(2)・前掲注14) 32頁。

[26]　橋本・前掲注17) 201頁以下。

[27]　吉村・前掲注13) 100頁、道垣内弘人「橋本佳幸著『過失相殺法理の構造と射程』民法学のあゆみ」法時68巻13号（1996年）233頁。

両者の提示する帰責原理の優劣を考える際に検討を要するのは、損害負担の
ルールに関して法秩序の示す価値判断（前記2(2)(d)参照）に「領域原理」が
含まれる余地はないのだろうかという点である。橋本は、（主として契約法の
領域においてだが）我が国の法秩序において領域原理が承認されていること
を主張しており[30]、被害者の過失以外の帰責原因を722条2項の枠内に取り
込む可能性を認める窪田の立場からも、この点についての検討を深める余地
がなお残されているように思われる[31]。

(3) 素因競合をめぐる「価値判断」――公平観の水掛け論？

　素因の存在自体に基づく減責の可能性を認める斟酌肯定説（素因斟酌説）[32]
と、そのような形での斟酌を否定する斟酌否定説[33]との間には、今日でも基

---

28)　ただし、窪田の見解における所有者危険負担の原理の位置付けはやや不明瞭であるようにも
　思われる。損害回避・縮減にかかる加害者（責任要件を充足した者）の期待は、所有者危険負担
　の原理から導かれるとされ（本書205頁。前記2(2)(d)）、その意味で責任要件充足にもかかわら
　ず所有者危険負担の原理は排除されていない。このことと被害者への帰責のために所有者危険負
　担の原理は単独では十分でないとされること（本書170頁。前記2(2)(c)）との関係は、必ずしも
　明らかでない。被害者の損害負担をもたらす加害者の期待を基礎づける根拠としては、やはり何
　らかの意味での法秩序の命令を観念する必要があるのではないか（例えば、永下泰之「損害賠償
　法における素因の位置(6・完)」北大法学論集65巻1号（2014年）53頁以下の説明は、そうし
　た試みとも評価しうるのではないか）。
29)　確かに、この見方は橋本の理解とは必ずしも整合しない（橋本(4)・前掲注14）10頁）。もっ
　とも、道垣内・前掲注27）231頁は、橋本説をして「ドイツ法における対立図式を唯一可能な対
　立構造だと見すぎてはいないか」と疑問を呈する。
30)　橋本(4)・前掲注14）37頁、橋本・前掲注17）202頁注21）。
31)　道垣内・前掲注27）233頁は、橋本説から窪田説へのより内在的な批判の必要性を指摘してい
　る。もっとも、橋本説（「領域原理」）に向けられている批判や疑問もまた（例えば、本書74
　頁注1、潮見佳男『不法行為法』（信山社、1999年）323頁、石橋秀起「素因減責と被害者保護
　の前進――判例法理と『あるがまま判決』の統一的理解の試み――」藤村和夫ほか編『実務交通
　事故訴訟大系第3巻　損害と保険』（ぎょうせい、2017年）722頁以下など）、外在的なものにと
　どまるようにも思われる。
32)　個々人の個体差の範囲内の「身体的特徴」の斟酌を否定する最三小判平成8・10・29民集50
　巻9号2474頁など一定の歯止めは存在するが、判例は基本的に斟酌肯定説をとるものと理解さ
　れている（大塚直編『新注釈民法(16)　債権(9)』（有斐閣、2022年）520頁以下〔樫見由美子〕）。
33)　なお、斟酌否定説は、本書の立場がそうであるように、斟酌の可能性を過失相殺の本来的適
　用が可能な場面にとどめようとする立場と結びつくことがある（潮見・前掲注31）324頁以下も
　参照）。

本的な価値判断の対立がある。(2)で述べた過失相殺の原理との関係について
みれば、「過失原理」の立場からは斟酌肯定説を過失相殺の類推によって基
礎づけることには否定的評価が下され[34]、「領域原理」の立場からは斟酌肯
定説が積極的に評価される[35]。判例が素因斟酌について過失相殺の類推適用
構成をとる以上、その立場を実質的に基礎づけるには過失相殺の原理に遡っ
た検討が必要であるが、仮に純理論的には原理間の優劣が付けられないとす
れば、最後にものをいうのは素因斟酌をめぐる価値判断であろう。

　窪田の支持する斟酌否定説の価値判断（前記2(1)(c)）については、近時の
教科書においても次のように述べられている。すなわち、この議論の背景に
は「社会をどのようなものとして観念するかという基本的な思想の対立」が
あり、斟酌肯定説の前提には「標準的な人を観念し、そこからずれる部分に
ついては、その者がリスクを負うべきだという基本的な立場がある」が、
「われわれの社会が多様な人々によって構成されており，それぞれの人が，
それ自体として法的に保護される存在なのだということを前提とすれば，
『標準』を観念して問題を解決していこうという思考方法自体に問題がある
ように思われる」、と[36]。これに対して正面から異論を差し挟む余地は乏し
いように思われ、斟酌否定説の価値判断を支持する学説は多い[37]。にもかか
わらず、学説における反対が（特に被害者の「疾患」の考慮に関して[38]）判例

---

34)　本書282頁参照。

35)　領域原理は、特別の損害危険という側面における責任無能力者の「過失」と被害者の素因の
　共通性に着目し（橋本(5)・前掲注14）3頁）、素因斟酌を認める判例法理に理論的基礎を与える
　ために主張された帰責原理である。

36)　窪田・前掲注2）446頁。これに対し、斟酌肯定説の価値判断を支える1つの重要な基礎は、
　責任成立場面の前進・拡大傾向（被害者保護の要請による責任要件の希薄化）のもとでは、公正
　な損害転嫁の実現のために（成立要件論とは別の）減額論を構築する必要があるとの認識である
　（橋本・前掲注17）201頁。ここでも責任要件充足の持つ意味の捉え方が影響を及ぼす。これと
　関連して、石橋・前掲注31）723頁以下の「帰責相当性の評価困難にもとづく割合的解決」の考
　え方も参照）。このような問題意識そのものは、「真正の過失原理」の主張者にも共有されていた
　ことは注目されてよい（能見・前掲注14）144頁以下。ただし、能見は過失相殺とは異なる枠組
　み〔寄与度減責〕のもとでこの問題を把握する）。なお、こうした思考を推し進める場合におけ
　る消極的側面につき、窪田充見「交通事故損害賠償における割合的認定論」藤村和夫ほか編『実
　務交通事故訴訟大系第1巻　総論』（ぎょうせい、2017年）179頁以下も参照。

37)　潮見・前掲注31）324頁、吉村良一『不法行為法〔第6版〕』（有斐閣、2022年）192頁以下、
　大塚・前掲注32）525頁〔樫見〕など。

の立場を揺らがせることがないのはなぜか。判例の基礎にある価値判断の具体化という点で、なお検討の余地が残されているように思われる。のみならず、斟酌否定説の立場においても、社会における個々人の多様性の保護や素因保有者の行動自由の確保といった（単に「公平」というよりは具体的だが、それでもなお）抽象的な理念に基づく主張を繰り返すのみではなく、従来とは異なるアプローチが求められるというべきではないか[39]。

連載第 21 回（2023 年 5 月号掲載）

---

38)　最一小判平成 4・6・25 民集 46 巻 4 号 400 頁参照。

39)　永下泰之「素因斟酌ルールの経済分析——活動インセンティブの適正配分の観点から」藤原正則ほか編『時効・民事法制度の新展開』（信山社、2022 年）321 頁はそのような試みとして位置づけられ得る。さらに、張韻琪『過失相殺の原理と社会』（信山社、2022 年）といった過失相殺制度の存在意義にまで遡る研究が登場しており、過失相殺制度の理論研究の深化が期待される。

団体としての家族とその「保護」

高橋朋子『近代家族団体論の形成と展開——家族の団体性と個人性』
（有斐閣、1999 年〔初出 1988-1991 年、1996 年〕）

石綿 はる美

1　はじめに

　本稿で取り上げる高橋朋子『近代家族団体論の形成と展開』（以下、同書。本稿において括弧内で表示する頁数は、同書のものである）の中心は、1988-1991 年に公表された 19 世紀から 20 世紀後半までのフランスの家族団体論の形成と展開を扱う本論部分である。そこでは、家族を個人関係として規律しているフランス法において、実態上の家族の団体的性格が、法典上の個人的家族構成に、法解釈を通じてどのような影響を与えていたのかが扱われる（4 頁）。その分析の中で、家族を団体として扱う理由として家族やその構成員の保護等の視点が示される。本稿では、この視点も交えながら同書を紹介した上で（2）、近時のものも含めて高橋教授の他の論稿も取り上げながら[1]、同書の意義を検討する（3）。

2　紹　介

(1)　同書の問題意識

　日本民法では、家族は、諸個人間の権利・義務関係と構成されている。しかし、現実生活では、家族とは通常複数人が一つの屋根で暮らし、生活資糧

---

[1]　同書の後の日仏の家族法を比較し、2030 年の家族法の世界を検討するものとして、高橋朋子「日本家族の変化と停滞」成蹊大学法学部編『未来法学』（有斐閣、2022 年）197 頁。

が事実上同一の会計から購入されるものであり、またそのようなものとして一般に観念されている。このような家族の団体的現実と個人主義的な民法の規定の差異から生じる諸問題を解決すべく、家族を法解釈上、団体として扱おうという考え方（家族団体論）が提唱された[2]。解釈論としては、日常家事債務を家族の債務としたり、家族の構成員の行った不法行為についての責任を家族の責任としたり、死亡した借家人の内縁配偶者に家族団体の一員として借家権を承継させたりする。もっとも、この試みは、戦前の「家」制度の復活に手を貸すのではないかという懸念から、必ずしも学界において賛同を得ているとはいえない（1-2頁）。

それに対して、個人主義的家族法の祖国であるフランスでは、家族財産関係の家族団体的構成の多彩な解釈論が見られた。近代西欧家族は家父長制的家族であり、実態上は団体的であったにもかかわらず、民法典上は個人の問題として規律されていたことにより、実態と法典の間に齟齬が生じる[3]。そこで、同書は、実態上の家族の団体的性格が、法典上の個人的家族構成に、法解釈を通じて、どのような影響を与えていたのかを、判例・学説等に見られる家族の団体的構成を素材に分析しようとする（4頁）。

(2) 同書の構成

本論「フランスにおける家族団体論の形成と展開」においては、α．経営体としての伝統的家[4]の共同性に基礎を置く、伝統的家観念をめぐる家族団体論と、β．「夫婦や親子間の緊密な主観的関係」であり、「最も人格的な関係の私的領域」となっている近代家族[5]の共同性に基礎を置く、夫婦共通財

---

2) 日本における家族団体論については、同書・280頁以下。

3) 法は、父権・夫権を定めることにより、家族の人的・財産的統率権を父や夫に与え、そのことで、家族が実質上、団体であることに配慮を示したが、法形式的には、家族はあくまで、個人間の権利・義務関係として、個人主義的に構成されていたと整理される（8頁）。

4) 「その長の地位が父系の血縁をたどって承継され、長およびその妻・子・その他の親族・奉公人から構成され、家産を基礎に家業を営み、対外的に家名によって表示される経営体」と定義されている（7頁）。もっとも、伝統的家が団体として存立する基盤に個人の意思の介入の余地がある（例えば、貴族階層に世襲財産が生まれる契機の一つは、補充指定という契約により長男に財産が承継されることがある）等、日本における「家」に比べると団体性の弱いものであるとも整理される（292頁）。

産制をめぐる家族団体論の2つの家族団体論（8頁）について、19世紀からの生成（第一部）、発展（第二部）、収束（第三部）が描かれる[6]。その上で、補論「日仏家族団体論の比較的考察」では、日仏の家族団体論の比較が行われる。以下では、同書の本論について、βの点を中心に紹介する。

(3) 第一部　家族団体論の生成

(a) 第一章　伝統的家観念をめぐる家族団体論の生成

ここでは、αの系譜の議論が紹介される。ナポレオン民法典により均分相続制が導入される等、伝統的家が法律上の存立基盤を失い、変質しつつある中で（11-13頁）、伝統的家に承継されてきた家族の想い出の品（勲章・武器、家系図等の家族の文書、肖像画等）、家族の墓、貴族の称号・紋章・家族の氏を、特に相続の場面で、個人の相続財産と同じく扱うか、家族全体のものとして別に扱うかという問題である。判例は、これらの財を、一般財産とは区別し、家族の所有物として扱うことも可能とする（25-66頁）。その結果、これらの財は、均分相続の対象とならず、差押の対象ともならないことが可能となる。判例は個人的利益との調整を図りながら家族的利益を尊重し、学説は、判例の動きを家族の利益重視の方向で発展させようと（66頁）、理論の体系化を試み、所有者としての家族を法人と構成するに至る（66-74頁）。

(b) 第二章　夫婦共通財産をめぐる家族団体論の生成

ここでは、βの系譜の学説の展開が紹介される。ナポレオン民法典は法定財産制として動産・後得財産共通制[7]を採用していたが、所有のレベルでは共通財産の存在を認めるが、管理のレベルでは管理権を夫に独占させるもの

---

5) 「夫、妻、その未成年子から成る」が、単なる個人の集合以上の緊密性を有していたとされる（8頁）。また、近代市民の家父長制的な情愛家族ともされる（275頁）。

6) なお、高橋教授は、伝統的家と近代家族（及びその後の初期現代家族）をかなり異質な二つの家族類型と整理しており（275頁）、両者が排他的な関係であると解しているとも思われる。これに対して、両者は必ずしも排他的な関係ではないことを示唆するような指摘もある（伊藤昌司「高橋朋子『フランスにおける家団論』関係論文」法時63巻11号〔1991年〕123頁）。

7) すべての動産及び婚姻後に有償で取得した財産が共通財産になる（詳細は、幡野弘樹ほか『フランス夫婦財産法』〔有斐閣、2022年〕21頁〔幡野〕）。

であった。そのため、共通財産の法的性質が曖昧になり（75頁）、共通財産の法的性質を検討する多くの学説が現れた。

最も個人主義的な見解は、19世紀半ばのトゥーリエの「共通財産は夫の所有物である」という近代家族観念の家父長的性質を重視する見解である（75-77頁）。もっとも、この解釈の前提にある近代家族は、産業革命以降変容し、19世紀末以降、家族は家族員を引き付ける力を弱め、権威構造は平準化の傾向をたどり、現代の家族に連続してゆく内容を有する初期現代家族[8]へと変遷していく（107-108頁）。そして、労働者家族の増加に伴い、労働者保護のための社会立法と、働く既婚女性の増加への対応として私法上の能力規定の改正が行われる（108-109頁）。

それらの流れを受け、共通財産を、法人格を有しない財産包括組合（オーブリ＝ロー、ロラン）、共有（プラニオル）、合手（ジョスラン）[9]、共通財産法人（ボヌカーズ、カルボニエ）とする諸学説が登場する。これらの見解は、いずれも妻の権利に配慮するものである（109頁）。特に、法人説は、共通財産の団体性を最も強くする見解であり、共通財産は婚姻費用等家族の利益の引き当て財産になること、共通財産の管理権者（夫）が共通財産に損失を招いたときは、賠償義務を負うこと等を解釈により導き出した。その背後には、共通財産に象徴された家庭の利益、特に妻の利益を保護しようという考え、逆に言えば、強い夫の権限を家族の利益のために制限しようという志向があると整理されている（104頁）。

(4) 第二部　立法研究会草案

それぞれの問題状況に応じて生じ、独立して発展したαとβの系譜を、家族の法人論として整理・統合しようとするのが、1942年に家族の法人化を図るべく作成された立法研究会草案である[10]。2つの系譜は、ここにおいて

---

8)　労働者家族に見られる、未だ家父長制的ではあるが、権威構造が平準化され始め、家族員が直接国家の権威の下にさらされるようになってきたもの（275頁）。

9)　夫婦共通財産は、非営利社団に基礎を置き、ある目的に捧げられた、夫婦各人の財産とは別の財産を構成するものであり、不分割のない共同所有、共同の手中にある所有という考え方である（80-81頁）。

結節する。

草案は、家族の個人主義的構成を修正し、家族を団体として保護・規制の対象としようとした社会法的な立法（113-120 頁。例えば、家族法典の成立による家族給付、夫権を廃止し、夫に家族の長としての地位を与える[11)]等）やヴィシー政権の成立・その政策の遂行という政治的情勢を背景に作成された。家族に法的実体を与えることで、家族員の個人主義を改善するという目的があった（129 頁）（以上、第一章「時代背景」）。

草案は、婚姻に基づいた嫡出家族を、伝統的家を基礎とする家族団体（家族集団）、近代的家族を中心的基礎とする家族団体（家族世帯）の２つのタイプに分けて規定する（111 頁, 133 頁）。前者はαの系譜、後者はβの系譜と整理できよう。特に、社会的有用性と影響力から草案の最も重要な部分の一つとされるのが、「家族世帯に留保された所得」（以下、留保所得）についての規定である。留保所得は、家族の消費生活のために、夫婦により世帯に支払われた所得、家族手当等の家族世帯に対して支払われたと見られる金銭等のことを指し、夫婦の個人財産ではなく、家族全体のために使われるべき世帯の所有物と観念される。管理は世帯の機関である家族の長により行われ、その管理が失当な場合には、治安判事により任命された世帯員以外の第三者が所得を管理する等の提案がされた（143 頁）。このように、家族世帯については、家族の利益のために使用されるべき財産体を定め、家族の経済的基盤を整える等するとともに、国家による家族への保護的介入という構成を採用する（149-150 頁、174 頁）。それに対し、家族集団についての提案は、第一部で紹介された判例の追認にとどまる。そこでは、家族員個人の意思や権利についての配慮がなされ、家族への国家の介入という性格は希薄であった（174 頁）（以上、第二章「立法研究会草案」）。

もっとも、家族の団体的構成の試みには、個人主義的に構成されている相

10)　立法研究会草案を扱うものとして、大野博実「フランスの家族法人論㈠～(五・完)」早研 41 号（1987 年）85 頁～45 号（1988 年）31 頁。

11)　1938 年・1942 年のフランス民法典 213 条等の改正による。「家族の長」という表現には、恒久的な統制という強い意味はなく、もっぱら不一致の場合の決定権を意味し、夫婦と未成年子から成る家族を団体として性格づけると共に、夫は、家庭又は家族の利益に基づく範囲でのみ、権能を行使できると整理されている（119-120 頁）。

続制度・夫婦財産制との乖離、実態としての家族の弱化等を背景に、学説における反対も強く（179頁以下、第三章「立法研究会草案への学界の対応」）、草案は立法されなかった。

(5) 第三部　家族団体論のその後の展開

第二次世界大戦後の個人主義の優勢は、少なからず家族団体論にも影響を与える（209頁）。

(a) 第一章　伝統的家観念をめぐる家族団体論のその後の展開

ここでは、αの系譜につき、基本的には、従前の判例法理が維持されるが、家族の想い出の品を保持する財力を有する家族の減少による判例の減少、商業化に伴う氏についての商号に関する紛争の増加等、時代の変化に伴い紛争の実質が変化することが示される（210-233頁）。学説でも、人格権や利用権等、権利の性質に着目した分析も現れるが（234-240頁）、レイノ・シャノンが家族法人説を唱えるなど（247-251頁）、家族の団体性を法主体の側面から説明する動きもあり、揺り戻しといえる現象とも考えられる（251、254頁）。

(b) 第二章　夫婦財産制をめぐる家族団体論のその後の展開

ここでは、βの系譜の議論が、夫婦財産制の規定の改正もあり、従前とは異なる形で推移していく様子が記述される。

1946年に憲法前文で、法の下の平等が規定され、公法・社会法領域で男女平等が着々と進められた。また、婚姻の減少、離婚の増加、同棲（ユニオン・リーブル）の増加という家族の実態の変化も生じ、現代家族[12]が形成される。家族保護に関する条文上の文言は、1970年の民法の改正により、「家族の利益」、「家庭の維持」は残るが、家族団体論に有利に働くであろう「家族の長」は削除された（265頁）。

---

12)　家族は生産単位でなくなり、家族員を家族へ結び付ける力を失い、家族内部の権威構造の平準化は一層進み、親密圏としてのみ存在意義をもつものになったが、その結合力はカップルの愛情に依存し、理念としても現実としても持続性が失われた。このように平等主義と個人主義を特徴とする第二次世界大戦以降の家族を、現代家族と呼ぶ（264頁）。

夫婦財産制については、1965年改正により、法定財産制が、従前の動産・後得財産共通制から、後得財産共通制に変更されるとともに、固有財産の管理権が夫婦の各人に帰属する等、妻の権利が拡大された（266頁）。家族の住宅およびそこに備えられた家具類の処分に関しては夫婦の合意によらなければならない（仏民215条3項）と定められ、妻に管理権が付与された。さらに、1985年改正により、妻にも共通財産の管理権が夫と競合的に与えられた（仏民1421条。もっとも、共同所有と単独管理という構造は、依然として、維持されている〔274頁〕）。同時に、共通財産に属する不動産の処分等一定の重要な行為は、夫婦双方の同意を必要とする共同管理の対象とされた。これは、家族にとり重要な行為を夫婦で決定させようとする、平等性に基づいた共同性への志向の表現である（266頁）[13]。

このように、家族へ法人格は付与されず、家族の団体性を体現していた「家族の長」という文言も削除されたが、夫婦の個人主義化・平等化を基調に置きつつも、重要な行為について夫婦の共同管理とする等、夫婦の共同性は存置されている（267頁）。

学説では、解釈論としては家族に法人格を認めない見解が現れる一方（ドゥ・ジュグラール。もっとも、立法論としては家族に法人格を付与する家族団体論に好意的である）、依然として法人説を維持する見解もあった（カルボニエ、コルニュ）。

高橋教授は、一連の流れにつき、実態において現代家族が誕生するや、法自体が現代家族に適合的なものに変革され、近代家族や初期現代家族を念頭に形成されてきた法人説の存在意義は薄くなったと評す。そして、家族団体論は、夫婦財産制における共通財産制を論理的に説明するためには有用であれ、何らかの新しい家族理念を打ち出すものではなく、家族団体論が担ってきた役割は、現代の立法により大方消滅したといえるのかもしれないと結ぶ（274頁）。

---

13) 競合管理では、夫婦の各々が、相手方の同意を得ずに管理行為ができる。それに対して、共同管理では、夫婦双方の同意が管理行為に必要となる。詳細は、幡野ほか・前掲注7）134頁以下〔石綿〕。

3 検 討

(1) 同書後のフランスの家族法

　高橋教授の近時の論稿における分析では、フランスではその後、平等と自由の理念の下、第二次世界大戦後に急進的ともいえる大幅な改正がなされた。さらに、婚姻家族の枠を超えた新たな家族関係を認める法改正が行われ、多様な家族関係が承認された。同時に、フランスにおける改正は、個人の自由と平等の実現のみならず、カップルの共同生活をも保護の対象としつつ、共同性と個人性とを調和させたものであるという[14]。このように、高橋教授によって、フランス法における、家族の共同性（の保護）という視角も示されていることを踏まえつつ、以下では、同書の意義を述べた上で（(2)）、同書の問題意識・分析視角に基づく今後の研究の方向性・課題（(3)）を検討する。

(2) 同書の意義

(a) 総論

　同書の民法学説史における意義は、高橋教授自身による次のような整理が参考になろう。川島武宜教授は、西欧近代の家族は「主体性をもつ個人の結合であり、それはもはや家長・親・夫の『権力』によって結合される『協同体』ではない」という見解[15]を示した。これに対し、その後の多くの研究は、西欧近代の家族は、家父長的な共同体であったことを明らかにした（2-3頁）[16]。その上でなお残された問題であった、実態上の家族の団体的性格と個人主義的な民法典の関係、実態と法典の間隙を、家族団体論の展開を素材

---

14)　高橋・前掲注1）214頁。なお、同じ論稿で、高橋教授は、日仏の家族法の変遷を検討し、日仏間の家族の団体性の歴史的相違が、現代の両国の家族の姿にも影響を与えたと評する（高橋・前掲注1）199頁）。それによると、日本法は、平等化に向けて歩みを進めているが、夫婦の氏の問題等、自由の拡大に向けての立法には進展が見られず、未だ団体主義的家族観念が潜在的に広範に残存しているという（高橋・前掲注1）199頁、226頁）。

15)　川島武宜『民法講義第一巻序説』（岩波書店、1951年）7頁。

16)　より詳細には、高橋朋子「西欧近代における家族の特質」唄孝一＝石川稔編著『家族と医療』（弘文堂、1995年）309頁。

にして論じたことが（4頁、275-276頁）、同書の学説史的な意義である。

　その際に、単に判例・学説や立法の変遷を負うのみならず、実態としての家族の変遷（近代家族から、初期現代家族、現代家族へ）も検討されていることは、同書が描くフランスの家族団体論の変遷を説得的なものとする。また、αの系譜における家名・家産・家墓の保護、βの系譜における妻や子の権利の保護という、家族を団体として扱う理由・視点が明確にされたことも（275頁）、家族の団体性・共同性を検討する際の重要な視角を与える。

　同書が扱った家族法における団体性と個人の関係、現実の共同体としての家族と家族法の乖離という問題は、家族法の重要な現代的課題である[17]、古くて新しいテーマである[18]などと評されるように、問題意識は共有されながら、十分な検討がなされてこなかったものである[19]。また、同書の後に、家族の団体性・共同性に正面から取り組んだ本格的な研究はないように思われる[20]。この点でも、同書の存在意義は大きいといえよう。

(b)　各論

　同書で示されたβの系譜の研究（2(3)(b)、2(5)(b)）は、夫婦財産制の研究としても重要である。夫婦財産制が改正されても、共通財産を共同所有しながら、原則として管理は単独であるという構造は、依然として存在している（2(5)(b)、274頁）[21]。高橋教授は、単独管理が夫婦の平等のみならず夫婦の独立の要請によるものであることから、共通財産を法人とする考えはとりにくい状況であるとするが（274頁）、同書で扱われた見解は、所有と管理の相違についての考えられる理論的な説明として、今後も意義を有する。

---

[17]　中川淳「選評」戸時516号（2000年）5頁。

[18]　松嶋由紀子「選評」戸時516号（2000年）6頁。

[19]　この点については、社会的事実を尊重する家族法学が、家族共同生活という社会的事実に対しては目をつぶっている感が否めないとの指摘もある（星野英一「家族法は個人関係の法律か、団体の法律か」家族〈社会と法〉14号〔1998年〕26頁）。

[20]　筆者自身は、その理由についての検討は十分に及んでいないが、同書が指摘する家制度との距離感のみならず、木村敦子「家族法学と法解釈方法論・法学方法論」法時95巻1号（2023年）143頁以下（本書所収422頁以下）で指摘されている、家族法の原理論の提示への慎重な動きとの関連もあるのかもしれない。

[21]　制度の変遷及び関連する日本語文献について、幡野ほか・前掲注7）21頁以下。

404

　また、同書では、夫婦財産制の共通財産の法的性質につき、法人格を有しない財産包括組合、共有、共通財産法人等と解する学説が詳解されている。この点は、夫婦財産法のみならず、法人・組合といった団体論の基礎的研究としても意義があり、また、財産法分野の議論と夫婦財産法を結節する役割を果たしうるとも考えられる（例えば、109頁等では、共通財産についての諸学説と組合論との関係も言及されている）。そのため、本来であれば、法人・組合といった財産法分野からの評価も行う必要があろうが[22]、筆者の能力不足のため、ここでは扱わない。

　さらに、同書で示されたαの系譜の判例・学説の分析も、それ自体として、基礎的研究としての意義を有する。「想い出の品」の承継のあり方、墓の遺贈の可否等、日本法の祭祀財産の承継における問題に多くの示唆を与えるものであるといえよう[23]。

(3)　家族の団体的性格と構成員の保護

(a)　問題状況の現存

　同書の本論部分は、家族団体論が担ってきた役割は、夫婦財産制等の立法により大方消滅したといえるのかもしれない（274頁）と結ばれる（前記2(5)(b)も参照）。確かに、同書の主たる検討対象となっていた夫婦財産制との関係では、その通りかもしれない。しかし、家族を法解釈上団体として扱わないとしても、実態としての団体的な[24]（、あるいは共同体的な）性質を有する家族は未だ存在し、それへの対応の必要はあるようにも思われる。実際、高橋教授自身が、フランス民法典には、家族の共同性、あるいは家族員の生活保障のために、個人の権利を抑制しても守ろうとする規定がみられると指摘する[25]。その一例として、夫婦に課されている共同生活や相互扶助の義務、

---

22)　伊藤・前掲注6）124頁。また、同書で示された法人説の盛衰は、夫婦財産法に内在した論理だけで説明できるのかとの指摘もある（大村敦志『フランス民法』〔信山社、2010年〕116頁）。この指摘も、同書で示された家族団体論について、法人に関する学説史等との関係で位置づける必要性を示すものであろう。

23)　伊藤・前掲注6）124頁。

24)　高橋教授は、団体を複数の人が指揮者の下に集まっているものと想定しているように解されるが（292頁）、これ以外の把握の仕方もあろう（星野・前掲注18）4頁、7頁も参照）。

日常家事債務、夫婦やパックスのカップルの住居に供されている建物の賃借権につきカップルに共同帰属が認められていること、次項で検討する家族の住宅保護の規定がある。

　以上のように、家族を法律上は団体として扱っていなくても、その団体性・共同性に注目する規定は存在し得る。また、近時の日本における、以下の2つの立法をめぐる動きも、家族の構成員の保護への注目の高まり、家族の団体性の検討の重要性を示そう。

　一つは、夫婦（家族）の居住建物についての議論である。相続法改正において、配偶者の配偶者居住権や配偶者短期居住権が新設された。また、離婚による解消時の居住建物の扱いについて、2021年3月から開催された法制審議会・家族法制部会において、「配偶者（及び子）の居住を確保する観点から、離婚後に、配偶者が他方配偶者の所有する不動産に居住することができる権利を創設し、財産分与の審判で、その取得を命ずることができることとする規律を設けること」や、「夫婦の一方の固有財産についても、当該権利の創設を命ずることを可能とすべきか」という点が、検討課題として示された[26]。中間試案では具体的な提案が示されず、2024年5月に成立した「民法等の一部を改正する法律」でも、関連する規律は設けられなかった。しかし、一部の委員から導入に向けた積極的な見解も示されていた。これらの動きは、夫婦の一方の所有する不動産に対する処分権や使用権を制約し、家族の構成員を守ることが検討される例と整理できよう。

　もう一つが、2022年12月に成立した「法人等による寄附の不当な勧誘の防止等に関する法律」をめぐる議論である。ここでは、寄附により困窮した家族の構成員、具体的には個人の扶養義務等に係る定期金債権の債権者である者が債権者代位権を行使して、寄附に関する取消権等を行使できるとされている（法10条）。つまり、「家族」であることを根拠に第三者に対して権

---

25)　髙橋・前掲注1）212頁。3(1)も参照。

26)　「法制審・家族法制部会資料9-2」17頁。なお、1992年12月に公表された法務省民事局参事官室「婚姻及び離婚制度の見直し審議に関する中間報告（論点整理）」において、婚姻中に夫婦がその居住の用に供するため、一方の単独名義で取得した建物等に関して、他方の居住の安定を図る見地からの手当の要否の検討が課題として挙げられていたが、要綱には取り入れられなかった。

利主張し、寄附をした本人の行為を取り消すこと等ができる。同法で保護される家族の構成員の範囲は限定されているが、ここでも、その保護が目指されているといえよう[27]。

このように、立法論・解釈論において、家族の団体性や、同書で示された家族の構成員の保護という視点に注目した議論は現在でもあり、同書の問題意識（前記2(1)参照）の重要性は失われていない[28]。

(b) 考えられる検討の方向性

同書が示した問題意識について、今後どのような方向から検討を進めていくことが考えられるだろうか。

一つの方法として、高橋教授や他の論者が既に行っているように、夫婦財産制における家族の住居の保護に関する立法を検討することがあろう[29]。その中心的な規定であるフランス民法典215条3項は、夫婦の一方が家族の住居を確保する権利やそこに備え付けられた家具を処分するに当たっては、他方の同意を要すると定める。もっとも、他方配偶者の拒否が家族の利益により正当化されないような場合、一方配偶者は単独で行為をする許可を裁判所から得ることができる（仏民217条1項）。これらの規定とそれをめぐる判例・学説は、夫婦共同体の利益を守りつつ、債権者や第三者の利益の調整を図っている。そして、その根本理念には、住宅の保護が人格的権利の価値にかかわるという人間的要求があるという。このように、家族の中でも夫婦という共同体の財産的側面が強い夫婦財産制に関して、特定の問題の研究を通じて家族やその構成員の保護や、そこにおいて保護しようとしている利益について検討することは、(3)(a)で紹介したような日本での議論の参考にもなろ

---

27) 本人以外の者の権利行使は、本人の保護の補完と固有の利益の保護という2つの観点があるとも指摘されている（沖野眞已「立法対応——民事的救済——の方向について」消費者法研究13号〔2022年〕200頁以下）。

28) 大村教授は、「高橋の立てた問題は解体するが、問題意識そのものは別の仕方で継承されていくことになろう」とする（大村・前掲注21）116頁）。

29) 高橋朋子「夫婦の居住用不動産の処分制限に関する一考察」中川良延ほか編『日本民法学の形成と課題(下)』（有斐閣、1996年）1107頁、同・前掲注1）212頁以下、三宅篤子「夫婦の居住用不動産の保護について(上)・(下)」社会関係研究2巻1号123頁、2巻2号67頁（以上1996年）等。

う。

　また、同書は、主に夫婦財産制を素材に家族の団体性を検討しているが、問題は、扶養・相続・内縁と広がり得る[30]。これらの問題について、家族のあり方の変化と制度の変遷、家族の構成員の保護などを目的とする制度や家族を団体として扱う規定・議論の有無について分析することは、同書で示された視点を相対化することにもなろう。特に、同書においても随所に示唆されているように、相続法の視点からの分析が重要であろう。例えば、同書では、αの系譜の中で、財産を家族内にとどめる手法としてフランスの補充指定（10頁、245頁等）への言及がある。補充指定とは、「後継ぎ遺贈」に類似する制度であり、Aが財産をBに移転し、Bの死後はCに承継さすことを定めるものである。家産の保持につながる、平等の精神に反するということから、原則として禁止されていたが、2006年の改正により、有効な処分として再び認められるようになっている。この背後にある、相続の機能の変化、家産の保護や家族の保護への評価等を分析することは、家族の構成員の保護を図るべきか、どのような方法によって行うのかという、同書が示した家族を団体として扱う契機の検討と重なり、同書の問題意識に、何らかの解を示すものと考えられる。

　さらに、家族については、家族の財産に関する問題だけでなく、共同での親権行使のあり方等夫婦・親子の人格的関係とされる問題もある。このような団体の内部関係とされる共同で一つのことをする際の意思決定とその執行の問題[31]について、父母の親権の共同行使や、夫婦間の意見調整についての規定・議論などを参照しつつ、まさに本書で行われたような実態上の家族の団体的性格と条文の規定の間隙の検討を行う必要もあろう[32]。そして、様々な素材をもとに行われた家族の団体性・共同性についての議論を、統合していくことが、究極的な課題となるだろう[33]。

---

30)　松嶋・前掲注17) 6頁。

31)　星野・前掲注18) 5頁。

32)　本書で言及されている「家族の長」の位置づけなども参考になろう（前掲注11) 参照）。

4 おわりに

同書と同時期に公表された論稿において、従来、家族の団体性について論じられるときには、家族の団体の範囲をどのように設定するかということが問題となっていたとの指摘がある[34]。その指摘の通り、家族とは何かということ自体も大きな問題であり、社会の変化の中で、親子・夫婦（婚姻）とは何かという視点から、家族の範囲についての議論は現在でも大きく注目されている[35]。

同書が家族団体論の検討を通じて示した、家族やその構成員の保護、家族の構成員間の権利義務の内容等、家族であることの効果についての検討は、それ自体としても、上記の家族の範囲の議論のためにも重要であろう。家族に関する問題を全面的に団体法として扱うことはないとしても[36]、家族の団体性・共同性に注目した規定・議論が必要であることは事実である。同書は、この問題に法学が取り組むための一つの方法を示しており、現在においても貴重な業績である。

連載第 25 回（2023 年 9 月号掲載）

---

33) 本書の問題意識と直接関係するものではないが、婚姻について、婚姻法のみならず、夫婦財産制・親子関係・親権・相続等幅広くフランス法の変遷を追いながら、現代の婚姻法及び婚姻を分析する、松本薫子「婚姻法の再定位——フランス民法典の変遷から(1)〜(7・完)」立命館法学 383 号（2019 年）307 頁〜404 号（2022 年）408 頁は注目されよう。

また、相続制度・夫婦財産制という家族財産法分野における家族及びその構成員の保護についても念頭におきながら、これらの問題に対して、資産・法的総体という概念からアプローチし、財産法との結節を図るものとして、湯本あゆみ「フランスにおける資産概念と法的総体——家族財産法研究序論として(1)・(2・完)」法学 87 巻 2 号 116 頁、3 号 213 頁（以上、2023 年）。

34) 水野紀子「団体としての家族」ジュリ 1126 号（1998 年）72 頁。

35) 棚村政行「『家族』とはなにか」法セミ 807 号（2022 年）45 頁。

36) 星野・前掲注 18) 2 頁。伊藤・前掲注 6) 123 頁も参照。

家族法立法と市民・社会

大村敦志「フランスにおける『立法』と『立法学』
——家族法を素材に」
（同『法源・解釈・民法学』〔有斐閣、1995 年〕167-348 頁）

幡野 弘樹

1 はじめに

　親族・相続法分野では、近時法改正が相次いでいる。このような状況のも
と、家族法立法をより良くする方法について思いを致す法律家も少なくない
であろう。このような問題は、従来「立法学」として論じられてきたが、家
族法分野で立法学を論じる文献はそれほど多くはない。そのような中で、大
村敦志教授により平成の初期（初出は平成 3 年から 4 年）に発表された本論文
（本稿では『法源・解釈・民法学』第 2 部の一連の論文を指すこととする）は、現
在においても参照されるべき多くの示唆を含んでいるように思われる。

　本論文は、初出としては 3 つの独立した論文からなる[1]。もっとも、これ
ら 3 つの論稿は、フランス語圏の家族法を素材とした「立法学」をめぐる研
究という点では共通しており、一連の研究として構想されている。そのため、
大村教授がこれらの論稿を『法源・解釈・民法学』に収める際には、構造に
手を加えつつ、序章、第 1 から第 3 章という 4 つの章からなる一体のものと
して提示している[2]。以下では、『法源・解釈・民法学』に収められた 4 つ
の章からなる論文を紹介するとともに、検討を行うこととする。

---

[1]　①大村敦志「フランス語圏における家族立法学・序説」『現代社会と民法学の動向——加藤一
　　郎先生古稀記念㊦』（有斐閣、1992 年）461 頁以下、②同「フランス家族法改革と立法学」法協
　　110 巻 1 号（1993 年）135 頁以下、③同「フランスにおける人工生殖論議」法協 109 巻 4 号（1992
　　年）636 頁以下。

[2]　前掲注 1）①論文の前半部分が『法源・解釈・民法学』所収論文の序章に対応し、②論文が第
　　1 章、③論文が第 2 章、①論文の後半部分が第 3 章にそれぞれ対応する。

410

2 紹 介

(1) 序 論

(a) 問題関心

民法典成立以来、民法学の第一の課題は、法典とその付属法規の解釈であった。学説において、立法論そのものを中心に据えた議論は十分に展開されているとは言えない。

本論文公表当時（1992年）、親族相続法分野では、1947年の大改正以降もいくつかの小改正を経てきた（62年、76年、80年、87年）が、そのような状況で、家族法に関する具体的な立法論ではなく、家族法を素材に立法についての考え方を検討すること、別の表現を用いれば、立法学の発展の可能性を探ることが、本論文の目的である（170-171頁）。

(b) 家族法と立法学

ヨーロッパ諸国において、1960年代後半から家族法改革の時代が始まっており、立法学にとって有益な素材を提供している。ヨーロッパで家族法改革が進んだ背景には、男女平等思想の浸透、核家族化の進行、性風俗の変化などさまざまな社会的要因がある。家族法立法はそれぞれの社会に存在する規範意識と密接な関連を有する（172頁）。このような特徴は、政治的な色彩の濃い諸立法や制度設計的な色彩の濃い諸立法とはやや異なる性格を持っており、他の領域とはウエイトの異なる立法学が想定されることになる。

(c) 既存の日本の立法学との関係

それでは、本論文はさまざまな立法に関する研究の中で、どのような位置づけを持つのか。

大村教授は、小林直樹教授の①立法政策論、②立法技術論、③立法制度論、④立法過程論という4分類[3]に着目しつつも、この分類からややはみ出す研究も立法学に含める見解もあるとし、⑤立法論自体である立法内容論・立法実質論、⑥立法のための法社会学的研究、とりわけある問題についての法意

識の研究という意味での立法調査論、⑦立法とは何か、法律は他の法源（慣習・判例・学説）とどう関連しているかに関する研究としての立法基礎論、という3類型を抽出する（174-175頁）。

その上で、本研究では、⑥・⑦に重点を置いた研究を行うとしている。もっとも、⑥・⑦の研究は、他のアプローチとも関連するので、①～④も視野に入るとしている。また、家族法を素材にする以上、⑤も無視できないとする（以上につき175頁）。

(d) 具体的な検討課題

以上のような問題意識のもとに、3つの検討対象を設定する。第1が、フランスにおける1966年の養子法改正、1975年の離婚法改正であり、第2が、フランスの1980年代の人工生殖をめぐる議論の状況である。そして、第3が、フランス語圏スイスにおける立法学の動向である。本稿では、紙数の都合もあり前2者について紹介する。

(2) 養子法改正・離婚法改正

第1章では、フランスの養子法改正・離婚法改正が検討対象とされているが、ここではカルボニエが単独起草をした1975年の離婚法改正に焦点を当てて紹介を行う。

(a) 立法過程

1975年改正前は、有責主義の裁判離婚のみが認められる状況であった。1975年改正は、裁判組織や離婚の効果を含めたさまざまな改革を行ったが、後の叙述との関係で、①合意離婚（相互の同意による離婚[4]）、破綻離婚（共同生活の破綻による離婚）、有責離婚（フォートによる離婚）という3類型がもうけられたこと（当時の229条。以下、紹介部分においては、当時の条文番号を指すこととする）、②合意離婚の中で、さらに協議離婚（夫婦の共同の請求に

---

3) 小林直樹『立法学研究――理論と動態』（三省堂、1984年）3頁以下、特に32-33頁。

4) 以下、原論文と同様に、カッコ内において条文上の表現を紹介する。

基づく離婚、230-232条）[5]と認諾離婚（一方によって請求され、他方によって承認される離婚、233-236条）の2類型がもうけられたことを指摘しておく。

立法過程の特色として、1974年の大統領選挙において離婚法改革が1つの争点となっていたことや政府に対抗して議会側も議員提出の離婚法改正案を提出したことなど、当時の政治的背景や議会審議の内容についても紹介されている（197-198頁）。

(b) 立法と調査

法改正に当たり、事前の調査と事後の調査が行われている。事前の調査においては、1970年1月1日から全離婚事件をカードに登録するという作業が行われ、1970年度分で17万弱のカードが作成され、それをもとに分析がなされたこと、カルボニエが実質的に主宰した世論調査では、一般的な世論調査と離婚経験者のみを対象とした経験者調査がなされたことなどが注目される。事後の調査では、1970年から1978年までの離婚に関するカード約75万枚が解析されたことなどが紹介されている。

(c) 立法の理論

以上の検討を踏まえて、草案起草者カルボニエの立法理論の分析がなされる。大村教授は、そこには立法に対する消極的姿勢と積極的姿勢が同時に認められるとする。

最初に、カルボニエの法社会学の基礎理論から説き起こされる。カルボニエには、①法は形式的法源よりも大きい、②法は人間関係の総体よりも小さいという2つの公準がある（213-214頁。①・②を合わせると、法規範・訴訟⊂法⊂人間関係となる）。そこから、国家法以外に「法」が存在することを認める法的多元主義、法の規律すべき人間関係における法の不在・法の後退を指

---

5) 原論文では「協議離婚」という訳語が付されているが、当時の離婚法においては裁判所の関与が必要とされていた点が現在の日本とは異なる点に注意が必要である。なお、2016年11月18日の法律により、裁判を経ない合意による離婚が導入されるに至っている。同法律については、ジャック・コンブレ（小柳春一郎＝大島梨沙訳）「フランスの離婚手続と公証人——裁判なしの離婚の導入を踏まえて」ノモス40号（2017年）1頁以下を参照。

摘する非法の仮説が導かれる。特に家族法領域では、非法が原則であるとする。そして、以上のような考え方から、立法に対する抑制的な態度が導かれる。

次に、立法をすること自体が決定した場合に、立法者カルボニエはどのような態度をとるのか。離婚法改革に際して、世論は離婚法を自由化するのかについても、合意離婚を認めるのかについても、分裂していた（204-205頁）。その中で、カルボニエは、分裂する社会意識を社会の多元性・複合性を示すものとして、それを立法に反映させようとする（216頁）。その具体化が、さまざまな離婚手続を並立させるメニュー方式というものである。

大村教授は、このようなカルボニエの立法観には積極的な側面もあるとする。とりわけ、世論調査でも決め手を欠いていた合意離婚の導入に、その側面を見て取れるとする。その背後には、立法の実効性を高めるには現実をよく考慮に入れることが不可避の方策であるという多元主義のもう一つの側面がある（218頁）。さらに、カルボニエの提案以前には知られていなかった認諾離婚の導入には、心理という非法の領域に属するものを法の世界に取り入れる側面があり、そこには、学問的な多元主義を見出すことができるとする（220頁）。

それでは、消極主義と積極主義の関係はどのように説明されるのか。この点、大村教授は、事実に即してみるならば、フランス家族法改革において、両者は緊張関係に立ちつつもバランスが保たれていたとする（225頁）。実際の法律には、事実に追いつく側面と事実を追い越す側面があるといえる。また、カルボニエの多元主義の多義性も指摘されている。すなわち、そこには①思想・考え方の多元性（立法的多元主義）、②立法に対する謙抑主義（規範的多元主義）、③社会的な事実・実態や具体的な当事者・関係者の意識の多様性としての多元主義（司法的多元主義）、④法的な評価の対象になりにくい事実の取り入れ、そしてそのための補助学の利用（学問的多元主義）があるとする（226-227頁）。

(3) 人工生殖論議

第2章は、フランスで1980年代前半から人工生殖[6]をめぐって活発に議

414

論が交わされ、それが 1989 年 2 月に完成した政府の草案へと結実するまでのプロセスをたどるものである。

(a) 議論のプロセス

まず、全体の流れについて概観しよう。1982 年、フランスで初の体外受精子が生まれたことから、人工生殖への社会的関心は急速に高まった。政府は、1983 年に「生命科学と健康に関する全国倫理諮問委員会（Comité consultatif national d'éthique pour les sciences de la vie et de la santé. CCNE と略称される）」を設立した。この委員会は、「生物学・医学・健康の領域における研究によって生じる倫理的諸問題に対して意見を述べることを目的とする」（1983 年 2 月 23 日のデクレ 1 条）機関であり、関連分野の専門家などから組織されている。

1984 年には、死後生殖や代理母のケースが世間の注目を集めた。それをきっかけに、同年 12 月には CCNE による公開討論会、1985 年 1 月には政府主催のコロック（シンポジウム）が開催されている。1986 年に政府は、5 人の専門家に対し、人工生殖の諸技術と胎児の地位に関する専門家の意見ならびに世論の動向をまとめることを求め、報告書が首相府に提出された。そこでは、立法の必要が説かれており、首相府はコンセイユ・デタに対して法的な問題に絞った検討を依頼した。コンセイユ・デタは 1988 年春に報告書を公表した。その後、草案作成を担当する作業グループが組織され、1989 年 2 月には草案が完成した。

(b) 議論の様相

以上のようなプロセスの中で、大村教授は、政府や CCNE が公開の議論の必要性を強調していたことを指摘する（252-253 頁）。ここで問題となっていることは、社会全体にかかわる根本問題であり、専門家のサークルや議会

---

6) 現在では、あくまでもこの技術は生殖に対して補助的な役割を持つにすぎないというニュアンスを込めて「生殖補助医療」という用語を用いることが多いが、ここでは原論文の用語法にしたがうこととする。ただし、後の「3 検討」の部分では、現在の問題に関するものについては、生殖補助医療という語を用いることとする。

の中で議論するだけではなく、広く公衆の前で議論することが有益であるという立場をとっている。実際に、1984年から88年にかけて生命倫理について開催されたコロック等の件数は56件というデータも紹介されている（253頁）。

コロックでは学際性に配慮がなされている。1985年の政府主催のコロックでは、医学・生物学、心理学・精神分析、社会学・人類学、法学といった分野からの専門家が参加している。別のコロックでは、カトリック、プロテスタントを始めとした、宗教界からの意見も公にされている（275頁以下）。さらには、世論調査も行われており、専門家ではない一般市民の意見も集められている（278頁以下）。

(c) 議論の特色

大村教授は、この活発な議論の中で、コンセンサスは得られないものの、各界からの意見は一定限度で収束の方向を見せており、そこに集合的な規範意識の形成を見出している（309頁）。その中でも、大村教授は、政府が立法を急ぐことはせずに、人工生殖論議を仕掛けたという態度に注目をしている（311頁）。

議論の内容面での特色としては、「人」とは、「科学」とは、「家族」とは、「婚姻」とは、「親子」とはといった哲学的な色彩を帯びた問いが念頭に置かれていた点、個人の権利義務という問題というよりも社会（国家）の意識（政策）の問題であると捉えられており、およそ商業化・産業化は許しがたいと考えられていた点も指摘する（313頁）。そして、その背後には、ヨーロッパ社会の共通の価値としての「人権」への指向や、キリスト教の影響もあるとしている（314頁）。

3　検　討

本論文は、家族法立法に当たり何が有用な準備作業なのか、立法学と家族法はどこで接点を持ちうるのか、といった立法学の範疇で論ずべき問題を、フランス法を通じて明らかにするものであるが、立法のプロセスを論じる際

に、議会でのプロセスだけを論じるのではなく、政治・社会・市民をも視野に入れているという点に、大きな特色がある[7]。

さて、大村教授は、主著の一つ『家族法』の末尾で、家族法の立法についてまとまった形で論じている[8]。そして、そこで展開されている主張には、「漸進的な多元主義——典型と非典型の間で」「限定的な法治主義——法と《非法》の間で」「重層的な共和主義——専門家と市民の間で」という表題からもうかがわれるように、本論文から得られた知見が存分に生かされている。

そこで、大村教授の『家族法』での主張も視野に入れつつ、本論文から抽出される以下の3つの問いについて考えてみたい。すなわち、①ある問題について立法あるいは法改正を行うべきか否かをどのように判断するか、②立法をするとして、どのように立法を行うべきか、③家族・生命倫理といった問題をどのように扱うべきか——公事なのか私事なのか——についてである。

(1) 立法あるいは法改正を行うべきか否か

大村教授は『家族法』において、「家族法のような日常生活の法は、裁判規範として機能するのと同時に、あるいはそれ以上に、人々の行為規範として機能する」として法規範と社会習俗の影響関係を示しつつ、「家族法に関して立法を行うに際しては（中略）、新しいルールが、当事者の権利義務にどのような具体的な影響を及ぼすか（中略）だけでなく、そのルールが定立されることにより、人々の行動がどのように変化するかを考慮に入れる必要がある。つまり、家族法においては、立法の象徴効果（effet symbolyque）がとりわけ重要なのである。」[9]と述べている。

本論文で、生命倫理法を制定すべきかという問いに対し、何人かの民法学者がそれぞれ異なる返答を与えていた（263-264頁、269-271頁、274-275頁）。とりわけカルボニエが、立法をすることが人工生殖を推進するという副次的

---

7) このような系列の研究として、大村敦志「パクスの教訓」同『20世紀フランス民法学から』（東京大学出版会、2009年）276頁以下（初出は2005年）、同「障害児の出生をめぐる法的言説」同書292頁以下（初出は2005年）。

8) 大村敦志『家族法〔第3版〕』（有斐閣、2010年）374頁以下。

9) いずれも、大村・前掲注8) 377頁。

な象徴効果を持つことを指摘しながら、しばらく事態を静観すべきとしている点が注目される（274-275頁）。カルボニエの立法に対する謙抑的な態度をよく示す出来事であったといえる。

これに対し、1988年3月に発表されたコンセイユ・デタの報告書では、立法必要論の立場が示されているが、そこで「もし立法をしないとすると、結局は弱肉強食を許すことになる」と述べられている（286頁）[10]。

カルボニエの立法に対する謙抑主義の背後には、非法領域に対する一種のオプティミズムが存在するが、果たしてそれでいいのかが問われている。

本論文では、離婚の自由化は大統領の選挙公約であったこと（197頁）、政府が生命倫理法制定必要論に立つに至った背景事情として、胚に関する実験の可否の問題が立法的決断に迫られていたこと、ヨーロッパレベルでの立法促進の気配、1989年が人権宣言200年であったことなど（312頁）も指摘されている。実際にはさまざまな事情から立法するか否かが判断されるというのが現実である。それでも、本論文やその後の研究を通じて、家族法立法の持つ象徴的効果や謙抑主義と弱者保護の相克という点が抽出された意義は少なくないように思われる。

(2) どのような立法をすべきか

大村教授の立場は、『家族法』において明快に示されている。すなわち、一方で、「『それぞれの人にそれぞれの家族を（A chacun, sa famille）』[11]というのは、戦後のフランス家族法改革のモットーであったが、そこにみられるような、寛容を基調とした法的多元主義が、現代家族法の第一の原則とされるべきだろう」[12]と述べて、選択的夫婦別姓制度の導入を支持する。他方で、「多数派は少数派に対して寛容さを持つ必要があるが、同時に、少数派にも、多数派の人々が奉ずる価値への配慮（譲歩）が要請される。（中略）漸進主義

---

10) カルボニエの《非法》の仮説をめぐるマロリーの批判もこの点を突いている。北村一郎「《非法》(non-droit) の仮説をめぐって」『日本民法学の形成と課題——星野英一先生古稀祝賀論文集上』（有斐閣、1996年）26-27頁。
11) 本論文216頁にカルボニエの立法思想としてこの標語が紹介されている。
12) 大村・前掲注8) 375頁。

という意味での保守主義もまた、現代家族法の原則とされなければならない。」[13] としている。

　この立場の淵源も、やはり本論文、さらにはフランス民法・民法学の中にあるように思われる。カルボニエは離婚の自由化を行い、同意離婚、破綻離婚など新たな離婚手続の類型を導入したが、改正前からある有責主義離婚の類型も残している。そこには、宗教的・政治的対立、世代間の意見の相違に対する深い配慮があるとされている（216-217 頁）。生命倫理法制定に向けてコンセンサスを得る際にも、漸進主義的な保守主義を見て取ることができる。政府主催のコロック（1985 年 1 月）において、民法学者であるゴベール教授は、人工生殖技術は不妊治療ではなく、便宜のための技術であると考えるべきであるとし、対象者は不妊の夫婦に限る必要はないという立場を示し、独身者・寡婦の人工生殖にも積極的な立場を示した（264-265 頁。なお、寡婦の人工生殖について期間制限は必要とする）。他の民法学者は、おおむねより慎重な立場をとっていた（269-271 頁）。議論を集約する段階、すなわち立法を目指して提出されたコンセイユ・デタの報告書（1988 年 3 月）では、人工生殖は夫婦の不妊対策として承認する、親は 2 人でなければならず、1 人（独身者・寡婦）ではいけないとする形で提案され（287 頁）、1994 年に制定された生命倫理法についても、このような方針に基づいている。いずれも、漸進しつつも継続性・保守性を失わない形での立法の姿を窺い知ることができる。

　その後のフランスの立法も、漸進性と保守性という視点から見ると興味深い。1999 年のパクス法は、同性・異性を問わず共同生活をする者のための契約として、すなわち親子関係に影響を与えないという意味で純粋にカップルのための契約類型として導入された。直ちに同性婚を導入せずに半歩踏み出すことで、結果的には 2013 年の同性婚導入の社会的な素地を作ったといえる[14]。生命倫理法も、1994 年制定後 25 年以上を経た 2021 年に便宜のた

13）　大村・前掲注 8）376 頁。事実婚の法的保護をいかにすべきかという文脈での叙述である。

14）　当時の社会の反発が相当なものであり、法学者からも酷評されていたことにつき、大村・前掲注 7）「パクスの教訓」280-282 頁を参照。これに対して、大村教授は、「少数者の求めに可能な範囲で応じていくという態度の中には、むしろある種の節度ないしバランス（mesure）を見出すべきであろう」としている（同 287 頁）。

めの生殖補助医療を承認し、単身女性に生殖補助医療を承認するに至っている。ゴベール教授の主張の一部が実現したことになるが、この変化についても、長期間かけて社会的な議論を積み重ねてきた側面を見失ってはならないように思われる。

(3) 公事としての家族法と立法インフラ

『家族法』において、大村教授は、「家族や家族法のあり方は、社会のあり方を決定づける重要なことがらである。（中略）家族の内部のことがらは『私事』であるが、どのような家族法をもつかは『私事』ではありえない」[15]と述べた上で、「家族法が『公事』に属するとすると、それは公共の場での議論の対象とされることが望ましい」、「公論といっても、一般の市民がすべての問題について十分に議論できるというわけではない。（中略）専門家（法律家も含めて）の発言が不可欠だろう」[16]と述べている。このように、家族法立法をめぐる議論のプロセスも俎上に載せている。本論文で、マスメディアや世論、さらには宗教界の動向も含めて、立法のプロセスを紹介する背後には、家族法立法をめぐる社会の捉え方も含めて、フランスのあり方が参考になるという問題意識があるように思われる。

ここで指摘したいのは、初めて体外受精子が生まれ、生殖補助医療の問題に最初にマスメディアが注目をした 1982 年 2 月のことであったが、翌年初めには生命倫理に関する諮問委員会である CCNE が設立されていることである。CCNE は、個別の倫理的問題について意見を述べるだけでなく、公開の討論会を組織することも求められている（246-247 頁）。政府主催コロックでのバダンテール司法相の「今ここで問題となっていることがらは社会全体に関わる根本問題である。それゆえ、専門家のサークルや議会の中で議論するだけでなく、広く公衆の前で議論がなされることが有益である」（252頁）という発言には、2 つの意味を読み取ることができる。第 1 は、フランス社会が生命倫理の問題を「公事」として重く受け止めているということで

---

15) 大村前掲注 8) 377-378 頁。

16) いずれも大村・前掲注 8) 378 頁。

ある。第2は、広く公論を集約するための組織が必要であり、CCNE も、立法インフラの1つとしての役割も担っているということである[17]。

以上は生命倫理分野の話であるが、カルボニエによる離婚法改革における事前および事後の調査も充実したものであった。このような充実した立法インフラがあること、つまりこれだけの調査を行う公権力の意思があることと、家族の問題が重要な「公事」であると認識されていることには表裏一体の関係があるといえる。

本論文以外でも、大村教授がペリュシュ事件やパクス立法を紹介するにあたり、単なる法的問題の紹介にとどまらず、社会がどう受け止めたかをも伝えている[18]のは、家族や生命倫理に関する問題が、フランス社会にとって重要な公事であるということを伝えるためであるように思われる。大村教授の法教育への積極的な関与も、公事としての民法という考えを広く社会に伝える目的を有していよう。

(4) おわりに

以上のような大村教授の家族法立法の方法論と、同教授が部会長を務めた家族法立法の改正に向けた法務省法制審議会における議論のプロセスとの関係は、分析の対象となるべきである。そのような観点から、令和3年3月より開催されている法務省法制審議会家族法制部会に社会学者、心理学者および労働経済学者が参加していること、事前の調査として、未成年時に親の別居・離婚を経験した子に対する調査[19]や離婚を経験した者を対象とした調査[20]などがなされたことが特に注目される。

---

17)　近時でも、2021 年 8 月 2 日法律により実現した生命倫理法改正の準備段階において、CCNE が 2018 年 6 月に「生命倫理三部会 États généraux de la bioéthique」と題された報告書を提出していることが注目される。そこには、フランスの全土で、改正に関わるテーマに関して、専門家、非専門家を含めて意見聴取を行うイベントを多数開催したこと、予算は 80 万ユーロ（1 ユーロを 162 円〔2023 年 11 月 13 日のレートに近い値〕で計算すると 1 億 2960 万円）であったことが記されている（CCNE, États généraux de la bioéthique, 2018, pp. 10-11, p. 14.）。

18)　パクスについては、大村・前掲注 7)「パクスの教訓」280-281 頁、ペリュシュ事件については、大村・前掲注 7)「障害児の出生をめぐる法的言説」294-295 頁。

19)　法務省法制審議会家族法制部会参考資料 1-3（https://www.moj.go.jp/shingi1/shingi04900001_00058.html）を参照。

カルボニエによる家族法立法においても、大村教授の家族法立法学においても、社会学的・経験主義的な方法論的選択がある。大村教授は、近時のフランスの民法学が法律実証主義的な傾向を帯びていることを指摘しつつ、2015 年にパリで開催された「法社会学的論拠（argument sociologique）」を主題とするシンポジウムに関心を寄せる[21]。そこにおいて、「『市民社会（société civile）』の法たる民法（droit civil）を対象とする民法学は、その性質上、個別の『市民』の自由や権利だけでなく、市民が形成する『社会』のあり方に関心を寄せざるを得ない」と述べながら、「シヴィル（civil）」と「ソシアル（social）」の一体性が近時揺らぎつつあるという指摘がなされている[22]。日本の民法学においても法律実証主義的志向は高まっているように思われる。大村教授の家族法立法における方法論は、シヴィルとソシアルの一体性を擁護する立場から、そのような志向とは一線を画すものとして位置付けることができる。

連載第 28 回（2024 年 1 月号掲載）

---

20) 法務省法制審議会家族法制部会参考資料 2-1 および 2-2（https://www.moj.go.jp/shingi1/shingi04900001_00063.html）を参照。

21) 大村敦志「法社会学への期待と要望——平成一民法学者の観点」同『民法のかたちを描く——民法学の法理論』（東京大学出版会、2020 年）320 頁以下（初出は 2018 年）。

22) 大村・前掲注 21）322 頁。

家族法学と法解釈方法論・法学方法論

水野紀子「中川理論——身分法学の体系と身分行為理論——に関する一考察」
（山畠正男・五十嵐清・藪重夫先生古稀記念『民法学と比較法学の諸相Ⅲ』
〔信山社、1998年〕279-311頁）

木村 敦子

1　はじめに

　本稿では、水野紀子「中川理論——身分法学の体系と身分行為理論——に関する一考察」山畠正男・五十嵐清・藪重夫先生古稀記念『民法学と比較法学の諸相Ⅲ』（信山社、1998年）279-311頁（以下では、「本論文」という。かっこ書は頁数）を取り上げる[1]。

　水野は、本論文において、中川善之助によって提唱されたいわゆる身分法理論（「中川理論」）に対する考察を展開している[2]。中川理論は、「家族法の基礎理論を最初に構築したもの」（279）として評価され、戦前戦後の日本の家族法学に多大なる影響を与えてきた。これに対して、水野は、平成初期から家族法学・法解釈方法論が抱える問題点を鋭く指摘した論稿を多数執筆し、その問題意識は多くの研究者に共有されている。

　本論文は、水野による一連の家族法学に関する論稿のうち、その出発点の一つに位置づけられるものである[3]。本稿の目的は、本論文を通じて、家族法学・法解釈論のこれまでのあり方を見つめ、今後を探ることにある[4]。

---

[1]　以下では、本文で本論文を引用する際には、項目ごと頁数のみを記すこととする。

[2]　その代表的著作として、中川善之助『略説身分法学』（岩波書店、1930年）、同『身分法の基礎理論——身分法及び身分関係』（河出書房、1937年）、同『身分法の総則的課題——身分権及び身分行為』（岩波書店、1941年）が挙げられる。

[3]　水野紀子「比較法的にみた現在の日本民法——家族法」広中俊雄＝星野英一編『民法典の百年Ⅰ』（有斐閣、1998年）651頁以下等。

2 紹 介

(1) 「一 はじめに」

中川善之助によって提唱された身分法理論は、「民法全体を財産法と身分法とに二分し、身分法の財産法に対する独自性を強調して、財産法における法律行為に対応する身分法上の法律行為として身分行為という概念を創出するもの」である（279）。この中川理論は、「民法のうちに財産法と異なる身分法という領域があるというテーゼをたてたこと」（身分法体系）及び「その具体的な現れとして、財産法上の法律行為と異なる身分行為という概念をたてたこと」（身分行為論）から成る（281）。

この中川理論は、「家族法の基礎理論を最初に構築したもの」であり、「通説的地位を占め続けている」。しかし、戦後、川島武宜・鈴木禄弥・平井宜雄により、「身分法」の独自性に対する疑問及び「身分行為」概念の不要性が指摘されてきた。そのうえで、あらためて、水野は「中川理論が家族法学界で通説的な位置を占め続けているように見えるのはなぜか」その理由を考えることで、中川理論に共通する日本の家族法学の特色とその問題点の検討を試みる（279-280）。

(2) 「二 中川理論がなぜ衰えなかったか」

中川理論（身分法体系及び身分行為論）について、その分析・批判・補強の議論の結果、必要な補正が加えられたことにより、その立論の誤りが積極的に立証されることもなく、またその積極的な弊害も認識されてこなかったと推察する（279-281）。

(a) 身分法体系について

中川が提唱した身分法論は、「財産法と身分法を対立させ、経済生活と保

---

4) 中川理論は、とくに戦後、親族法を中心に展開されたが、本論文及び本稿で検討対象とする「家族法」学は、親族法のみならず、相続法も対象としている。

族生活、個体法と統体法、合理性と非合理性」と特徴づける。このような理論が「グランドセオリーに基づいて過度に裁断するものであること」、また中川理論が論拠とする形式社会学の限界性は、論者の間で共有されている（281-282）。

たとえば、中川は、「身分法関係が自然的結果であるとして、それはまた常に真実存在する関係である。故に身分法の世界に於ては、存在するもののみが法律的であり、法律的なるものは必ず存在する」と述べる（『身分法の基礎理論』88頁〔現代仮名遣いにして引用〕）。このような記述に代表される中川理論について、水野は「家族の社会学的存在の説明と実体法の解釈が直結され、その際に過度の単純化」されたものと評価する（282）。

これに対して、山畠正男のように、個々の多元的な身分法の原則自体は、家族関係のある部分を説明するための相対的なものと理解することで、中川理論を再解釈する立場もある（281）。また水野自身も、身分法と財産法の異なる特徴を強調することが「解釈論と結びついてレトリークとなるときは、それが『家』的規定を解釈論として是正するという妥当な目的」のためであったという点は認めている。それゆえ、中川理論における過度な一般化・単純化は「確信犯」的なものであり、この点への非難は皮相的なものにすぎないという（283）。

しかし、水野は、中川理論のレトリークが家族法的な規定の解釈論について積極的な弊害をもたらすものであることを指摘することで、中川理論を擁護する余地はなくなるとする（282-283）。

(b)　身分行為論について

中川『身分法の総則的課題——身分権及び身分行為』（岩波書店、1941年）において展開された身分行為論は、「親族法・相続法を財産法上の法律行為概念に代わる身分行為という法律行為概念で統一的に説明する」ものである。これに対し、水野は形成的身分行為、支配的身分行為、付随的身分行為という三種に分類される身分行為概念には、法律学的な意味がないと評価する（283）。また、婚姻・協議離婚・養子縁組・協議離縁に関しても、歴史的・比較法的考察をふまえ、身分行為という上位行為を用いて共通した解釈論の

提示は不要であり、かつ不可能であるとする。たしかに身分行為の共通性を、「日本法では、戸籍への届出という技術」に見い出せるとしても、水野自身は、戸籍への届出は「『家』の構成メンバーの出入りとして位置づけられる技術」と捉える。また身分行為意思の多元的構成（山畠）という形をとったとしても「それぞれの行為の性質や身分行為意思の真の探求が疎外される弊害が大きい」として、身分行為概念を否定する（283-284）。

(3) 「三　中川理論の問題点」

　水野は、我妻栄の言葉を用いて、戦後家族法研究の理論的構成の弱さを指摘し、「この家族法学の欠陥は、中川博士の業績の欠陥」であると評する。「中川理論は、理論的構成をそれこそ過度に目指したものであったけれども、それは継受法の西欧近代法と格闘して産み出された理論ではなく、自己の頭脳の中から産み出された理論」であり、そこに「日本人としての常識的感覚」が無自覚のうちに忍び込んでいると批判する（286）。

(a)　法・習俗の優先

　中川理論における習俗・条理の優先的支配（身分法の「超法規的性質」）というテーゼは、第一義的には「『家』制度的規定を換骨奪胎しようとする意図」によるものであった。しかし、このテーゼにより、家族法規定の中核をなす婚姻・離婚制度や親子関係の設定の規定の多くが、換骨奪胎の対象になった。水野は、解釈論として採りうるものは「制度趣旨を母法に遡って理解」し、その理解を前提に日本の習俗に従った修正を加える作業であるとする。これに対して、中川理論にみられる、「婚姻意思の軽視にみられる婚姻制度への独特の態度」「認知や嫡出推定という実親子関係の法的手段の趣旨に対する無理解」は、「日本人の常識的感覚による直感的修正」によるものであったと厳しく批判する（286-287）。

　また、中川が注力した習俗研究については、家督相続を相対視するという「家」制度批判の意味はあったものの、それらの習俗の研究から中川の家族法解釈論が導かれた例はそれほど目立たないと指摘する。むしろ、唄孝一が指摘するように、中川の解釈論は、事実に基づいた社会学的解釈でもなく、

中川の良識と解釈論が直結している点に法解釈学としての弱さがあるとする（287-288）。

　以上の指摘をふまえ、水野が法解釈に求める態度は、「個々の問題や条文の解釈を体系の中で矛盾のないように位置づけて制度化していくこと」であるとする。「具体的な事件を妥当に解決できるように条文を解釈することと同時に、その条文の適用によりさえすれば具体的な事件が不当には解決されないような安定性を条文に持たせるように解釈すること、その両者の解釈が両立する解釈を目指す法解釈学を追求することも、実定法学の任務であろう」と述べる。この観点からして、中川理論に基づく法解釈は、「体系的な構造や条文解釈による安定した裁判への配慮」「実体法の体系的制度理解から導かれる視点」を欠いていると指摘する（288-290）。

(b)　「事実の先行性」という事実主義について

　また、中川理論における「事実の先行性」という事実主義については、たしかに「家」制度的規定に対して実際の核家族を重視すべきであるという効用を認めつつも、「婚姻法においても親子法においても家族法の規定を無力なものにするという結果をもたらした」点を批判する。具体的には、「事実上の離婚」理論・「内縁準婚理論」により、法的な婚姻制度が空洞化するおそれがもたらされたこと、また実親子法における極端な血縁主義の肯定によって、「親子関係の設定について法的な規律をいかに設計するか」という観点が抜け落ちてしまったことを痛烈に批判する。そこでは、「家族法を法として現実の家族に対して何らかの実効力をもつ」という水野の家族法観（民法観）が、中川理論に対する批判の言葉を一層厳しいものにしている（290-291）。

(c)　小　括

　以上のように中川理論は多くの弊害を抱えるものであった。にもかかわらず、同理論は、（その結論において）「漠然たる理非」（村上淳一）による紛争解決を志向する日本人の常識に合致したものであったと水野は指摘する（291）。これら批判をふまえ、水野は、「民法としての家族法、実定法解釈論

としての家族法学を、確立することこそが、わが国の家族法学の急務である」と述べる（292）。

(4) 「四　民法における家族法」

(a) 民法観・家族法観

水野は、家族法と財産法の区別を否定するとともに、家族法を財産法の一部と位置付ける見解にも賛同し得ないとする。その根拠として、「家族法は財産法と並んで民法に当然に含まれる内容のもの」であり、「私人間の関係を規律する法律」であるとの民法観を示す（292-293）。

(b) 家族法の特殊性

水野は、「私人間の関係を規律する民法として家族法をとらえる」との観点から、家族法の特殊性と、家族法があるべき家族を提示すべきか否かという問題を論じる。この点について、中川理論以降の家族法学が進んだ二つの極端な立場に検討を加える。

（ⅰ）　家族法の原理論と家族法の特殊性

戦後、中川理論に続くものとして、資本主義社会との関係で家族の理念的な機能を抽象的に定義づけることで、財産法と家族法の法原理の違いをとらえようとする原理論の構築が試みられた（利谷信義、渡辺洋三、二宮孝富）。しかし、水野は、この議論が、中川理論と同様、法社会学的な家族の認識と家族法の原理論が直結して論じられている点を問題視する。むしろ、統一的な法原理の探索は、「個々の条文や制度の特徴や理念から積み上げていく作業」を基礎とするべきであるとする（294-295）。

（ⅱ）　家族財産法としてのとらえ方

川島、鈴木は、家族法の特殊性を「人倫」「道徳」の側面に求め、それを法の中に取り組むべきか否かという問題意識から、家族法を家族財産法に限定する家族法観を示していた。水野は、この問題意識に着目し、そこには「家族法があるべき家族を提示すべきか否かという問題につながる視点」があるとする。そして、この視点に関して、これまで日本の家族法学は、封建的な家制度的道徳的義務の強制を排除するというイデオロギーを排除するこ

とに専心し、「どのような道徳をどこまで家族法が取り入れるか」という点を真摯に検討してこなかったとする。そのうえで、水野は、この問題を現代的文脈に置き換えて、「道徳と法的規律の限界」を次のように整理する。すなわち、（水野が現代の道徳・人倫であるとする）「個人の尊厳や両性の本質的平等」、とくに個人の尊厳の観点からは、実際にどのような家族生活を送るかという側面について民法は極力謙抑的でなければならない。他方で、自己決定・自由を強調することは、家族生活の保護・弱者保護を疎かにする危険をはらむと述べる（295-296）。

　さらに、水野は、同様の問題状況を抱えるフランス家族法を引き合いに出し、一連のカルボニエの改革により嫡出家族モデルの崩壊と自由化・多元化志向の動きがみられるが、その状況下でもフランス家族法が、「家族に実効的に介入し続ける」ことを強調する。これをふまえ、「民法において家族間の関係を規律する、とりわけ紛争時に弱者が保護されるように権利義務の関係を規律することの必要性」を説く（296-298）。

⑸ 「五　おわりに」

　水野は、あらためて中川理論に牽引されてきた戦後家族法学における実定法学・法解釈学の蓄積の薄さを嘆き、あるべき法解釈方法論を実践する必要性を説く言葉で本論文を締め括る（298-300）。

3　検　討

⑴　水野の法解釈方法論とその背景にある民法解釈論・法学方法論の議論

⒜　水野の法解釈方法論の背景

　中川の提唱した身分法学は、水野が本論文を執筆する以前から、川島、鈴木、平井によって家制度の克服という歴史的役割を果たしたものと評価されていた。しかし、水野は、本論文であらためて中川理論を取り上げることで、日本の家族法解釈論の問題点及び家族法解釈論のあるべき姿を論じる。その主張内容は、水野の一世代前の民法学者による法解釈論・法学方法論論争（たとえば、加藤一郎・星野英一・平井宜雄らによる利益衡量論をめぐる論争[5]）

の影響を受けているものと推察できる。以下では、民法解釈論・法学方法論の観点から、本論文で水野が主張した内容を検討してみたい。

(b) 中川身分法学に対する批判——方法論的批判

水野は、社会学方法論に依拠した中川理論、さらにはそれに続く戦後の法社会学アプローチには、家族の社会学的存在の説明を実体法の解釈に直結させる点に、法解釈・法学方法論上の問題点があると批判する。この水野による批判は、平井宜雄による社会学主義批判——「法の自律性・論理性の後退[6]」——を想起させる[7]。まず、中川理論が中川自身の道徳観、日本人の常識に依拠しているため、同理論が基礎理論としてそこから規範を導くための（客観的な）理由づけ、すなわち解釈の正当化が十分でないと言える。また、水野は、中川理論及びその後の法社会学アプローチが探求した家族法の原理論には、家族関係を規律し、紛争を解決するという視点が欠けていることを指摘する。これは、法社会学が望ましい制度の運営・設計にかかる「巨視的理論」の構築に注力し、個別具体的な権利義務関係の判断の視点が看過されてきたとする平井の問題意識[8]に通ずる。

(c) 水野の法解釈論の背景

上記(b)の批判をふまえ、水野は、家族法学における法解釈に関して実定法学の理論構成は、「個々の問題や条文の解釈を体系の中で矛盾のないように位置付けて制度化・体系化」する作業に求められるべきだとする。こうした水野の法解釈方法論が、星野英一が提唱した法解釈方法論（利益考量論）の影響を受けていることは明らかだろう[9][10]。本論文における身分行為概念の

---

5) その概観については、山本敬三「日本における民法解釈方法論の変遷とその特質」山本敬三＝中川丈久編『法解釈の方法　その諸相と展望』（有斐閣、2021年、初出2018年）40頁以下、水津太郎「法律学基礎論・法解釈方法論と平成の民法学」法時91巻9号（2019年）70頁以下等を参照。

6) 大村敦志『民法総論』（岩波書店、2001年）118頁参照。

7) 平井の法解釈方法論については、同『法律学基礎理論の研究』（有斐閣、2010年）。社会学主義への批判として、発見プロセスと正当化プロセスの未分化に加えて、ミクロ正当化とマクロ正当化の未分化と結びついている点が指摘されている（99頁以下）。

8) 平井宜雄『現代不法行為理論の一展望』（一粒社、1980年）153頁。

不要性・弊害についての水野の指摘は、星野が問題視したこうした中間理論の排除の発想に由来するものと推察できる。そして、星野が、母法（フランス法）を手がかりとした条文解釈を提唱した[11]のと同様に、水野も母法研究に力を注ぐ。

(d) 水野の法解釈方法論

本論文で示された水野の法解釈方法論のあるべき型の骨子は、第一に、家族法原理論の構築・提示に対する消極的・否定的評価、第二に、母法研究（・外国法研究）の重視である。これは、その後の家族法研究の型の前提になっているように思われる。しかし、こうした研究の型は、家族法学に「新たな課題」を提示しているのではないか。以下では、書評の枠を超えることにはなるが、水野の法解釈方法論・法学方法論を深堀りすることで、この「新たな課題」の内容に迫りたい。

(2) 水野の家族法解釈方法論

(a) （家族法学における）母法、比較法研究の意義

水野の法解釈方法論は、時にその母法研究から導かれる忌憚のない主張内容から、その解釈の正当性が母法研究という方法論自体に依拠しているかのような印象を与えてしまう。しかし、それでは、彼女の法解釈論もまた、星野が排斥しようとした学説継受下のドイツ法理論、あるいは水野自身が批判する中川理論——日本社会の実体・日本人の常識に着目する方法論から導かれる正統性[12]——と同じように、法解釈の正当化が十分ではないとの批判に晒されかねない[13]。さらに、法解釈の正統性（正当性）がその研究方法・研

---

9)　星野の法解釈方法論については、星野英一「民法解釈論序説」同『民法論集(1)』（有斐閣、1970年、初出1968年）1頁以下、同「民法の解釈の方法について」同『民法論集(4)』（有斐閣、1978年、初出1976年）63頁以下、同「民法の解釈のしかたとその背景」同『民法論集(8)』（有斐閣、1996年、初出1988年）187頁以下等を参照。

10)　水野が星野の家族法の講義を受講したことについて、水野紀子「研究室一年生の頃」内田貴他編『星野英一先生の想い出』（有斐閣、2013年）199頁以下。

11)　星野英一「日本民法典に与えたフランス民法典の影響」同前掲注9）『民法論集(1)』（初出1965年）69頁以下のほか、前掲注9）文献参照。

究対象自体に求められると、解釈の正当性をめぐる対話可能性が狭められてしまう。しかし、今一度、水野の個別具体的なテーマに関する論稿をひもとくと、彼女自身の解釈論が、母法研究（・比較法研究）それ自体にその正当性を求めているわけではないことがわかる。たとえば、彼女の実親子法に関する複数の論稿では、日本民法典における嫡出推定や認知制度に関する解釈論（・立法論）として、養育にかかる子の権利・利益、父母の権利・義務、プライバシーなどに着目した当事者の利益・権利をめぐる利益考量が行われている[14]。そして、それに先立ち、母法研究を通じて、親子関係やそれと密接に関連しうる婚姻が、「法（的）制度」として、「いかなる状況を前提とし、関係者の利害関係にいかなる解決を与えるものか」[15]が明らかにされている。そこでは、母法研究から得られた考え方が、日本法の解釈（利益考量論・目的論的解釈）において考慮されるべき価値・利益の内容とその価値判断（実質判断）の手がかりになっている点において、母法研究が、解釈の正当化に寄与している[16]。

(b) 水野の家族法・民法観

さらに、水野の家族法解釈論・母法研究スタイルについては、その基礎に水野自身の家族法観・民法観があることに触れておく必要がある。

---

12) たとえば、瀬川信久は、中川の身分法学における法律構成の「パワフル」さが「外国からの直輸入ではなくて、問題としている日本の社会関係の実体を捉えようとしている」ことに由来していると指摘する（鎌田薫ほか「シンポジウム　民法学の課題と方法」法時 61 巻 2 号〔1989 年〕37 頁〔瀬川信久発言〕）。

13) これに関しては、池田真朗『債権譲渡の研究』（弘文堂、1993 年）をめぐる道垣内弘人の批判に端を発する一連の論争がある。森田修「私法学における歴史認識と規範認識㈠㈡」社会科学研究 47 巻 4 号（1995 年）171 頁以下・6 号（1996 年）221 頁以下も参照。

14) 水野紀子「嫡出推定・否認制度の将来」ジュリ 1059 号（1995 年）115 頁以下。これに対して、同じフランス法研究を前提とした伊藤昌司「実親子法解釈学への疑問」九大法政論集 61 巻 3=4 号（1995 年）591 頁以下では、それとは異なるフランス法理解と日本民法解釈論の提示が試みられている。この点において、同じ母法フランス法研究に基づき、異なる法解釈の正当化にかかる対話可能性が示されていることは、非常に興味深い。

15) 大村・前掲注 6) 127 頁参照。

16) 星野自身がまさに母法研究（・比較法研究）にそのような意味付けをしていたことについては、星野・前掲注 9)、注 11) の文献参照。

本論文でも示されているように、水野は、家族法を家族財産法とそれ以外の習俗支配による部分とに区別するべきではなく、民法の一部として、私人間の権利義務関係を規律する法として捉えている。この民法観は、水野の法解釈において、民法や個別具体的な法制度が定める権利・義務、さらにその基礎にある個人の平等や尊厳を前提とした当事者の権利・利益が考慮されている点に体現されている。この点において、水野の家族法解釈では、星野の利益考量論をベースに、より「民法内在的な[17]」価値判断（実質判断）が展開されていると評価することもできるだろう。

しかし、その一方で、水野の法解釈においては、民法内在的な価値判断（実質判断）が、非常にリジッドでミニマムな形で実践されているとの印象を受ける。それは、水野が、母法フランス法の制度の中でも、その歴史的蓄積の観点から、普遍的な家族制度の目的・意義を追求しようとする姿勢に表れている[18]。こうした歴史主義に裏打ちされた形で見出された家族制度の目的（その一例として、婚姻制度の意義を「子の幼い日々を守る繭」としての「嫡出家族」に見出す[19]）は、ある意味非常に強固なものである。しかし、他方で、その強固さゆえに、現代的問題（たとえば生殖補助医療の利用にかかる親子関係の問題）に直面した場合、当事者の権利・利益の内容付与及びそれらの衡量判断プロセスが明瞭さを欠き、解釈の正当化が必ずしも十分でないとの印象を与える[20]。むしろ、現代的課題もふまえた理論的・体系的な法解釈を実践するためには、法制度の歴史的普遍性から基礎づけられる目的、利益・価値の探究のみならず、法制度の変遷を下支えし、またそれを受容する社会的事実認識をふまえ、法制度の目的を明らかにする法解釈論が展開されねばならない[21]。

---

17) 大村・前掲注6) 127頁のほか、大村敦志「新しい利益考量法学のために」高翔龍ほか編『星野英一先生追悼 日本民法学の新たな時代』（有斐閣、2015年）79頁以下も参照。

18) 水野紀子「家族概念の科学と民法」本堂毅ほか編『科学の不定性と社会——現代の科学リテラシー』（信山社、2017年）103頁。

19) たとえば、その表現をしたものとして、「座談会（2006年）——第1次案を受けて」中田裕康編『家族法改正』（有斐閣、2010年、初出2006年）301頁〔水野紀子発言〕。

20) たとえば、同性愛カップルにおける生殖補助医療に関する問題について、水野紀子「講座日本家族法を考える〔第17回〕生殖補助医療を考える」法教506号（2022年）90頁。

⒞　家族法の法原理論・基礎理論は不要か？

　本論文において、水野は、家族法の抽象的な法原理論に依拠した法解釈論は正当性を欠くこと、加えて、イデオロギーや理念の対立によって、家族法の実効性が看過されることを理由に、家族法の法原理論・基礎理論を提示することに消極的（・否定的）な態度を示す。しかし、水野が体系的な法解釈を志向するのであればなおさら、考慮される利益・価値の捉え方や衡量判断の仕組みを枠づける基礎理論、法原理論を整備・提示することが求められるのではないか。この点について、家族法学は、水野による家族法の原理論に対する鋭い問題指摘に、過度に委縮してしまったのかもしれない。水野が提示した、個人の自由（自律）の尊重と家族法による弱者保護の調和を重視する視点に対して、現在異論を唱える家族法研究者はいないだろう。むしろ、論者の立場の違いは、その一例として内縁・事実婚カップルの法的処遇に関する議論[22]を見ると、（現代）社会を生きる個人の自律（ライフスタイルの選択）とその生活の継続・保護にとって、婚姻制度（家族制度）がもたらす意義をどこに見出すのか、という点に帰着する。もっとも、現在の家族法学では、婚姻という法制度が「社会的制度」として有する意義——個人がまさに生きるその時代の社会に、どのような意味をもつものとして受容されているのか——に関わる社会的事実の認識、及びそれを捉える基本的視座をふまえた考察は必ずしも十分に行われていない。この点からも、隣接領域の知見をふまえた家族制度の意義と、それをめぐる個人の人間像に迫る家族法の原理論・基礎理論の構築が求められている。

---

21)　もちろん、時間的な法制度の普遍性とその変容だけでなく、外国法の考え方を日本法に展開するにあたっての普遍性と変容可能性にも注意を払わなければならない。この点について、水野の解釈論・法学方法論の特徴は、戸籍制度や公証人制度といった国家・社会システムの違いに焦点を置いている点にあり、インフラとしての家族制度への問題提起がもつ実践的意義は非常に大きい（水野・前掲注 2) 673 頁以下等参照）。

22)　水野の論稿として、「事実婚の法的保護」石川稔ほか編『家族法改正への課題』（日本加除出版、1993 年）69 頁以下等。議論状況の整理・分析として、山下純司「婚姻外カップルの多様性と法的保護の論理」二宮周平編『婚姻と離婚』（日本評論社、2020 年）27 頁以下、松田和樹「婚姻とそうでないものの境」法時 94 巻 6 号（2022 年）57 頁以下を参照。

4 最後に

　水野紀子によって、中川理論が克服されると同時に、彼女が提示・実践してきた家族法解釈方法論・法学方法論は、その後の家族法研究の型として定着している。もっとも、その解釈方法論については次の点に留意しなければならない。つまり、そこで実践されている利益衡量と実質的判断（価値判断）からなる法解釈論は、家族法・家族制度が有する、特定の価値や利益・目的を実現するという政策判断的側面に親和的である[23]。このことは、さらに日本家族法の特徴とされる条文の白地性・条文数の少なさもあいまって、既存の条文に反する（その空白を補充するような立法論との連続性を志向した）家族法解釈を許容する素地となる。しかし、こうした解釈論が繰り返されると、制定法を基礎とした条文解釈における理論的分析が疎かになる危険性がある。これでは、中川理論に依拠した家族法学の問題状況からその実質は何も変わっていない。家族法学は、平成後期から令和にかけて大立法時代を迎えた今、水野の指摘を再確認し、制定法の条文解釈を出発点とする法解釈の実践をより一層自覚する必要がある[24]。

　さらに、近時の特別養子制度の改正（令和元年）や実親子法制及び懲戒権の改正法律案（令和4年）では、現代日本社会における様々な問題に対応するため、個別多様な制度改正がパッチワーク的に着手されている。これら改正内容をふまえた家族法解釈を理論的かつ体系的なものにするには、家族という制度（法制度）を捉える法原理論・基礎理論が、法解釈の「見通し」となることを再認識しなければならない[25]。そして、こうした家族法解釈論や基礎理論の構築にあたっては、関係諸科学の知見を借りながら、活発な対話をすることが肝要であろう。たしかに、水野が指摘したように、法を超越し

---

[23]　商法における法解釈について、このことを指摘するものとして、田中亘「商法学における法解釈の方法」山本＝中川編・前掲注5）161頁以下、得津晶「民商の壁──商法学者からみた法解釈方法論争」新世代法政策学研究2号（2009年）233頁以下。

[24]　阿部裕介「『第三の法制改革期』の民法学」法時91巻9号（2019年）23頁以下も参照。

[25]　小粥太郎『民法学の行方』（有斐閣、2015年）、大村敦志＝小粥太郎『民法学を語る』（有斐閣、2015年）参照。

た解釈アプローチを安易に用いるべきではない。しかし、基礎理論の構築にとどまらず、法制度の目的をより的確に理解するためにも、隣接諸学（社会学、哲学、文化人類学、法と経済学等）の知見との「連結主義」的研究は不可欠である[26]。家族法学は、水野が示した、戦後家族法学の克服に挑んだ家族法解釈論のステージにとどまることなく、重い腰をあげて、さらなる法解釈論の充実化とその実践に早々に着手しなければならない。

連載第17回（2023年1月号掲載）

［追記］

　本稿の公表後、本稿に対する応答として、水野紀子「日本家族法を考える（第21回・最終回）扶養を考える、そして将来へ」法教510号（2023年）88頁以下に、水野先生ご自身の「家族法学の構築に向けて」の見解が示されている。拙稿に真摯に向き合っていただいた水野先生には御礼申し上げる。

---

26)　大村敦志『広がる民法1』（有斐閣、2017年）141頁。

実親子関係をめぐる
民法と戸籍法・戸籍実務の交錯

水野紀子「フランスにおける親子関係の決定と民事身分の保護(1)〜(3)」
（民商法雑誌 104 巻 1 号、3 号、105 巻 1 号〔1991 年〕[1]）

幡野 弘樹

1 はじめに

　家族法分野で「平成民法学の歩み出し」というテーマで扱う際には、現在
に至るまで家族法学会をリードしてきた水野紀子教授が平成の初期にどのよ
うな論稿を世に問うていたかを検討することは不可欠であるように思われる。
そこで、本稿では、平成 3 年（1991 年）に発表された、「フランスにおける
親子関係の決定と民事身分の保護」という論文をとり上げることとしたい。

　本論文は未完のものであるが、日本の戸籍の生成過程を検討した「親子関
係存否確認訴訟の生成と戸籍訂正」[2]とともに水野教授が本格的に実親子法
に関する研究を行った出発点となる論稿である。そして、この 2 つの論文で
扱う身分証書あるいは戸籍と実親子法の関係という観点は、水野教授の実親
子法に関する解釈論・立法論を理解するに際し、不可欠の要素であるといえ
る。また、本論文の充実したフランス法における身分証書制度に関する検討
は、現代日本の実親子法を検討する上でも、重要な示唆を与えるものである
ように思われるため、検討の対象とすることとした。

　本稿では、フランス法を扱う本論文を紹介するとともに、そこから導き出

---

1)　以下、本論文を引用する際には、本文内においては、(1)〜(3)とともに頁数を示すこととする。
　脚注で引用する際には、「水野・フランス・親子関係の決定」と論文名を略称し、(1)〜(3)ととも
　に頁数を示すこととする。

2)　水野紀子「親子関係存否確認訴訟の生成と戸籍訂正(1〜2)」名大法政論集 134 号 41 頁以下、
　136 号 87 頁以下（1990-1991 年）。

実親子関係をめぐる民法と戸籍法・戸籍実務の交錯　437

されるいくつかの問いについて、若干の考察を行うこととしたい。

2　紹　介

(1)　問題意識

　本論文は、フランス法についての比較研究を行うものである。研究を行う際の問題意識として、3つの点を挙げている（(1)3頁以下）。

　第1に、日本における身分訴訟には特殊性があると分析する。

　ドイツやフランスにおいては、身分訴訟は通常訴訟と異なり、提訴権者や相手方を限定し、対世効を持つ厳格な手続きを持つものとして構成されている。その反面、その手続きによってのみ身分関係が決定されるという構造を持っている。これに対し、日本法は、身分訴訟の厳格な要件および手続きを潜脱する一種のバイパス制度があるとする。それが、親子関係存否確認訴訟であり、家事審判法に基づく合意審判や戸籍法に基づく許可審判である。

　第2に、日本法の特殊性は、これらの訴訟類型が戸籍訂正の必要上認められるようになった存在であることに由来するとしているが、その経緯を次のように分析する。

　諸外国の身分登録制度と比較したとき、戸籍制度には次のような特殊性がある。まず、日本の戸籍制度は、次のような特徴を持つ。①家族単位で構成されている。②子が棄児でない限り、必ず誰かの籍に記載されることにより出生が届けられる。つまり、既存の家族との関係性を明らかにしなくては、子は自己の戸籍を得ることができない。③明治時代においては嫡子と長男との親子関係が重視されており、明治初期においては戸籍の記載が母子関係の表示としての意味を持たないこともあった。

　これに対して、西欧の身分証書は、次のような形で日本の戸籍とは異なる特徴を持つ。①個人単位で民事身分が登録される。②出生した子ごとに身分証書が編成され、フランスではそこに記載するに際し父や母の名を匿名にすることもできる。③母子関係が親子関係決定の前提となる。

　そして、その相違が十分に意識されなかったために、フランス法を多く参照した民法の親子関係の規定や人事訴訟法の親子関係訴訟に関する規定と戸

籍制度との間に矛盾が残り、その矛盾の解決手段として、戸籍の訂正に身分関係確認訴訟が必要であるという大審院判例が形成された。

第3に、こうして承認された親子関係存否確認訴訟と民法の親子関係の要件規定の間には構造的な矛盾があるとする。すなわち、親子関係存否確認訴訟の拡大により、民法の規定の空洞化が生じている。また、当事者の争いのない事案では家事審判法に基づく合意審判や戸籍法に基づく許可審判により戸籍訂正が行われているが、身分関係と戸籍は密接な関係があるものであり、戸籍訂正の限界を画する必要がある。

(2) 課題設定

このような問題意識に基づき、①日本法の親子関係存否確認訴訟の特殊性の内容を明らかにすること、②それによって戸籍訂正と身分訴訟の関係に関する解釈論を提示することが、研究の目的として設定される（（1）6頁以下）。

その上で、本論文では、日本民法の親子関係規定の母法であるという意味で理解が不可欠なフランス法についての研究を行う。そこでは、フランス法において、民事身分としての親子関係がいかに成立し、いかに保護されるのかという問題を明らかにすることが目指されている。

そして、本論で扱われるべき課題として、次の点についての検討を行うこととしている。

第1に、民事身分の保護のために刑法的な保護がいかなるものかについての検討を行う。その理由は、虚偽出生届の問題はドイツ法やフランス法では民事よりもむしろ刑事の問題として集中的に表れるからである。

第2に、法律上の親子関係の決定と身分登録簿の訂正との関係をいかに規律するかという観点から、民事身分の変更を伴うことなく身分証書を訂正する場合に用いられる訂正訴訟（action en rectification d'état）と民事身分の変更をすることにより身分証書の訂正をもたらす身分訴訟（action d'état）の区別についての分析を行う。親子関係は民事身分の主要な内容であるために、出生証書の記載の訂正が親子関係の変更を伴うのであれば、必ず身分訴訟を提起しなければならないことになる。そこで、訂正訴訟の可能な範囲についての分析を行う。さらに、その分析に付随して、訂正訴訟や身分訴訟に類似

実親子関係をめぐる民法と戸籍法・戸籍実務の交錯　439

する訴訟類型として、血統訴訟（action en reconstitution de généalogie）についての検討も行う。

　第3に、身分訴訟についての検討を行うこととなるが、その際に、フランスでは虚偽出生届の問題は、嫡出母子関係を擬制するという形で現れるため、嫡出母子関係の立証についての検討を行うとしている。

　本論文では、上記第1と第2の検討のみ公表されているので、本論の紹介としてもその2点のみ扱うこととする。

(3)　本　論

(a)　民事身分の刑法上の保護

　本論である第2章は、刑法上の保護について論じる第1節から始まる（(1) 18頁以下）。そこでは、まず出生証書作成手続と、その手続違背に対するサンクションが紹介される。フランスでは、出生証書は、出産から論文公表当時は3日以内、現行法では原則5日以内[3]に届出人が身分吏に対して申述し、身分吏が出生証書を作成する（55条1項）。申述する義務者は、原則として父であるが、父がいない場合には出産に立ち会った医師など、そして母が住所以外の場所で出産した場合には、出産した家の者となる（56条）。法定の期間内に申述されなかった場合、身分吏は、裁判を経なければ民事身分登録簿にその出生を記載できない（55条3項）[4]。また、法定の期間内に申述しなかった場合には、刑事罰が科される（現行法では、刑法典433-18-1条により、6ヵ月の拘禁刑および3750ユーロの罰金刑が科される）。これに対して、日本では、届出人の書いた出生届を戸籍吏が戸籍に記載する。また、届出期間は14日であり（戸籍法49条）、期間に遅れても市町村長には受理義務がある（同法46条）。

　次に、親子関係に関する身分訴訟は、民事大審裁判所の専属管轄とするという規律（当時の311-5条。現行318-5条）[5]と、親子関係の侵害に対する犯罪

---

3)　2016年11月18日の法律による。同法により、55条2項が新設され、出生地と身分吏の所在地との間が遠距離であることにより期間の伸長が正当化される場合には、8日にするとしている。

4)　水野・フランス・親子関係の決定(1) 18頁によれば、大都市では医師の出生証明書を提出させるが、これは法的な義務とは考えられておらず、他の都市では単なる申述のみで足りる。

は、親子関係の決定についての既判力のある判決後でなければ公訴に対する判決を下せないとする規律（当時の311-6条。現行319条）を紹介し、そこから親子関係を決定する身分訴訟の重要性を示唆する。さらに、子の誘拐、隠匿、出生証拠の隠滅、子の取り換え、そして出産していない女性による子の出産の偽称に対し、5年から10年の懲役刑を科していた当時の刑法典345条の規定内容を紹介する。この規定は、子の民事身分を保護法益とするものであり[6]、たとえば誘拐により子に偽の身分を作り上げないと同条は適用されず、暴力などによる誘拐罪の規定の適用が問題となる[7]。そして、出生についての身分吏への届出の期間に関する規律や、当時の刑法典345条の規律から、子の出生を国家に届け出ることの公序性が日本よりもはるかに強いことを示す。

(b) 身分証書の訂正手続と訂正訴訟

第2章第2節では身分証書の訂正手続の規律の検討とともに、訂正訴訟により身分証書の訂正がなされる領域に関する検討が行われる。とりわけ身分証書の訂正に関する制度は、本論文公表後の立法により変化している部分があるが、ここでは本論文の内容に沿って紹介を行う。

①身分証書の訂正手続（(2)35頁以下）

身分証書は、当事者のサインにより確定される作成手続が終了した瞬間から、手を加えることはできなくなる。歴史的には、たとえ身分吏であっても、訂正は許されないものであった[8]。訂正が認められる場合も、身分証書の欄

---

5) なお、2019年3月23日の法律により大審裁判所と小審裁判所が統合されて司法裁判所（tribunal judiciaire）となり、司法への窓口が一元化された。

6) ただし、この規定の理解をめぐって学説上争いがあったことについて、水野・フランス・親子関係の決定(1)19頁参照。

7) 1992年7月22日の法律により現行刑法典が制定され、現行規定である同法典227-13条では、故意による子の取り換え、出産偽称、および出産の隠匿に対し、3年の拘禁刑および4万5000ユーロの罰金刑が科されている。誘拐や隠匿については、適用対象から外されている。

8) 論文公表後、2016年11月18日の法律改正を経た民法99-1条1項により、誤記があるいは脱漏が純粋に事実上の（matériel：juridique と対比される概念であり法律上のものではないという意味を持つ）ものであるである場合には、身分吏が訂正権限を持つこととなった。その場合、身分証書の欄外に記載が施される。

外に付記されるに過ぎず、あくまでも身分証書本体は完成された状態のままに保たれる。

この訂正は、ナポレオン法典制定時には、裁判所の裁判によらなければならないこととされていたが、その後、裁判による訂正という厳格な手続きが煩雑であるために、検事により訂正がなされる行政訂正というより簡便な手続きが承認されるに至っている[9]。行政訂正は、「純粋に事実的な（purement matériel）誤字または脱漏」（1978年7月12日の法律時点での99条3項）の場合に認められる。

そして、裁判による訂正および行政訂正は、1958年8月23日のオルドナンスによる改正以来、絶対効が付与されている（100条）。

②身分証書訂正訴訟の領域（(2)50頁以下）

論文公表当時、そして現在の身分証書訂正訴訟は、裁判所長の決定により行われる、原則として対審構造を取らない非訟事件である。訂正訴訟の提訴権者は、すべての利害関係人であり、正当な利益があれば財産上の利益に限らず精神的な利益がある者にも認められる。立証の方法についても原則としてあらゆる証拠が許容される。これに対し、身分訴訟は訴訟事件であり、常に対審構造をとる。身分訴訟は、提訴権者、証拠則、提訴期間などが厳しく法定されている。

そこで、身分訴訟と訂正訴訟との区別が問題となるが、抽象的には次のような区別を行う。身分訴訟は、身分の変更を対象とし、訂正訴訟は身分証書の記載の変更を対象とする。つまり、子の法的な地位に身分証書を一致させるときは訂正訴訟によるが、子の法的な地位とともに身分証書を修正するときは身分訴訟による。

もっとも、出生証書の訂正の場面での区別の難しさが学説上指摘されており、本論文でも区別の検討が行われているが、ここでは論文内で言及されたいくつかの事例を紹介するにとどめる。

ある時期まで両者の区別がいちばん争われたのは、婚姻している母の名のみ記載された出生証書を持つ子が、父の名を訂正訴訟により付け加えること

---

[9]　現在では、行政訂正の事項は民事訴訟法典1047条に列挙されている。

ができるかという問題であった。このような場合、実際には子の父は夫ではない場合が多いものと思われるため、訂正訴訟により夫を父と記載することの当否が問われていた。もっとも、1972年1月3日の法律により、「子が、夫の名を示さずに登録され、母に対してのみ身分占有を有するときには、嫡出推定は排除される。」という規定になった後は、母に対してのみ身分占有を有する場合には、訂正訴訟ではなく身分訴訟が必要であることとなった[10]。

　離婚後300日経過した後に生まれた子につき、元夫を父とする嫡出子出生届が作成されていた場合、1972年法改正前はその場合も嫡出推定が及んだ[11]ために判例が分かれていたが、1972年法のもとでは315条において法律上当然に嫡出推定が及ばないこととなったため、訂正訴訟により夫の名を削除し、母親欄の「その配偶者」という肩書も削除できることとなった。

(c)　血統訴訟（(3)26頁以下）

　公表されている本論における最後の検討は、血統訴訟（action en reconstitution de généatologie）に関するものである。血統訴訟とは、通説・判例によれば、相続回復請求訴訟（pétition d'hérédité）のように権利の根拠となる血縁関係が継続していることを主張立証する訴訟をいう。身分訴訟との相違は、血統訴訟が、相続権の主張のように経済的な目的だけに限られ、その者の身分自体を対象として主張するものではない点にある。

　本論文でなぜ血統訴訟が検討されているかというと、相続目的で親子関係を主張している場合に、身分訴訟を提起せずに相続回復請求訴訟を提起すれば身分訴訟の提訴制限を免れうることになると、身分訴訟の提訴制限はその意味を失うことになりかねないからである。

　本論文ではフランスの学説および判例に対する詳細な検討が行われている

---

10)　2009年1月16日の法律による改正を経た現行法では、出生証書に夫の名が記載されない場合は、嫡出推定が排除されるが（313条1項）、子が夫に対して身分占有を有しており、第三者との間で父子関係が成立していない場合には、法律上当然に推定が回復することとなっている（314条）。現行法下でも、本文に示した事案の解決法は同様である。

11)　1972年1月3日の法律による改正以前は、婚姻解消後300日経過した後も嫡出推定が及び続けるという規定があったことが関係している（1972年改正前の315条。ただし、否認の訴えは自由になしえた）。

が、ここでは日本法との関係での水野教授の結論を紹介するにとどめる（(3)28頁以下）。水野教授は、フランスでは血統訴訟が承認される必要性が認められ、またこれを認めてもその危険はほとんどない。そして日本では、この種類の訴訟は考えられないとする。

　その根拠として、日仏の２つの相違を指摘する。第１に、フランスの血族相続人となり得る者の範囲が日本よりもはるかに広い。2001年12月３日法律の改正を経た現行法では傍系血族が６親等までであるが（745条）、それ以前は12親等の傍系血族にも相続権が認められる場合があった。第２に、身分証書と戸籍の相違がこの点に影響するとしている。戸籍は、各戸籍間の相互索引機能があるとともに、住民票との連絡により住民登録の機能も備えている。これに対して、フランスでは、自分の出生証書の所在地と出生年月日を知っている本人は、自己の身分証明を得ることが可能であるが、それを知らない本人以外の者が、その身分証明を得ることが困難である。

3　検　討

　本論文を出発点として、水野教授は、母法では法律上の親子関係と血縁上の親子関係が必ずしも一致するわけではないという前提の下、生まれた子の保護のために一定期間経過後に法律上の親子関係を覆すことを許さない規律の意義を解き、血縁を重視してきた従来の判例や学説に対して一石を投じてきた。そして、その主張は、その後の判例や学説にさまざまな影響を与えてきた。以下では本論文が検討対象とする民法上の実親子法の規律と戸籍・身分証書制度との関係に焦点を当てながら、水野教授の所説の特徴とその現代的意義について論じることとしたい。

　民法が定める実親子法の規律と身分証書・戸籍制度の関係について、水野教授は、フランス法をはじめとする比較法的考察を前提に、実体法である民法の優位を説いている。そのような原則的な立場に立脚しつつも、一定の柔軟性を持った解決、とりわけ合意に相当する審判（旧家事審判法23条、家事事件手続法277条）を通じた解決について、水野教授は一定の有用性を承認している。水野教授の立脚する原則的立場と一定の場面における柔軟な解決

の承認という2つの視点から、本論文、および本論文に関連する論稿を検討することとしたい。

(1) 民法の優位性

(a) 方法論的特徴

まず、そもそも親子に関する民法上の規律と身分証書・戸籍の訂正をめぐる手続法上の規律の関係という問いを立てる点に、本論文の方法論的な特徴があるという点を指摘しておきたい。本論文は、親子法の規律のあり方について、さまざまな複眼的な視点を導入することにより、実体法としての民法の規律の位置づけ、役割を明らかにするものである。本論であるフランス法研究の冒頭では、民事身分を保護するための刑事的な規律の検討を行っており、かかる検討により民法により規定される民事身分がどれほど重要なものであると認識されているかを明らかにしている。民事身分の訂正というテーマは、フランス法の教科書類では、家族（famille）を対象とする教科書ではなく、人（personne）を対象とする教科書に叙述されるものである。すなわち、本論文は、「人の法」の視点から「家族法」の教科書だけを見ていては明らかにしえない問題を抽出している。本論の最後に検討を行っている血統訴訟の部分では、相続法の領域を扱っており、相続回復請求訴訟で判例により認められていることと身分訴訟の部分で主張されていることとの間に矛盾はないかの検証も行っている[12]。このように広い視野の下で、ある問題について複眼的な視点から論じるという手法が、本論文の一つの大きな特徴であるといえる。

(b) 民法と戸籍法・戸籍実務の関係

フランスでは身分訴訟は身分の変更を対象とし、訂正訴訟は身分証書の記載の変更を対象とするという区別を実例とともに検討することにより、身分

---

12) 水野紀子「相続回復請求権に関する一考察」加藤一郎古稀記念『現代社会と民法学の動向・下』（有斐閣、1992年）409-431頁も、相続回復請求権という問題に対して、本論文での考察をベースにしながら、日本の戸籍制度とフランスの身分証書制度の違いという視点を導入することにより短期の消滅時効期間を定める日本の相続回復請求制度の存在理由を示すものである。

の変更には民法上に示されている提訴期間などの厳格な規律に服するという民法の優位性を示すことが本論文の主張の核心にあるように思われる。

　これに対して、日本における民法と戸籍法・戸籍実務の関係は、必ずしもフランスにおける民法と手続的規律の関係と同様ではなかった。ある時期の両者の関係性を象徴的に示しているのが、分娩の事実により母子関係が生ずることとした最判昭和37・4・27民集16巻7号1247頁であるように思われる。昭和37年判決が出されるまでには、次のような経緯があった。母子関係について、判例は当初779条の規定に忠実に、母子関係成立のためには母の認知を必要と解していた[13]。その後母が私生子出生届を提出すれば認知の効力を認めるとした[14]。もっとも、戸籍実務では、大審院判例に影響されることなく、分娩の時点で親子関係は当然に発生するという立場をとっていた[15]。これは、戸籍法上非嫡出子につき母に出生届出義務を課していたからであり（戸52条2項）、母に出生届を強制するには、その前提に既に母子関係の成立を予定していると解すべきだからであった[16]。つまり、昭和37年判決には、当時の通説的立場を確認したという側面だけでなく、戸籍実務の要請に応じる形で民法の解釈を行ったという側面もあるのである。

　平成期の前半に下級審判決で「客観的に親子関係が存しないことが明白な事案においては、民法上の実親子関係を強制することは相当でない」[17]という解釈が示されていた時期と比べると、近時の最高裁の立場[18]は、嫡出推定制度の空洞化に一定の歯止めをかけているように思われる[19]。令和4年2月1日に民法（親子法制）等の改正に関する要綱案（以下「要綱案」とする）が

---

13)　大判大10・12・9民録27輯2100頁。

14)　大判大12・3・9民集2巻143頁。

15)　民事局長回答大正11・3・8民事第647号、大正11・5・16民事1688号。

16)　青木義人他『戸籍Ⅰ──出生　戸籍セミナー(1)』（有斐閣、1958年）180頁。同書に収められた座談会のやりとりは、水野紀子「実親子関係法の展開と位置づけ」星野英一先生追悼『日本民法学の新たな時代』（有斐閣、2015年）997頁でも紹介されている。

17)　東京高判平成6・3・28高民集47巻1号97頁。

18)　たとえば、最判平成26・7・17民集68巻6号547頁、最判平成26・7・17判時2235号24頁②事件。

19)　ただし、近時でも水野教授は親子関係存否確認請求訴訟について、「この訴訟は、嫡出否認や強制認知などの民法の定める訴訟類型と内容的に重複し、その間の整序は、実はまだつけられていない」（水野紀子「婚姻障碍事由を考える」法教492号〔2021年〕74頁）と評している。

とりまとめられ、嫡出否認の訴えの提訴権者の拡大や提訴期間の伸長などが提案されているが、法制審議会での議論においては、最高裁の判例法理が維持されるとの理解が示されている[20]。もっとも、要綱案では婚姻の成立から200日以内に生まれた子についても新たに嫡出推定が及ぶこととされているが（第2、1①）、この場合にも判例法理が適用されるかについては解釈に委ねられるとされている[21]。すなわち、親子関係存否確認訴訟の適用範囲について未解決の問題が残されている。この点をめぐる議論の中で、親子法における民法と戸籍法・戸籍実務の関係が改めて問われることとなろう。

(2) 一定の柔軟性の承認

(a) 日仏の実体法レベルの差異

水野教授は、合意に相当する審判に一定の有用性を承認するなど、場合によっては柔軟な解釈を認める。その理由は、端的に言えば、日仏の実体法レベルで規律に差異があるからである。すなわち、「嫡出子であれ、非嫡出子であれ、親子関係はその子が出生してから早期に確定しなければならない」[22]にもかかわらず、日本ではとりわけ嫡出でない子についてそれが十分に実現できていなかったという点にその大きな要因がある。

フランスでは、身分占有制度により身分関係の安定をはかることができるが、日本では、とりわけ嫡出でない子が虚偽出生届によって他人の嫡出子として届け出られた場合には、いつでもその地位が奪われるおそれがある[23]。そのために、日本においては実体法レベルでも手続法レベルでも柔軟な解釈が必要となるのである。

要綱案においては、認知について反対の事実があることを理由とする認知無効の訴えに7年の期間制限を設けるという提案がなされている（第5・1(1)）。嫡出でない子が虚偽出生届によって他人の嫡出子として届け出られた

---

20) 法制審議会民法（親子法制）部会資料 25-2・6 頁。
21) 法制審議会民法（親子法制）部会資料 25-2・6 頁。
22) 水野紀子「比較婚外子法」川井健他編『講座・現代家族法 3』（日本評論社、1992 年）140 頁。
23) 水野・前掲注 22）140 頁。もちろん、最判平成 18 年 7 月 7 日民集 60 巻 6 号 2307 頁により親子関係存否確認訴訟を権利濫用で封じる道ができ、一定の前進はみられた。

場合、出生届に認知の効力をもたせることができれば、この事案でも親子関係の早期確定を実現することができる。水野教授はこのような解釈を提案していたが、遺伝的な親子でない場合には虚偽の嫡出子出生届は認知の効力が生じないとする最判昭和50年9月30日家月28巻4号81頁が大きな障壁となっていた[24]。要綱案が実現し、認知無効の訴えに期間制限が設けられれば、虚偽の出生届の認知としての無効性を一定期間経過後は主張できないという解釈の道が開かれることとなろう。

(b) 合意に相当する審判の柔軟性

家事事件手続法277条（旧家事審判法23条）に基づく合意に相当する審判について、水野教授は、「23条審判が、異質な継受法の民法の下で、戸籍制度と身分証書制度の違いや、法的親子関係に対する国民意識の違いがもたらす諸矛盾を、柔軟に解決する妙手になってきたことは否定できない」[25]という評価を与えている。ただし、「本来は、親子関係存否確認訴訟や23条審判に依拠せずに、民法が嫡出推定制度や認知制度を整備して、安定的な法的親子関係を制度構築していくのが、立法論的には筋であるべき」[26]としている。

フランスでは、当事者の身分の修正が問題となる場合でも、その修正について争いがない事実に基づいており、法的にもそれに抵触する規範がないために争う余地がない場合には、訂正訴訟が許容されるというのが判例の立場であるとされている[27]。具体的には、親のミスにより出生証書に両親の名前の記載がないこととなったが、その後両親が自分たちの名前の記載を望んでいる場合に、他の者との間に身分占有が成立していることを示す公知証書[28]が作成され[29]、それが出生証書の余白に記載されていたり、第三者に対する

---

24)　水野紀子「認知無効について(1)——血縁上の親子関係と法律上の親子関係の不一致」法学64巻1号（2000年）51頁。

25)　水野紀子「嫡出推定・否認制度の将来」ジュリ1059号（1995年）121頁。

26)　水野・前掲注25）121頁。

27)　F. Terré et D. Fenouillet, *Droit civil Les personnes*, 8ᵉ éd., Dalloz, 2012, n°242.

28)　判事・公証人・身分吏などによって作成される周知の事実について複数の証言を集めた文書（山口俊夫編『フランス法辞典』〔東京大学出版会、2002年〕11頁）。

29)　親または子は、それぞれ公証人に対し、公知証書の発行を求めることができ、その公知証書は、反対の証明があるまで身分占有があることの証拠となる（317条1項）。

親子関係が記載されたりしない限り、訂正訴訟が可能であるとする例が示されている[30]。訂正訴訟と身分訴訟の関係に関する規律が整備されているフランス法においても、一定の柔軟性を許容している点は参考に値するように思われる。ただし、要綱案が立法として具体化した際には、柔軟な解釈の許容度も異なってくることとなろう。

「平成の歩み出し」の時期に水野教授により提起されたさまざまな問いは、今でも大きな課題として残されている。

連載第 11 回（2022 年 6 月号掲載）

---

[30] Y. Buffelan-Lanore, *J.-cl. civil*, V° Art. 99 à 101 - Fasc. 20: ACTES DE L'ÉTAT CIVIL. - Annulation ou rectification. - Rectification, n° 13.

フランス親権法の発展と子の利益

田中通裕『親権法の歴史と課題』
（信山社、1993 年〔初出 1987-1991 年、1992 年、1993 年〕）

石綿 はる美

1 はじめに

　本稿で取り上げる『親権法の歴史と課題』は、1987 年から 1993 年に公表された論文[1]をまとめ、1993 年に刊行されたものである（以下、同書。本稿において括弧内の数字は同書のものである）。その中心は、フランス古法からナポレオン法典成立後最初の親権法の大改正である 1970 年 6 月 4 日法（以下、1970 年法）までの親権法[2]の変遷を追うフランス法研究である。フランス家族法を比較法の対象としながら研究を続ける田中教授の主要著作であり、貴重な基礎研究である。同時に、「わが国親権法の解釈論・立法論の課題に取り組むための前提作業」（vi 頁）とされるように、親権法の解釈・立法に示唆を与える。以下では、同書が描き出したフランス親権法の展開と子の利益

---

[1] 　田中通裕「フランス親権法の発展(一)〜(六・完)」法と政治 38 巻 2 号（1987 年）301 頁〜42 巻 2 号（1991 年）355 頁、同「フランス親権法の最近の改正をめぐって」比較法研究 52 号（1990 年）131 頁、同「親権法における立法論的課題」林良平＝甲斐道太郎編代『谷口知平先生追悼論文集 1』（信山社、1992 年）271 頁、同「親権法改正への課題」石川稔他編『家族法改正への課題』（日本加除出版、1993 年）379 頁。なお、同書を紹介するものとして、大村敦志『フランス民法』（信山社、2010 年）101 頁以下。

[2] 　ナポレオン法典では「puissance paternelle（父権）」が、1970 年法において「autorité parentale（親権）」が用いられる。ただし、ナポレオン法典でも、母にも puissance paternelle は帰属していたことから、田中教授は、ナポレオン法典成立後については「親権」を、それ以前においては「父権」を用いる（48 頁）（稲本洋之助『フランスの家族法』〔東京大学出版会、1985 年〕91 頁も同様）。本稿は、この方針に従う。それに対し、原語に忠実に、1970 年法前は「父権」、1970 年法以降は「親権」を用いるものとして、栗林佳代『子の利益のための面会交流』（法律文化社、2011 年）192 頁注 1)。

の保護の関係を示し（2）、同書の意義を検討する（3）。

2　紹　介

　同書は、ローマ法から1970年法までのフランス親権法の発展を検討する第一部と、外国法研究を通じて得た示唆に基づき日本法の立法論に対する見解を示す第二部からなる。以下、同書の中心である第一部を紹介し、第二部については、適宜、言及する。なお、検討の中心的な視点である「子の利益」に加えて、「子の利益」を阻害する可能性のある「親権の絶対性（無制約性）」概念も、本書のもう一つの検討軸といえよう。田中教授は、親権の絶対性とは、家庭内において父が母およびその他の親族によるコントロールを受けることなく親権行使を独占するとともに、家庭外からの、特に国家の介入を遮断して行使し得るところに現れるとする（58頁）。以下では、子の利益と親権の絶対性に注目しながら同書を紹介する。

(1)　第一章　序

　最初に、親権は子の利益のためのものと性格づけられ、義務性が強調されているが、現行法が子の利益保護の制度的保障を十分に有するかと問題提起がされる。そして、日本の親権法の問題点を挙げる。第一が、現代家族を取り巻く問題状況に適切に対応できず、解釈論的・立法論的解決が迫られていること。第二が、国家の家族・親子関係への介入が強まる中での、子・親・国家間の権利・義務関係の把握の必要性。第三が、親権がその保護的・義務的側面を強め、後見化がみられる中で、後見制度との関連で親権の構造を再検討する必要性、である。

　これらの問題の検討のため、①子の利益保護実現の阻害的要素がどこに、どのような形で存するのかを明らかにし、②子の利益の保護のために、後見制度・公法まで射程に入れて、権利・義務の体系を再編・再構築することが求められる。その前提作業として、親権法の歴史的・比較法的研究により、親権の内容たる諸権利・義務とその構造・体系の歴史的意義および日本の親権法の比較法的特質を明らかにすること、子の利益の明確化が必要である。

同書は、ナポレオン法典の規定が、その後の社会発展に伴い改正される中で親権関係の当事者たる子・親・国家の利害対立が時代背景と結びついて顕著に現れていること等を理由に、フランス親権法を検討対象とする。具体的には、a. 親権の源流ともいうべきローマの家父権とゲルマン父権の2つの流れを汲み、フランス古法・革命期の法を受け継ぎながらナポレオン法典に結実した親権法規定の性質把握、b. その後の改正の経緯と意義、c. フランス親権法の特質と発展の基本的方向、d. フランス親権法における子の利益などの解明に取り組む。

(2) 第二章　ナポレオン法典成立までの父権の概観

ローマ法の家父権は、子の保護ではなく、「支配」のためのものであったのに対し、ゲルマン法の父権は、専ら子のために行使されたわけではないものの「監護」を目的とした。また、フランスの南部成文法では強力な父権であったのに対し、北部では柔軟な父子に関する慣習法が適用され、母にも権利行使が認められていた。革命期に、一旦は、家庭内の父権の絶対性が弱められ、子の地位が向上したものの、テルミドールの反動後（1795年以降）は、父権の再建が進んだ。

(3) 第三章　ナポレオン法典父（親）権法の制定過程

1804年成立のナポレオン法典は、子の利益の配慮を念頭におく一方、強力な父権を復活させた。

親権の規定の概要は次のようなものである。①子は、すべての年齢において（つまり、成年に達しても）、父母に対して敬意と尊敬の義務を負う（371条）[3]。②親権は、成年又は未成年解放まで、父母に属する（372条）。③父母の婚姻中は、父のみが親権を行使する（373条）。④子は、原則として、父の許可なしに父の家を去ることはできない（374条）。⑤父は子を拘禁すること

---

3) 立法時に、法的意義を有しないことから削除すべきという意見もあったが、裁判官のよりどころになると主張され、採用された（35-36頁）。この規定があるからこそ、父母には、子の保護のために親権が帰属し（373条1項）、監護等の義務を負う（373条2項）のであり、親の義務を基礎づけているとの指摘もある（大村敦志『民法読解・親族編』〔有斐閣、2015年〕258頁）。

を目的とする懲戒権を有する（375条～382条）。⑥子の財産について、原則として父が法定収益権を有する（384条～387条）。田中教授は、これらの規定を、「ローマ法と慣習法の妥協」と評する（46頁）。北部慣習法・革命法の継承は、②親権は子が成年に達すると消滅し、親権は父母双方に帰属する点にある。家父長的絶対権力への譲歩としては、①・③・⑥・⑤子が16歳未満であり、かつ個人財産・職業を有しない場合（つまり多くの未成年の子に対して）、懲戒権の行使に際し、裁判所のチェックを経ることなく、父の専断で子を拘禁できることがある。

　立法理由説明からは、親権は、自然が父母に課す子を育てる義務を排他的に履行するための手段であり、専ら子の利益、子の保護に奉仕するものであるはずである（46頁）[4]。しかし、家父長的絶対権力への譲歩により、その考え方は貫徹されていない。子の利益の理念が承認されているものの、③・⑤・⑥等に現れる親権の絶対性から理念の実現は不十分であり、父が排他的かつ恣意的に子の利益を判断し得ることになり、理念が「絵にかいた餅」になる（58頁）。子の利益の判断者である父が、信頼に値する者であることを前提としていたともいえる（37頁・193頁）が、特に懲戒権に関して明らかにされるように、その前提は崩壊していく（(4)(b)参照）。

(4) **第四章　ナポレオン法典成立後の親権法の発展、**
**　　第五章　1970年6月4日法の成立**

　同書では制度ごとに1970年法の前後に分けて検討が行われているが、以下では、ナポレオン法典成立後の民法典の発展の概要を確認し（(a)）、各制度の発展を簡単に紹介する（(b)～(f)）。

(a) **親権の諸権利の1970年法に至るまでの発展と、1970年法改正の意義**

　①第四章では、親権の諸権利（義務）の1970年法に至るまでの発展が、そのような変容が生じた社会的な要因も含めて紹介される。子の利益の実現

---

4)　学説においても、「親権は保護的であり、（子を育成する）義務の履行手段とみられている」と田中教授は整理する（53頁）。

のための改正・議論が行われているが、(e)非嫡出子の親権等例外的に、子の利益に反する動きもある。

②第五章では、1970 年法が紹介される。親権の目的が「子をその安全、健康及び精神において保護する」こととされ（371-2 条）、親権は支配的権力から職務へと変容した。改正の意義は次のように整理される（172 頁以下）。

第一が、父母の平等の実現である。母の地位の強化が図られるのみならず、父による親権の独占から生じる父の専断を防ぎ、父母の相互チェックにより子の利益に資することになる。(f)婚姻中の父母の親権の共同行使の導入が一例である。もっとも、家族の居所に関する夫の優越性、(c)父のみが法定管理者であることなど、一定の不平等は残された。

第二に、子の利益の追求を大きな指針とする。

第三が、離婚・別居、非嫡出子という分離家族における親権の規定の改善である（(e),(f)注 6）。

第四が、司法的介入の強化である。婚姻中の父母の親権の共同行使の際に、父母の意思が不一致の場合は裁判官が関与する。また、離婚後監護を委ねられる者の権限の強化の反射的効果として、裁判官による監護権の帰属の判断が重要となる。(b)親権の絶対性を緩和する諸制度も司法的介入を前提とする。民法典に多くの一般条項が盛り込まれ、裁判官の自由裁量が広がることは、不明確さをもたらすとの批判もあるが、具体的事件に柔軟に対応するために必要であると解された。裁判官の判断基準は、子の利益であるという点で、第二の点と関連する。

(b)　懲戒制度・失権制度・育成扶助制度と親権の絶対性緩和
①懲戒権規定、失権制度の不存在は、親権の絶対性の象徴である。当初、父は区の裁判所長のコントロールを受けず、懲戒権を自由に行使し、子を拘禁できた（前記(3)参照）。しかし、19 世紀末、父による親権の濫用・不行使が増加し、子捨て・虐待が行われる中で、父による拘禁の要求が拒否されることもあった。1935 年に、適正な育成措置により子の性質を改善することを目指し、子の「預託」が行われるようになる等したが、子は必ず家庭の外に預けられ、子の利益に適わないこともあった。

親権の濫用・不行使が横行する中で、親権を奪う必要性が認識された。当初は、裁判所が父から監護権の行使を奪い、母や慈善施設等にその行使を委ねていたが、1889年に、特別法で、一定の有罪判決を原因として当然に失権する強制的失権と、裁判所の判断で失権する任意的失権が創設された。1921年には、全面的な失権は効果が大きく、親の悪性との均衡を失することから、部分的取上げも認められた。失権制度は、親権の絶対性を国家が制限するが、親権者を制裁するものであり、親権者の貧困など親権者に過失・非行はないが子の保護が必要な場合には利用できない問題があった。

懲戒権を発展的に解消し、失権制度を補完し、両者を子の保護の目的のために統一した制度が、1958年に創設された育成扶助である。子の健康・安全・精神・教育が危険にさらされている場合に、未成年の子の人格の調査・児童裁判官による意見聴取の後、父母・親族その他の個人や施設への引渡しなどの適切な措置が採られる。

② 1970年法は、上記の諸制度を民法典に統合した。α. 全面的・部分的に親権行使の主体を変更するものが、親権の委譲（親権の任意的な移転）・失権・親権の部分的取上げ、β. 親権者に権利・義務を保持させながら、子の利益のために種々の措置を採るものが、育成扶助である。子の利益がより意識されるとともに、裁判官の役割が重視される。失権は、子の利益の保護のために、裁判官の評価に従う任意的失権に統一された。育成扶助の措置は「家庭における子の維持」が原則とされ（375-2条）、裁判官等の関与を通じて家庭への援助を行う。家庭環境から子を引き離すことは子に精神的衝撃を与えるため、可能であるときは、現在の環境において維持されねばならないという考えに基づく。

(c) 法定管理権

① ナポレオン法典では、原則として、父が子の財産の管理人であった（389条）。絶対性の現れであり、必ず後見監督人が置かれる等する後見に比べて子の利益保護に欠けるが、母が父の管理を事実上コントロールできることから、後見との区別は合理化されていた（75頁）。1910年・1964年の改正を経て、父のみが管理権を有することは変わらないものの、不動産の売却につい

て後見裁判官の許可が必要となる等、裁判官の監督の範囲が徐々に拡大し、法定管理権の濫用の抑制により、子の保護が目指された。

②1970年法では、依然として父の優越性が承認された（128頁）。その背景には、父母の平等化による両者の介入で手続が鈍重化する（筆者注：かえって子の利益を害することへの懸念もあったものと思われる）ことへの警戒がある。しかし、1985年法により、両親が法定管理者となった（225頁）。

(d) 法定収益権

①婚姻中は父が、婚姻の解消後は父母のうちの生存者が、子の財産の法定収益権を有するが（384条）、子の利益との関係で、制度の存在意義については議論があり、子の利益に専心すべき父母に給付を与えることは不要との廃止論が有力であった。

②しかし、1970年法でも、法定収益権は維持された。主な理由は、法定収益権により、生存配偶者（夫死亡後の妻）の財産的保護が図られることである（筆者注：現実的な問題が優先し、子の利益が後退しているとも、あるいはそのことにより反射的に子の利益を保護しているともいえようか[5]）。

(e) 非嫡出子の親権

①ナポレオン法典では、懲戒権の規定が非嫡出子に適用されることから（383条）、非嫡出子も親権に服すると考えられたが、親権の帰属主体は明確ではなかった。1907年法により、親権は、父母のうち先に認知をした者、同時に認知した場合には父により行使されることとなった。後者は、（親権を父のみが行使していた）嫡出子と非嫡出子の平等の実現を目指した結果であるが、実際に非嫡出子を監護している（ことが多い）母が親権を行使できず、結果、子の利益にも不都合が生じた。

②1970年法では、母が親権者として優先されるとともに、安定した内縁関係が構築されているような場合には、父母の親権の共同行使が可能となっ

---

5) 仮に廃止すると、夫婦財産契約による生存配偶者への遺贈の方法等が用いられ、必ずしも子の利益保護にはつながらないとの指摘もある（山口俊夫『概説フランス法上』〔東京大学出版会、1978年〕469頁）。

た（374条2項）。嫡出子と非嫡出子間、父母間の平等の理念を後退させ、現実の優先（筆者注：及びそれによる子の利益の保護）を図ったものと評価される。

(f) 親権行使者

①ナポレオン法典においては、親権は父母に帰属するが（372条）、原則として、父のみが親権を行使した（373条）。夫婦の法的地位についての改正を踏まえ、1942年法では、戦時体制の現実的要請から、父が無能力や生死不明である等家長の資格を有しない場合に、母が親権を行使し得ることになった。戦後の民法典改正委員会において、親権行使における父母の平等が提案された。背景には様々な要請・考慮があるが（116頁）、父の親権行使の優位性が維持されるとしても、子にとって好ましくない決定から子を保護するために、母に裁判所への訴求を認めるのであれば、結局は父母の平等に帰結するという指摘が注目される。

②1970年法により、婚姻中は父母が共同して親権を行使することとなった（372条）[6]。その結果、父母の意見が不一致の場合の対応が問題になる。夫の優越か、裁判所の関与が考えられたが、後者が選択された（372-1条）。両親の間で以前に同様の場合に従った慣行があればそれに従い、裁判官もそれを決定の際の指針とすることができる。

(5) 第六章　親権法における子の利益

第六章では、1970年法により、裁判官の介入の拡大とともに、子の利益が、現実的意義を与えられたキーワードになったとし（194頁）、その具体的内容が明らかにされる。

ナポレオン法典下では、子の利益の判断は、親権行使者である父に委ねられていたともいえるが（(3)）、1970年法における司法的介入の強化により、

---

6) 離婚・別居後の親権行使について、従前は、離婚の際の無責配偶者（多くは母）の監護に服するが、親権行使は父が行うとされており、親権と監護の分属が生じ、父による親権行使により母の監護が円滑に行えず、子の利益にとり望ましくない状況が生じていた。1970年法により、親権は、裁判所が子の監護を委ねた者により行使されることになり（373-2条）、親権と監護の連結が図られた。その後、1987年法により、離婚・別居後も、親権を父母が共同して行使することが可能となった（219頁以下）。

最終的には、裁判官が子の利益を判断することになる。子の利益が、「子の肉体的・精神的完全性の保全」に存することは疑いがないが、子の生活・教育の条件をめぐり両親の間に争いが生じた場合、離婚後の監護の帰属をめぐる争いが生じた場合等には、より積極的な判断が要求される。子の利益は個別的・具体的な判断になるが、判例・立法からは①安定性、②子の自律性の尊重という基準が導き出される。

①安定性とは、「子によって感じられる安定性と平安の要求」を満たすことであり、家族の主目的の一つである、子の育成・教育、子の人格的完成にとって重要な要素である。この目的の実現には、持続性・永続性の保障が必要である。この考え方に基づく制度として、育成扶助における現在の環境の維持原則（(4)(b)）、親権行使につき両親が不一致であった場合に、従前の慣行が参照されること（(4)(f)）、離婚・別居後の非監護親への訪問権の付与がある。

②子の自律性の尊重は、未成年者は、その判断能力・成熟度を常に発達させていくことから、未成年者の画一的処理が強く要請される財産法的領域を別にして、子の身上・身分に関する領域においては、未成年者の発達の段階に応じた取扱いが可能であるという考えに基づく。司法の場において、意見表明をさせ、それを考慮することも考えられ、裁判官の決定・措置を子が円滑に受け入れることに役立つ。

(6) 第七章 結語

ナポレオン法典は子の利益の保護をうたいながら、親権の絶対性を承認し、父への信頼から、父に親権行使を独占させていた。資本主義の展開による社会的・経済的変化の中で、父は期待された親権行使者の役割を果たせなくなり、国家による親権行使への介入が要請される。失権制度の導入等、様々な議論・改正を経て、1970年法において、親権は、もっぱら子の利益の保護を目的とするために、父母に授けられた権利と義務の総体となった[7]。

---

7) 離婚後及び非嫡出子の父母の親権の共同行使を認めた1987年法により、子の利益がさらに推し進められた（213頁）。

さらに、本章では、親権を基礎づけるものは何かという視点が提示される。一つ目は、子における保護の自然的要求であり、これは、親権の義務的性質、子の利益のための行使を導く。二つ目は、親の子を保護する自然的使命であり、このことから、親権者には、第一義的に子を育成・教育する義務を排他的に履行する権利がある。

3　検　討

(1)　包括的なフランス親権法研究

同書は、ローマ法・フランス古法から1970年法までにつき、子の利益及びそれを阻害する可能性のある親権の絶対性という2つの視点から親権法の変遷を検討し、フランス親権法の全体像を描く壮大な研究である。同書の前後にも、フランスの親権法に関する研究[8]、同書で扱われた各制度について同書と同様に子の利益に反するものであるとの問題意識を有し個別に研究するものはあるが[9]、同書のように財産管理も含めて親権について包括的な研究を行うものは少ない[10]ことも、本書の意義を示していよう。

同書の研究がおこなわれた背景には、フランスをはじめ欧米諸国において、社会における様々な家族現象に対応するために、親権法の改正が行われ、外国法研究をする意義が高まっていたこともあろう。日本では1947年に形式

---

[8]　同書前のものとして、仁平先麿「フランス法における親権者の法定収益権」大阪学院大学法学研究5巻2号（1980年）39頁、山脇貞司「フランスの育成扶助（assistance educative）制度」ケ研203号（1985年）2頁等。同書後のものとして、栗林・前掲注2）、小口恵巳子『親の懲戒権はいかに形成されたか』（日本経済評論社、2009年）、安見ゆかり「フランスにおける育成扶助・親権委譲・親権喪失（retrait）制度について」青山法学論集53巻2号（2011年）165頁等。

[9]　懲戒権について小口・前掲注8）254頁、法定収益権について仁平・前掲注8）39頁・65頁等。

[10]　稲本・前掲注2）は、親権法も含む家族法全体について、ナポレオン法典から1960〜1970年代の改正までを扱う。稲本は、「家族」は、法律が市民相互間の一般的関係にかかわる法規範の直接かつ全面的な適用を排除して特別の規範（特別法）を付与するために画すべき範囲であるとし（同・前掲注2）368頁）、その適用対象となる家族類型の変化、民法典が何を「家族」として扱い、それがどう変化していくかという視点で、制度の発展を分析する。また、フランス婚姻法の変容をたどるために、婚姻法のみならず、夫婦財産制や親権等家族法全体についてアンシャン・レジーム期からの変遷について包括的に扱う近時の論稿として、松本薫子「婚姻法の再定位——フランス民法典の変遷から(1)〜(7・完)」立命383号（2019年）307頁〜404号（2023年）408頁。

的な男女平等が実現する形で改正が行われ、「父母平等理念の徹底の面においては、当時の世界の立法例のなかでも最も進歩的なものであった」(277頁)。あまりに「進歩的」であったことから、解釈論において、比較法的研究から示唆を得ることが難しいこともあったであろう。同書で扱われた婚姻中の親権の共同行使の問題(2(4)(f))等は、遡って1947年の日本の民法改正の意義や日本法の解釈論的な問題を検討する際に有意義であろう。

(2)　子の利益のための親権

(a)　子の利益と親権の絶対性という分析

同書は、子の利益の実現という視点から親権に関する諸制度及びその変遷を分析し、同時に子の利益を阻害するものとして親権の絶対性を挙げる。この視点から行われる各制度の変遷の検討(2(4))は、説得力を有するものである。また、この視点を有することで、1970年法の特徴である父母の平等の実現が、単なる男女平等の実現という意味にとどまらず、親権の絶対性を緩和し、父母の相互チェックにより子の利益に資する側面があるという分析につながる。さらに、1970年法における祖父母の面会権の承認も、父による親権の独占の崩壊の側面を有するものとして整理される(173頁)。

このように、子の利益と親権の絶対性という分析軸を有することで、同書はフランスにおいても必ずしも明確に意識されていない可能性のある点も含め、制度の変遷の意義を複層的に示す。また、フランスと同様に婚姻中の父母の親権の共同行使が規定されている日本法において、父母の形式的な平等の実現のみならず、双方が子に関与することで子の利益の実現が図られているのかという再検討も促す。

ところで、親権の絶対性の表象が親権法の中で後退・消滅した後、子の利益を阻害するものはないのか。同書が描く1970年法後のフランスに、依然として子の利益の阻害要素があるかを検討することは、条文上は強大な親権の絶対性が存在しないようにも思われる日本法の子の利益保護実現の阻害的要素(2(1)①参照)の検討にも有益なものとなろう。

460

(b) 子の利益の具体的内容

同書では、子の利益の具体的な内容は、安定性と子の自律性という基準から判断されるものであるということが明らかにされる（2(5)）。子の利益という、親権法において最も重要な理念であること自体には争いがないが、具体的な内容が必ずしも明確ではない概念について、基準を示したことは、大きな意義がある。田中教授は、これらの基準を判例・立法から導き出し、それが表れている民法の諸制度を紹介する。この検討を通じて同書で示される子の利益の具体的な基準の提示には一定の説得力があり、これらの基準は、現在の日本法から見ても違和感のないものである。さらに、立法過程や学説における子の利益の具体的な内容や基準の議論、特に他の対立概念の有無等が検討されると、提示された基準がより説得的なものになり、価値観が多様化している（現在の）日本法において比較法的視点も踏まえながら子の利益を検討する際により多くの示唆を与えるだろう。もっとも、子の利益の基準は、（少なくとも当時の）フランス法・同書で扱われた各制度においては、価値観の対立が少なく自明のものであったのかもしれない[11]。

(c) 司法的介入と子の利益

同書では、親権の絶対性の後退により、司法的介入が強化され、裁判官が子の利益を判断する場面が増えることが明らかにされる。親権の行使について、原則としては父母の共同行使による相互チェックにより子の利益の実現を図るが、（育成扶助が必要とされる場合も含め）それがうまく機能しない場合に、裁判官が子の利益の実現を担い、複層的に子の利益の実現を図っている。なぜ子の利益の最終的な判断・実現主体が裁判官であるとされるのか[12]。そこには、フランスにおける裁判官の判断への信頼・豊富な司法資源があるようにも思われるが、（フランスにおいて所与の前提とされているであろう）その理由・それが可能となる背景をさらに検討していくことは、日本における立法的対応を考える際の参考になろう。また、本書の後の様々な改正、特に

---

11) 1970 年法以後、祖父母や第三者の訪問権の認否の基準が「子の利益」であるとされるが、その具体的内容については、子の安定性と子の多様な学習機会のいずれを重視するかについて学説で議論があったという（栗林・前掲注2）222 頁以下、228 頁以下）。

近時のフランスにおける「脱裁判化」[13]の流れの中でも裁判官による司法的介入を維持しようとする領域についての検討も、重要かもしれない。

(d) 子の利益と親権の根拠

第七章で明らかにされる親権を基礎づけるもの（2(6)）と、子の利益の関係はどのようなものであろうか。田中教授は、親権を基礎付けるものを、①子における保護の自然的要求と、②親の子を保護する自然的使命とし、前者は子の利益のための親権行使を導くとする。子の利益と②との関係を明らかにすることも有意義であろう。また、②は、父母は自然権としての教育権を持つことを意味し（212頁）、補論等で言及される親権の「自然権」性とも関連するものと思われる。補論では、離婚後の親権の共同行使は、子の権利として両親への権利が出発点であるが、両親の側からも、自然法に由来する子との法的関係の維持の権利があり、その役割を完全に父母から奪うことはできないという検討がされている（229頁）。子の利益・子の保護と、親の子に対する自然的な権利は対立する可能性があり、同書の検討を基にその関係を明確にすることも求められよう[14]。

(3) 財産管理制度への注目

同書は身上監護のみならず、財産管理についても検討を行う。①親権の規定に法定管理権・法定収益権[15]が置かれていること、②当初はいずれの権利

---

12) 他の判断主体の候補としては、行政機関があり得るだろうか。また、婚姻中の父母の親権行使の不一致については、日本の現行法は、少なくとも条文上は、裁判所の介入を想定しておらず、最終判断を父母に委ねている。家庭内の紛争に裁判所が介入することは不適当である、介入を排除することが子の利益に適う考えに基づくとも整理できよう。もっとも、2024年5月に成立した「民法等の一部を改正する法律」により、特定の事項に係る親権行使につき、父母の協議が調わない場合で、子の利益のため必要があるときは、家庭裁判所が、父母の一方が親権を単独で行使することを認める規定（改正民法824条の2第3項）が設けられた。

13) シャルル＝エドゥアール・ビュシェ（大島梨沙訳）「家族法の脱裁判化」法政理論51巻3=4号（2019年）56頁。特に離婚法について、水野紀子「離婚法の設計」水野紀子＝窪田充見編代『家族と子どもをめぐる法の未来』（加除出版、2024年）92頁以下。

14) 大村・前掲注1）102頁。

15) 日本民法828条ただし書の意義も含めて、法定収益権の検討の必要性を指摘するものとして、大村・前掲注1）104頁。

も父に独占され、親権の絶対性の表象であり、その変遷の検討が同書の問題意識からは不可欠であったこと、③日本法の問題意識として後見制度との関連で親権の構造の検討の必要性を有していたこと（2⑴）から、その検討は必然であろう。実際に、日本の親権法改正に対する考察として、国家的監督の強化が要請されることに対して、財産処分に対する裁判所の許可を必要とする等、フランス法を参考に対応することが指摘されている（284頁）。

　同書の検討は、親権に関する立法論において、身上監護の問題の方が注目されがちな中で、親権は、身上監護と財産管理の双方に関するものであることを改めて気づかせてくれる。同時に、田中教授は、財産法領域では画一的処理が強く要請されること（196頁）、日本において財産管理権については国家的監督の強化が要請されるのに対し、身上監護も同様の方向性を検討すべきであるが、（国家の介入を無批判的に肯定しやすい傾向がある日本においては）親の教育権への配慮等から慎重な対応が必要であること（284頁）等、財産管理と身上監護に異なる考慮要素があることも留保している。同書は、親権制度の中で、財産管理と身上監護の違いを意識しつつも、両者を共に検討してく必要性を示していよう。

4　おわりに——立法の時代と同書

　同書は、日本法の解釈論的・立法論的課題への対応の前提作業でもある（2⑴参照）。田中教授が念頭におく課題としては、第一部第七章や第二部での検討から、①離婚後の子の監護、②親権制限制度、③（特に財産管理において）親権行使への国家的監督の強化の検討、④非嫡出子の親権行使があげられよう。②は、2011（平成23）年の親権法の改正における親権停止制度の新設・親権喪失制度の改正で一定の対応が行われた。もっとも、「フランスにおける『育成扶助』制度のような純粋に子保護の立場に立った制度」（215頁）であるかは疑問である。その他、①④は、2021（令和3）年3月から開催されていた離婚後の子の養育の在り方等を検討する法制審議会・家族法制部会において検討課題になり、2024（令和6）年5月に成立した「民法等の一部を改正する法律」により、離婚後・嫡出でない子について、共同親権を

選択することが可能となった（改正民法819条）。また、③も前述の法改正の議論の中で検討課題になっていた[16]。

　同書が念頭に置く立法課題の多くは、平成の時代には立法に至らなかったが、令和において、立法の重要な検討課題となった。同書は親権法の大改正時代において、立法論・解釈論の貴重な手がかりになるものである。同時に、同書の後のフランス法の発展[17]及び制度の運用状況を含めた現状[18]についての研究、また日本の一連の親権法の改正が、同書の成果等を踏まえ・活かした子の利益に適うものになっているかの検討（反省？）が、後進の課題でもあろう。

連載第8回（2022年3月号掲載）

---

16) 例えば、法制審議会・家族法制部会「部会資料6」17頁。

17) 1970年以降も、フランスでは、1987年以降、複数回、親権法の改正が行われている。田中教授自身によるものとして、「1993年のフランス親権法改正」法と政治47巻1号（1996年）195頁。

18) 田中教授は、日本の立法論に資するためには、この点についての調査・検討が不可欠であることを指摘する（216頁）。

遺産分割における共同相続人間の価値的平等

高木多喜男『遺産分割の法理』
（有斐閣、1992 年）

石田　剛

1　はじめに

　同書は、主として、昭和後期に著者が発表した論文を平成初期に一書にまとめたものである。遺産分割にまつわる諸問題が遺留分や寄与分との関係も含めて多角的に検討されているが、著者の一貫した問題意識は、「はしがき」に記されているとおり、「遺産分割は、被相続人から承継した財産すなわち相続開始時の遺産という建前に固執すると、かかる利益の配分や姿を変えた財産の帰属について、共同相続人間に不平等を生ずる。」との一節に端的に表現されている。

　本稿では、紙幅の都合もあり、遺産分割における共同相続人間の平等を取り上げる第 1 部（第 1 章～第 5 章）を中心とし、第 2 部については平成 30 年相続法改正とも密接に関連する第 7 章のみを取り上げる。令和の相続法学の行方を占うにあたって、本書が有する意義を考察したい。

2　紹　介

⑴　課題の提示と展開（第 1 章）

⒜　遺産分割における平等

　第 1 章では、著者の基本的な問題意識が開陳される。戦後改正を経た相続法は共同相続人間の平等を理念とする。法の下の平等（憲 14 条 1 項）及び相続についての平等（憲 24 条 2 項）に明文化された平等思想は、民法の規定上

遺産分割における共同相続人間の価値的平等　465

は、（法定）相続分の平等においてのみ表現されている（900条4号）。しかし、相続における平等は、共同相続による財産承継の終了を意味する遺産分割の局面にまで視野を拡大する必要がある。遺産分割における平等とは、「相続分の異なる共同相続人間においても妥当する原理」としての平等を意味する。すなわち、遺言や遺産分割協議の結果として相続分が平等とならない場合もあるところ、遺産分割により相続分を現実化するにあたって、相続分の大なる者に優先的地位が与えられるわけではない。相続分の小なる者にも、相続分だけの相続財産を取得するにあたって、平等の地位が与えられなければならない。

(b)　現物的平等と価値的平等
　次に、「遺産分割の理念」である平等につき、質的平等（現物的平等）と量的平等（価値的平等）とが対比される。相続人の平等意識を最も満足させる方法は質的平等であるが、遺産の細分化というデメリットを伴うため、遺産の経済的効果の保存も平等理念と並ぶ重要な目標となる。
　民法典は、直接的に態度を表明しないが、結論的には「価値的平等」をもって足りると考えていると評価できる。その根拠は、分割方法について家庭裁判所に大幅な裁量の余地を認める906条及び過不足分を債務負担により調整しうるとする（当時の）家事審判規則109条［現・家事事件手続195条］の存在に求められる。これらは分割方法の弾力性を奪う現物的平等の理念とは相いれない。また持戻しが現物ではなく具体的相続分を決定するための計算上の操作とされること（903条）も価値的平等を指向する現れである。（改正前民法における）遺留分減殺請求権の行使による現物取戻原則は現物的平等の思想と一致するが、無償処分の目的物の返還に代えて価額を弁償しうること（改正前1041条）、贈与の目的物が処分され、あるいは権利が設定された場合には価額の弁償で足りること（改正前1040条1項）に価値返還主義の思想が現れており、価値的平等への指向性が見て取れる。
　協議・調停による分割においては相続分に従わない分割も可能であるが、審判による遺産分割においては厳格に相続分に従った分割を行うべきである。事実認定の困難さゆえ家庭裁判所が過重な負担を負い、分割審判を遅延させ

る原因となりうることから、迅速な審判実現のために具体的相続分の近似値を求めれば足りるとする態度には厳しい批判が向けられる。

(2) 課題の展開

以上をふまえ、具体的な課題として、まず、①遺産の評価基準時を相続開始時・遺産分割時のいずれとみるべきかという問題が取り上げられる。共同相続人間の平等の観点からは、遺産分割時説を採るべきであり、これが通説でもあるが、相続開始時に共同相続人は「共有」の形で遺産を入手しており、遺産分割には遡及効があることから、相続開始時説にも一理あり、遺産分割時説をどう基礎づけるかが課題となる。

次に、②相続開始後に相続財産から生じた果実や収益、相続開始後に共同相続人の一人によって相続財産が処分された場合の対価、共同相続人の一人又は第三者の過失により相続財産が滅失・毀損した場合の損害賠償請求権（代償財産）等が分割対象となりうるかが問題となる。

さらに、③遺産の細分化を回避するため、一人の相続人に遺産（特に不動産）の大半を集中させ、他の共同相続人に対し債務を負担させる方法によっても価値的平等は実現されるが、こうした方法には、補足金債務には何らの担保もなく、債務が巨額にのぼることから期限の利益が与えられており、貨幣価値の変動が金銭債権の価値を減少させる可能性もある、という問題がある。

さいごに、④遺産分割後の事情の変動により遺産を構成する各財産の価値的均衡が崩れた場合には、現物的平等が優れ、価値的平等による場合は実質的に損をした相続人に不満を生じさせるという問題もある。しかし、遺産の経済的効用の維持という要請を前にして現物的平等は後退せざるをえない。価値的平等の発想は分割時における価値の平等をもって十分とみるものであり、ここに平等理念としての限界がある。

(3) 遺産より生ずる果実（第2章）

(a) 問題の所在

第2章では、遺産より生ずる果実が遺産分割の対象となるかという問題が検討される。増資新株・配当金・預貯金利息は元本の管理のための費用を通

常要しないため果実をそのまま分割の対象としやすい。しかし、賃料や利用利益については、元物の管理を必要とし、賃料・利用利益の受益者は通常管理費用を支出しているから、果実と管理費の関連が問題となる。

　なお、著者の用語法において、「遺産に属する」とは、遺産を構成する個々の財産ごとに「共有」関係を解消するのではなく、906条の基準に基づき特別の遺産分割審判手続により総合的に再配分されるべき財産団に属することを意味し、「遺産分割の対象となる」とは、実体法的には、具体的相続分を算定する際の構成要素とする操作か、（賃料や配当を共同相続人の一人が遺産分割までに受領し、消費してしている場合のように）遺産分割時に存在しない場合には、一種の持戻的な操作としてその者の割合分から差し引く操作、のいずれかをなしうることをいう。

(b)　肯定説の基礎づけ

　果実が遺産に含まれるかどうかを定める明文はない。この点、否定説は、①分割の遡及効を定める909条本文と②分割の対象財産は相続開始時に存した財産に限られる、という論拠を挙げる。

　論拠①は次のように批判される。遡及効の趣旨は被相続人から相続人への直接承継を擬制するという理論的意義と、分割の平等を守るという実際的目的を有している。しかし、前者は相続人の相続財産に対する「心理的要素を法律的側面に反映させる」ものに過ぎず、相続開始から遺産分割までに生じた果実を遺産分割により覆滅することを合理化する意義を有しない。後者も同様であり、909条ただし書が付加され、遡及効は形骸化している。

　論拠②についても、896条や898条の文言上、分割の対象となる「遺産」が相続開始時に「被相続人の財産に属した」権利義務に当然に限定されるべきか、明らかでない。持戻し（903条）における具体的相続分及び遺留分の計算において、その基礎となる相続財産は相続開始時に存した相続財産であることが明記されており、このことが遺産分割の対象を相続開始時の財産に限定する手がかりとなる。しかし、果実は主物から生じ、主物が相続開始時に存在していれば、果実は相続開始時に存した財産の「いわば延長」のようなものである。元物と果実を一括して遺産分割で配分を決定するのが共同相

続人にとって望ましいかどうかを問題にすべきであり、共同相続人間の平等の観点からは肯定すべきである。一共同相続人が果実を収取し、消費し、固有財産と独立させることなく保管している場合や他の共同相続人の不当利得返還請求権又は不法行為に基づく損害賠償請求権（代償財産）が問題となる場合に、これらが遺産に属しておらず、遺産分割手続と別個に実現されるべきだとすれば、その手続に要する費用や日時の関係上、果実を収取した相続人がそれを独占する結果になることも考えられる。

(4) 遺産より生ずる収益（第3章）

(a) 肯定説の基礎づけ

第3章では「遺産より生ずる収益」の問題が取り上げられる。収益としては、農地の耕作や、商工業において営業財産の活用による利潤等が想定されている。果実が遺産から自然発生するのに対し、収益は経営者の労働力・経営能力、投下費用が資本にプラスされて生ずる点に特徴がある。こうした違いにかんがみると、全収益を遺産に含めて分割の対象とすることはかえって不公平となる一方で、資本の使用利益を独占的に一相続人に帰属させる結果も妥当でない。そこで遺産に含めるべき収益の範囲が問題となる。その際に寄与分制度との関連も考慮する必要がある。すなわち遺産を資本として農業・商工業を営む相続人は、相続開始前は被相続人と共同で事業に従事し、遺産の維持増大に貢献していたと考えられる。相続開始前の労働力の提供による貢献は寄与分として補償されるが、寄与分制度が導入される前の審判例においては、遺産からの全収益を与えることで事実上寄与分と同じ機能を果たさせていた。寄与分制度の導入後は、跡取りが寄与分を主張した上で、重ねて遺産の収益の独占を許容することは、共同相続人間の平等原理からみて好ましくない。

以上により、収益も分割対象とすべきである。総収益額の算出困難は分割対象としての適格性を否定する理由となりえない。実収益額ではなく、次善の策として、分割時に最も近い年の収益を基準とする近似値による方法もありうる。遺産保存の報酬として収益を与える考え方も支持できない。収益を別の手続で配分すべきとする説には果実と同様の問題がある。

遺産分割における共同相続人間の価値的平等　469

(b)　分割対象とされる収益の範囲

　収益の範囲は共同相続人間の遺産利用をめぐる法律関係から決定することも考えられる。この見解は、遺産を相続開始時で固定し、相続開始から遺産分割までの間に遺産が変動することを無視し、遺産の変動を純粋の財産法の法理によって処理することを企図している。しかし、「遺産は相続開始後も変動を続けるものであり、この現実を肯定した上で、変動した遺産の姿において、統一的な遺産分割法理を適用し、遺産を配分すべきである」。

　具体的には、（総収益額―経営費用）×労働寄与率を収益者に与え、残りは遺産に属する資本から生じた収益として遺産に帰属させるべきである。労働寄与率は、労働力・経営努力・経営能力を考慮して家庭裁判所の自由な裁量で決定すればよい。

(5)　**分離財産・代償財産（第5章）**

　第4章では、滅失・毀損（損傷）・処分により遺産から分離した財産（分離財産）及び代償財産の問題が取り上げられる。分離財産については、①遺産分割時に現存するとみなす方法、②遺産分割の対象から除外し、分離財産の価値変形財産（代償財産）を対象とする方法、③分離財産も代償財産も分割対象とせず、他の遺産だけを分配し、滅失等によって発生した損害賠償請求権・不当利得返還請求権の処理は別個に他の手続で行う、とする三つの取扱いが考えられる。(i)相続人全員の同意の下で処分した場合は②説によるべきであるが、(ii)他の相続人の同意なしに一相続人が処分し、代金を受領・費消した場合や処分相続人の持分の範囲で有効となる場合は①説が優れる。

(a)　**分離財産**

　遺産分割の目的は、新たな法律関係を将来に向かって形成することにあり、過去の権利又は法律関係の確認ないし形成ではない。特別規定のない現行法の下で相続開始時という過去の時点に立ち、分割時にはすでに存在しない相続財産に関する過去の権利または法律関係を形成もしくは確認し、その帰属を決めることが許されるか、が問題となる。この点に関して、相続開始時に被相続人に帰属していた財産かどうかが相続人間で争いになったとき、前提

問題として、最大決昭和41・3・2はかかる過去の権利関係についての判断を審判手続で行うことができるとしている。本問題においてのみ過去の権利関係の確認が許されないとする根拠はない。

　また遺産分割は現物分割を本則とし、分割時に現存する相続財産のみを対象として想定しているが、遺産分割を合理的に行うにはあらゆる可能な技術が利用されてよい。分割時に現存しない遺産の評価が不可能もしくは著しく困難であるという点については、擬制的状況下での財産評価は、持戻し財産の評価においても行われていることであり、一般的に不可能というわけでもない。代償財産の正確な評価は必ずしも容易ではないから、①の方法を不可とする決定的理由たりえない。

(b)　代償財産

　代償財産についても、訴訟経済上の考慮から、原則として分割対象としての適格性を肯定すべきである。根拠として、物上代位法理が援用される。権利主体に属する財産が一般財産と特別財産に分離しているとみられ、特別財産に属する財産が処分等により価値変形物に化した場合に、物上代位制度には一般財産への混入を防ぐ機能も認められる。代償財産の遺産該当性は、そのような（広い）意味での物上代位の適用可能性の問題として位置づけられる。

　すなわち遺産分割に際しては、相続人に帰属する財産の間に、遺産分割対象財産と非対象財産との分離が観念される。遺産共有の性質を通常の「共有」と解したとしても、共有相続人の固有財産中に混入して、固有財産と相続財産の境が消失すると考える必要はない。

　代償財産を遺産分割の対象とすべき実質的理由と遺産分割を貫く原理に照らし、304条を修正適用し、「原遺産価値変形物が、遺産分割時に存する限りは、可能な限りこれを遺産の代位物として取り扱うべきであり」、「売却」「賃貸」「滅失」「毀損」により相続人が受くべき「金銭その他のもの」に限定することなく、相続人が勝手に贈与した場合の損害賠償請求権（共同相続人間の債権）を含めてよく、差押えも無用である。もっとも、平等の原理に照らし、第三者に対する債権は、原則として遺産分割対象から外すことが適当である。

遺産分割における共同相続人間の価値的平等　471

(6)　遺留分減殺請求と価額賠償（第7章）

第7章では、遺留分減殺請求にかかる平成30年改正前1041条の解釈として、遺留分権利者による価格償還請求権も認められる余地があることが提言されている。

平成30年改正前の遺留分減殺請求において、受贈者・受遺者に対して返還請求しうる対象が何であるかについて明文の規定はない。しかし、日本の遺留分法が、法定相続人の一部の者が被相続人の遺言によりその地位を奪われることなく相続人の地位に基づいて法定相続分の一部を遺留分として取得する構造を採用していることから、フランス法を経てゲルマン型制度を継受したものと評価されるべきこと[1]、果実の返還義務を規定する改正前1036条、贈与の目的物が処分されていた場合に原則として価額返還請求のみを認める改正前1040条及び価額弁償を抗弁と位置付ける1041条の規定ぶりからも、現物返還主義を採用したものと考えられる。

しかし、近代社会において、相続財産は家族共同体の生産・消費の基盤である経済的統一体たる家産から単なる価値へと変貌した。これを著者はラードブルフ及びレンナーの所説に依拠して「相続財産の価値化現象」と呼ぶ。そして相続財産の価値化は「相続分の一部である遺留分を必然的に価値化する。ドイツ民法における遺留分権の金銭債権化はその端的な表現であり、フランス民法も現物返還主義を取りつつも価額返還の影響を強く受けている」。かかる価額返還主義の影響が日本法においても改正前1041条に現れている。

遺留分権利者の価額償還請求権に関して、当時の裁判例及び学説は、改正前1041条の文言に忠実に、価額弁償の抗弁が出される場合に限って、遺留分権者は価額弁償請求をなしうるとする。しかし、遺留分権利者が現物返還請求権を放棄して、価額弁償請求をなしうるかにつき改正前1041条は明言しておらず、立法理由（被相続人の処分権の尊重と遺留分権利者は価額弁償により生活保障を享受できればよいとする考え方）に照らすと、そのような選択を否定する趣旨はない。流通性がなく換価困難な財産を受遺者・受贈者が押し

---

[1]　こうした評価に対する批判として、西希代子「遺留分制度の再検討（10・完）」法協125巻6号（2008年）133頁。

付けられる懸念については、価額弁償の請求に対して現物の返還により価額
弁償義務を免れるものとすればよい。

3 検 討

⑴ 果実・収益

著者の主張の核心は、遺産分割の対象となる「遺産」の範囲の拡張可能性
を徹底して追求する点にある。その主張の根底にある基本理念は、遺産分割
における共同相続人間の価値的平等の実現であり、遺産分割審判による紛争
の一回的解決の実現つまり訴訟経済の重視であると目される。

遺産分割の対象となる財産の範囲については、従来、①被相続人が相続開
始時に所有し、②現在（分割時）も存在する、③未分割の積極財産である、
と解されており、この命題は学説上も概ね支持され[2]、家裁実務でも堅持さ
れてきた。

この点、本書の構想の肝は、分割対象財産の要件の一つである上記①にい
う、被相続人が「相続開始時に所有し」という部分を柔軟に捉える可能性を
提案する点にある。相続人全員の合意がなくても、遺産を構成する財産から
相続開始後に生じた果実や収益などを広く分割対象に取り込みうるための解
釈論の基盤を構築しようとする試みといえる。

そこで想起されるのは、預貯金債権をめぐる近時の動きである。同書刊行
当時において、相続開始と同時に当然に分割債権化し遺産分割の対象から外
れると解されていた預貯金債権について、平成年間にその法的性質をふまえ
た帰属をめぐる議論が進展し[3]、その特性を強調することにより平成 29 年
改正において譲渡制限特約の効力制限の特則として 466 条の 5 が設けられた。
ほぼ同じタイミングで、最大決平成 28・12・19 は、その特性を強調して、
預貯金債権を当然に分割対象財産に含める方向に舵をきった。預貯金債権を

---

2) 潮見佳男「預金の共同相続」金法 2071 号（2017 年）55 頁等。

3) 道垣内弘人「普通預金の担保化」中田裕康＝道垣内弘人編『金融取引と民法法理』（有斐閣、
2002 年）433 頁、森田宏樹「普通預金の担保化再論㊤㊦」金法 1654 号（2002 年）57 頁、1655
号（2002 年）25 頁等。

めぐる財産法理の発展が預貯金の特性に照らした相続法理の変容をもたらしたのである。この判例変更は、本書が一貫して主張する遺産分割における共同相続人間の平等実現のために行われたものに他ならない。

さらに預貯金債権が預金契約に基づき相続開始時にその内容の流動が初めから予定された一個の債権として存在するという評価に基づき、相続開始から分割時までに生じた利息やその他の入金も一括して分割対象とする扱いが目指されている[4]。学説では、遺産を構成する不動産の賃料債権に関する従前の判例法理[5]の見直しの可能性を示唆する見解や、可分債権一般につき分割対象としての適格性を検討すべきとする見解も表明されている[6]。

著者は、昭和後期の時代に、「相続財産の価値化」という観点を前面に打ち出し、相続開始時に存在する遺産の集合体を将来における構成部分の変動を予定し遺産分割手続によって最終的な帰属が確定する一個の流動財産的なものとして捉える着想に至っていた。被相続人の死亡時に存する個々の財産を不動産・動産・債権ごとに分析的に見るのではなく、目的物の価値に着眼して一個の集合物であるかのように遺産を捉えることを通じて、共同相続人間の価値的平等を目指すための理論的基礎の構築を試みたのである。担保法と相続法の双方に造詣の深い著者ならではの独創性豊かな発想により、平成民法学の発展を促したものとして注目に値する。

---

4)　鬼丸裁判官の補足意見は「……上記各債権は口座において管理されており、預貯金契約上の地位を準共有する共同相続人全員で預貯金契約を解約しない限り、同一性を保持しながら常にその残高が変動し得るものとして存在するのであるから、相続開始後に被相続人名義の預貯金口座に入金が行われた場合、上記契約の性質上、共同相続人は、入金額が合算された一個の預貯金債権を準共有することになるものと解される。」と明言する。齋藤毅『最判解民事篇平成28年度』551頁。潮見佳男＝白石大＝藤原章吾＝堂薗幹一郎＝増田勝久「《座談会》改正相続法の金融実務への影響」金法2100号（2018年）14頁〔堂薗幹一郎〕。

5)　最一小判平成17・9・8民集59巻7号1931頁。

6)　賃料債権につき、水野紀子＝大村敦志編『民法判例百選Ⅲ〔第2版〕』（2018年）〔尾島茂樹〕131頁、加藤新太郎＝前田陽一＝本山敦編『離婚・親子・相続事件判例解説』（第一法規、2019年）161頁〔伊藤栄寿〕。潮見・前掲注2）56頁注33）は、最判平成17年との整合性は事案の違いとして説明可能であるが、「遺産に属する賃貸不動産の賃料債権がそのまま残っている場合は法定相続分に応じて各相続人に分割帰属する一方、賃料が相続預金口座に振り込まれると遺産として遺産分割の対象となるのはいかにもバランスが悪い。」と指摘する。可分債権一般につき検討の必要性を説くものとして、伊藤栄寿「預貯金債権の行使（新909条の2、家事新200条）」金判1561号（2019年）58頁（加藤＝前田＝本山・前掲書197頁〔窪田充見〕は消極）。

(2) 分離財産・代償財産

平成 30 年改正において 906 条の 2 が新設されたことも、分離財産を計数上の操作の問題として遺産分割対象に含める方向性を主張する本書の問題提起の大元の部分が結実したものとみることができる。同条は、相続開始後に遺産を構成する財産が処分された場合でも、一定の要件のもとで遺産分割時に存在していたものとみなすことにより、共同相続人間の遺産分割における不公平を回避しようするものである。この点は、上記(1)で述べた家裁実務が前提とする命題②、つまり遺産分割の対象となる財産は分割時にも存在するものでなければならないとする命題を緩和または相対化して理解すべき方向性を示唆するものとして重要である。

次に代償財産を遺産に含める解釈論を民法 304 条の要件にとらわれることなく遺産の特別財産性に着眼した物上代位法理によって基礎づけている点にも同書の大きな特徴を見出すことができる[7]。遺産の特別財産性と物上代位制度との関連付けは、著者が先行して取り組んだ遺留分に関する研究[8]のライトモチーフでもあった「遺留分の価値化」という問題意識の熟成を通じて導かれた「相続財産の価値化」という着想を背景とするものである。「相続財産の価値化」という命題自体の当否をめぐって、あるいは、「相続財産の価値化」と「遺留分の価値化」を直結させることに対しては、異論もありえよう[9]。しかし、現代日本においても家産の観念が後退しつつあることは確かであり、遺産を様々な個別財産からなる価値の集合体にすぎないとする見方は近時における社会通念に沿っているように思われる。家族法学者と財産法学者のすみ分けがまだ顕著であった平成初期当時、集合物や物上代位等の財産法理の基礎にある考え方を応用ないし転用するような形で相続法理との接合可能性を探る著者の問題意識の広さと思考の柔軟性は、財産法理の発展を踏まえた相続法の解釈の必要性が広く認識されている[10]昨今の学界の動向

---

7) たとえば潮見佳男『詳解相続法〔第 2 版〕』（弘文堂、2022 年）328 頁も本書の説明に依拠している。

8) 高木多喜男『遺留分制度の研究』（成文堂、1980 年）138 頁以下。

9) 伊藤昌司「民法学のあゆみ」法時 64 巻 12 号（1992 年）108 頁。

10) 潮見・前掲注 7) 15 頁。

遺産分割における共同相続人間の価値的平等　475

に照らし、示唆を与えるところが多い。なお、本稿では紹介を割愛したが、第8章では遺産分割と債権者の問題も扱われている。そこでは日本法における相続債権者の扱いが比較法的に検証され、相続債権者の債権担保の視点から遺産を責任財産として捉える明確な問題意識も示されている。

(3)　遺産分割審判による一回的解決

　同書においては、訴訟経済の観点から遺産分割審判による一回的解決の要請が非常に重視されている。もっとも、著者の構想が学界及び実務界に受け入れられるには相当高いハードルが存在していることも否定できない。従来、遺産分割審判における手続の複雑化・長期化を避けるために、どちらかといえば手続の軽量化が目指されてきた。可分債権及び可分債務の分割帰属に関する判例法理[11]も、これらの財産がその性質上、存否や額につき争いを生じやすく、かつ履行可能性が債務者の信用力に左右されるという価値の不安定さを免れないため、共同相続人間の平等の観点からも分割帰属が望ましいという実質的な理由もさることながら、もともとは分割対象をできるだけ絞り込み、手続を簡易化する要請を背景にもつものと解することができる。

　著者は、遺産分割審判による一回的解決を提言するに際し、分割の前提問題として相続権・相続財産の存否が問題となる場合、その前提問題について審判で判断することも許されるとした最大決昭和41・3・2民集20巻3号360頁を繰り返し援用する。しかし、同判決は前提問題を判断してよいとした積極面とともに、たとえ判断しても既判力が生じないという消極面を明らかにした意味も大きい。争いの火種を含みかねない財産については、無駄な手間を省くために訴訟手続に委ねるのが合理的である。そして訴訟手続に委ねるべき問題は多かれ少なかれ残らざるをえない。相続開始から遺産分割まで長期に及びうることを所与のものとし、分割対象財産を増加させる構想は手続の重厚化・複雑化を招きかねず、迅速化を目指す実務の要請には沿わないものとなろう。さらに令和3年改正において、早期の遺産分割を促進する

---

11)　最一小判昭和29・4・8民集8巻4号819頁［可分債権］、最二小判昭和34・6・19民集13巻6号757頁［可分債務］。

904 条の 3 が新設され、共有物分割と遺産分割における裁判分割方法の接近化傾向をふまえて 258 条も改正された。遺産分割審判へと集約する構想は昨今の学界及び実務界の趨勢に逆行しかねないようにも思われる。

(4) 遺留分の価値化

最後に遺留分制度研究との関連性についても述べておきたい。著者は、共同相続人間の平等の理念という問題意識の源泉をフランス法から導いている。フランス法における遺留分制度の研究を通じ、かつて遺留分制度が有していた家産保護・現物回復の機能が失われてゆく中で、遺留分の存在意義を相続人の扶養や財産の実質的共有持分の清算などの方向に結び付けてゆく流れが見出される[12]。そうした遺留分制度研究への沈潜により、共同相続人間の実質的平等の実現及び遺産分割という手続における価値的平等という着想の萌芽が生成したものと考えられる。

そのため、平成 30 年改正との関係では、第 7 章において、改正前民法1141 条の解釈として、遺留分権利者の価額賠償請求権を容認する試論が展開されていることも見逃すことができない。同章の記述においては、平成30 年改正時に法制審議会において遺留分侵害額請求権の具体化をめぐって議論が紛糾した問題点の一部が先取り的に検討されている。遺留分に関しては、昭和初期の五十嵐博士の研究[13]→昭和後期の著者の研究→平成における西教授の研究という本格的な比較法研究の蓄積を通じて、「母法」フランス法の呪縛からの解放[14]がようやく実現したわけである。遺留分法改正への寄与という点でも著者の基礎研究は大きな意義を有している。

連載第 16 回（2022 年 11 月号掲載）

---

12) 高木・前掲注 8）122 頁以下。

13) 五十嵐清「遺留分制度の比較法的研究(1)～(3・完)」法協 68 巻 5 号 38 頁（1951 年）、69 巻 2号 28 頁・3 号 32 頁（1952 年）。

14) 西希代子「日本遺留分法の誕生」曹時 72 巻 1 号（2018 年）2 頁。

【執筆者一覧】

阿部　裕介（あべ・ゆうすけ）　　　　　東京大学教授
石川　博康（いしかわ・ひろやす）　　　東京大学教授
石田　　剛（いしだ・たけし）　　　　　一橋大学教授
石綿　はる美（いしわた・はるみ）　　　一橋大学准教授
木村　敦子（きむら・あつこ）　　　　　京都大学教授
髙　　秀成（こう・ひでなり）　　　　　慶應義塾大学教授
白石　　大（しらいし・だい）　　　　　早稲田大学教授
水津　太郎（すいづ・たろう）　　　　　東京大学教授
竹中　悟人（たけなか・さとる）　　　　学習院大学教授
田中　　洋（たなか・ひろし）　　　　　神戸大学教授
中原　太郎（なかはら・たろう）　　　　東京大学教授
根本　尚徳（ねもと・ひさのり）　　　　北海道大学教授
幡野　弘樹（はたの・ひろき）　　　　　立教大学教授
原田　昌和（はらだ・まさかず）　　　　立教大学教授
山城　一真（やましろ・かずま）　　　　早稲田大学教授
吉永　一行（よしなが・かずゆき）　　　東北大学教授
和田　勝行（わだ・かつゆき）　　　　　京都大学教授

民法理論の進化と革新——令和に読む平成民法学の歩み出し

2025年3月1日　第1版第1刷発行

編　者　吉永一行
発行所　株式会社日本評論社
　　　　〒170-8474　東京都豊島区南大塚3-12-4
　　　　電話　03-3987-8621（販売）　　-8592（編集）
　　　　FAX　03-3987-8590（販売）　　-8596（編集）
　　　　振替　00100-3-16　https://www.nippyo.co.jp/
印刷所　平文社
製本所　難波製本
装　幀　神田程史
検印省略　ⓒ K. Yoshinaga　2025
ISBN 978-4-535-52838-3　Printed in Japan
JCOPY〈（社）出版者著作権管理機構　委託出版物〉
本書の無断複写は著作権法上での例外を除き禁じられています。複写される場合は、そのつど事前に、
（社）出版者著作権管理機構（電話03-5244-5088、FAX03-5244-5089、e-mail:info@jcopy.or.jp）の
許諾を得てください。また、本書を代行業者等の第三者に依頼してスキャニング等の行為によりデジ
タル化することは、個人の家庭内の利用であっても、一切認められておりません。